일제강점기 중등교육 정책

일제침탈사연구총서
문화
39

일제강점기 중등교육 정책

동북아역사재단 일제침탈사 편찬위원회 기획
안홍선 지음

동북아역사재단
NORTHEAST ASIAN HISTORY FOUNDATION

| 발간사 |

　일본이 한국을 침탈한 지 100년이 지나고 한국이 일본의 지배로부터 벗어난 지 70년이 넘었건만, 식민 지배에 대한 청산은 이루어지지 못하고 있다. 일본의 독도영유권 주장은 도를 넘어섰다. 일본은 일본군'위안부', 강제동원 등 인적 수탈의 강제성도 인정하지 않고 있다. 일본군'위안부'와 강제동원의 피해를 해결하는 방안을 놓고 한·일 간의 갈등은 최고조에 이르고 있다. 역사문제를 벗어나 무역분쟁, 안보위기 등 현실문제가 위기국면을 맞고 있다.

　한·일 간의 갈등은 식민 지배의 역사를 어떻게 볼 것인가 하는 역사인식에서 기인한다. 역사는 현재와 과거의 대화이며 이를 기반으로 미래로 나아갈 수 있다. 과거 침략의 역사를 미화하면서 평화로운 미래를 말하는 것은 불가능하다. 식민 지배와 전쟁발발의 책임을 인정하지 않고 반성하지 않으면 다시 군국주의가 부활할 수 있고 전쟁이 일어날 위험성도 배제할 수 없다. 미래지향적 한일관계를 형성하고 나아가 동아시아의 평화와 번영의 기틀을 조성하기 위해 일본은 식민 지배의 책임을 인정하고 그 청산을 위해 노력해야 할 것이다.

　식민 지배의 역사를 청산하기 위해서는 식민 지배는 어떻게 이루어졌는지 그 실상을 명확하게 규명하는 일이 긴요하다. 그동안 일본제국주의에 맞서 조국의 독립을 위해 헌신한 독립운동가들의 활동을 찾아내고 역사적으로 평가하는 일에는 상당한 성과를 거두었다. 반면 일제 식민침탈의 구체적인 실상을 규명하는 일에는 충분한 노력을 기울이지 못했다. 제국주의가 식민지를 침탈했다는 것은 너무나 당연한 사실로 여겨졌기 때문에, 굳이 식민 지배에서 비롯된 수탈과 억압, 인권유린을 낱낱이 확인할 필요가 없었는지도 모른다. 그러는 사이 일본은 식민 지배가 오히려 한국에 은혜를 베푼 것이라고 미화하고, 참혹한 인권유린을 부인하는 역사부정의 인식을 보이는 데까지 이르고 있다. 일제의 통치와 침탈, 그리고 그 피해를 종합적으로 조사하고 편찬할 필요성이 여기에 있다.

일제침탈사를 체계적으로 정리하는 일은 개인이 감당하기 어렵다. 이에 우리 재단은 한국학계의 힘을 모아 일제침탈사 편찬위원회를 꾸렸다. 편찬위원회가 중심이 되어 일제의 식민지 침탈사를 정치·경제·사회·문화 모든 방면에 걸쳐 체계적으로 집대성하기로 했다. 일제 식민침탈의 실체를 파악하기 위해 2020년부터 세 가지 방면으로 사업을 추진하고 있다. 하나는 일제침탈의 실상을 구체적이고 생생한 자료를 통해서 제공하는 일로서 〈일제침탈사 자료총서〉로 편찬한다. 다른 하나는 이들 자료들을 바탕으로 연구한 결과물을 〈일제침탈사 연구총서〉로 간행한다. 그리고 연구의 결과를 대중들이 이해하기 쉽게 〈일제침탈사 교양총서〉를 바로알기 시리즈로 간행한다. 자료총서 100권, 연구총서 50권,

교양총서 70권을 기본 목표로 삼아 진행하고 있다.

〈일제침탈사 연구총서〉는 일제침탈의 실태를 정치·경제·사회·문화 분야로 대별한 뒤 50여 개 세부 주제로 구성했다. 국내외 학계 전문가들이 현재까지 축적된 연구 성과를 반영하면서 풍부한 자료를 활용하여 집필했다. 연구자뿐만 아니라 교육 현장에서도 활용되고 일반 독자들도 이해할 수 있도록 집필하기 위해 노력했다. 연구총서 시리즈가 일제침탈의 역사적 실상을 규명하고 은폐된 역사적 사실을 기억하고 왜곡된 과거사에 대한 인식을 바로 잡음으로써 역사인식의 차이로 인한 논란과 갈등을 극복하는데 기여하는 디딤돌이 되기를 바란다.

2021년
동북아역사재단 이사장

| 편찬사 |

    1945년 한국이 일제 지배로부터 해방된 지 76년의 세월이 지났다. 그럼에도 불구하고 일본 사회 일각에서는 여전히 일제의 한국 지배를 합리화하고 미화하는 주장이 나오고 있으며, 최근에는 한국 사회 일각에서도 일제 지배를 왜곡하고 옹호하는 주장이 나오고 있다. 이는 한국과 일본 사회, 한일 관계와 동아시아 국제관계의 미래를 위해서도 결코 바람직하지 않은 일이다.

    이에 동북아역사재단은 일제의 한국 침략과 식민 지배에 대한 학계의 연구 성과를 총정리한 〈일제침탈사 연구총서〉를 발간하기로 하였다. 이에 따라 2019년 9월 학계의 전문가를 중심으로 편찬위원회를 구성하였으며, 편찬위원회는 학계의 연구 성과를 토대로 정치·경제·사회·문화 부문에서 일제의 침탈이 어떻게 이루어졌는지 정리하여 연구총서 50권을 발간하기로 하였다.

    주지하듯이 1905년 일제는 러일전쟁에서 승리한 뒤, 한국에 군대를 주둔시키면서 한국의 외교권을 빼앗고 통감부를 두어 내정에 간섭하였다. 1910년 일제는 군사력으로 한국 정부를 강압하여 마침내 한국을 강제 병합하였다. 이후 35년간 한국은 일제의 식민 통치를 받았다.

    일제는 한국의 영토와 주권을 침탈하였을 뿐만 아니라, 군사력과 경찰력으로 한국을 지배하면서, 정치·경제·사회·문화의 모든 부문에서 한국인의 권리와 자유, 기회와 이익을 박탈하거나 제한하였다. 정치적으로는 군사력과 경찰력, 각종 악법을 동원하여 독립운동을 탄압하고, 한국인의 정치활동을 억압하고 참정권을 박탈하였으며, 집회와 결사의 자유를 억압하였다. 경제적으로는 일본자본이 경제의 주도권을 장악하고, 일본인 위주의 경제정책을 수행했으며, 식량과 공업원료, 지하자원 등을 헐값으로 빼앗아 갔고, 농민과 노동자 등 대다수 한국인의 경제생활을 어렵게 하였다. 사회적으로는 한국인들을 차별적으로 대우하고, 한국인의 교육의 기회를 제한하고, 한국인으로서의 정체성을 박탈하여 결국은 일본의 2등 국민으로 만들고자 하였다. 문화적으로는 표현과 창작의 자유, 종교와 사상의 자유를 억압하고, 한글 대신 일본어를 주로 가르치고, 언론과 대중문화를 통제하였다. 중일전쟁, 아시아태평양전쟁을 도발한 뒤에는 인적·물적 자원을 전쟁에 강제동원하고, 많은 이들을 전장에 징집하여 생명까지 희생시켰다.

〈일제침탈사 연구총서〉는 침탈, 억압, 차별, 동화, 수탈, 통제, 동원 등의 단어로 요약되는 일제의 침략과 식민 지배의 실상과 그 기제를 명확히 밝히고자 하였다. 이를 통해 일제의 강제 병합을 정당화하거나 식민 지배를 미화하는 논리들을 비판 극복하고, 더 나아가 일제 식민 지배의 특성이 무엇이었는지, 식민 통치의 부정적 유산이 해방 이후에 어떤 영향을 미쳤는지를 밝히고자 하였다.

편찬위원회는 연구총서와 함께 침탈사와 관련된 중요한 주제들에 관하여 각종 법령과 신문·잡지 기사 등 자료들을 정리하여 〈일제침탈사 자료총서〉도 발간하기로 하였다. 아울러 일반인과 학생들이 보다 쉽게 읽을 수 있는 〈일제침탈사 교양총서〉를 바로알기 시리즈로 발간하기로 하였다.

일제의 한국 침략과 식민 지배의 역사는 광복 후 서둘러 정리해냈어야 했지만, 학계의 연구가 미흡하여 엄두를 내기 어려웠다. 이제 학계의 연구가 어느 정도 축적되어 광복 80주년을 맞기 전에 이와 같은 작업을 할 수 있게 된 것을 다행으로 생각한다. 한일 양국 국민이 과거사에 대한 올바른 역사인식을 갖고 성찰을 통해 미래를 향해 함께 나아갈 수 있기를 기대하면서 삼가 이 책들을 펴낸다.

2021년
동북아역사재단 일제침탈사 편찬위원회

차례

발간사 4
편찬사 7

머리말 13

제1장 식민지 중등교육 정책과 교육 확대
1. 중등교육 정책의 변천 33
2. 중등교육 보급 현황 83
3. 중등교육 분배 구조 143

제2장 중등학교 교육과정과 학생평가
1. 교육과정 정책의 변화 165
2. 학생 평가제도 244

제3장 중등학교 학생과 교사
1. 중등학교 학생의 특성 281
2. 중등교원의 양성과 배치 332

제4장	**중등학교의 교육 경험과 학생운동**	
	1. 식민지 중등교육 경험	379
	2. 학생운동의 양상	426

맺음말   463

부록 513
참고 문헌 527
찾아보기 541

머리말

일제강점기 중등교육에는 먼저 일반계 학교로서 남자 대상의 고등보통학교와 여자 대상의 여자고등보통학교가 포함된다. 이들 학교는 당시 조선에 거주하는 일본인들이 다녔던 중학교와 고등여학교에 해당하는 학교였다.[1] 그리고 중등교육에는 농업학교, 상업학교, 공업학교, 수산학교, 직업학교 등 전문 분야에 따라 기술교육을 실시하는 실업계 학교들이 있었다. 실업계 학교 가운데는 정규 실업학교보다 수업연한도 짧고 유연한 학사 운영이 가능한 실업보습학교도 포함되어 있었다. 이들 학교 외에도 중등단계 교육에는 사범학교와 같은 초등교원 양성기관도 있었으나, 당시에는 군대의 장교를 길러내는 사관학교나 교원을 양성하는 사범학교를 별도의 교육 계통으로 분류하는 것이 일반적이었다. 따라서 식민지 시기의 중등교육은 일반계 남·여 학교와 실업계 학교 등 각기 성격이 다른 세 가지 교육으로 3분립되는 복선형 체제였다고 할 수 있다.

그런데 고등보통학교, 여자고등보통학교, 실업학교로 크게 구분되는 중등단계 학교기관들을 하나로 묶어 '중등교육'이라고 칭하는 것은 매우 편의적인 분류에 지나지 않는다는 점에 유의할 필요가 있다. 당시에도 이들 학교에 대해서 '중등학교'라 칭하거나 '중등교육'으로 분류하는 것이 관행적으로 널리 통용되고 있었지만, 남자와 여자의 일반계 학교와 실업계 학교를 하나의 법령인 「중등학교령」으로 묶어 규율하기 시작한 것은 식민지 말기인 1943년의 일이었다. 그만큼 복선형 중등교육 체제에서 각 학교의 교육 목적이나 교육 이념은 서로 상이하였고, 이들 학교를 통칭하여 '중등교육'이라는 하나의 개념으로 포착하는 것조차 당시로

---

[1] 조선인 대상의 '고등보통학교'와 '여자고등보통학교'라는 명칭은 식민지 후기인 1938년도부터 일본인 학교와 똑같이 '중학교'와 '고등여학교'라는 이름으로 통일된다.

서는 매우 어려운 일이었다. 이로 인해, 식민지 시기에는 중등단계의 각 학교를 규율하는 법령들이 각기 따로 존재하였으며, 교육과정 편성이나 학사 운영 등 학교 운영에 필요한 제 측면에 대해서도 각 학교마다 별개의 정책 원리가 적용되고 있었다.

이러한 복선형 중등교육 체제는 사실 일본에서 근대적인 학교제도가 수립될 당시부터 고안된 것이었다. 메이지유신 이후 일본은 급격한 근대화를 추구하는 가운데 서구의 교육제도를 수입하여 소학-중학-대학으로 이어지는 3단계의 학교제도를 창설하였다. 이러한 학교제도는 사·농·공·상의 전통적인 신분제를 폐지하고 만민평등과 기회균등을 이념으로 하여 모든 계급·계층에게 개방된 것이었다.[2] 그러나 다른 한편으로, 이러한 학교제도는 근대화의 후발 주자로서 서구 열강을 추격하고 사회 구성원 전체를 총동원하기 위한 국가 발전 전략으로 고안된 것이기도 하다. 소학교에서는 국민 전체의 지력과 의식 수준을 향상하기 위해 보통의 지식과 기예를 교수하고, 중학교에서는 사회의 '중인'으로서 역할에 필요한 고등보통교육을 실시하며, 대학에서는 국가적 수요에 부응하는 학술 교육과 학문 연구를 수행하는 학교체제가 창설된 것이다. 여기에서 중학교육에 대해 '중인'에게 필요한 교육을 하는 곳으로 정의하고 있는 점에 주목할 필요가 있다. '중인'의 의미를 명확하게 정의하고 있지는 않지만, 당시 후쿠자와 유키치(福澤諭吉)가 사회 구성원을 상등·중등·하등의 3단계 계급으로 구분하고 '중인(中人)'을 일종의 '미들클래스' 계급으로 상정했던 것과 크게 다르지 않다.[3] 즉, 일본 메이지 정부의

---

2   尾形裕康 외, 신용국 역, 1992, 『(신간) 일본교육사』, 교육출판사, 160-162쪽.
3   國立教育研究所 編, 1974, 『日本近代教育百年史 4: 学校教育 2(1886年-1917年)』, 教育研究振興會, 255쪽.

관료들이 고안한 소학-중학-대학으로 이어지는 근대적인 학교제도는 상·중·하로 구분되는 새로운 사회계층을 창출하기 위한 학교체제였던 것이다. 애초에 사회의 모든 구성원이 참여하는 이상적인 교육제도를 수립하여 국민 전체의 민도와 의식 수준을 향상시키는 것을 목적으로 하였지만, 실제로는 사회의 인력 자원을 효과적으로 분류·배치하기 위한 계층교육을 지향하고 있었다.

더구나 당시 일본 정부는 조속한 근대화를 지상 목표로 설정하고 있었기 때문에 서구적인 학술과 문화의 흡수는 매우 급박한 과제였다. 소학교육의 성장을 먼저 도모하고, 이어서 중학교육의 성장, 그리고 대학교육의 성장으로 이어지는 방식의 순차적이며 점진적인 교육의 발전을 기다릴 수는 없었다. 오히려 국가적 역량을 대학 설립에 집중하였으며, 서구의 학자들을 초빙하여 서양의 대학들과 같은 수준의 고등교육 실천을 기대하고 있었다. 이로 인해, 당장에 문제가 되는 것은 대학에 진학한 자들의 수학 능력 여부였다. 대학의 교재 대부분이 외국어 원서였던 것은 물론이고, 외국인 교수가 영어, 독어, 프랑스어 등으로 진행하는 강의를 이해할 수 있어야 했다. 대학의 이러한 상황은 그 진학자를 배출하는 아래 단계의 중학교육에 대해서 고도의 선발교육을 요구하게 되었다. 중학교육은 대학에서 수학할 능력을 구비하기 위한 준비교육이 되었고, 그에 따라 중학교 학생들의 학력 경쟁이 격화되기 시작했다. 나아가 이러한 중학교의 조건은 다시 그 아래 단계의 소학교육에 대해서도 동일한 효과를 발휘하게 되었다. 다시 말하면, 모든 대중에게 기회균등 원리가 적용되어 소학-중학-대학으로 이어지는 상향식 학교체제를 고안하였지만, 실제로는 국가를 이끌고 나갈 엘리트 선발이라는 최종 목적으로부터 거꾸로 대학-중학-소학교육이 재규정되는 하향식 선발체제를 형성하게 된 것이다.

이러한 학교체제에서는 특히 중등교육에 대한 근본적인 물음이 제기될 수밖에 없었다. 중등학교 보급이 확대될수록 대학 입시경쟁은 더욱 치열해지고, 중등교육 이수자 가운데 상급학교 진학자들보다 훨씬 많은 수의 낙오자들이 발생하기 때문이다. 이러한 상황에서 중등교육은 소수의 진학자를 선발하기 위한 교육인지, 아니면 다수의 낙오자를 위한 교육이어야 하는지에 대한 근본적인 질문에 봉착하게 된다. 더구나 중등교육 단계에는 애초부터 상급학교 진학 자체가 배제된 학교들도 존재한다. 일반계 여자학교 졸업자들은 제도적으로 제국대학 진학이 차단되어 있었다. 또한, 실업계 학교 학생들은 표면적으로 상급학교 진학 경쟁에 동참하는 것은 아니었지만, 그 실상은 부모의 재력이나 지역의 학교 설립 상황 또는 본인의 학력 때문에 처음부터 대학 진학 경쟁에서 탈락한 학생들이라 할 수 있다. 그렇다면, 대학-중학-소학의 하향식 학교체제의 골간 계통에 있지 않은 이들 방계 학교들의 교육 목적은 무엇인지, 고등여학교나 실업학교에서 일반교육은 무슨 의미를 갖는지에 대한 근본적인 물음이 제기된다. 그것은 결국 '중인'을 양성한다는 중등교육 목적에 대한 근본적인 질문일 것이다. 이로 인해, 일본에서는 근대적인 학교제도가 창설된 시기부터 제2차 세계대전의 패전에 이르기까지 중등교육을 둘러싼 논쟁이 수차례 반복되고 있었다.[4]

비단 일본에서만이 아니라 서구에서도 중등교육의 성격에 관한 질문은 역사적으로 매우 논쟁적이었다. 애초에 중등교육이라는 개념 자체가

---

4 國立教育研究所 編, 1974, 앞의 책, 1039-1051쪽; 國立教育研究所 編, 1974, 『日本近代教育百年史 5: 学校教育 3(1918年-1945年)』, 教育研究振興會, 159-162쪽.

모호하고 매우 모순적인 성격을 갖고 있기 때문이었다.[5] 중등교육은 대개 일반교육과 전문교육이라는 상반된 교육 목적과 철학을 갖는 두 종류의 교육이 동일한 단계에 병존하고 있다. 또한, 중등교육은 독립적인 자기완성적 교육을 지향하면서도, 다른 한편으로 진학이나 취업을 위한 준비교육으로서의 성격을 갖는다. 더구나 중등교육을 단순히 초등교육과 고등교육의 중간 단계에 있는 교육으로 이해하더라도, 그것을 초등교육 이후의 교육으로 파악하는지 또는 고등교육과의 연결성을 강조하는지에 따라 그 성격은 전혀 다르게 나타난다.[6] 초등교육과의 연계성이 강조된다면 중등교육은 더 보편적인 성격을 띠게 되며, 고등교육과의 접속에 주목한다면 중등교육은 소수에게 제한된 선별적인 성격이 부각될 것이기 때문이다. 따라서 근대적인 학교제도를 선구적으로 발전시킨 서구의 여러 나라도 중등교육의 목적, 교육과정 편성, 교육 대상 등의 문제에 관해 치열한 논쟁을 거치며 역사적으로 각 국가마다 상이한 학교교육 체제를 형성하게 되었던 것이다.[7]

그렇다면, 식민지 시기 조선의 중등교육은 어떤 모습으로 전개되었으며, 그 특질은 무엇이었는가? 일본의 학교제도가 이식되어 형성된 식민지 조선의 중등교육은 일본의 그것과 같은 성격의 것이었는가? 조선의 중등교육이 일본의 중등교육과 다른 특질을 갖는다면, 그것은 무엇이고 어떤 이유에서 비롯된 것이었는가? 또한, 그러한 특질의 형성에 식민지적 조건은 어떠한 영향을 미치고 있었는가? 나아가 식민지 시기에 형

---

5 김성일, 1983, 『현대중등교육론: 이론과 실제』, 교육출판사, 32-35쪽.
6 박정훈, 1983, 『중등교육론』, 진명문화사, 95-97쪽.
7 John S. Brubacher, 1947, *A History of the problems of education*, McGraw-Hill; 이원호 역, 1988, 『교육사: 교육문제 변천사』, 문음사, 493쪽.

성된 중등교육의 특질은 해방 이후 교육에서는 어떠한 의미를 갖는 것이었는가? 식민지 시기 중등교육 정책을 다루는 이 책은 이러한 문제의식으로부터 출발한다.

식민지 시기 중등교육 정책에 관한 본격적인 탐구에 앞서, 이 책이 설정한 몇 가지 접근 전략에 관해 언급해 둘 필요가 있다.

첫째, 이 책은 일제강점기에 형성된 중등교육 정책사를 서술하는 데 목적을 두고 있다. 즉, 고등보통학교, 여자고등보통학교, 실업학교 등에 관한 기존의 연구 성과들을 종합하여 식민지 시기 중등교육 체제의 특질을 규명하는 작업이라 할 수 있다. 그러나 여전히 각기 다른 성격의 교육을 하나로 묶어 중등교육으로 통합해내는 일은 쉽지 않다. 이 책에서는 특히 식민지 시기 중등교육 체제의 형성 과정에서 나타나는 분절성, 즉 위계적 계열 분화에 주목하고자 한다. 일반교육/전문교육, 교양교육/직업교육, 완성교육/준비교육, 나아가 남자학교/여자학교, 공립학교/사립학교 등 중등교육에서 나타나는 제 쟁점 요소들이 어떻게 배치되고 구조화되었느지에 대한 분석이 주요한 과제라 할 수 있다. 본론에서는 중등교육론, 보급 상황, 교육과정, 학생 평가, 학생 특성, 학교 조건 등의 서술 영역에서 이들 각 학교의 특징과 전개 과정을 살펴보고, 결론 부분에서 식민지 시기 형성된 중등교육 체제에 대한 종합적인 분석이 이루어질 것이다.

둘째, 이 책에서는 식민지 시기 학교교육의 사회적 기능에 주목하고자 한다. 식민지 시기 형성된 중등교육의 성격을 규명하기 위해서는 무엇보다 먼저 교육 법령들과 교육 언설들이 분석되어야 할 것이다. 법조문과 당국자들의 언설은 그것이 갖는 규정력이라는 측면에서 당시 교육 정책의 특징을 이해하는 데 매우 중요한 자료이기 때문이다. 그러나 법규정과 언설들을 통해 식민당국의 정책 의도를 분석하는 데는 특별한 주의를 기울일 필요가 있다. 식민지 시기의 주요 정책들은 그 목적이 애매하거나 기만적으로 서술되는 경우가 많으며, 때로는 다른 정책들과 상충되는 경우도 있기 때문이다. 오히려 어떤 정책이 갖는 의도는 직접 언급된 정책 목적에 있다기보다는 그 정책의 결과로 드러나는 경우도 많다. 즉, 특정 정책의 효과를 분석함으로써, 역으로 애매하게 서술된 정책 목적을 분명하게 규명하거나 명시적으로 표방된 것과는 다른 숨겨진 정책 의도를 밝혀낼 수 있을 것이다.

또한, 식민지 시기의 교육정책은 특정한 종류의 인간 형성을 궁극적인 목적으로 설정하고 있었다는 점에 주목할 필요가 있다. 예를 들어, 고등보통학교의 교육 목적은 '상식'을 갖춘 '중견인물'을 양성하는 것이었고, 여자고등보통학교는 '부덕(婦德)'을 갖춘 '현모양처' 양성을 지향하였으며, 실업학교는 '실업에 종사'하는 '독립 자영인' 양성을 목적으로 하였다. 물론 이러한 인간상이나 교육 목적에 관해서는 교육과정 정책이나 교육 당국자의 언설들을 통해서 그 자체로 비교 분석할 필요가 있다. 그러나 각 학교의 교육 목적은 단순히 정책의 담론 분석으로 환원될 수 없는 점에도 유의해야 한다. 교육 목적은 정책 당국자의 의도나 정책적으로 제시된 특정한 인간상에 있는 것이 아니라 오히려 조선인 학생들의 실제적인 삶과 교육행위로 드러나는 것이기 때문이다. 따라서 식민지 시기 학교교육의 목적은 조선인 학생들이 각 학교에 투사했던 의미들, 즉 조선인 학생들이 학교교육에 품었던 기대와 성취 또는 좌절의 경험 속에서 발견될 수 있을 것이다. 이를 위해서는 식민지 상황과 각 학교의 조건, 조선인 학생들의 집단적 특성 등이 함께 분석될 필요가 있다. 다시 말해, 식민지 시기 중등교육의 성격을 규명하는 것은 당시 학교교육이 조선인 학생들에 대해 갖는 의미와 사회적 기능을 분석하는 작업이라 할 수 있다.

이처럼 학교교육의 사회적 기능에 주목할 때, 비로소 식민지 교육정책에 대해서 당시 조선 사회의 교육 요구와 비교하여 평가할 수 있게 된다. 일차적으로 당시 조선인 언론이 주장한 중등교육론과 교육정책 비판이 중요한 분석 대상이 될 것이며, 조선인 학생과 학부모들의 교육행위도 중요한 분석 대상으로 설정될 것이다. 나아가 식민당국의 교육정책과 조선인의 교육행위가 어긋나는 지점에서 발생하는 동맹휴학 등 조선인 학생들의 집단적 저항이 갖는 의미에 관해서도 새롭게 분석될 수 있다. 즉, 식민지 시기에 빈출했던 학생들의 저항운동은 식민지 교육 나아가 일본 제국주의 지배가 갖는 근본적 모순성과 본질적 허약성을 드러내 보이는 것이라는 측면에서 재분석될 것이다.

셋째, 이 책에서는 식민지 시기 중등교육 정책을 서술하면서 비교 분석의 관점을 견지하고자 한다. 세계사적 관점에서 보더라도 근대적인 중등교육이 형성된 역사는 사회마다 매우 다양하며 정형화된 형태의 경향성이라는 것이 존재하지 않는다. 이러한 근대교육 역사를 고려한다면, 서구적인 것을 근대적인 것으로 상정하고 일본적인 변형을 거친 것을 제국주의적인 것으로 규정하는 관점은 그다지 유효한 전략이 되지 못한다. 즉, 조선에서 시행된 중등교육에서 일본적인 요소를 추출하여 비판하는 방식은 식민지 중등교육사 서술에서 그다지 생산적인 논의가 되지 못하는 것이다. 오히려 조선에서 시행된 교육정책과 일본의 교육정책을 비교하여, 더욱 엄밀한 의미에서 식민지적 요소를 확인하고 조선의 교육적 특질을 규명하는 전략이 유효할 것이다.

따라서 이 책에서 비교 분석은 크게 두 가지 측면에서 이루어진다.

그 하나는 당시 식민지 조선의 제도와 일본 본토의 제도를 비교하는 것이다. 두 지역의 비교를 통해 나타나는 정책과 결과의 차이로부터 일차적으로 식민지적 성격을 규정할 수 있을 것이다. 또한, 이러한 식민지와 제국의 지역적 차이와 함께, 당시 조선인과 조선에 거주하는 일본인, 그리고 일본 본토의 일본인에 대한 교육 조건이 같지 않았던 점에도 주목하고자 한다. 특히 조선에 거주하는 일본인이 누렸던 교육 혜택으로 인해 조선인의 교육 조건은 더욱더 차별적이고 가혹한 결과를 초래했다. 이 책은 이러한 조건들이 조선의 중등교육 체제 형성에 미친 영향과 조선인들의 교육행위에 미친 영향을 비교하여 분석할 것이다. 또 다른 비교 분석 측면으로는, 복선형 중등교육을 구성하는 각 학교의 특징을 비교하는 것이다. 고등보통학교, 여자고등보통학교, 실업학교 등으로 3분립된 중등교육 체제에서 각 학교의 특징은 다른 교육과 분리·구별하는 과정에서 형성된 것이기 때문이다. 즉, 고등보통학교 교육의 특징은 독립적으로 구성되는 것이 아니라, 일반계 여자교육과 실업계 교육과의 관계 속에서 구별·정립된다. 이러한 특징은 다른 학교들도 마찬가지다.

넷째, 이 책은 식민지 교육의 잔재 또는 유산이라는 측면에서 분석의 기준을 설정하고자 한다. 일제강점기 교육은 식민지 시기 일본의 제국주의 지배전략에 따라 시행된 교육이면서, 동시에 우리나라 근대교육의 형성이라는 양면적 성격을 지니고 있다. 따라서 식민지 교육을 단지 시기적으로 일제강점기로만 한정하여 이해하면 일본 제국주의의 조선 침탈이 우리나라의 교육 역사에 미친 영향이 매우 협소하게 파악될 우려가 있다. 현재 우리 사회에 널리 확산된 학교교육에 대한 관념들 가운데 일제강점기에 형성된 교육적 인식과 관행들에 대해서도 주목할 필요가 있다. 즉, 일반교육과 전문교육, 정예교육과 대중교육, 고등학교의 계열 구분, 의무교육과 무상교육, 수월성과 평등성 추구, 남녀 공학과 별학, 공립학교와 사립학교, 개방형 및 폐쇄형 교원 양성, 본고사와 내신, 교육평가와 시험의 기능 등 현재 우리나라 중등교육에 관한 제 쟁점들을 염두에 두고 식민지 시기 중등교육 역사에 접근할 필요가 있다.

이상과 같이 이 책에서 설정한 관점과 접근 전략은 물론 선행하는 식민지 교육사 연구 성과들로부터 도출된 것이다. 여기에서는 이 책이 크게 빚을 지고 있는 대표적인 연구 성과들을 소개해두고자 한다. 먼저, 일제강점기 교육사 전반을 이해할 수 있는 통사 연구를 들 수 있다. 통사적 접근은 초등교육과 고등교육의 관계에 주목하여 중등교육의 전개과정을 이해하는 데 큰 도움을 얻을 수 있다. 대표적인 식민지 시기 교육사에 관한 통사 연구로는 정재철의 『일제의 대 한국 식민지 교육정책사』와 이만규의 『다시 읽는 조선교육사』를 들 수 있다.[8] 그리고 각급 학교 교육과정의 시기별 변화에 주목한다면, 유봉호의 『한국교육과정사연구』도 좋은 참고가 될 것이다.[9]

이처럼 식민지 시기 초·중·고등교육을 모두 포함한 통사 연구는 다수 존재하지만, 중등교육에 주목한 통사적 서술은 아직 시도되지 못하고 있다. 그것은 물론 중등교육에는 성격이 다른 다양한 학교 유형들이 존재하여 통합적으로 접근하기가 매우 어렵기 때문일 것이다. 그러나 고등보통학교, 여자고등보통학교, 실업학교 등 중등교육을 구성하는 개별 학교들에 대해서는 그동안 많은 연구 성과들이 축적됐다. 이 책에서 주로 참고한 연구를 중심으로 소개하면, 고등보통학교에 대해서는 박철희와

---

8 정재철, 1985, 『일제의 대 한국 식민지 교육정책사』, 일지사; 이만규, 1988, 『조선교육사 2』, 거름; 이만규, 2010, 『다시 읽는 조선교육사』, 살림터.
9 유봉호, 1992, 『한국교육과정사연구』, 교학연구사.

김동환의 일련의 연구들이 매우 유용하다.[10] 특히 박철희의 「식민지 시기 한국 중등교육 연구」는 고등보통학교 교육 전반에 대해 포괄적인 분석을 시도하고 있는 점에서 큰 도움이 된다. 또한, 여자고등보통학교 교육과 관련해서는 김명숙과 이희경의 여자고등보통학교 및 고등여학교에 관한 연구들이 좋은 참고가 될 것이다.[11] 일제강점기 여자고등보통학교 교육에 관한 연구는 특히 '신여성' 연구와 연관되어 함께 다루어지고 있는 점도 특징이라 할 수 있다. 그리고 실업학교 교육에 관해서는 이원호와 안홍선의 일련의 연구들이 매우 유용하다.[12] 특히 이 책은 안홍선의 『식민지 중등교육 체제 형성과 실업교육』에서 많은 자료와 시사점을 얻고 있다.

다음으로, 이 책의 구성과 주된 내용을 간략하게 소개하고자 한다. 식민지 시기 중등교육을 살펴보기 위해 네 개의 연구 영역을 설정하여 본론에 해당하는 각 장을 구성했으며, 마지막으로 결론을 대신하여 식민지 시기 중등교육 정책에 대해 종합적으로 음미하고자 하였다.

1장에서는 식민지 시기 중등교육 정책의 변화와 중등교육 보급 상황을 살펴볼 것이다. 먼저, 식민지 교육 당국의 중등교육론에 주목하고자

---

10 박철희, 2002, 「식민지기 한국 중등교육 연구: 1920~30년대 고등보통학교를 중심으로」, 서울대학교 박사학위논문; 김동환, 2009, 「일제강점기 충북 중등교육의 사례 연구」, 『한국교육사학』 31권 2호; 김동환, 2012, 「일제강점기 초기 학부형의 사회적 신분에 대한 일고찰」, 『교육학연구』 50권 1호.

11 김명숙, 2011, 「일제강점기 고등여학교 학생들의 꿈과 이상, 그리고 현실」, 『향토서울』 78; 김명숙, 2017, 「학적부를 통해 본 일제강점기 동덕여고 여학생의 특성 연구」, 『여성과 역사』 26; 이희경, 2006, 「1920~30년대 식민지 조선 여성교육의 성격」, 『한국교육사학』 28(1).

12 이원호, 1996, 『실업교육』, 하우; 안홍선, 2017, 『식민지 중등교육 체제 형성과 실업교육』, 교육과학사.

하였다. 대한제국 시기부터 일본인 관료들은 중등교육에서 일반교육을 억제하고 실업교육을 장려하는 정책을 유지하였다. 그것은 실제적이며 실리적인 교육론으로 정당화되었고, 서구의 근대적인 교육 동향인 것처럼 소개되었다. 이러한 실용적인 중등교육론에 대해서 조선인 민족주의 언론도 대체로 동조하였다. 다만 중등교육 자체의 억압정책에 대해서는 경계하는 태도를 보였다. 그러나 식민당국의 실용주의 교육론은 식민지 후기로 갈수록 근로주의 교육론으로 변용되어 급기야 전쟁 수행을 위한 근로동원마저 교육활동의 하나로 포장하는 데까지 이르고 있었다. 이러한 중등교육론의 변화 과정을 검토하면서 중등교육의 보급 현황을 같이 살펴볼 것이다. 중등교육은 초등교육과 비교해서 매우 미약하였지만, 시기별로 나름의 양적인 성장을 이루고 있었다. 그런데 중등교육의 보급에 관해서는 단순히 양적인 확대만이 의미를 갖는 게 아니라, 중등교육의 계열 구성에도 주목할 필요가 있다. 즉, 일반계와 실업계 학교의 구성 비율이나, 남자와 여자 대상 학교의 보급 상황 등이 비교 분석되어야 한다. 더구나 당시에는 중등교육 기회 자체가 민족별로 매우 차별적인 분배가 이루어지고 있었다는 점에도 유의할 필요가 있다. 이러한 점을 염두에 두고, 조선인과 일본인의 중등교육 보급 현황과 함께 일본 본토의 상황과도 비교하여 식민지 시기 중등교육의 양적 확대가 갖는 의미를 규명하고자 하였다.

   2장에서는 중등학교의 교육과정 정책과 평가제도에 관해 살펴보고자 한다. 교육과정은 교육 목표를 실현하기 위한 교육활동의 구체적인 실행 방법이라 할 수 있다. 일제강점기 교육과정 정책은 철저하게 식민지 통치전략과 교육방침의 변화에 종속되어 있으며, 이를 위해 교육 법규 체제도 완전한 하향식 체제를 형성하고 있었다. 즉, 교육방침의 변화는 교육 법규에서 각급 학교의 교육 목적과 교수상 주의사항의 개정으로 반영되고, 이는 다시 교과목 편성과 교수요지의 변경으로 이어지며 구체화하는 방식이었다. 식민지 시기에는 크게 초기, 중기, 후기에 세 차례의 교육과정 개정이 있었으며, 시기별로 구체적인 교육 목표와 교수요지의 변화에 주목하여 살펴볼 것이다. 특히 이러한 교육과정 변화에서 고등보통학교, 여자고등보통학교, 실업학교는 어떻게 서로를 구별하며 각각의 교육 영역을 구축하고 있었는지 비교 검토하는 데 주안점을 두고자 한다. 한편, 중등학교의 학생 평가 결과는 취업 및 진학과 직결된다는 점에서 학생들에게 매우 큰 의미를 갖는다. 당시 학생에 대한 평가는 크게 성적고사와 인물고사로 구분할 수 있다. 성적고사는 주로 학업 성취에 관한 평가 기록이었지만, 여기에 일종의 품행 평가인 조행 점수나 신체에 관한 체위 점수가 포함되기도 하였다. 또한, 인물고사는 학생의 성격이나 태도 등 인물됨에 대한 관찰 기록이라는 점에서 주목된다. 이러한 인물 평가 결과는 소견표나 성행증명서로 작성되어 학생의 진학과 취업 과정에서 중요한 전형 자료로 활용되었다. 당시 식민지적 상황을 고려한다면, 중등학교의 인물 평가 기록은 조선인 학생에 대한 일본인 교원의 규율의 시선을 의미하는 것이라 할 수 있다.

3장에서는 식민지 시기 중등학교 학생들과 교사들의 특성에 주목한다. 당시 중등학교 교원은 조선어 과목을 담당하는 소수를 제외하고 전원 일본인이었다. 조선에는 중등학교 교원을 양성하는 제도가 존재하지 않았기 때문에 대부분 일본에서 직접 초빙된 이들이었다. 그러나 일본에서 유입하는 것으로는 충분한 중등학교 교원을 확보하기 어려워지자 점차 조선에서 필요한 교원을 충원하기 위한 정책들이 수립되었다. 한편, 일제강점기 중등교육의 성격을 규명하기 위해서는 식민당국의 교육정책만큼이나 학생들의 집단적 특징에 관해서도 이해할 필요가 있다. 당시 중등학교 학생들은 오늘날의 중등학교 학생들과는 많은 점에서 차이가 있었기 때문이다. 특히 중등학교 학생들은 평균 연령이 매우 높았으며, 재학생 중에는 기혼자들도 상당수 포함되어 있었다. 당시 조선 사회의 평균적인 결혼 연령을 고려한다면, 중등학교 학생들 가운데 재학 중에 결혼 적령기에 이르는 경우가 많았던 것이다. 이러한 사실은 당시 중등학교 학생들에 대한 사회적 기대가 지금과는 상당한 차이가 있었고, 학생들의 정체성 형성에도 큰 영향을 미치게 된다는 점을 시사한다. 즉, 당시 중등학교 학생들은 사회적 연령에서 이미 성숙한 위치에 있었기 때문에, 자신의 미래나 민족의 현실에 대해서도 성인에 버금가는 성숙한 의식을 보이고 있었다. 이러한 조선인 학생들의 인구학적 조건은 일본인 교원들과의 관계에도 큰 영향을 미치고 있었다.

    4장에서는 식민지 중등학교의 교육 경험과 학생운동을 살펴볼 것이다. 식민지적 상황하에서도 당시 학생들의 교육 경험은 각 학교가 처한 조건에 따라 매우 다양한 계기들이 응축되어 구성되고 있었다. 서양 선교사들이 운영하는 기독교계 사립학교의 교육 경험과 식민당국의 직접적인 행정체계로 관리되는 관공립학교의 교육 경험이 같은 것일 수 없었다. 또한, 조선인 학생과 일본인 학생이 같은 교실에서 공부하는 민족 공학제 학교에서 받은 교육 경험은 조선인 학생들만 다니는 학교의 교육 경험과 같은 양상을 보이는 것도 아니었다. 여기에서는 기독교계 사립학교 비중이 높았던 점에 주목하여 여자고등보통학교의 교육을 살펴볼 것이다. 그리고 실업학교는 조선인과 일본인이 공학했던 점에 초점을 두어 민족 공학제도의 운영 실태를 분석할 것이다. 또한, 고등보통학교 교육을 검토하면서는 학생들에 대한 엄격한 감시와 통제가 이뤄졌던 학교 규율에 관해 살펴볼 것이다. 한편, 식민지 시기 학생들의 학교교육 경험 가운데 식민지 교육에 저항했던 학생운동을 빼놓을 수는 없을 것이다. 학생들 대부분은 재학 중에 크고 작은 방식으로 학교나 식민당국과 대립했던 경험이 있었다. 가장 극단적인 형태의 집단행동이었던 동맹휴학을 비롯하여, 비밀결사운동이나 문화계몽운동 등이 갖는 특징을 살펴볼 것이다.

맺음말에서는 본론의 연구 결과에 기초하여, 식민지 시기 중등교육 정책에 대한 종합적인 분석을 시도하였다. 먼저, 식민지적 조건에서 형성된 중등교육 체제가 고등보통학교 교육, 여자고등보통학교 교육, 실업학교 교육에 미친 영향과 관련하여 식민지 교육의 유산이라는 측면에서 살펴본다. 그리고 해방 이후 교육 개혁 시기에는 식민지 시기의 중등교육에 대해 어떠한 점에서 비판을 받았고, 또한 식민지 교육의 청산과 극복의 노력은 이후 우리나라 중등교육에서 어떤 의미를 갖는지 논의하는 것으로 결론을 대신하고자 하였다.

끝으로, 이 책에서 사용하는 용어 등과 관련하여 몇 가지 사항을 밝혀두고자 한다. 먼저, 식민지 시기의 학교 명칭에 관한 것이다. 본문 제1장의 〈그림 1〉과 〈그림 2〉의 학교 체계도에서 나타나듯이, 식민지 시기의 학교제도는 시기별로 크게 변화하고 있으며, 출신 민족에 따라 입학할 수 있는 학교의 명칭도 상이하여 매우 복잡한 양상을 보인다. 일반계 학교 가운데 고등보통학교와 중학교는 각각 조선인과 일본인 남자 대상의 학교를 지칭하며, 여자고등보통학교와 고등여학교는 각각 조선인과 일본인 여자 대상의 학교로 구분되었다. 그러나 식민지 후기인 1938년부터는 학교의 명칭이 모두 중학교 및 고등여학교로 통일되어 학교명만으로는 조선인 학교와 일본인 학교를 구분할 수 없게 되었다. 따라서 이

책에서는 논의의 편의를 위하여 조선인 일반계 학교를 지칭할 때는 고등보통학교 또는 여자고등보통학교라 칭하고, 일본인 학교에 대해서는 중학교 또는 고등여학교로 통칭하고 있다.

또한, 일제강점기는 교육정책이 변화되는 시기마다 중등학교의 명칭 자체가 일괄적으로 변경될 뿐만 아니라, 개별 학교들도 학교의 승격이나 설치된 교육과정의 성격 변화에 따라 학교명에서 잦은 변화가 있었다. 예를 들어, 대한제국 시기의 '관립중학교'는 이후 '관립한성고등학교'로 교명이 변경되고, 일제강점기에는 '경성공립고등보통학교'로 개칭되었다가, 다시 '경성공립제1고등보통학교'와 '경기공립중학교'로 변경되었으며, 해방 이후에는 '경기중학교'와 '경기고등학교'로 분리되는 역사를 갖고 있다. 따라서 이 책에서는 개별 학교를 언급할 때 당시에 널리 통용되던 이름으로 통칭하였고, 특별히 학교의 성격을 밝힐 필요가 있는 경우에는 특정 시기의 학교 명칭을 사용하였다.

식민지 시기에는 직업교육이라는 용어보다는 '실업교육'이라는 용어가 법률 및 행정뿐 아니라 신문 등의 언론에서도 널리 통용되고 있었다. 그리고 '실업학교'는 일반적으로 농업학교, 상업학교, 공업학교, 수산학교, 직업학교 등 법령으로 규정되어 학력이 인정되는 직업계 전문 분야 학교들을 통칭하고 있으며, 혼란이 없는 경우에는 실업보습학교와 같이 단기과정의 학교들을 포함하기도 했다. 아울러, 당시에는 고등보통학교, 여자고등보통학교, 중학교, 고등여학교 등 일반계 중등학교 교육에 대해서 '고등보통교육' 또는 '보통교육'으로 지칭하는 것이 일반적이었다. 그러나 논의의 혼란을 피하고자, 이 책에서는 이들 일반계 학교의 교육을 지칭할 때는 '일반교육'이라는 용어를 사용하여 직업계 학교에 대한 '실업교육'과 대비하고자 하였다.

한편, 이 책에는 당시의 많은 일본어 자료 및 문헌들이 인용되고 있다. 일본어 자료나 문헌을 인용할 때는 제목 또는 저자명을 한자와 일본어로 표기하여 한글 자료와 구분하였으며, 그 내용을 소개할 때는 되도록 쉬운 우리말로 이해되도록 번역하였다. 또한, 당시의 신문이나 잡지 기사 등 한글 자료를 직접 인용할 때도 고어체나 어려운 한자어를 현대적인 우리말로 풀이하여 번역하였다.

제1장
식민지 중등교육 정책과 교육 확대

대한제국 시기부터 일본인 관료들은 조선의 중등교육에 대해서는 일반교육을 억제하고 실업교육을 장려하는 정책을 고수하였다. 이러한 정책은 실제적이며 실리적인 교육론에 따라 정당화되었고, 그것이 마치 서구의 근대적인 교육 동향인 것처럼 소개되었다. 조선인 민족주의 언론 역시 이러한 실용적인 중등교육론에 대해서 대체로 동조하였으며, 중등교육 자체의 억압정책에 대해서만 경계하는 태도를 보였다. 그러나 식민 당국의 실용주의 교육론은 식민지 후기로 갈수록 점차 근로주의 교육론으로 변용되었으며, 급기야 전쟁 수행을 위한 근로동원마저 교육활동의 목적으로 포장하는 데까지 이르고 있었다.

여기에서는 이러한 중등교육론의 변화 과정을 검토하고 중등교육의 보급 현황을 살펴볼 것이다. 식민지 시기 중등교육의 보급 상황은 초등교육과 비교해서 매우 미약하였지만 시기별로 나름의 특징적인 모습을 보여주고 있었다. 또한, 중등교육의 보급과 관련해서는 단순히 양적인 성장만을 검토하는 것이 아니라, 중등교육의 계열 구성에 관해서도 주목할 필요가 있다. 즉, 일반계와 실업계 학교의 구성 비율이나, 남자와 여자 대상 학교의 보급 상황 등이 비교 분석되어야 한다. 더구나 당시에는 중등교육 기회 자체가 민족별로 매우 차별적인 분배가 이루어지고 있었다는 점에도 유의할 필요가 있다. 이러한 점을 고려하여, 여기서는 조선인과 일본인의 중등교육 현황과 함께 일본 본토의 상황과도 비교하여 식민지 시기 중등교육의 양적 성장이 갖는 의미를 살펴보고자 한다.

1. 중등교육 정책의 변천

식민지 시기 조선인 대상 중등교육기관의 명칭은 고등보통학교, 여자고등보통학교, 실업학교 등으로 일본인 대상의 중학교나 고등여학교와는 학교 이름부터 차이가 있었다. 이렇게 일본의 제도와 다른 학교 명칭이 사용되기 시작한 것은 대한제국 말기 통감부가 설치된 이후부터였다. 1906년 학교제도가 재정비되면서 각급 학교기관은 보통학교, 고등학교를 비롯하여 사범학교와 외국어학교 등으로 설정되었다. 기존의 '소학교'와 '중학교'라는 학교 명칭이 '보통학교'와 '고등학교'로 변경되고, 각 학교의 수업연한이 축소된 것이 통감부 시기 학교제도의 중요한 변화였다.

이렇게 학교제도가 변경되는 데는 대한제국 말기 학부에 파견된 일본인 관료들의 영향이 크게 작용했다. 당시 학부참여관이었던 시데하라(幣原坦)는 학교 명칭을 이처럼 변경한 이유에 대해서, 이들 각 학교는 연결교육이 아니라 그 자체로 독립적인 성격을 보여주기 위한 것이라고 설명하였다.[1] '소학교', '중학교'라는 명칭은 소학교–중학교–대학교로 이어지는 학교체계에서 상급학교 준비교육으로 이해될 우려가 있으므로, 조선에서는 '보통학교' 또는 '고등학교'라는 명칭을 사용하여 각각 완결된 성격을 강조하고자 했다는 것이다.[2] 학교 명칭에 관한 이러한 설명 방식은 이후 식민지 관료들에게서 일관되게 나타나는 것이었다. 조선총독부 시학관과 경성사범학교장을 지내는 등 식민지 시기 핵심적인 교

---

1 弓削幸太郎, 1923, 『朝鮮の教育』, 自由討究社, 71쪽.
2 幣原坦, 1919, 『朝鮮教育論』, 六盟館, 195쪽.

육 관료였던 다카하시 하마키치(高橋濱吉) 역시 조선의 학교제도가 일본의 제도와 다르게 정비된 것에 대해 학교교육이 상급학교 준비교육으로 전락하는 폐해를 극복하기 위해 고안된 것으로 평가했다.[3]

그러나 조선의 학교제도에 대한 일본인 관료들의 이러한 설명은 그다지 설득력을 갖지 못했다. 먼저, 학교 명칭과 종결교육의 문제를 살펴볼 필요가 있을 것이다. 당시 소학교의 명칭 변경에 깊게 관여했던 시데하라에 따르면, '보통학교'라는 명칭은 상급학교로 진학하기 위한 예비학교가 아니라는 점이 고려된 것이었다. 다시 말하면, 대다수 조선인에게는 초등교육인 '보통학교' 졸업과 함께 교육을 종료하게 하고 더 이상의 교육을 시행하지 않겠다는 것이었다.[4] 물론 소수에게 제한된 중등교육에 대해서도, 일본인 관료들은 상급학교 진학을 위한 사다리로만 여기는 폐해를 지적하며, 조선의 중등교육은 그 자체로 완결되는 종결교육의 성격을 가져야 한다고 역설했다.[5] 그러나 이러한 주장이 갖는 의도는 분명한 것이었다. 종결교육이라는 논리를 통해 당시 조선인 사회에서 비등했던 중등교육과 고등교육에 대한 확대보급 요구를 억제하고자 했던 것이다.

나아가, 종결교육을 지향하며 각 학교의 명칭을 변경한 것은 더욱 큰 함의가 있었다. 대한제국 시기부터 조선의 교육에 관여했던 일본인 관료들은 학교제도가 '소-중-고-대'라는 연속적인 단계로 인식되는 것을 크게 경계하고 있었다. 그런데 근대적인 학교제도는 대학을 정점으로 하

---

[3] 高橋濱吉, 1930, 『朝鮮教育史考』, 帝國地方行政學會朝鮮本部, 227쪽.
[4] 오성철, 2000, 『식민지 초등교육의 형성』, 교육과학사, 20-21쪽.
[5] 學部, 1909, 『韓國教育ノ既往及現在』, 42쪽; 學部, 1910, 『韓國教育ノ現狀』, 29, 35쪽.

여, 그 이전까지 제도화되지 못했던 중등교육과 초등교육이 단계적이며 체계적으로 배치되는 특징을 갖고 있었다. 다시 말해, 근대적인 학제에서 초등교육은 보편적인 교육기관이면서 단계적으로 상급학교와의 연결을 전제하고 있는 것이다. 이러한 근대적인 학교체제를 염두에 둔다면, 초등학교 또는 중등학교를 종결교육으로 상정한 것은 학교제도 자체에 내재된 계층 이동이라는 사회적 기능을 탈색시키려는 의도를 갖는 것이라 평가할 수 있다.[6] 사실 통감부 시기 일본 관료들이 개정한 학교제도에서는 대학 등 고등교육기관의 설립에 관해서는 어떠한 고려도 담겨 있지 않았다.

이와 관련하여, '고등학교'라는 명칭에 관해서도 검토할 필요가 있다. 당시 조선에 도입된 '고등학교'는 일본의 '고등학교'와는 이름만 같고 그 성격은 전혀 달랐다. 당시 일본의 고등학교는 중학교 졸업자가 입학하는 3년제 교육기관으로서, 졸업과 동시에 제국대학 학부로 자동 진급할 수 있는 제국대학 예과와 동등한 것이었다. 즉, 일본의 고등학교는 그 졸업자의 최종 수학연한이 14년에 이르게 되어 오늘날 대학 교양학부에 해당하는 고등교육기관이라 할 수 있다. 그러나 조선의 고등학교는 4년제 보통학교 졸업자가 입학하여 4년의 교육과정을 이수하도록 편성된 중등교육기관이었다. 더구나 조선의 고등학교를 졸업하여도 최종 수학연한이 8년에 지나지 않아서 일본 중학교 졸업자의 11년 학력에도 훨씬 미치지 못하였다. 학부의 일본인 관료들은 조선에 설치된 낮은 수준의 중등교육기관에 대해 '고등학교'라는 명칭을 붙이고 초등교육 이후 단계의

6　駒込武, 1996, 『植民地帝國日本の文化統合』, 岩波書店, 80쪽.

교육을 '고등교육'이라 부르고 있었던 것이다.[7]

이처럼 강점 전후 일본인 관료들이 구상한 조선의 학교제도는 매우 불완전했다. 초등-중등-고등교육으로 이어지는 근대적인 학교체제와는 한참 벗어난 것으로서, 조선인 대부분을 초등교육 단계에 머물게 하고 중등교육과 고등교육을 억제하려는 의도가 명백했다. 특히 중등단계 학교기관에 대해 '고등교육'이라는 명칭을 붙인 것은 일본의 제도에서 이름만 차용한 것에 불과했다. 이처럼 당시 학교제도 개정은 유명무실한 것이었지만, 오히려 일본인 관료들은 실용을 추구한 정책으로 평가하고 있었다.[8] 사실 통감부 시기는 물론이고 식민지 시기 전체를 관통하며 언제나 일본인 관료들이 강조한 교육정책은 실(實)이 있는 교육, 실제(實際)적인 교육, 그래서 실용(實用)적인 교육이어야 한다는 것이었다. 이하에서는 이러한 논리로 포장된 식민지 시기의 중등교육 정책에 관해 더 상세하게 검토하고자 한다.

1) 식민지 초기의 중등교육 정책

일본인 관료들에 따르면, 그동안 조선에서 행해졌던 교육은 '실(實)이 없는' 교육이었던 것으로 진단되었다.[9] 더구나 당시 문명 개발을 통해 국가 부강과 국민 복리를 도모하려는 조선인들의 신교육운동에 대해서도 "나무에 올라가 물고기를 찾는" 연목구어(緣木求魚)적인 것에 다름

---

7   이만규, 1988, 앞의 책, 87쪽.
8   學部, 1910, 앞의 책, 6쪽.
9   學部, 1909, 앞의 책, 16쪽.

없다고 평가했다. 일본인 관료들이 평가절하한 '연목구어'적인 교육이란, 구체적인 시행 방법이 결여됐으며 표방하는 바와 실제 내용이 불일치하고 정치적으로 현실성이 없으며, 또한 학교 유지에 필요한 설비와 교원 등이 갖추어 있지 않기 때문에 대체로 유익하지 못하다는 것으로 요약할 수 있다.[10] 또한, 당시 조선인 사이에 왕성하게 일어났던 교육운동은 국권회복이나 자주독립과 같은 정치적 목적이 있었기 때문에, 일본인 관료들은 이에 대해 교육과 정치를 '오해'한 것이라는 논리로 대응하고자 했다.[11] 일본인 관료들이 보기에, 조선인들의 신교육운동은 "개인의 품성을 도야하고 근면실질의 미풍을 양성하여 치산처세의 길을 열어주어 선량한 인민을 양성"해야 한다는 교육의 본지로부터 크게 벗어난 것이었다. 대신에 조선에 요구되는 교육은 "실제적 인물을 양성하는 교육", 즉 졸업자들이 사회에 나왔을 때 실업 등 직업을 갖는 데 필요한 덕목과 지식을 배양하는 교육이어야 한다고 주장했다.[12]

이러한 맥락으로, 대한제국 학부에 파견된 일본인 관료들은 조선에 도입하려는 실제적인 교육을 '모범교육'이라 칭하고 있었다. 이들은 소위 '모범교육'이 갖는 정책적 의의에 대해서 다음과 같이 설명했다.

> 학부가 시설하는 신교육은 교육의 모범을 보이는 데 있다. 인습이 오래된 한국교육계의 적폐는 용이하게 개선할 수 없을 뿐만 아니라, 근시 사립학교가 발흥하여 명분을 한국의 부강개발에 두고 있지만, 기

---

10 渡部學, 1975, 『朝鮮教育史』 世界教育史大系 5, 講談社, 240-244쪽.
11 學部, 1910, 앞의 책, 2쪽.
12 學部, 1910, 위의 책, 6쪽.

실 그것에 수반되는 바가 적고 시세의 진운에 응하여 실시해야 하는 교육의 방법을 알지 못한다. 구폐(舊弊)가 다시 신폐(新弊)를 낳아서 소년자제의 전도를 그르치는 것이 모두 이러하다. 따라서 학부는 근세의 교육제도를 참작하고 한국의 국정민속을 살펴 국리민복을 증진할 교육의 대본을 세워 스스로 솔선 경영하여 교육의 모범을 보이고, 교수, 훈련, 관리부터 학교건물 및 기타 설비에 이르기까지 유감없게 하여, 진정한 교육은 여하한 것인가를 사실로써 증명한다.[13]

학부의 일본인 관료들은 당시 민간의 신교육운동에 대해서 마치 구폐(舊弊)가 신폐(新弊)를 낳는 것이나 다름없는 것으로 평가한다. 이들이 비록 전통적 교육방식을 극복하고 근대식 교육을 표방하고 있지만, 교육내용이나 교육방법이 실제적이지 않다는 것이다. 대신에 학부가 담당하는 공립학교는 이들 사립학교보다 교육내용이나 교수방법, 설비 등에서 질적으로 우월하다는 점을 보여줄 필요가 있었다. 따라서 '모범학교'는 일본인 관료들이 조선에 도입하려는 교육체제의 정당성을 확보하기 위해 제시한 것으로, 한편으로는 서양인 선교사들의 근대식 교육을 견제하고, 다른 한편으로는 당시 확산 중이던 조선인들의 신교육운동에도 대응하기 위한 것이었다.[14] 즉, 조선의 전통적인 교육은 한문 서적을 강독하는 경세학(經世學)으로서 헛된 정치사상만을 고취하는 데 머물렀고, 서양 선교사들이 세운 학교는 근대교육의 맹아적 수준에 지나지 않으며, 신교육을 표방한 조선인의 사립학교들은 별다른 성과를 내지 못하는 것과

---

13 學部, 1909, 「韓國敎育」, 7쪽.
14 學部, 1910, 앞의 책, 5-6쪽.

비교된다고 보았다. 이와는 다르게, 학부가 추진하는 신식학교는 실제적인 교육으로서 진정한 교육이 무엇인지 '모범'을 보여주고 있다는 것이다.

일본인 관료들이 추진했던 '모범교육'의 의미는 분명했다. 대한제국의 학부차관으로 재직하며 학교제도 개정에 깊이 개입했던 다와라 마고이치(俵孫一)의 언설은 이를 잘 보여준다.[15] 그는 조선의 교육이 경계해야 하는 것은 '정치가'나 '공론가'를 기르려는 교육이라고 역설한다. 이와 반대로, '실용적 인물' 또는 '생산적 인물'을 양성하는 것이 조선의 부를 창출하기 위해 지향해야 하는 교육이라고 주장했다. 그에 따르면, 문명부강으로 나아가기 위해서는 실업교육이 강조되어야 하며, 반대로 '공리(空理)'를 논하는 일반교육은 국가의 부를 창출하지 못하는 것으로 비판의 대상이 된다. 따라서 일본인 관료들의 교육관에서 일반계 중등학교는 헛된 '공론가'나 '공상가'를 기르는 교육으로 비판되는 반면에, 실업학교는 '실용적 인물' 또는 '실재적인 인물'을 배출하는 교육으로 이해된다.

이러한 일본인 관료들의 교육 인식은 조선의 교육에 심각한 영향을 미치게 된다. 당시 조선에는 일반계 중등학교가 경성에 단 1개교밖에 설립되어 있지 않아 조선의 교육 현실은 무엇보다도 중등교육 보급이 절실히 요구되는 상황이었다. 그러나 문명부강을 위해 실용적인 교육이 필요하다는 논리로 실업교육의 중요성을 강조하는 교육방침으로 인해 상대적으로 일반계 중등학교가 증설되지 못하는 효과를 낳았다. 실제로 1910년도까지도 실업학교는 전국에 14개교가 설립되었지만, 남녀를 통

15　俵孫一, 1908, 제2회 관공립보통학교 교감 회의의 연설; 學部, 1908, 「第二回官公立普通學校敎監會議要錄」(융희2년8월), 35-39쪽.

틀어 일반계 중등학교는 불과 3개교만이 설립되었다.[16] 일본인 관료들의 실제적인 교육, 실용적인 교육에 대한 강조는 중등교육에서 특히 일반교육의 억압으로 귀결된 것이다.

강점 이후에도 이러한 일본인 관료들의 교육관은 그대로 유지되었다. 조선총독부 초대 총독이었던 데라우치 마사다케(寺內正毅)의 교육 언설들에서도 통감부 시기 일본인 관료들의 교육 인식과 유사한 견해들이 나타나고 있었다. 데라우치 역시 교육방침에 대해서 강조한 것은 "공리(空理)를 논하며 방만에 빠지는" 일을 경계하는 것이었다.[17] 대신에 그는 1910년 10월 총독부 통치의 시작을 알리는 각 도장관 회의에서 "공론(空論)을 피하는 데 힘쓰고, 실제에 적용할 수 있는 학술을 교수하여, 인민이 자기의 생활 상태와 지위를 높이는 기초"를 세우는 데 교육의 목적을 두어야 한다는 방침을 천명하고 있었다.[18] 그리고 이듬해 「조선교육령」이 공포되기 직전인 1911년 7월 지방장관에 대한 훈시에서도 "조선의 교육이 지향해야 하는 바는 유용한 지식과 온건한 덕조를 양성"하는 데 있으며, 따라서 교육의 무게는 실업교육에 두어야 한다는 방침을 강조했다.[19] 이처럼 조선총독부의 교육방침은 소위 '시세와 민도'에 적합한 교육이라는 미명하에 실제 생활에 도움이 되는 교육, 따라서 '유용한 교육' 또는 '실용주의 교육'을 표방하는 것으로 발전해갔다.[20]

조선총독 데라우치는 1911년 조선의 교육정책을 명문화한 「조선교

---

16 『朝鮮總督府統計年報』, 1910.
17 寺內正毅, 1910, 도지방관제 개정 유고; 高橋濱吉, 1930, 앞의 책, 341쪽.
18 寺內正毅, 1910, 각도장관회의 총독 훈시; 弓削幸太郎, 1923, 앞의 책, 113쪽.
19 寺內正毅, 1911, 각도장관회의 총독 훈시; 高橋濱吉, 1930, 앞의 책, 357쪽.
20 이만규, 1988, 앞의 책, 119-123쪽.

육령」을 공포하며 이러한 교육방침을 재차 천명했다.[21] 그는 교육의 본지에 위배되는 것으로서, "공리(空理)를 논하며 실행에 소홀하고 근로를 기피하여 안일에 빠지는" 것을 특히 경계해야 한다고 주문한다. 결국 그가 강조하고자 했던 것은 일반교육이 아닌 실업교육이었다. 데라우치는 또 다른 훈시를 통해 교육방침을 다음과 같이 요약하고 있다.

> 금일의 조선에서는 고상한 학문은 아직 서둘러야 할 정도로 나아가지 못했기 때문에, 금일은 비근한 보통교육을 실시하여 한 사람으로서 일할 수 있는 인간을 만드는 것을 주안점으로 두지 않으면 안된다…. 고로, 보통학교 교육에서도 실업상의 지식을 주입할 필요가 있다. 농업학교와 같은 실업학교는 정부에 있어서 가장 중요한 방침으로서 요구되고 있다.[22]

위 훈시를 통해 데라우치는 조선의 교육방침은 일반교육이 아니라 실업교육에 방점이 놓여 있음을 밝히고 있다. 비단 직업교육을 위한 실업학교에서만이 아니라 일반적인 보통교육에서도 실업교육의 중요성을 강조하고 있다. 데라우치는 '유용한 교육', '실용주의 교육'을 통해 양성하고자 하는 인간형을 "일하는 사람"으로 제시한다. 즉, 조선에서 시행하고자 하는 교육방침의 핵심은 모든 학교에서 실업교육이 중심에 있음을 천명하고 있다.

---

21 寺內正毅, 1911, 조선교육령 반포 유고; 大野謙一, 1936, 『朝鮮敎育問題管見』, 朝鮮敎育會, 53쪽.

22 寺內正毅, 1913, 각도내무부장에 대한 훈시; 高橋濱吉, 1930, 앞의 책, 365쪽.

이처럼 강점 직후 조선총독부의 교육방침에서 실업교육의 중요성이 강조되면서, 1910년대에 중등교육기관은 일반계 학교가 아니라 실업계 학교들이 대부분을 차지하게 되었다. 1915년까지 고등보통학교는 경성과 평양에 각각 남자와 여자 학교 1개교씩만 설립되었고, 1920년이 되어서도 전국에는 불과 5개 도시에만 관공립의 남·여 고등보통학교가 설립되었다. 이와 비교할 때, 중등교육에서 상대적으로 실업학교 보급률이 앞서고 있었다. 1910년도에 이미 도마다 관공립 실업학교들이 설립되었고, 1920년도에 이르면 전국에 25개의 실업학교들이 설립되어 운영되고 있었다.[23] 이러한 측면에서 본다면, 지방에 설치된 중등교육기관은 1920년도까지만 하더라도 실업학교만 존재하는 경우가 대부분이었다. 다시 말해, 식민지 초기까지 지방의 중등교육기관은 일반계 학교가 아니라 실업계 학교인 경우가 많았다.

또한, 식민지 초기 실용주의 교육방침과 관련하여 「조선교육령」이 규정한 각급 학교의 교육연한에 관해서도 주목할 필요가 있다. 1910년대는 '시세와 민도'에 적합한 교육을 한다는 미명하에 조선에 설립되는 각 학교의 수업연한이 매우 짧게 규정되었다. 일본인의 소학교는 6년 과정이었지만, 조선인의 보통학교는 4년이었다. 일본인의 중학교와 고등여학교 역시 각각 5년과 4년 과정이지만, 조선인이 다니는 고등보통학교와 여자고등보통학교는 각각 4년과 3년 과정으로 고안되었다. 실업학교의 수업연한은 더욱 짧아서 대개 2년 과정으로 편제되었다. 수업연한이 축소되었기 때문에, 각 학교의 교육과정도 일본인 학교들과는 매우 다르게 편성될 수밖에 없었다. 특히, 고등보통학교와 여자고등보통학교

---

23 『朝鮮總督府統計年報』, 각 연도.

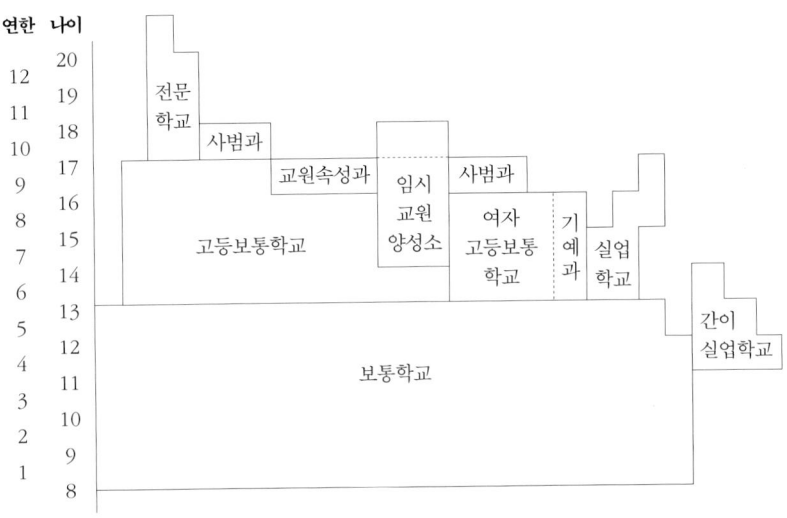

출처: 안홍선, 2017, 『식민지 중등교육 체제 형성과 실업교육』, 교육과학사, 34쪽.

는 사실상 고등교육기관으로 연결되도록 고안된 것이 아니었으며, 따라서 상급학교 진학에 필요한 수학이나 영어 과목의 비중이 매우 적게 편제되었다. 일반계 중등교육기관이면서도 보통과 과목보다는 졸업 후 경제생활에 필요한 농업이나 상업 등의 실업 과목 비중이 매우 높았다. 이러한 식민지 초기 「조선교육령」의 교육방침에 대해서 이후 조선총독부 학무국장을 지낸 오노 겐이치(大野謙一)는 실업교육에 주안점을 두었던 실용주의적인 특징을 매우 높게 평가하고 있었다.[24]

그러나 이렇게 실용주의적인 교육이라는 평계로 쉽게 고안된 학교제도는 조선인들에게 매우 차별적인 결과를 낳았다. 당시 조선에는 고등교육기관이 절대적으로 부족하였기 때문에 중등학교 졸업자들이 상급

---

24 大野謙一, 1936, 앞의 책, 62쪽.

학교로 진학하는 길은 일본으로 유학하는 것이 일반적이었다.[25] 그러나 극단적으로 짧은 초등 및 중등단계의 교육과정을 이수한 조선인 유학생들은 부족한 학력을 별도로 보충한 뒤에야 일본에서 고등교육기관 진학 자격을 얻을 수 있었다. 더구나 실업학교 졸업생들은 고등보통학교와 비교해 수업연한이 더욱 짧았다. 교육과정에서도 보통과목의 수업시간이 매우 부족하였고 실습 위주로 운영되었기 때문에 상급학교 진학을 위한 경쟁에서 상당히 불리한 조건에 있었다.[26]

2) 식민지 중기의 중등교육 정책

식민지 초기의 학교제도는 1919년 3·1운동 이후 커다란 수정이 불가피해졌다. 3·1운동을 사실상 학생들이 주도하면서, 조선총독부는 조선인 학생들의 불만을 회유하기 위한 정책을 도입할 필요성이 생겼기 때문이다. 새롭게 부임한 조선총독 사이토 마코토(齋藤實)는 소위 '일시동인(一視同仁)'과 '문화통치' 등을 표방한 새로운 시정방침을 천명하였다.[27] 그리고 「조선교육령」 개정을 통해, 일본인 학교들과 비교할 때 매우 차별적이었던 조선인 학교들에 대한 제도적인 개선이 이루어졌다.[28]

25　1915년 「전문학교규칙」이 마련된 이듬해부터 경성전수학교(1916년), 경성의학전문학교(1916년), 경성고등공업학교(1916년), 수원농림전문학교(1918년) 등이 설립되었다.

26　「실업학교규칙」에서 표준으로 제시한 교육과정을 보면, 실업학교에서는 진학에 필요한 핵심 입시과목인 영어는 전혀 가르치지 않았으며, 실습시간은 전체 총 수업시간의 1/3을 차지하고 있었다(『朝鮮總督府官報』, 1911.10.20).

27　大野謙一, 1936, 앞의 책, 97-101쪽.

28　文部省教育史編纂會 編, 1939, 『明治以降教育制度發達史』 第十卷, 龍吟社, 191-195쪽.

먼저, 보통학교의 수업연한이 6년으로 연장되고, 고등보통학교와 여자고등보통학교의 수업연한도 늘어나면서, 조선인 학교들은 일본인 학교들과 동등한 조건을 갖추게 되었다. 그리고 고등보통학교와 여자고등보통학교의 교육과정도 개정되면서, 기존에 필수과목이었던 실업 관련 과목은 가르치지 않아도 되는 수의과목으로 전환되었고, 대신에 그동안 가르치지 않았던 영어 과목이 필수과목으로 지정되었다. 실업학교도 수업연한이 5년 또는 3년으로 연장되었고, 교육과정이 개정되면서 보통과목의 비중도 많이 증가했다. 이에 따라 5년제 실업학교 졸업자는 고등보통학교 졸업자와 동등한 학력이 인정되어 전문학교나 대학 등 고등교육기관의 입학자격을 인정받을 수 있게 되었다.

이처럼 1922년 「조선교육령」의 개정 방향은 조선인 학교들에 대한 형식적인 차별을 폐지하는 데 있었다.[29] 그것은 물론 식민지에서도 일본의 제도와 동등한 제도를 적용한다는 소위 '일본준거주의(日本準據主義)' 또는 '내지연장주의(內地延長主義)'라는 일본 제국주의의 식민지 통치 방식 변화가 조선의 교육정책에 반영된 것이다. 이로 인해 조선인이 다니는 각급 학교들에서 일본인 학교와 같게 수업연한이 연장되고 보통과목의 비중 강화가 이루어졌다.

이러한 교육정책의 변화로 인해 초등교육, 중등교육, 고등교육의 상호 연결성이 개선된 점에 주목할 필요가 있다. 그 이전까지 식민당국은 초등교육 또는 중등교육이 상급학교 준비교육으로 전락하는 폐해를 시정한다는 명목으로 소학교-중학교-고등학교-대학교로 이어지는 교육의 계통성을 전혀 고려하지 않은 채 조선의 학교제도를 운영하고자

---

29 高橋濱吉, 1930, 앞의 책, 374쪽.

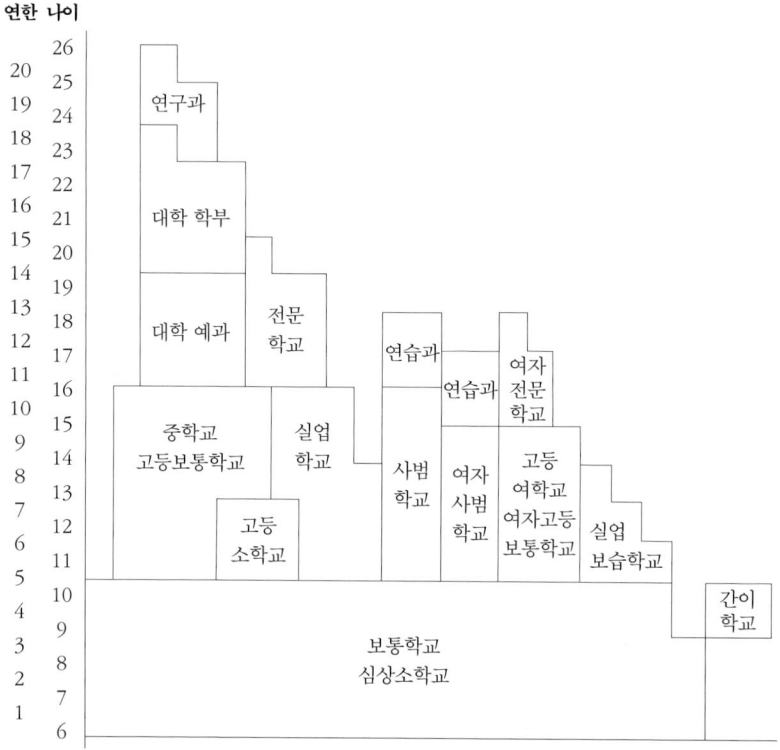

출처: 안홍선, 2017, 『식민지 중등교육 체제 형성과 실업교육』, 교육과학사, 43쪽.

하였다. 소위 실제적인 교육, 실용주의 교육으로 포장되었던 이러한 교육방침에서 각 단계의 학교교육은 상급학교로 연결되기보다는 그 자체로 종결되는 성격이 강조되고 있었다. 그런데 1920년대 초반 교육 관련 법령들의 개정으로 인해 비로소 조선의 학교체계에서 학교 간의 연결성이 확보되었다. 당시 일본인 학무 관료 역시 개정된 학교제도의 가장 큰 특징으로 일본과 조선 두 지역을 아우르는 학교기관의 계통성과 연락

관계를 강조했다.[30]

　물론 조선의 학교체제가 계통적으로 재정비되었다고 해서 초등교육 또는 중등교육에 대한 종결교육 지향이라는 조선총독부의 교육방침에 근본적인 변화가 있었던 것은 아니었다. 상급학교 진학을 위한 준비교육의 문제는 여전히 학교교육이 경계해야 하는 폐단으로 지적되고 있었다. 더구나 식민지 초기의 '실용주의 교육' 교육방침은 1920~1930년대에 더욱 극단적인 '교육 실제화 정책'과 '근로주의 교육방침'으로 구체화하면서 중등교육은 또 다른 변화를 맞이하게 된다.

(1) 식민당국의 중등교육론

　1920년대에 들어서면서 조선의 학교들은 일본의 학교들과 유사한 형태로 제도적 개선이 이루어졌다. 이러한 정책 변화의 핵심은 수업연한 연장과 보통과목의 비중 강화에 있었다. 그러나 이러한 정책적 지향이 그리 오래 유지되지는 못했다. 사실 일본인 관료들은 조선에서 일본과 같은 교육제도를 시행하는 것에 대해 일찍부터 부정적인 견해를 제시하고 있었다. 1924년 조선총독부 정무총감 아리요시 주이치(有吉忠一)는 도시학관 회의에서 새로운 교육방침을 천명하는 훈시를 내리고 있었지만, 실제로 교육을 시행할 때는 각 지방의 민도나 실정에 맞도록 하여 '모방과 추수'에 흐르지 않도록 주의하고 있었다.[31] 새로운 「조선교육령」을 공포했던 조선총독 사이토 역시 1926년에는 "학교의 실업에 관한 지식기능

30　大野謙一, 1936, 앞의 책, 134쪽.

31　有吉忠一, 1924, 도시학관회의 정무총감 훈시; 朝鮮總督府官房文書課, 1941, 『諭告·訓示·演述總攬』, 450쪽.

의 증진 또는 실과적 도야"의 필요성을 역설했다.[32] 이에 따라, 1920년대 후반부터 조선총독부는 본격적으로 교육방침을 재수정하기 시작했다.

먼저, 1927년 「고등보통학교규정」이 개정되어 수의과목이었던 실업 과목이 다시 필수과목으로 전환되었다.[33] 일반계 중등교육에서 그동안 생략되었던 실업교육이 다시 시작된 것이다. 그리고 1929년에는 「보통학교규정」이 개정되어, 초등학교의 교육과정에 직업 과목이 신설되고 필수과목으로 지정되었다.[34] 농업, 공업, 상업, 또는 수산 가운데 하나를 선택하여 실습 중심으로 운영하도록 한 것이다. 즉, 신설된 직업 과목은 1910년대의 실업 과목이 이름만 바꾼 것에 불과한 것으로, 결국 초등교육 단계에서도 실업교육이 재도입된 것이라 할 수 있다. 여기에 더하여, 교육방침을 구체화한 교수상의 주의사항도 개정되어, 그동안 규정에 존재하지 않았던 "근로애호의 정신을 길러 흥업치산의 지조를 공고하게 하는 것"에 깊이 유의해야 한다는 문구가 추가되었다.

이처럼 초등교육 및 중등교육에서 실업교육을 강화하려는 경향은 1920년대 초반 보통과목의 비중 강화라는 교육제도 개정의 취지와는 전혀 상반되는 것이라 할 수 있다. 이러한 일련의 교육방침 재수정의 필요성과 관련하여, 1928년 정무총감이었던 이케가미 시로(池上四郞)는 당시 상급학교 진학에 매달리는 교육 현상을 지적하며, 그 원인을 '독서교육의 폐'라고 규정하였다.[35] 이러한 폐해를 시정하는 것은 교육의 본지를

32　齋藤實, 1926, 도시학관회의 총독 훈시; 朝鮮總督府官房文書課, 1941, 앞의 책, 『諭告·訓示·演述總攬』, 453쪽.

33　『朝鮮總督府官報』, 1927.3.31.

34　『朝鮮總督府官報』, 1929.6.20.

35　池上四郞, 1928, 도시학관회의 정무총감 훈시; 朝鮮總督府, 1937, 『朝鮮施政に關す

위해서는 물론이고, 교육정책이나 사회정책 측면에서 매우 시급한 과제인 것으로 진단했다. 이를 극복하기 위해 그가 제안한 것은 '근로주의 교육'을 보다 철저히 실행하는 것이었다. 이러한 교육방침의 변화가 갖는 의미는 당시 조선총독 야마나시 한조(山梨半造)가 도지사들에게 한 다음과 같은 훈령에 잘 나타나 있다.

> 만근 시세의 변천과 조선의 실정은 초등교육의 개선보급을 도모하여 민중 일반의 자질을 향상함으로써 일층 국가관념을 명징하게 하여 내선공영(內鮮共榮)의 근저를 견실하게 하고 또한 그 생활안정의 기초를 건전하게 하는 것은 긴요한 문제이므로, 그 목적을 달성하기 위해서는 교육상 더욱 시설을 갖춰야 하는 사항이 적지 않지만, 그중에서도 초등교육에서 국민다운 자각을 견고히 함으로써 온건중정한 사상을 계배하고 공민으로서 필요한 덕성을 기르고 품격을 높이고, 각인의 직업에 대한 견실한 사념을 주어 근로를 애호하고 흥업치산의 지조를 공고하게 하고 자영진취의 기상을 기르는 것은 가장 긴요한 요무이다. 공연히 독서교육의 폐에 빠져 수업의 효과로서 봉록(俸祿)에 의식(衣食)하려 하는 잘못된 지향을 교정하는 것은 가장 깊게 유의하지 않으면 안 된다.[36]

위와 같이 1929년에 공포된 야마나시의 훈령은 1922년 개정된 「조선교육령」에서 상급학교 연락과 보통과목 중심을 표방했던 교육방침

る論告訓示並に演述集』, 359-363쪽.
36 山梨半造, 1929, 도지사에 대한 훈령;『朝鮮總督府官報』, 1929.6.20.

과 전혀 상반된 취지를 담고 있다. 초등교육 단계부터 실업교육을 실시할 필요성을 강조하며, 국민의 생활 안정을 도모하기 위해서는 보통학교 학생들을 대상으로 실업에 종사하려는 정신과 기술을 가르쳐야 한다는 것이다. 이를 위해 야마나시는 '근로애호'와 '흥업치산'의 정신 배양에 특별히 유의해야 한다고 지적한다. 반면에, '독서교육의 폐'에 빠지거나 '봉록에 의식하려는 지향'을 교정하는 것은 조선의 교육이 직면한 가장 중요한 과제로 제시되고 있다. 이처럼 '근로애호'나 '흥업치산' 정신의 배양을 모토로 하는 교육방침은 당시에는 '교육 실제화 정책'이라는 이름으로 널리 홍보되고 있었다.

'교육 실제화 정책'은 1930년대 이후 조선총독 우가키 가즈시게(宇垣一成)의 교육정책에 따라 더욱 강화된 형태로 전면화되었다. 우가키는 세계적인 경제 대공황의 여파가 한창인 1931년 조선총독으로 부임하면서 '사상의 융합'과 함께 '생활의 안정'을 최고의 통치 방침으로 천명하였다.[37] 그가 전면에 내세운 정책은 이른바 '농촌진흥자력갱생운동'이었다. 이는 대공황의 영향으로 극도로 피폐해진 경제 상황을 타개하기 위한 식민당국의 최상위 정책적 목표로서, 조선의 모든 산업, 교화, 생활 등과 관련된 정책들은 소위 농촌진흥운동으로 집중되어야 한다는 것을 의미했다. 그가 제시한 교육정책 역시 예외는 아니었다. 즉, 우가키는 "생활 안정을 도모하는 것이 급무이며, 이것은 교육을 포함한 모든 국가 시설이 존재하는 전제가 된다"고 주장하였다.[38] 그는 전국의 중등학교장 회의에서 이러한 교육관을 강조하면서, 조선의 교육시책과 관련하여

---

37 宇垣一成, 1931, 취임 유고;『朝鮮總督府官報』, 1931.7.14.
38 宇垣一成, 1934.10,「全國中學校長會同に於ける講演」,『文教の朝鮮』, 28쪽.

"교육 즉 생활, 생활 즉 근로"라는 말로 요약하여 소위 '근로주의 교육방침'을 천명하였다. 교육은 생활에 유익한 것이어야 하고, 따라서 교육은 근로의 정신과 기술을 습득하게 하는 것이 가장 큰 목표여야 한다는 말이다. 이처럼 식민지 초기의 실제적인 교육, 실용주의 교육론은 1920년대에는 '교육 실제화 정책'이라는 이름으로, 1930년대에는 '근로주의 교육방침'으로 변화하며 더욱 강화되었다.

1920년대와 1930년대에 '교육 실제화 정책'과 '근로주의 교육방침'이 도입된 것에 대해, 일본인 학무 관료였던 오노는 1910년대의 '실과훈련주의'의 부활을 도모한 것이라고 평가하며 매우 긍정적으로 서술했다.[39] 오노에 따르면, 1910년대 초등 및 중등단계 보통교육에서 실업교육을 강조한 것은 '조선만의 독특한' 교육방침으로서 매우 높게 평가되었다. 그런데 1922년 「조선교육령」이 개정되면서, 학생들 사이에 교육의 실용성을 경시하는 풍조가 나타나게 되었고, 이러한 현상으로 인해 결국 문화발전과 경제번영을 도모하려는 교육 사업에 장애물이 되었다는 것이다. 따라서 오노는 1920년대 후반 이후 '실과훈련주의'를 부활시킨 교육방침에 큰 의의를 부여하고 있다. 조선의 실정에서는 '근로애호'와 '흥업치산'의 정신을 함양하게 하여, 학생들이 '봉록에 의식하려는 지향'을 버리고 대신에 직접 실업으로 나아가도록 유도하는 '근로주의 교육방침'이 필요했다는 것이다.

그러나 이러한 식민지 관료의 평가와 달리, 조선총독부가 '교육 실제화 정책'과 '근로주의 교육방침'을 도입한 배경에는 당시 조선 통치에 대한 일본 제국주의의 위기의식이 저변에 깔려 있었던 점에 유의할 필

---

39   大野謙一, 1936, 앞의 책, 105, 175, 236쪽.

요가 있다.[40] 당시에는 계속되는 경제 불황과 경제 대공황의 영향으로 농촌 사회의 붕괴와 실업률의 증가가 지속되고 있었다. 이에 따라 농민운동과 노동운동이 크게 확산되었고, 사회주의 사상이 보급되면서 급진적인 좌익운동이 커다란 사회운동 세력으로 등장하였다. 또한, 학교 현장에서는 해마다 극심한 입학난과 취업난이 반복되면서 교육정책에 대한 비판 여론이 높았다. 학생운동 형태도 보다 조직화되고 체계화되면서 동맹휴학이 일상화되고 투쟁 양상도 격화되었으며, 요구 조건에서도 식민지 교육 폐지와 같이 정치적인 성격을 짙게 드러냈다. 이러한 상황에서 식민당국자들 사이에 통치상의 위기의식이 널리 확산되고 있었던 것이다.

이러한 위기의식에 관해서는 당시 식민지 관료들의 언설에서 어렵지 않게 찾아볼 수 있다. 조선총독부 학무국장을 지낸 와타나베 도요히코(渡邊豊日子)는 '교육 실제화 정책'을 도입한 배경에는 당시 조선의 사상문제와 경제문제가 크게 작용했던 것으로 평가한 바 있다.[41] 또한, 정무총감이었던 이케가미도 이러한 맥락으로, 당시 학교교육의 가장 큰 문제를 '독서교육의 폐'라고 규정하며, 일선 학교에서 '근로교육주의'의 철저한 실행을 역설했다.[42] 그리고 이러한 교육방침은 교육정책만이 아니라 사회정책 측면에서 매우 큰 의의가 있다는 점을 강조했다. 조선총독 우가키 역시 당시 조선의 상황을 "미증유의 중대 시국"으로 규정한 뒤에, 그 타개책으로서 소위 농촌진흥운동과 함께 실업교육의 강화를

---

40 이만규, 1988, 앞의 책, 192-200쪽.
41 渡辺豊日子, 1934.10, 「朝鮮敎育の側面觀」, 『文敎の朝鮮』, 41쪽.
42 池上四郎, 1928, 앞의 글; 朝鮮總督府, 1937, 앞의 책, 359-363쪽.

중요하게 언급했다.[43]

이처럼 1920년대와 1930년대에 도입된 '교육 실제화 정책'이나 '근로주의 교육방침'은 위기에 봉착한 식민지 통치전략으로 제안된 정치적 대처 방안의 성격이 강했다. 그런데 이처럼 정치적 맥락에서 도입된 교육정책을 당시 교육학자들이 이론적으로 지지하고 정당성을 부여했다는 점에도 유의할 필요가 있다. 1931년 학무국장이었던 다케베 긴이치(武部欽一)는 이러한 사실을 분명하게 언급하고 있다.[44] 즉, '교육 실제화 정책'은 하나의 정치방침으로서 먼저 제기된 것이었지만, 이후 교육학자들이 동의해주면서 그 정책이 널리 수용되고 확산된 것이라고 설명한다. 사실 당시 유력한 교육 관련 잡지였던 『문교조선(文敎の朝鮮)』이나 『조선교육연구(朝鮮の敎育硏究)』에는 '근로주의 교육방침'이나 '교육 실제화 정책'을 정당화하는 논설들과 그것의 실행을 위한 구체적인 방안들이 매 호마다 비중 있는 기사로 게재되고 있다.

당시 일본 교육학자들이 조선의 '근로주의 교육방침'을 지원하기 위해 동원한 교육 담론들은 케르셴슈타이너(G. Kerschensteiner)의 교육이론을 차용한 것이 많았다. 예를 들어, 당시 대표적인 교육학자였던 경성제국대학의 교육학 교수 마쓰즈키 히데오(松月秀雄)는 케르셴슈타이너가 주창한 가장 핵심적인 교육사상을 다음과 같이 요약하여 소개하고 있다.

> 지금까지의 '가르치는 학교'에 대한 '작업주의 학교'이며, '지식의 학교'에 대한 '의지의 학교'이며, '지의 학교'에 대한 '행의 학교'이며,

---

43　宇垣一成, 1932, 공립농업학교장 회의 훈시; 朝鮮總督府, 1937, 앞의 책, 402쪽.
44　武部欽一, 1931.4, 「敎育上に於ける當面の諸問題」, 『文敎の朝鮮』, 5쪽.

'서물학교'에 대한 '근로학교'라고 하는 설이다.⁴⁵

위 강연에서 마쓰즈키가 요약한 케르센슈타이너의 교육이론은 1920년대와 1930년대 식민당국의 교육 관료들이 언급했던 '독서교육의 폐' 또는 '근로주의 교육' 등의 언설들과 일맥상통한다. 그는 케르센슈타이너의 교육사상이야말로 조선의 교육가들이 반드시 참고해야 한다고 역설했다. 사실 마쓰즈키는 "시를 짓기보다는 밭을 일구라"고 했던 조선총독부 정무총감의 말을 인용하며 위 강연을 마무리했다. 마쓰즈키 교수와 같은 교육학자들의 담론에 기초하여, 1930년 학무국장 다케베는 「어떠한 교육을 실시해야 하는가」라는 제목의 논설에서 "케르센슈타이너 근로교육의 근본정신이야말로 반도 교육의 현세에 대해 가장 확실하고 순정한 이론과 방법을 명시해주는 것"이라고 선언할 수 있었던 것이다.⁴⁶ 이처럼 식민지 관료들의 '근로주의 교육론'은 케르센슈타이너의 교육사상으로 소개되는 등 당시의 교육학자들이 이론적으로 정당화하고 있었다.

그런데 마쓰즈키가 소개한 케르센슈타이너의 교육사상은 물론이고 일본을 통해 조선에 소개된 대부분의 서구 교육학 이론들은 일본적 변형과 더불어 식민지적 변형을 거쳐 이중적으로 왜곡되고 있는 점에 주의할 필요가 있다.⁴⁷ 위 마쓰즈키의 강연록에서 드러나듯이, 케르센슈타이너의 노작교육이론은 '근로주의 교육', 즉 반지식주의 교육을 정당화

---

45 松月秀雄, 1928.6, 「勤勞の教育學的概念」, 『文教の朝鮮』, 23쪽.
46 武部欽一, 1930.1, 「如何なる教育を施すべきか」, 『文教の朝鮮』, 3쪽.
47 오성철, 2000, 앞의 책, 285-297쪽.

하는 논리로 윤색되어 있다. 이렇게 변형된 케르셴슈타이너의 교육이론이 다시 조선으로 건너오면, 중등단계 일반교육의 무용론으로 재차 변형되어 조선인들의 고등보통교육 확대 요구를 무마하기 위한 수사로 활용되었다. 당시 학무과장 후쿠시 스에노스케(福士末之助)는 '교육 실제화 정책'의 근본적인 취지를 해설하면서, 교육은 학구적인 과학사상의 보급이 아니라 '근로주의'에 의한 실용적인 직업교육을 지향해야 하며, 그것의 더 깊은 의미는 학생들에게 국가관과 국민의 의무를 자각시키는 것이라고 설명한다.[48] 다시 말해, 변형된 '근로주의 교육론'은 조선인 학생들에게 직접적인 근로를 강제하는 실업교육의 강화를 통해 공동체와 국가에 봉사하는 의식의 배양을 목적으로 한다는 것이다.

이처럼 중등단계 일반교육에서 실업 과목이 도입되는 등 실업교육 강화정책은 궁극적으로 조선인 학생이 식민통치에 순응하는 허구적인 국가의식을 함양할 수 있도록 고안된 것이었다. 우가키 총독이 '교육=생활=근로'라는 논리로 포장된 '근로주의 교육방침'을 주창한 배경도 여기에 있었다. 이러한 교육관은 식민지 말기에 이르면 더욱 극단적인 형태로 변형되어, 전쟁 수행을 위한 학생들의 노동착취에 불과한 근로동원마저 교육학적 담론으로 정당화되기도 하였다.

(2) 조선인 언론의 중등교육론

1920년대와 1930년대 조선총독부의 중등교육 정책은 일반계 학교의 증설을 억제하는 대신에 실업계 학교 중심으로 중등교육을 보급하는 것이었다. 또한, 일반계 학교에도 실업 관련 과목을 재도입하여 직업교

48　福士末之助, 1929.8, 「朝鮮敎育諸法令改正等に就いて」, 『文敎の朝鮮』, 33-40쪽.

육을 강화하는 데 초점을 두고 있었다. 소위 실용적인 교육, 근로주의 교육으로 포장된 이러한 식민당국의 교육정책은 조선인들에게 어떤 의미를 갖는 것이었는가? 이하에서는 당시 언론에 나타난 논설들을 중심으로 조선인의 중등교육론을 검토하고자 한다.

1920년대 후반부터 식민지 교육 당국이 '교육 실제화 정책'을 도입하여 실업교육을 강화하려 할 때, 조선인 언론들의 태도는 대체로 이에 동조하는 경향을 보였다. 당시 언론들은 조선의 학교교육내용에 대해 교육이 생활로부터 괴리되어 있다는 측면에서 비판하고 있었다.[49] 서양의 근대 교육이 갖는 특징은 사회적 경제 성장과 개인적 생활 개선이라는 목표를 동시에 추구하는 것으로 소개되었으며, 이러한 실리적 교육이라는 관점에서 조선의 교육내용이 비판되고 있었던 것이다.[50] 따라서 조선인 언론들은 식민당국의 '교육 실제화' 논리 그 자체에 대해서 정면으로 부정하지 않았다.[51] 학교에서 실업교육을 강화하여 직업세계나 사회생활의 실제를 가르치고, 그러한 교육의 효과가 조선인들의 생활 개선에 도움이 된다면, 식민지 교육 당국의 '교육 실제화 정책'은 오히려 적극적으로 찬성할 만한 것으로 이해되었다.[52] 따라서 당시 조선인 언론들은 교육당국보다 먼저 보통학교에 실업 과목을 설치하여 초등교육 단계부터 직업 훈련을 하도록 촉구하거나, 고등보통학교와 같은 일반계 중등교육에서도 실업교육을 강화할 필요가 있다고 주장하기도 하였다.[53]

---

49 「보통교과서개편설」, 『동아일보』, 1928.3.18.
50 정규창, 「교육문제관견(1~7)」, 『동아일보』, 1927.11.17~24.
51 「실업교육의 장려」, 『동아일보』, 1927.3.6.
52 「조선인과 실업보습교육」, 『조선일보』, 1928.3.3.
53 「조선인 생활구제의 일방책」, 『조선일보』, 1927.4.25.

이렇게 조선인 언론들이 식민지 교육 당국의 '교육 실제화 정책'이나 실업교육 강화론에 동조하였던 원인은 근본적으로 같은 '실리주의적' 또는 '실용주의적' 교육관에 기초하고 있었기 때문이다. 이러한 교육관은 당시 민족주의 좌파와 우파 언론 모두에 공통된 것이었지만, 이들의 실용주의적 교육론은 다소 다른 인식적 지반에 기초한 것이었다.[54] 여기서 민족주의 우파란 자치론으로 경도된 이광수 등의 『동아일보』계 언론으로 구분되고, 민족주의 좌파는 사회주의계를 포함한 안재홍 등 비타협적 『조선일보』계 언론으로 대표될 수 있을 것이다.[55] 이들 두 진영의 교육론에 대해서 조금 더 자세하게 비교 검토할 필요가 있다.

조선인 민족주의 언론 두 진영의 중등교육에 대한 견해 차이는 협성학교 문제에 관한 공통된 사설에 잘 나타난다. 당시 대표적인 민족주의 사학이었던 협성학교는 만성적인 운영상의 어려움을 겪어오다가, 1927년 상과와 공과를 설치하여 실업학교로 전환하려는 계획을 모색하고 있었다. 이와 같은 동일한 사안을 계기로 『동아일보』와 『조선일보』는 각각 사설을 내어 협성학교의 미래와 조선의 교육 현실에 대해 논평했다. 먼저, 『동아일보』 사설의 주요 내용을 인용하면 다음과 같다.

모든 것을 들어 생활화하며 생활가치화하는 것은 확실히 근대상 근

---

54 박찬승, 1990, 「일제하 민족주의 우파와 친일파의 교육론」, 『초등우리교육』 8호; 구희진, 1995, 「일제강점 전반기(1905~1928)의 교육론」, 서울대학교 석사학위논문.
55 김명규, 2002, 「1920년대 국내 부르주아 민족운동 우파 계열의 민족운동론: 〈동아일보〉 주도층을 중심으로」, 『한국근현대사연구』 20집; 장신, 2006, 「1924년 동아일보 개혁운동과 언론계의 재편」, 『역사비평』 75호; 박용규, 2009, 「1920년대 중반(1924~1927)의 신문과 민족운동: 민족주의 좌파의 활동을 중심으로」, 『언론과학연구』 9권 4호.

대색의 주요한 경향이다. … 우리 조선인의 근대적 낙오가 무엇에 연유하는 것인가. … 주요한 것으로 생활 및 생활의 질에 대한 인식과 노력이 시운에 부응하지 못함을 들 수 있을 것이다. … 교육을 위해서의 교육이요 학문을 위해서의 학문이지, 생활을 위해서 생활가치의 조성을 위해서의 교육과 학문의 노력이란 것을 볼 수 없는 것이 사실이다. … 오늘 우리 어떻게 많은 고통을 실생활에서 받으면서 어떻게 작은 주의와 노력을 실제적이고 실업적인 노작역행(勞作力行)에 가지는가를 생각하자. … 장구한 역사와 다대한 공적을 가진 협성학교가 결연히 종래의 인습을 깨뜨리고 실업학교로의 조직 변경을 단행하며, 그것도 극히 비근착실한 실제적인 상공술로써 민생 일상의 효과를 도모함은 특히 감복할 사건이라 할 것이다.56

위 『동아일보』 사설은 '근대상 또는 근대색'이라는 서구의 경향을 근거로 교육의 '생활가치화'를 주장하고 있다. 근대 교육은 국민의 생활수준을 향상시킨다는 점에서 실리적인 가치를 지닌다. 이러한 민족주의 우파의 실리주의 교육관은 나름의 역사성을 갖는다. 1920년대 초 조선 사회가 문명화를 통해 진보를 이룰 수 있는 유일한 길은 오직 교육을 통해서만 가능한 것으로 이해되었다. "경제도 없고 산업도 없고 예술도 없고 과학도 없는" 조선의 현실에서 교육은 마치 '도깨비 금망치'와도 같은 것이었다.57 이러한 맹목적인 교육만능론은 이후 민족개조론과 자치론을 거치며 민족주의 우파의 실리적인 교육이념이 만들어지게 된다. 민

---

56 「교육의 생활화: 협성실업학교의 신안(新顔)」, 『동아일보』, 1927.4.28.
57 노자영, 「교육진흥론(1)」, 『동아일보』, 1920.9.10.

족의 독립을 사실상 포기하면서, 문명화의 과제는 현실적인 경제문제를 해결하는 것으로 축소되었다. 이에 따라 교육도 오직 '피적포이술(避敵捕餌術)', 즉 적을 피하고 먹이를 얻는 것에 주안점을 두어야 한다는 경제적 풍요와 실용적 이익을 목적으로 하게 된 것이다.[58]

이처럼 민족주의 우파 언론에서 교육은 경제적 성장을 목표로 하여 개인의 실생활 개선을 위한 실리주의적 내용을 갖는 것이어야 했다. 이러한 실리주의 교육관이야말로 서양의 근대적 교육 동향인 것으로 소개되었다.[59] 반면에 조선의 교육 현실은 교육과 생활이 분리되어 있다는 측면에서 비판되고 있었다.[60] 그러나 실용주의적 교육을 서구적 근대 교육 이론이라고 주장한 민족주의 우파의 교육론은 사실 식민지 교육 당국의 실업교육 강화정책에 편승하여 제기된 것이라 할 수 있다.[61] 학교를 졸업해도 상급학교 진학이 매우 제한된 조선의 현실에서, 학교의 교육과정 운영은 진학보다는 직업 훈련에 치중하는 것이 학생들에게 실익이 있는 것으로 이해되었다. 같은 맥락에서, 일반계 학교보다는 실업계 학교를 중심으로 중등교육이 확대되는 것이 실용적인 것으로 이해되었다. 실리와 실용을 중시했던 민족주의 우파 언론의 교육론은 사상적으로 식민지 교육 당국의 논리에 완전히 동조하는 결과가 된 것이다.

이러한 민족주의 우파의 입장과 비교할 때, 『조선일보』의 교육론은 약간의 차이를 보인다. 아직 비타협적 민족주의 좌파들은 독립을 포기

---

58 이광수, 「민족적 경륜(4)」, 『동아일보』, 1924.1.5.
59 정규창, 「교육문제관견(1~7)」, 『동아일보』, 1927.11.17~24.
60 「보통교과서개편설」, 『동아일보』, 1928.3.18.
61 구희진. 1995, 앞의 글, 37쪽.

하고 자치론으로 기운 것은 아니었다. 이들은 조선과 일본 "양 민족 간의 현실의 제 관계가 근본적으로 개선됨이 있기 전에는" 조선인의 항쟁은 계속될 것이라 선언했다.[62] 이에 따라, 조선의 교육은 "조선인의 해방을 위한 근본 방책으로서 조선인의 조선"을 만들기 위한 것으로 이해되었다.[63] 이러한 점은 위의 『동아일보』 사설과 같은 시기에 나온 다음의 『조선일보』 사설에서도 드러나고 있다.

> '주체할 길도 없는데 식자를 많이 만들어내는 것은 결국 불온선인(不穩朝鮮人)을 제조하는 것이다.'라는 통치자들의 말이 있다. 이 말은 오인이 이러니저러니 변명할 필요조차 없다. 그러나 남이야 뭐라고 하든지, 괭이 들고 망치와 대패 들고 제 한 몸 생활을 자기 힘으로 살아 보려 하고, 또한 할 수 있는 기술과 의지를 완전히 가지도록 가르치고 그러한 기풍을 만들 필요가 있는 것은 부인할 이유가 조금도 없으며, 실제 생활 장소에서 강대한 국력을 준비하는 첫걸음이 되는 것이다.[64]

위에서 인용한 『조선일보』 사설은 먼저 자신들의 입장은 식민당국의 논리와는 무관한 것이라며 분명한 선을 긋고 있다. 조선의 현실을 평계로 고등교육의 확대는 불필요하다거나 중등교육 단계에서 일반계 학교의 억제 등을 주장하는 식민지 통치자들과는 전혀 견해가 다르다는 것이다. 이어서 조선인들이 실생활에서 자립할 수 있도록 하여 향후 '국력

---

62 「구구한 책임론」, 『조선일보』, 1926.6.15.
63 「교육상 일문제」, 『조선일보』, 1926.1.21.
64 「협성실업학교」, 『조선일보』, 1927.4.26.

을 준비하는' 교육의 필요성을 주장하고 있다. 물론 이러한 조선인 본위의 교육은 식민 통치하에서는 근본적인 해결이 어려우므로, 이들이 현실적으로 주목한 것은 실업교육, 직업교육이었다.[65]

이러한 민족주의 좌파 언론인들에게 실업교육은 민족의 주체성을 유지해주고 자립적인 경제발전을 도모할 수 있는 수단으로 이해되었고, 다른 한편으로 조선인에게 직업을 갖게 하는 실업교육은 해방운동 전술로 이해되었다. "청년은 먼저 그 직업을 구하여 생활의 근거로 삼고서 사회 기능의 일원의 운용자가 되어야 한다. 그리고 그곳을 입각지로, 책원지로, 성곽으로서 그 주의와 이상을 실현"하기 위해 노력해야 한다고 주장한다.[66] 즉, 조선인 각자가 직장에서 이익을 확보하고 생존을 보장하기 위해 노력하는 것은 "해방 투쟁의 긴요한 전술"이 되는 것으로 이해하고 있었다.[67] 따라서 민족주의 좌파 언론 역시 식민지 교육 당국보다 먼저 보통학교에 실과 과목의 도입을 촉구하였고, 고등보통학교에서도 실업교육을 강화할 필요가 있다고 주장했던 것이다.[68] 비록 교육을 바라보는 관점의 인식적 지반은 서로 달랐지만, 조선의 학교교육은 실업교육에 중심이 놓여야 한다는 결론에 있어서는 식민지 교육 당국의 입장과 크게 다르지 않았다.

이처럼 민족주의 우파와 좌파 언론 모두 식민지 교육 당국이 추진하기 시작한 '교육 실제화 정책'에 대체로 동조하는 태도를 보였다. 조선인

---

65 구희진, 1995, 앞의 글, 43쪽.
66 「각교 학생 졸업에 임하여」, 『조선일보』, 1926.3.3.
67 「학도로서의 분투」, 『조선일보』, 1927.4.29.
68 「조선인 생활구제의 일방책」, 『조선일보』, 1927.4.25.

학생들의 생활 개선에 실제적인 도움이 되고, 조선의 경제 성장과 산업 진흥을 도모할 수 있다면, '교육 실제화'나 실업교육 강화 논리 그 자체를 전면적으로 부정할 수 없었기 때문이었다. 다만, 민족주의 언론들은 식민당국의 실업교육 장려 정책이 조선에서 일반계 중등교육의 보급을 억제하려는 의도는 아닌지 경계할 뿐이었다. 특히 1928년 이후부터 식민지 교육 당국이 '독서교육의 폐해'를 지적하고 매년 증가하는 '고등유민' 문제를 근거로 하여 중등교육과 고등교육에 대한 억제 지향을 드러냈을 때, 조선인 언론들은 그에 대한 반대 견해를 분명히 밝히고 있었다.

대표적으로 『중외일보』는 사설을 통해, '교육 실제화 정책'을 도입한 전제가 되는 '독서교육의 폐해' 또는 조선인들이 '봉록에 의식하려는 경향'이 강하다는 주장은 단지 교육 당국자들의 편견에 불과하다고 비판한다.[69] 학교 졸업자들 가운데 관직에 진출하려는 자가 많다는 통계를 통해 식민지 관료들은 "조선인은 안일을 좋아하므로 실업 착수를 기피"하기 때문에 나타난 현상이라고 지적했다. 이에 대해, 『중외일보』는 조선에서 나타나는 현상은 동서고금을 통해서 어느 민족에게나 보편적으로 나타나는 것이며 조선인에게만 특수한 것은 아니라고 주장하였다. 이어서 고등보통학교나 전문학교 교육을 억제하는 것이 아니라, 조선인 학교 졸업자들이 실업을 개척할 수 있도록 더욱 실질적인 대책을 마련하라고 주문했다.

또한, 식민지 교육 당국자들이 흔히 언급하는 '고등유민' 문제에 관해서도 조선인 언론은 견해를 달리하고 있었다. 식민지 시기에는 극심한 경쟁을 뚫고 중등교육 또는 고등교육을 마치고도 만성화된 취업난으로

---

[69] 「실업교육의 의의를 철저케 하라」, 『중외일보』, 1928.3.3.

직장을 얻지 못하는 고학력 실업자층이 광범위하게 형성되어 커다란 사회문제가 되고 있었다. 이러한 '고등유민' 양산 문제와 관련하여, 『동아일보』는 식민당국의 견해와는 다르게 보다 근본적인 문제를 지적했다. 특히, 1929년 식민지 자본 투자를 위해 조선을 시찰했던 '일본실업시찰단장'의 발언을 비판하기 위한 논설이 그 대표적인 예라 할 수 있다. 당시 시찰단의 단장은 일본의 주요 재벌기업인 미쓰이(三井)의 초대 이사장을 지낸 단 다쿠마(團琢磨)였다. 시찰이 끝날 즈음 조선 산업에 대한 소감과 투자 계획을 묻는 기자들의 질문에 대해, 그는 "금일 조선의 문화 발달은 고등유민을 산출하는 조직" 수준에 지나지 않는다는 취지의 발언을 한 것으로 전해졌다. 이러한 일본 기업가의 왜곡된 조선 인식에 대해 『동아일보』가 사설을 통해 정면으로 비판하고 나섰다.

> 단 다쿠마 씨의 관찰은 확실히 조선 현재의 교육제도가 조선 금일의 사회제도와 상합치 않는 현격한 차이가 있는 것을 지적하였다. 그러나 단 다쿠마 씨에게 있어서는 이상 교육과 사회와의 모순은 지적하였으나, 그 원인이 어디에 있는지는 말하지 않고, 그리고 그 대책에 대해서도 단 다쿠마 씨는 실업가로서의 온정주의적 태도를 표시하였다. … 단 다쿠마 씨는 조선에 왜 소위 고등유민이란 것이 많이 생기는가를 몰랐다. 아니, 알면서도 말하지 않았다. … 소위 산업상의 연장주의도 결국은 일본 자본가의 조선 투자이며 신산업에 적응한 신교육도 결국은 이 신산업가의 고용인을 양성하는 것이 아닌가. … 이제 공업에, 광산에, 또 산림에 신기업이 발흥한다고 하자. 그렇다면 그 기술자와 자본가가 조선인으로 될 것이라 생각되는가. 조선에 있어 고등유민이라 하는 자가 많아지는 것은 조선 사회가 가져야만 할 고등 지식

계급이 조선 사회에 요구되지 못하는 까닭이다. 이것이 단 다쿠마 씨가 보지 못한, 또는 보고도 못 본 체하는 현실의 정체인 것이다.[70]

위 사설은 일본의 식민지 지배가 낳은 모순과 그것을 인식하지 못한 일본인 기업가의 조선관을 신랄하게 비판하고 있다. 일본인 기업가 단 다쿠마의 견해를 요약하면, 조선의 '고등유민' 문제는 사회 현실과 부합하지 않는 교육제도로부터 발생하는 것이며, 이는 일본 자본의 조선 투자로 인해 조선의 산업이 발흥하면 해결될 것이므로, 그동안 조선인 교육에서는 '근로와 실무의 정신'을 함양하는 방향으로 개선될 필요가 있다는 것이다. 그러나 사설에서는 조선인 '고등유민'의 증가 원인이 조선 사회에 필요한 지식인층·고등기술자를 일본인이 독점하고 있기 때문이라고 지적한다. 따라서 조선인 '고등유민' 문제를 해결하기 위해서는 고등인력 양성을 제한하려는 교육제도의 개선이 아니라 일본의 조선 통치 방식에서 변화가 선행되어야 한다고 주장한다. 이를 외면한 채 근로와 실무의 정신을 함양하는 데 초점을 둔 교육제도 개선 요구는 조선인 고급인력의 양성을 포기하고 저급한 산업 인력만을 양성하라는 주장일 뿐이라고 비판한다. 즉, 위 사설은 일본의 식민지 통치가 갖는 민족 차별적인 속성을 지적하며, 그로 인해 학교교육 제도가 사회적 기능을 상실함으로써 구조적으로 조선인 고학력 실업자층이 양산되는 것으로 '고등유민' 문제의 발생 원인을 진단하고 있다. 그리고 이러한 사실을 애써 외면하는 일본인 기업가의 온정주의적 태도 속에는 결국 제국주의 자본가의 이윤 동기만이 은폐되어 있을 뿐이라고 비판하였다.

---

70 「소위 고등유민을 내게 된 조직」, 『동아일보』, 1929.5.7.

이처럼 식민지 중기의 조선인 민족주의 언론은 식민당국의 중등교육 또는 고등교육 억제정책에 대해서 매우 강경하게 비판적인 입장을 견지하고 있었다. 그러나 근대적인 교육은 실용적이어야 한다는 교육관에 있어서는 식민지 교육 당국의 입장과 크게 다르지 않았기에, '교육 실제화 정책'을 전면적으로 부정하거나 실업교육 강화 정책에 대해 비판적으로 접근한 것은 아니었다. 중등교육에서 고등보통학교와 실업학교는 성격이 다르므로 나란히 발전해야 한다는 견해였지만, 민족주의 진영 역시 일반교육보다는 실업교육 쪽에 무게를 두고 있었다. 일반계 중등교육의 축소에 대해서는 경계하고 있었지만, 실리주의 또는 실용주의 교육관에 따라 학교교육에서 실업교육의 진흥을 더 중시하고 있었던 것이다.

3) 식민지 후기의 중등교육 정책

식민지 후기에도 학교교육 제도는 두 차례에 걸쳐 크게 개정되었다. 그동안 조선인이 다니는 학교와 일본인이 다니는 학교는 구분되어 각기 다른 명칭과 규정을 적용하고 있었다. 그러나 1938년 「조선교육령」을 개정하여, 조선에 대해서도 일본의 「소학교령」, 「중학교령」, 「고등여학교령」을 적용하도록 하였다.[71] 이로 인해, 지금까지 조선인 학교에 붙였던 보통학교, 고등보통학교, 여자고등보통학교라는 명칭 대신에 일본인 학교와 동일한 소학교, 중학교, 고등여학교라는 이름으로 변경되었다. 초등교육과 중등교육에서 형식적으로 남아 있던 민족별 학교 구분이 사라지고, 조선인과 일본인 학생에 대해 동일한 법령을 적용하게 된 것이다.

---

71 『朝鮮總督府官報』, 1938.3.4.

1943년의 「조선교육령」 개정은 중등교육에서 더 특별한 의미가 있다. 그동안 중학교, 고등여학교, 실업학교 등으로 구분되었던 중등단계 학교기관을 '중등학교'라는 하나의 범주로 통합하기 시작하였다.[72] 남자 고등보통교육은 중학교, 여자 고등보통교육은 고등여학교, 실업교육은 실업학교로 구분되어 각기 다른 법령으로 규율되었던 중등단계 교육기관들이 '중등학교'라는 이름으로 하나의 법체계로 정비된 것이다. 그러나 이렇게 계열이 다른 학교들을 하나의 범주로 포괄하는 데는 당시 일본에서도 적잖은 논란이 있었다.[73] 각기 다른 교육 목적과 교육내용을 갖고 있으며 궁극적으로 기르고자 하는 인재상이 다른 세 종류의 교육기관을 공통되게 인식하는 것이 쉬운 일은 아니기 때문이었다. 비록 「중등학교령」이라는 법령으로 통합되기는 하였으나, 세 학교는 각기 다른 하위 규정들을 적용하여 이전까지와 같이 서로 다른 방식으로 운영되었다.[74]

이러한 제도적 변화와 함께 식민지 말기의 중등교육 정책에서 중요한 배경이 되었던 것은 그동안 미진했던 중등교육의 확대 보급 문제였다. 1930년대 후반은 초등교육에서 1면 1교제가 완료되고 이어서 2차 확충계획이 시행되는 시기였지만, 중등교육기관의 증설은 매우 미진한 상황이었다. 보통학교 졸업생들이 급증하면서, 중등교육기관의 확충 문제는 더는 미룰 수 없는 시급한 과제로 부각되었다. 또한, 식민지 말기는 1937년 중일전쟁과 1941년 태평양전쟁 등 제2차 세계대전의

---

72 『朝鮮總督府官報』, 1943.3.18.
73 谷口琢男, 1973, 「戰時下の中等敎育改編: 敎育審議會と中等敎育 '一元化' 論」, 細谷俊夫 編, 『學校敎育學の基本問題』, 評論社, 394-396쪽.
74 『日本官報』, 1943.1.21.

여파로 인해 일본 제국주의의 파시즘 체제가 강화되는 시기였다. 사회의 모든 부문이 전행 수행을 위한 국가총동원 체제로 전환되었고, 교육 분야에서는 파멸적인 황국신민화 교육이 전면화되었다. 이하에서는 이러한 중등교육 확충과 전시교육을 중심으로 식민지 말기의 중등교육 정책을 살펴보고자 한다.

(1) '중등교육 확충계획'

1920년대 후반 이후 '교육 실제화 정책'이나 '근로주의 교육방침'이 도입될 당시부터 조선인 언론들은 중등단계 일반교육이나 고등교육이 위축되는 결과를 초래하지 않을까 경계하고 있었다. "정치적·민족적 편견으로서 조선인에게 고등 및 일반적 중등교육의 불필요"를 주장하는 식민지 교육 당국의 논리에 대해서는 찬성할 수 없다는 것이다.[75] 그러나 조선인 언론이 우려한 결과는 곧바로 현실로 나타나기 시작했다. 조선총독 우가키는 1934년 중등학교장 회의에서 "교육 즉 생활, 생활 즉 근로"라는 '근로주의 교육방침'을 요지로 상연하면서, 나음과 같이 중등단계 일반교육의 억제 방침을 노골적으로 천명했다.

> 중등 정도의 학교 신설에 관해서도 특수한 원인이 존재하지 않는 한 당분간은 실업적인 것 이외에는 그것을 허가하지 않을 방침으로 나가고 있다. 즉, 나의 부임 후 금일까지 여러 지방의 희망도 있었지만, 실업학교는 열 손가락으로 셀 수 있을 정도로 신설을 허가하였고 기

---

[75] 「실업교육의 진흥」, 『동아일보』, 1930.4.8.

타는 일절 인가하고 있지 않다.[76]

위 강연에서 분명하게 선언하는 것처럼, 조선총독은 중등학교의 증설을 일절 허가하지 않는다는 방침을 확인하고 있다. 특별한 사정으로 중등학교 증설이 필요한 경우에는, 일반계 학교가 아니라 실업계 학교에만 제한적으로 허가할 것이라고 선언하고 있다. 물론 당시만이 아니라 조선총독부는 줄곧 중등교육 보급에 대해서 매우 억압적이었으며, 학교 설립이 꼭 필요한 경우에도 제한된 범위에서 고등보통학교가 아니라 실업학교를 설립하고자 하였다.

식민지 교육 당국의 대표적인 중등교육 억압정책은 고등보통학교 설립에 관한 '1도 1교'주의라 할 수 있다. 일반계 중등교육기관은 각 도마다 오직 1개교만 설립하여 운영한다는 정책이 1930년대 후반까지 유지된 것이다. 더구나 식민당국은 관공립 고등보통학교 증설에 매우 소극적이었을 뿐만 아니라, 사립학교 설립을 허가하지 않는 등 민간에서 전개된 조선인들의 자발적인 학교설립운동에 대해서도 매우 억압적인 정책을 고수하였다.[77] 특히 1920년대 후반부터 '교육 실제화 정책'이나 '근로주의 교육방침'이 실시되면서 '독서교육의 폐해'나 '고등유민' 문제를 근거로 고등보통학교 보급에 대한 억제 지향을 더욱 노골적으로 드러내고 있었다. 이로 인해, 중등학교의 보급 수준은 오랫동안 극히 저조한 상태에 머물러 있을 수밖에 없었다. 1924년도에 전국 각 도에 1개교씩

---

76 宇垣一成, 1934, 앞의 글, 28쪽.
77 제은숙, 1993, 「일제하 조선인의 중등학교 진흥운동」, 서울대학교 석사학위논문, 80-85쪽.

의 고등보통학교 설립이 일단락된 이후, 1925년부터 1935년까지 무려 10년 동안 공립 고등보통학교는 단 1개교도 추가로 증설되지 않았기 때문이다.[78]

그런데 실용주의 교육관을 따랐던 조선인 언론들 역시 식민당국의 실업교육 강화정책에 대해 대체로 동조했다. 조선인 학생들 대부분이 보통학교 또는 고등보통학교를 졸업하더라도 상급학교로 진학하지 못하는 현실에서 학생들의 생활 개선에 도움이 되고 산업 발전을 도모할 수 있는 실업교육의 필요성에 충분히 동의하고 있었기 때문이다.[79] 실업교육을 강화하여 그 혜택이 조선인에게 돌아간다면, '교육 실제화 정책'이나 '근로주의 교육방침'은 적극적으로 찬성할 만한 일이었다.[80] 따라서 조선인 언론들은 중등단계 일반교육기관인 고등보통학교에서도 실업교육을 장려해야 한다고 주장했던 것이다.[81] 다만, 식민지 교육 당국이 실업교육을 강화하려는 본의가 중등단계 일반교육의 무용론에 있는 것은 아닌지 경계할 뿐이었다.

중등교육에서 이러한 '실업교육 중심주의' 문제가 크게 불거신 것은 1930년대 후반 중등교육 확대 계획이 수립될 무렵이었다. 1936년 보통학교의 '1면 1교제'가 완성되면서 식민지 교육 당국은 향후의 제2차 초등교육 확충계획을 수립하였다. 학무국은 10년 후까지 학령 아동의 60% 취학을 목표로 하여 대체로 '1면 2교' 정도의 보통학교 시설을 증

---

78 『朝鮮諸學校一覽』, 1937.
79 「실업교육의 장려」, 『동아일보』, 1927.3.6.
80 「조선인과 실업보습교육」, 『조선일보』, 1928.3.3.
81 「조선인 생활구제의 일방책」, 『조선일보』, 1927.4.25.

설한다는 '초등교육확충 10개년계획'을 발표하였다.[82] 그런데 이러한 보통학교 확충계획이 시행된다면, 이어서 중등교육에서도 확대 방안을 마련하는 것은 당연한 순서일 것이다. 교육 당국은 조사위원회 소집을 앞두고 중등교육 확충안에 대한 대체적인 방향을 발표하였다.[83] 당시의 중등교육 확충계획안에 따르면, 고등보통학교는 도마다 2교를 설립 운영하고, 여자고등보통학교는 현 수준을 유지하며, 공업학교의 증설을 적극적으로 추진하고, 상업학교와 농업학교는 내용적인 충실을 도모하며, 지방에 직업학교를 증설한다는 것이 주된 내용이었다.

사실 중등교육 확충계획이 논의되던 당시에도 중등교육 부족 사태는 매우 심각한 수준이었다. 1937년도 기준으로 고등보통학교와 실업학교의 입학자 수를 모두 합하더라도 보통학교 졸업자 수의 8.4% 수준에 지나지 않았다.[84] 다시 말해, 보통학교를 졸업한 남학생 100명 가운데 겨우 8명 정도만이 고등보통학교나 실업학교에 입학하였고, 나머지 92명에 이르는 절대다수는 상급학교에 진학할 수 없는 매우 열악한 실정이었다. 입학자 수는 입학 정원과 거의 같으므로 보통학교 졸업자의 저조한 상급학교 입학률은 학생들이 진학을 꺼린 것이 아니라 중등학교 시설이 절대적으로 부족하다는 사실을 의미한다. 그만큼 보통학교 졸업자들에게 상급학교 진학의 기회는 극히 제한되어 있었다. 이러한 불균형은 1920년대 이후 진행된 보통학교 확대 보급과 비교해서 중등학교의 증설이 상대적으로 더디게 진행되어 나타난 결과였다. 따라서 1937년도

---

82 「제2차 초등교육확충안」, 『동아일보』, 1936.1.9.
83 「동국 중등교육에 방향전환을 기도」, 『조선일보』, 1936.2.6; 「실업교육에 주안: 중등교육확장계획」, 『동아일보』, 1936.2.14.
84 『朝鮮總督府統計年報』, 1937.

부터 제2차 초등교육 확충계획이 시행된다면, 보통학교 졸업생이 급증해 중등학교 입학 경쟁이 더욱 악화될 것이라는 점은 쉽게 예측할 수 있었다. 조선인 언론들은 임시로 발표된 식민당국의 중등교육 확충안에 대해서 '실업교육 중심주의'라며 적극적으로 비판하고 나섰다.

> 중등교육에 있어서의 종래의 보통교육치중주의로부터 실업교육치중주의로 중심을 옮기자는 것이 확충안의 근본정신인 모양이다…. 교육의 실용화, 이를 환언하면 실업교육치중주의 그 자체에 대해서는 우리는 홀로 이에 반대 안 할 뿐만 아니라, 도리어 찬의를 표하는 것까지도 아끼지 않으려고 한다. 그러나 우리가 문제로 하려는 바는 중등교육을 실업교육화하는 것이 가하냐 부하냐 하는 문제다. … 이제 총독부는 교육의 실제화라는 미명하에 사실에 있어서는 중등정도의 보통교육을 제한하려고 드는 것이니, 이것은 분명히 시대역행인 동시에 일종의 우민책이라고 칭할 수밖에 없다.[85]

위 『조선일보』 사설은 식민당국이 임시로 발표한 중등교육 확충안에 대해서 고등보통학교가 아니라 실업학교를 중심으로 중등교육을 확대하려는 의도에 비판의 초점을 두고 있다. 물론 '교육 실용화'나 '실업교육 치중주의' 등에 관해서는 식민지 교육 당국에 대체로 동조하는 태도를 보인다. 그러나 중등단계의 보통교육을 제한하는 방향으로 중등교육을 확대하려는 정책에 대해서는 적극적으로 시정을 촉구하고 있다. '교육의 실제화'라는 미명하에 중등단계 교육에서 '보통교육을 제한하려고 드는 것'

---

85 「중등교육 실업화 문제」, 『조선일보』, 1936.2.7.

은 일종의 우민정책에 불과하다며 신랄하게 비판하고 있는 것이다.

이후에도 중등교육 확충안이 논의되는 2년 동안 『조선일보』는 매 단계의 중요한 회의마다 제기된 쟁점들에 일일이 대응하며 식민당국의 정책 논의를 집요하게 비판했다. 그리고 중등교육에서 실업교육의 확대가 시급하다는 인식에는 동의하지만, 그것을 이유로 중등단계 보통교육을 축소하려는 식민당국의 논의에 대해서 '교육의 원리에 대한 모독'이라고 비판하기도 하였다.[86] 이처럼 조선인 언론의 비판이 지속되는 가운데 1937년 식민지 교육 당국의 최종적인 중등교육 확충안은 결국 고등보통학교와 실업학교를 동시에 증설하는 병진주의 방향으로 결정되었고, 목표 달성 시기도 앞당기는 것으로 마무리되었다.[87] 즉, 초등교육 확충 일정이 단축되면서 중등교육 확충안도 6개년계획으로 앞당겨졌으며, 1942년까지 현재 134개교에 75개교를 추가 증설하기로 하였다.

그러나 중일전쟁이 발발하고 제2차 세계대전이 확산되면서 조선 사회는 급속하게 전시체제로 휩쓸려갔다. 사회 각 부문은 전행 수행을 위한 국가총동원 체제로 전환되었고, 학교라고 해서 예외일 수는 없었다. 당시 조선총독 미나미(南次郎)가 표방했던 '농공병진 정책'은 중화학공업과 군수산업을 최우선적으로 육성하는 것으로 구체화되었다. 이에 따라 식민지 교육 당국은 전시체제에서 요구되는 기술인력 수요에 대비하여 교육체계 전반의 재구축을 모색하게 된다.

---

86 「실업교육 편중주의의 청산」, 『조선일보』, 1937.8.12.
87 「중등교육 확충계획의 촉진설」, 『조선일보』, 1937.9.6.

(2) 전쟁 수행과 중등교육

식민지 시기 조선 사회에 필요한 고급 기술인력 수급은 일본으로부터의 현지 유입에 의존하고 있었다. 그러나 1930년대부터 조선의 공업화가 진척되면서 조선에서 기술인력을 직접 양성해야 한다는 주장도 여러 차례 제기되고 있었다. 특히 1935년 산업 및 경제의 개편 방침을 수립하기 위해 조선총독의 자문기관으로 설치한 '조선산업경제조사회'의 조사보고서가 대표적이다.[88] 산업경제조사회는 조선총독부 정무총감을 위원장으로 하여 참여 위원 60명으로 구성되는 대규모 조직이었으며, 7개 분과위원회 가운데 산업교육에 관한 분과위원회에서 조선의 산업교육 진흥을 위한 자문 보고서를 제출하였다.[89] 보고서의 중요한 내용을 요약하면, 1군 1교 비율로 전국에 농업보습학교 증설을 제안하였고, 중등단계 실업학교는 고등보통학교에 비해 보급 수준이 미진하므로 추가적인 확충이 요구되며, 실업 계열 전문학교의 증설과 함께 경성제국대학에 이공학부를 설치할 필요가 있다고 건의하였다.

산업경제조사회의 자문 보고서 내용 가운데 특히 실업학교 중심의 중등교육 확대 보급안에 대해서 조선인 언론에서 비판적인 의견이 제기되기도 하였다.[90] 고등보통학교의 보급 수준이 매우 미흡한 조선의 교육 현실에 대한 잘못된 인식에 기초하고 있으며, 또한 중등교육에서 '실업교육 편중주의'는 교육의 본질을 근본적으로 오해하고 있다는 지적이었다. 그러나 1936년도 당시만 하더라도 조선총독부나 산업경제조사회

---

88 「산업경제조사회 총독부에 설치 결정」, 『동아일보』, 1936.8.26.
89 「朝鮮産業經濟調査會報告」, 『朝鮮及滿洲』 1936.12, 86-87쪽.
90 「실업교육 편중주의는 불가」, 『조선일보』, 1936.10.27.

도 중등단계 실업학교의 증설에 대해서 그다지 적극적이지 않았다. 사실 산업경제조사회는 중등교육 또는 고등교육 단계에서 고급의 기술인력을 양성하는 것보다는 농업보습학교와 같은 낮은 수준의 산업교육 보급에 관심이 많았다. 실업교육을 장려한다는 원론적인 방향을 확인하기는 하였지만, 구체적인 정책 방안으로 제시한 것은 농업보습학교 150개교의 증설이었다. 당시에는 산업경제조사회조차 농업 분야에서 낮은 수준의 기술인력을 공급하는 방안에 초점을 두고 있었고, 공업 분야의 고급 기술인력 양성에는 적극적이지 않았던 것이다. 그 이유는 물론 조선에서 필요한 고급 기술인력은 조선에서 양성하는 것이 아니라 일본으로부터 직접 유입해오고 있었기 때문이었다.

그러나 중일전쟁이 발발하면서 조선의 기술인력 수급 조건은 급변하기 시작하였다. 당시 조선총독이었던 미나미 지로(南次郎)는 조선이 제국주의 전쟁의 '전진병참기지'로서 역할을 수행해야 한다고 전제하고, 중요한 시정방침으로서 '농공병진 정책'을 주창하였다. 제국 일본에 대해 새롭게 부여받은 식민지 조선의 역할과 임무를 재정의하여 '농공병진 정책'으로 구체화한 것이다. 이러한 식민지 통치 정책의 변화로부터 교육정책의 환경 변화도 함께 검토할 수 있을 것이다.

> 농공병진에 대하여. 우리 조선이 제국의 대륙정책에서 전진병참기지로서의 중요성을 띤다는 것을 종래 반복하여 강조되어온 바입니다. 제국이 조선의 곡물 생산으로 국민 식량의 자급자족을 얻는 것이 국방상 안전을 강화하는 것이기 때문에, 점점 더 농업의 진흥 확대를 기함과 함께 공산액을 증가시켜 시대의 추세에 적응하도록 공업 부문의 진전을 촉진함으로써 농공병진 정책을 수행해야 합니다. 우리

반도는 풍부한 자원과 광공업에 대한 다양한 호조건을 구비하고 있기 때문에 적극적으로 그것을 선용구사하여 그것의 증식개발을 함께 행하여 국책적 임무를 수행하는 것이 긴요합니다. 따라서 이러한 수행은 동시에 반도주민 스스로의 운명을 개척하는 것입니다. 또한 숙련노동자를 요하는 고도산업의 융성은 내지인(內地人)의 증가 정착을 장려하여 내선일체(內鮮一體)의 심화에 기여하는 바가 많을 것으로 예견할 수 있습니다.[91]

위 글은 1938년 도지사 회의에서 미나미 총독이 행한 훈시의 일부이다. 이를 통해 당시 식민당국이 조선 통치에서 역점을 두었던 정책 방향을 확인할 수 있다. 먼저, 그는 조선의 역할은 일본의 식량공급 기지로서 곡물 생산에 중심을 두어야 하며, 여기에 더하여 광공업 발전을 통해 자원 개발 공급을 함께 도모해야 한다고 주장한다. 조선의 대표적인 지하자원 개발정책인 '산금정책(産金政策)'은 1931년부터 경성상공회의소가 건의해온 이래 생산량이 꾸순히 성장하고 있었다.[92] 그런데 1930년대 후반부터 한반도의 자원개발 정책이 강조되면서 조선의 산금정책은 또 다른 계기를 맞게 된 것이다. 산금정책은 산금5개년계획으로 구체화되어 당시 조선총독부 산업진흥예산 가운데 가장 큰 비중을 차지할 정도로 적극적으로 추진되었다.[93] 또한, 조선총독부는 산금협의회를 조직하여 산금정책을 추진하기 위해 정비가 요구되는 제반 사안들을 검토하

91　南次郎, 도지사회의 총독 훈시;『文教の朝鮮』, 1938.5, 5-6쪽.
92　「산금정책의 수립을 제창」,『동아일보』, 1931.9.9.
93　「5개년 계획으로 산금 적극 장려」,『동아일보』, 1938.1.5.

기도 하였다. 여기에서 거론된 것이 "1939년부터 매년 1,200명의 기술자를 양성하지 않으면" 목표로 하는 산금계획을 완수할 수 없다는 것이었다.[94] 이러한 산금정책과 산금5개년계획으로 인해 이후 전국에 공업학교와 직업학교가 증설되고 학교마다 광산과 설치가 급속하게 증가하는 배경이 되었다.

다음으로, 미나미 총독의 훈시 가운데 조선에서 광공업 산업이 성장하면 많은 숙련노동자를 필요로 하게 된다는 부분에 주목할 필요가 있다. 숙련노동자의 수요 증가는 더 많은 일본인이 조선에 건너와 정착할 수 있는 호조건이 되고, 그로 인해 결국 '내선일체'가 더욱 확고해질 것으로 기대하고 있었다. 미나미 총독은 조선의 광공업 진흥에 필요한 숙련노동자 또는 고급 기술인력을 일본으로부터 직접 유입해오는 전략을 염두에 두고 있었다. 그러나 국가총동원 체제하에서 일본의 기술인력 통제로 인해 충분한 인력 수급이 어려워지자, 식민당국은 조선에 필요한 기술인력을 조선에서 직접 양성하는 정책으로 방향을 전환하게 된다.

제2차 세계대전이 본격화되고 전황이 악화되면서, 일본에서도 전쟁 수행에 필수적인 자원과 노동력의 안정적인 수급 방안이 요구되고 있었다. 특히 군수산업 부문에 국가적인 생산력을 집중시키고 필요한 물자와 인력을 동원하려는 조치들이 마련되었다. 그 가운데 조선 사회에도 크게 영향을 미친 것은 1938년부터 시행된 「국가총동원법」과 「학교졸업자사용제한령」이었다.[95] 「학교졸업자사용제한령」은 "대학, 전문학교, 실업학교와 기타 그에 준하는 학교" 졸업자를 채용할 때는 「국가총동원

---

94 「매년 1200명 목표」, 『매일신보』, 1939.5.11.
95 『朝鮮總督府官報』, 1938.5.10, 1938.8.31.

법」을 적용받도록 규정하고 있다. 그리고 「국가총동원법」은 전쟁 수행의 필요에 따라 근로자의 고용, 해고, 임금, 기타 노동 조건 등의 제반 사항에 대해 국가가 명령을 내릴 수 있도록 하였다.[96] 중등교육 또는 고등교육 졸업에 해당하는 기술인력의 고용에 관해서 정부가 직접 통제하고 관리할 수 있게 된 것이다. 이에 따라 조선총독부도 조선의 학교들 가운데 졸업자 고용에서 당국의 허가가 필요한 학교 및 학과를 고시하였다.[97] 경성제국대학의 공학부 및 이공학부, 공업계 전문학교, 그리고 공업계 실업학교들이 지정되었으며, 이들 학교에 설치된 대부분 학과도 지정되어 함께 열거되었다.

또한, 일본에서는 「국가총동원법」에 따라 고급 기술인력의 공급과 배치에 대한 체계적인 국가 관리가 시작되었다. 이로 인해 일본에서 조선으로 기술인력이 이동하는 데 큰 제약이 따르게 되었다. 조선의 기업주들이 필요로 하는 인력 수요를 작성하여 신청하면, 일본의 기획원이 이를 총괄하여 각 지역과 업종에 따라 해당되는 인력을 배당하는 방식이 도입되었다. 그러나 일본에서도 이미 인력 부족이 심화되는 상황이었기 때문에 조선의 기업주들은 필요한 기술인력을 충분히 배당받지 못하고 있었다. 예를 들어, 1938년 조선의 기업주들이 신청한 기술인력 수요는 총 3,384명이었지만, 실제로 일본 정부로부터 배당받은 인력은 771명으로 요청한 인원의 23% 수준에 지나지 않았다.[98]

이처럼 기술인력 공급 부족이 예상되자, 조선총독부는 기존의 계획

---

96 『日本官報』, 1938.4.1.
97 『朝鮮總督府官報』, 1938.9.8.
98 「배정한 기술자」, 『동아일보』, 1938.12.15.

을 수정하여 필요한 인력을 조선에서 양성하기 위한 교육기관 설립에 적극적인 태도를 보이기 시작했다. 조선의 기업인들이 일본 정부에 인력 배당을 신청한 내역을 보면 전기 분야가 가장 많았고, 기계, 광산, 응용화학 분야 순이었다.[99] 식민지 교육 당국은 우선 이들 분야의 인력 양성을 목적으로 하여 공업학교 설립을 서둘러 진행하였다. 1938년도까지 조선에 설립된 공업학교는 경성공업학교 한 곳만이 유일했으나, 1939년부터 6개의 공업학교 증설이 이루어졌다. 그러나 이들 공업학교는 5년제 학교였기 때문에, 졸업자들이 배출되어 당장에 시급한 기술인력 부족을 해소하기에는 어려움이 있었다. 따라서 공업학교와는 다르게 단기간의 양성과정이 마련될 필요가 있었고, 학사 운영에서 공업학교보다 비교적 자유로웠던 직업학교들이 이러한 역할을 담당하게 되었다. 전국적으로 신설되는 직업학교에 정규과정 외에 단기과정으로 기계과나 광산과를 설치하고 학생 정원도 크게 증원하여 부족한 인력 수요에 대처하고자 하였다.

한편, 전쟁 수행을 위한 국가총동원 체제는 중등학교 구성에도 커다란 영향을 미치게 되었다. 전황이 확대되고 장기화되면서 징병 문제나 전쟁 특수로 인해 대부분 분야에서 인력 수요가 급증하였다. 이로 인해 일반계 중등학교는 물론이고 농업학교, 공업학교, 수산학교, 직업학교 등 대부분의 실업학교에서 학교 수와 학급 수가 증가했다. 그런데 상업학교의 경우는 오히려 존폐 위기에 처하기도 하였다. 전쟁 수행을 위해 자원의 이동과 배치가 국가적으로 통제되는 상황이었기 때문에, 점차

---

[99] 이병례, 2012, 「일제하 전시 기술인력 양성정책과 한국인의 대응」, 성균관대학교 박사학위논문, 33쪽.

'상업 망국론' 또는 '상업교육 무용론' 등이 확산되고 있었다.[100] 모든 물자의 생산과 유통이 통제되는 전시 경제 상태에서, 더구나 멸사와 봉공의 덕목으로 국가주의적 희생만이 강요되던 시기에, 개인적 이윤 추구를 지향하는 상업교육의 필요성에 대해 거센 비판이 제기되고 있었다. 1943년에는 급기야 「교육에 관한 전시비상조치방책」이 발표되어, 전쟁 수행에 적합한 인구학적 국민 구성을 목적으로 문과계 축소와 이과계 확대라는 학교교육의 조정 조치가 단행되었다. 이로 인해, 상업학교는 공업학교나 농업학교로 재편되거나, 그렇지 못한 경우는 아예 폐교되었다.[101] 마찬가지로 고등교육에서도 문과계 대학이나 전문학교들은 공업계 학교로 재편되기도 하였다.

    이러한 상황은 조선의 학교교육에서도 마찬가지였다. 역사가 오래된 경성법학전문학교와 경성고등상업학교는 전격적으로 폐지되었고, 대신에 경성경제전문학교가 신설되었다. 학교 운영에 관한 비상조치는 관공립학교와 사립학교에도 모두 적용되어, 대부분의 사립 전문학교들도 교명이 변경되거나 심제도 폐교되기에 이르렀다.[102] 보성전문학교와 연희전문학교는 각각 경성척식경제전문학교와 경성공업경영전문학교로 학교 성격과 교명이 변경되었다. 또한 숙명여자전문학교와 이화여자전문학교는 여자연성소지도원 양성과로 격하되었다. 그리고 명륜전문학교는 명륜

---

100 國立敎育硏究所, 1974, 『日本近代敎育百年史』 10, 敎育硏究振興會, 543-546쪽.

101 일본의 450개 상업학교 가운데 그대로 존치된 것은 48개교에 불과하였고, 나머지는 공업학교 등으로 전환하거나 폐교되었다. 그리고 12개 고등상업학교 중 6개는 공업 계통의 전문학교로 전환되었다(文部省, 1956, 『産業敎育七十年史』, 雇用問題硏究會, 303-307쪽).

102 정재철, 1985, 앞의 책, 493-500쪽.

청년훈련소로 변경되었고, 혜화전문학교는 폐쇄되기에 이르렀다.

또한, 중등단계 상업계 실업학교에서는 부산제2상업학교를 비롯하여 강경상업학교와 광신상업학교 등이 학교 성격을 변경하여 공업학교로 전환되어야 했다. 부산제2상업학교는 조선인 상업교육의 전통을 이어왔던 상징적인 학교였으나, 경상남도 지역의 3개 상업학교 가운데 공업학교 전환 대상으로 지정되었다. 당시 경남 지역에는 부산제2상업학교 외에도 부산제1상업학교와 마산상업학교가 설립되어 있었다. 그런데 부산제1상업학교와 마산상업학교는 조선인과 일본인 학생이 모두 입학하는 민족 공학제로 운영되었지만, 부산제2상업학교는 사실상 조선인 학생들만 재학하고 있었다. 따라서 당시 부산제2상업학교 재학생들은 조선인 학교였기 때문에 식민당국이 부당하게 공업학교로 전환 조치한 것으로 이해하고 있었다.[103]

마지막으로, 전시체제로 인한 학교교육 변화와 관련하여, 중등학교 학생들의 근로동원과 관련된 문제를 살펴볼 필요가 있다. 1938년 '학교근로보국대'라는 이름으로 중등학교에서 학생들의 근로동원이 본격화되었다. 근로보국대 활동은 도로공사나 방공호공사 등의 토목건설 현장에 동원되거나 각종 군수물자 제조공장에 동원되어 1주일 이상 합숙하며 노력 봉사하는 방식으로 진행되었다. 근로보국대 참여 여부는 학적부에 기재되어 학생의 진학과 취업에 참고자료로 활용되었다. 이러한 학생들의 근로동원에 대해 학무국장 시오바라 도키사부로(塩原時三郎)는 그 목적과 의의를 다음과 같이 밝히고 있다.

---

103 부상백년사편찬위원회, 1995, 『부상백년사』, 107쪽.

엄격한 규율통제하에서 공익에 관한 집단노동을 통해서, 근육노동에 대해 존중하는 마음을 기르는 것과 함께 인고지구한 체력을 연마하고 국가봉사의 정신을 실천으로 체득케 함으로써, 국가경제에 기여함과 함께 강건한 황국신민의 육성에 기여하고자 한다…. 이러한 집단적 노동운동은 국민의 자각운동, 교화 내지 교육활동으로서 큰 의의를 포함하고 있는 것이다.[104]

위에서 학무국장 시오바라가 학생들의 근로보국대 활동이 갖는 의의를 설명하는 논리는 그 이전까지 식민지 교육 당국이 주창해왔던 '근로주의 교육'의 정당화 논리와 크게 다르지 않다. 그동안 '근로애호'나 '치산흥업' 등 식민당국의 핵심적인 교육 담론들이 '근육노동 존중'이나 '국가경제 기여' 등으로 반복되었다. 여기에 당시 미나미 총독의 핵심적인 교육방침이었던 소위 '황국신민화' 교육의 언설들이 추가되었다. 그러나 교육 당국자의 이러한 온갖 수사에도, 근로보국대 활동은 전쟁 수행을 위한 국가총동원 체제에서 부족한 인력을 대체하고 학생들의 노동력을 착취하기 위한 동원수단에 지나지 않았다.[105]

그런데 학무국장 시오바라의 설명에서 학생들의 근로동원은 단순한 노력봉사로서 의미를 갖는 것이 아니라 '교육활동'으로서 보다 큰 의의를 갖는다는 주장에 주목할 필요가 있다. 그 이전의 '근로주의 교육방침'에서는 소위 '교육=생활=근로'라는 논리로부터 학교교육에 노동 훈련과

---

104 塩原時三郎, 1938.7, 「學校生徒の愛國勞働奉仕作業實施」, 『文敎の朝鮮』, 89-94쪽.
105 강명숙, 2008, 「일제말기 학생 근로 동원의 실태와 그 특징」, 『한국교육사학』 30권 2호, 19쪽.

근로정신 함양의 교육과정을 포함하고자 하였다. 이는 '교육의 근로화'라 할 수 있으며, 초등학교와 중등학교에서 실업교육이 강화되는 정책으로 구체화되었다. 그런데 시오바라의 논의에서는 근로동원을 교육활동과 같이 위치시키고 그것에 교육적인 의의를 부여하고 있다. 다시 말해, 그 이전까지 '교육의 근로화'로부터 더욱 극단적으로 발전하여, 노동과 근로 그 자체에 대해서도 교육적 의미를 부여하는 '근로의 교육화'가 정당화되기 시작한 것이다.

이러한 조건에서 식민지 말기 중등학교 학생들의 근로동원은 매우 가혹한 것이었다. 전쟁 수행을 위한 노동 착취에 불과한 근로동원이 학교의 교육과정 속에 편입되어 하나의 정식 과목처럼 운영되는 지경에 이르렀다.[106] 특히 중등학교에서 근로동원은 현장 실습이라는 미명하에 교육활동의 하나로 진행되기도 하였다. 학생들이 수개월씩 건설공사 현장에 동원되는 것은 예사였으며, 심지어 군수품 제조공장에 배치되어 무려 1년 동안이나 학교에는 가지도 않은 채 고된 노동에 참여하는 경우도 있었다.[107] 이렇게 착취적인 근로동원이 정당화될 수 있었던 것은 근로 그 자체를 교육활동으로 포장하여 교육적 의의를 부여하고 있었기 때문이었다. 다시 말해, 식민지 말기는 '교육파멸기'로서 교육의 자기 파괴가 진행되고 있었다면,[108] 민족 말살적인 교육과정 편성이나 파행적인 학사 운영과 더불어 그것을 정당화하고자 했던 교육 담론의 형식들도 중요한 원인으로 작용했던 것으로 볼 수 있다.

---

106 신주백, 2001, 「일제의 교육정책과 학생의 근로동원(1943~1945)」, 『역사교육』 78호, 역사교육연구회, 92쪽.
107 인천기계공업고등학교동창회, 1990, 『인천기계공고오십년사』, 120-121쪽.
108 이만규, 1988, 앞의 책, 223쪽.

2. 중등교육 보급 현황

식민지 시기 초등교육 팽창에 비교할 때 중등교육과 고등교육의 성장은 매우 미약한 수준이었다. 식민지 말기인 1943년도만 보더라도,[109] 초등교육 전체 재학생 수는 2백만 명에 이르고 있었지만, 중등교육 재학생 수는 불과 10만 명 수준이었으며, 고등교육 재학생 수는 5천 명에도 미치지 못하는 매우 작은 규모였다. 이처럼 극단적인 불균형 상태로 학교교육이 성장하게 된 것은 물론 식민당국이 매우 억압적인 중등교육 및 고등교육 정책을 고수했기 때문이었다.

비록 초등교육과 비교하면 상대적으로 미약하였지만, 중등교육에서도 나름대로 양적인 성장이 진행되고 있었다. 식민지 통치 정책의 변화나 교육 환경 변화에 따라 중등교육의 성장 과정은 시기별로 다른 특징이 나타나고 있었다. 그런데 식민지 시기의 중등교육은 내부 구성이 매우 복잡하여 전체적인 성장의 양상을 파악하기가 쉽지 않은 측면이 있다. 일반계 학교인 고등보통학교와 여자고등보통학교, 실업계 학교인 실업학교와 실업보습학교, 사범계 학교 등 교육 목적이 각기 다른 학교 기관들이 중등단계 교육에 포함되어 있기 때문이다. 이러한 점을 염두에 두고, 이하에서는 중등교육의 보급 현황과 각 학교의 교육 여건에서 나타나는 특징을 살펴보고자 한다.

---

[109] 『朝鮮諸學校一覽』, 1943.

1) 중등교육의 양적 확대

〈그림 3〉은 식민지 시기 초등교육, 중등교육, 고등교육에 재학하는 조선인 학생들의 양적인 변화 상황을 보여준다. 초등교육의 재학생 수가 가파르게 증가하는 것과 비교할 때, 중등교육과 고등교육의 재학생 수는 식민지 시기 줄곧 매우 낮은 상태에 머물러 있다. 초등교육이 1920년대 초반에 급격하게 성장한 이후에 1930년대 이후로 재차 가파르게 팽창한 것으로 나타난다. 반면에, 중등교육 재학생 수는 매우 낮은 수준에서 미미하게 증가하고 있으며, 고등교육 재학생 수는 가로축과 구분이 안 될 만큼 매우 저조한 수준에 머물러 있다.

〈그림 3〉을 보면, 초등교육의 팽창 규모에 압도되어 중등교육이나 고등교육의 성장 과정은 제대로 파악되지 않는다. 그러나 초등교육 성장에 비해서는 미약하지만, 중등교육도 시기별로 특징을 보이며 나름의 양적인 성장이 이루어지고 있었다. 〈그림 4〉는 중등교육 전체 재학생 수와 계열별 재학생 수의 변화를 보여주고 있다. 1910년대까지 미진했던 중등교육 재학생 수는 1920년대와 1930년대에 괄목할 만한 성장을 이루었고, 1930년대 후반부터 다시 가파르게 상승하고 있다. 비록 초등교육과 비교해 극적인 변화 추이를 보이고 있지는 않지만, 시기별로 유사한 특징을 보여주고 있다. 이처럼 중등교육은 양적으로 성장하여, 식민지 말기인 1943년도에는 전체 재학생 수가 9만 7천 명에 이르고 있었다. 그렇다면 이러한 중등교육의 성장은 어떤 의미를 갖는가?

먼저, 취학률을 통해서 중등교육이 확대 보급된 정도를 분석할 수 있을 것이다. 취학률은 일반적으로 학령인구 대비 재학생 수로 산출되기 때문에 교육의 보급 상황을 직관적으로 이해할 수 있는 장점이 있다.

<그림 3> 초등·중등·고등교육기관의 재학생 수 추이

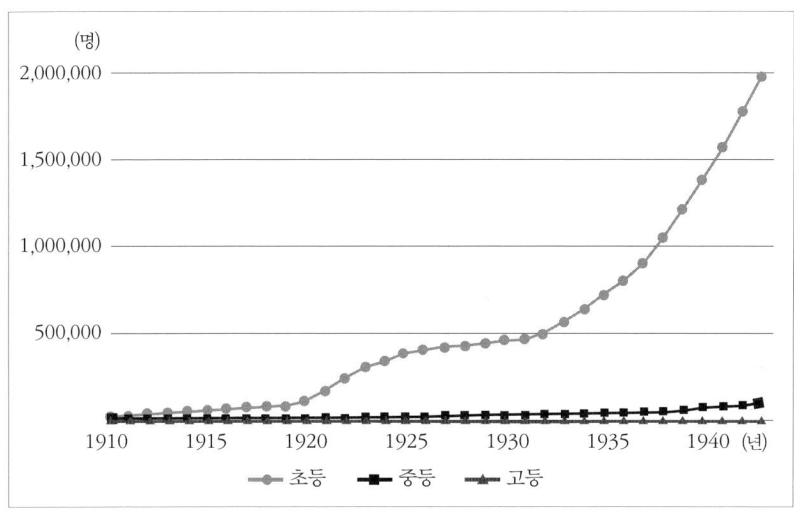

출처: 안홍선, 2017, 『식민지 중등교육 체제 형성과 실업교육』, 교육과학사, 82쪽.

<그림 4> 중등교육의 계열별 재학생 수 추이

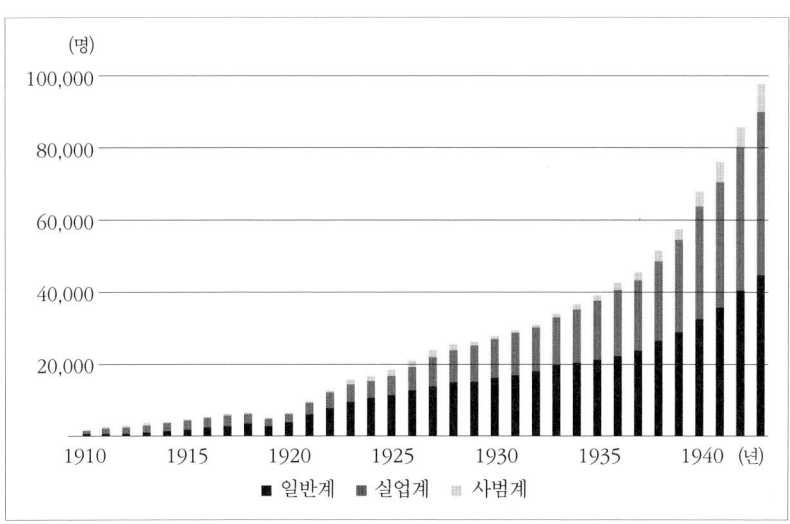

출처: 안홍선, 2017, 『식민지 중등교육 체제 형성과 실업교육』, 교육과학사, 82쪽.

1943년도를 기준으로 본다면, 중등교육 재학생 수는 추정 학령인구인 12~16세 인구층의 3.6%로 추산된다.[110] 당시 초등교육 취학률이 50% 정도인 것과 비교하더라도 매우 낮은 수준이라 할 수 있다. 이처럼 매우 낮은 중등교육 취학률마저도 1930년대 후반 이후 중등학교 증설로 급격히 상승한 결과였으며, 식민지 시기에는 줄곧 2% 이하에 머물러 있었다.

그러나 식민지 시기 중등교육 취학률을 정확히 산출하는 것은 매우 어렵다. 당시 중등교육기관은 학교의 종류에 따라 수업연한이 3년, 4년, 5년 등으로 다양하였고, 보통학교의 수업연한 역시 4년제와 6년제가 혼재되어 있었기 때문에, 정확한 중등교육 학령인구를 추정하는 것이 근본적으로 불가능하다. 더구나 이렇게 추산된 취학률 규모는 그 수치가 지나치게 작아서 민족별·성별에 따라 취학 규모를 비교하거나 시기별 변화 과정을 분석하기에 그다지 적절하지 못하다. 이러한 경우에는 학령인구가 아니라 총인구 대비 재학생 수로 비교하는 방법이 유용하다. 〈표 1〉은 총인구 1만 명 가운데 중등교육 재학생 수의 변화를 비교하여 보여주고 있다.

조선인의 중등교육 재학생 수는 1925년 1만 8천 명에서 1943년까지 9만 7천 명으로 증가했다. 이들 재학생 수를 전체 인구와 비교하면, 같은 기간 동안에 총인구 1만 명당 10.1명에서 37.9명 수준으로 증가한

---

110 중등 학령인구는 조선총독부 「國勢調査」(1935)에서 집계된 12~16세 인구층이 총인구에서 차지하는 비율인 10.4%를 적용하여 추정한 것이다. 그러나 중등교육기관은 보통학교 졸업 정도의 학력을 지닌 자가 입학하는 다양한 종류의 학교를 포함하고 있으므로, 중등 학령인구를 보통학교 졸업 후 5년까지의 연령층으로 상정하여 추산하는 것은 매우 임의적인 방법이다. 보통학교와 고등보통학교의 취학률과 관련해서는 오성철(2000)과 박철희(2002) 등 참조.

〈표 1〉 조선인과 일본인의 중등교육 취학 규모

연도	조선인		일본인	
	재학생 수	총인구 1만 명당 재학생 수	재학생 수	총인구 1만 명당 재학생 수
1911	2,564	1.9	1,259	59.8
1915	4,628	2.9	2,651	87.3
1920	6,574	3.9	5,679	163.3
1925	18,694	10.1	13,274	312.5
1930	27,557	14.0	18,271	364.1
1935	39,238	18.5	23,300	399.4
1940	68,281	29.7	33,075	479.5
1943	97,771	37.9	42,869	565.1

출처: 『朝鮮總督府統計年報』(각 연도); 『朝鮮諸學校一覽』(1943).

결과가 된다. 그렇다면, 이러한 정도의 중등교육 취학 규모는 어떤 의미가 있는가? 비교를 위해 다른 예를 들자면, 해방 이후인 1966년도에 대학생 수는 총인구 1만 명당 44.6명이었던 것으로 조사되었다.[111] 1960년대 한국 사회에서 대학생들은 사회적으로 매우 소수의 집단이었지만, 1943년도 식민지 조선에서 중등학교 재학생들은 그보다 훨씬 희소한 집단이었던 것이다. 다시 말해, 식민지 시기 조선인들에게 중등교육 기회는 1960년대의 대학교육 기회보다 훨씬 제한되어 있었다.

이러한 조선인들의 중등교육 취학 규모는 당시 조선에 거주하는 일본인들과 비교할 때 그 의미가 더 분명하게 드러난다. 1925년 일본인의 중등교육 재학생 규모는 총인구 1만 명당 312.5명인 데 비해, 조선인은 10.1명에 지나지 않았다. 총인구 대비 재학생 수로 볼 때, 일본인의 중등학교 취학 규모는 산술적으로 조선인의 30배가 넘는 수준이었다. 〈표 1〉

---

[111] 교육부, 1997, 『통계로 본 한국교육의 발자취』, 한국교육개발원, 171, 204쪽.

에서 같이, 중등교육 취학에서 조선인과 일본인의 현격한 차이는 식민지 말기인 1943년도가 되어도 그대로 유지되고 있다. 식민지 시기 중등교육 기회는 민족별로 극심한 차등적 배분이 이루어지고 있었던 것이다.

중등교육 기회가 매우 제한되어 있었고 민족별로 차등적으로 배분되면서, 조선인 학생들에게 극심한 중등학교 입학 경쟁을 초래했다. 〈표 2〉에서 알 수 있듯이, 1927년에 보통학교 남자 졸업생 가운데 고등보통학교와 실업학교로 진학한 학생의 비율은 겨우 11.9% 수준이었다. 1937년에는 진학자의 비율이 더욱 낮아져 8.4% 수준으로 떨어졌고, 중등교육 확대정책이 한창 실시되던 1942년에도 중등학교 진학률은 불과 11.0% 정도에 머물렀다. 즉, 1942년도 초등교육 남자 졸업자 15만 2천 명 가운데 겨우 1만 6천 명만이 중등학교 진학에 성공할 수 있었다.

그런데 이처럼 중등교육 기회가 극단적으로 제한되면서 발생하는 또 다른 효과에 관해서도 확인해둘 필요가 있다. 조선인 학생들은 매년 극히 제한된 중등학교 진학의 문을 열기 위해서 극심한 입학 경쟁을 치러야 했다. 평균 10배가 넘는 경쟁이었기 때문에 학생들 대부분은 입학시험에서 낙방하는 실패를 경험해야 했다. 그러나 다른 한편으로, 치열한

〈표 2〉 보통학교 졸업생의 고등보통학교 및 실업학교 진학률

연도	보통학교 졸업자	고등보통학교 진학자		실업학교 진학자		고보·실업학교 진학자 합계	
		총원	진학률	총원	진학률	총원	진학률
1927	54,910	3,746	6.8%	2,794	5.1%	6,540	11.9%
1932	60,871	4,137	6.8%	2,934	4.8%	7,071	11.6%
1937	102,100	4,120	4.0%	4,527	4.4%	8,647	8.4%
1942	152,923	7,043	4.6%	9,842	6.4%	16,885	11.0%

출처: 『朝鮮總督府統計年報』(1927, 1932, 1937, 1942).

입시경쟁을 뚫고 진학에 성공한 사람들에게는 전혀 다른 세계가 펼쳐지게 된다. 중등학교 학생들은 소수의 선발된 집단으로서, 식민당국의 중등교육 억제정책이 낳은 수혜자이기 때문이다. 중등학교 졸업 자격만으로도 당시 조선 사회에서는 어느 정도 안정된 직장과 여유로운 생활수준이 보장되었다. 또한, 졸업 후에 제국대학이나 전문학교로 진학하게 된다면 미래의 사회적 위치는 더욱 높아질 수 있었다. 따라서 중학교 학생들은 사회적으로 선망의 대상이었으며, 그런 만큼 학생들 자신도 매우 큰 자부심과 포부를 가질 수 있었다.

한편, 중등교육이 양적으로 성장하는 과정에서 일반계 학교와 실업계 학교가 같은 성장률을 보여준 것은 아니었다. 〈표 3〉에서 알 수 있듯이, 조선인의 중등교육 전체 재학생 수는 1925년도에 18,694명에서 1943년도에는 97,771명으로 약 5배 정도 증가했다. 그런데 같은 기간 동안 고등보통학교, 여자고등보통학교 등 일반계 학교의 재학생 수는 3.9배 증가한 것에 비해, 실업계 학교의 재학생 수는 그보다 훨씬 큰

〈표 3〉 중등학교 재학생 수의 계열별 증가율

연도	중등학교 전체	일반계		실업계		사범계
		재학생 수	(증가율)	재학생 수	(증가율)	재학생 수
1910	1,929	679		1,011		239
1915	4,628	1,478		2,962		188
1920	6,574	3,768		2,624		182
1925	18,694	11,500	(1.0)	5,491	(1.0)	1,703
1930	27,557	16,311	(1.4)	10,672	(1.9)	574
1935	39,238	21,266	(1.8)	16,489	(3.0)	1,483
1940	68,281	32,755	(2.8)	31,116	(5.7)	4,410
1943	97,771	44,448	(3.9)	45,842	(8.3)	7,481

출처: 『朝鮮總督府統計年報』(1927, 1932, 1937, 1942).

8.3배 증가했다. 그 결과 재학생 수 규모에서도 실업계 학교는 일반계 학교의 재학생 수를 넘어서기 시작했다. 그리고 사범계 학교는 재학생 수에서 증가와 감소가 반복적으로 나타나고 있는데, 이는 보통학교 교원을 양성하는 제도가 시기별로 크게 달라지기 때문이다. 그러나 사범계 학교는 전체 중등교육에서 차지하는 비중이 그다지 크지 않았다. 이러한 점들을 고려한다면, 1930년대 이후 중등교육의 양적 성장은 일반계 교육보다 실업계 교육의 확대 보급에 따라 주도된 것으로 볼 수 있다.

(1) 고등보통교육의 확대

고등보통교육의 확대 현황을 살펴보기에 앞서, 중등교육제도에 관해 몇 가지 사실을 확인해둘 필요가 있다. 1911년 「조선교육령」이 제정되어 조선인 대상 학교는 고등보통학교, 일본인 대상 학교는 중학교로 칭하여, 민족별로 입학할 수 있는 학교의 이름을 다르게 구분하였다. 이러한 구별 방식은 1938년도부터 폐지되어 고등보통학교라는 명칭을 모두 중학교로 통칭하게 되었다. 그런데 대구와 같이, 동일 지역에 기존 일본인 대상의 대구중학교가 있는 상황에서 대구고등보통학교의 이름을 어떻게 변경할지도 문제가 된다. 이럴 때는 학교 소재지 명칭을 활용하거나, 지역명에 제일·제이, 동·서, 또는 남·북 등을 붙여 학교명을 구분하였다. 그리고 중등학교는 애초에 관립으로 운영되다가 1925년부터 모두 공립으로 전환되었다. 이는 고등보통학교의 운영비가 그동안 국비로 충당되었으나 공립으로 전환되면서 지방비로 이관되었다는 사실을 의미한다. 물론 사립학교는 민간이 설립한 학교로서, 식민당국으로부터 재단 설립을 허가받아 운영되는 학교를 말한다. 그러나 인가를 받지 못하면 각종학교로 분류되며, 고등보통학교나 중학교 등의 이름을 사용하지 못하고, 그 졸업자는 학력이 인정되지 않았다.

〈표 4〉는 조선인과 일본인 대상 중등 일반학교의 설립 현황을 보여주고 있다. 대한제국 말기에는 경성과 평양에 각각 한 곳의 학교가 설립되어 있었다. 경성의 제1고등보통학교는 1900년에 세워진 관립중학교를 연원으로 하고 있으며, 통감부 영향하에서 1906년에 관립한성고등학교로 개칭되었다가, 강점 이후 1911년에는 다시 경성고등보통학교로 이름이 변경되었다. 그리고 1921년 경성에 고등보통학교가 증설되면서 기존의 학교는 경성제1고등보통학교로 개칭되었고, 1938년부터는 경기중학교로 불리게 되었다. 한편, 평양의 고등보통학교는 대한제국 시기의 일어학교를 모체로 하고 있으며, 1909년부터 고등학교로 개편되었다가, 강점 이후인 1911년에 평양고등보통학교로 개칭되었고, 다시 1938년도 이후에는 평양제이중학교로 명칭이 변경되었다.

그런데 〈표 4〉에서 알 수 있듯이, 대한제국 시기에 이미 설립되어 운영 중이던 두 학교를 제외하고, 조선총독부는 강점 초기에 한동안 중등단계 일반교육기관을 전혀 증설하지 않았다. 1916년에 이르러서야 경북 대구에, 1918년 함남 함흥에 각각 하나씩 고등보통학교를 신설한 것이 전부였으며, 전북 전주의 고등보통학교도 1919년도 하반기에 개교한 학교였다. 이렇게 식민당국이 중등단계 일반교육의 확대 보급에 대해서 매우 억압적이었기 때문에, 3·1운동이 일어나는 1919년도까지 전국에 설립된 고등보통학교는 겨우 4개교밖에 없었다.

〈표 4〉 고등보통학교 및 중학교 설립 현황

설립연도	조선인 대상 학교			사립 고등보통학교	일본인 대상 학교	
	학교 수	관·공립 고등보통학교	학교 수		학교 수	관·공립 중학교
1911	2	경성제일(경기), 평양(평양제이)			1	경성
1912						
1913			1	양정	2	부산
1914						
1915						
1916	3	대구(경북)	3	배재, *동래	3	평양(평양제일)
1917			5	보성, 송도		
1918	4	함흥(함남)	7	휘문, 광성	5	용산, 대전
1919	5	전주(전주북)				
1920			9	고창, *광주		
1921	8	경성제이(경복), 신의주(신의주동)	10	중앙	7	대구, 원산
1922	12	공주, 광주(광주서), 동래, 해주(해주동), 경성	8	*동래, 광주의 관립 전환		
1923					9	군산, 광주(광주동)
1924	14	청주(청주제일), 춘천			10	나남
1925	15	진주				
1926			9	오산	11	신의주
1927						
1928						
1929						
1930						
1931			11	김천, 영생 (함흥일출)		
1932						
1933						
1934						
1935					12	인천
1936	16	안주			15	성동, 마산, 함흥
1937					16	전주(전주남)

출처: 『朝鮮諸學校一覽』(1937).
* ( )는 이후 변경된 학교명.

이처럼 식민당국이 고등보통학교 보급에 억압적이었기 때문에 중등 일반교육은 사립학교에 대한 의존도가 매우 높았다. 1920년도까지도 사립학교는 9개 학교로 5개에 불과한 관공립학교 수를 훨씬 능가했다. 이러한 점은 일본인 대상의 중학교 보급 현황과 매우 대비되는 것이었다. 중학교는 사립으로 설립된 경우는 없고 모두 관공립으로 세워졌다. 대체로 일본인 거주자가 밀집된 대도시 지역을 중심으로 착실하게 증설되고 있었다. 이로 인해, 중등 일반교육의 민족별 분배 상황은 앞에서 살펴본 것처럼 매우 차별적인 결과가 나타날 수밖에 없었던 것이다.

1920년대 들어 조선총독부는 학교교육 확대 정책을 발표하였다.「조선교육령」개정 즈음에 발표한 이른바 보통학교의 '3면 1교제', 고등보통학교의 '1도 1교제' 계획이었다.[112] 초등교육 기관은 3개 면 단위마다 하나 이상이 되도록 증설하고, 고등보통학교는 예산이 허락하는 범위에서 도별로 하나씩 설립하겠다는 것이다. 이러한 '1도 1교' 계획이 완성되는 즈음인 1925년 진주에 고등보통학교가 설립되는 것을 마지막으로 이후 10년 동안 공립의 고등보통학교는 단 1교도 증설되지 않았다. 그마저도 원래 진주에 설립 예정이었던 사립학교를 공립으로 흡수 전환한 것에 지나지 않았다. 결국 식민지 말기에 중등교육 확충계획이 추진되기까지 중등 일반교육기관은 각 지방도에 겨우 1개만이 설립되었다.

식민당국이 고등보통교육 보급에 대해 억압적인 정책으로 일관하면서 민간에서는 고등보통학교 설립운동이 크게 확산되고 있었다. 1920년대 초반에 언론에 보도된 경우만 보더라도, 전국의 50개에 달하는 지역에서 학교 설립을 위한 기성회를 조직하고 고등보통학교 설립을 위한

---

112 「교육령 통과에 관하여, 학무국장 담화」,『동아일보』, 1921.12.8.

지역운동을 전개하고 있었다.[113] 학교설립운동을 추진하는 주체들은 지역의 교육독지가, 반관반민의 성격을 갖는 군수나 학교평의회, 지식계급과 자산계급을 망라한 지역 유지, 교육회나 청년회 등 사회운동단체, 종교단체 등으로 매우 다양하였다. 그러나 대부분 지역에서는 군수나 지역 유지가 학교 설립에 관한 의제를 제안하고 지방민의 협조를 얻어 민관이 협력하는 형태로 전개되었다. 학교 설립을 위한 기성회를 조직하고, 이를 중심으로 지방민들이 참여할 수 있는 모금 활동을 통해 지역 사회 여론을 응집해가는 방식이었다. 고등보통학교 설립운동은 관공립학교의 설치를 당국에 청원하거나 독자적으로 사립학교 설립을 추진하는 두 가지 양상이 혼재되어 나타났다.[114]

이러한 민간의 고등보통학교 설립운동에 대해 조선총독부는 매우 경계하면서 회유와 통제로 일관하였다. 사립학교의 설립 조건을 더욱 까다롭게 만드는 조치를 단행하여 재단법인을 설립자로 전제한 것은 물론이고, 설립 당시에 학급 규모에 따라 교육 당국이 정해놓은 경상비를 미리 확보하도록 요구하고 있었다.[115] 당시 조선 사회의 경제적 여건에 비추어 볼 때 고등보통학교 운영에 필요한 재정을 지역 주민들의 모금을 통해 마련한다는 것은 매우 어려운 과제였다. 더구나 조선총독부는 어렵게 설립된 재단법인의 인가를 거부하기 일쑤였고, 사립학교를 관공립으로 전환하기 위해 다양한 수단으로 압박을 가하고 있었다. 부산과 광주에 세워진 사립 고등보통학교를 1922년도부터 관립으로 전환시킨 것이 그

---

113 제은숙, 1993, 앞의 글, 64-66쪽.

114 이홍기, 1998, 「일제의 중등학교 재편과 조선인의 대응(1905~1931)」, 서울대학교 석사학위논문, 79-83쪽.

115 「사립고보 인가 방침」, 『동아일보』, 1922.1.25.

대표적인 사례라 할 수 있다.

　사립의 광주고등보통학교는 대한제국 시기에 현감을 지낸 김형옥이 기성회를 설립하고 도내 유력인사 50명에게서 출자를 받아 1920년에 설립 인가를 받은 학교였다.[116] 1920년도에 13만 5천 원, 1921년도에 3만 5천 원을 지출하고 기타 부족분은 설립자가 부담하기로 하였다. 그런데 광주고등보통학교는 설립된 지 2년 만인 1922년도부터 돌연 관립으로의 전환이 결정되었다.[117] 사실 조선총독부는 학교의 설립 인가 당시부터 초대교장으로 일본인 교장을 파견하는 등 노골적으로 관립화 정책을 도모하고 있었다. 광주고등보통학교의 기성회로서는 일본인 교장의 파견은 청천벽력과도 같은 통지였지만, 건물 신축과 교사 충원 등 학교 운영에 필요한 재원 조달에 어려움을 겪고 있었다. 기금 출원이 저조하고 그 전망도 불투명하였기 때문에 일본인 교장의 파견을 적극적으로 저지하지 못했다.[118]

　사립의 광주고등보통학교가 재정적 어려움을 겪었던 이유는 지역 유지들이 신변안전만 생각했던 특유의 보수성도 자리하고 있었다. 기부금을 출원하기로 약속했던 유력인사들은 대부분 도내의 대지주들로 구성되어 있었다.[119] 이들은 학교 설립 당시에는 17만 원을 지원하기로 하였으나, 그것은 현금을 직접 모금한 것이 아니라 출연을 약속한 것에 불과했다. 정작 이들은 학교 운영에 필요한 기부금 납입 등 경제적 부담을 지

---

116 「고보 설치 인가」, 『동아일보』, 1920.4.14.
117 「광주고보 변경」, 『동아일보』, 1921.11.4.
118 광주제일고등학교동창회, 1986, 『광주고보·서중·일고육십오년사』, 69-70쪽.
119 광주고보·서중·일고동창장학회, 2004, 『광주고보·서중·일고팔십년사』, 81-84쪽.

는 데는 매우 소극적이었다. 또한, 이들은 식민당국에 맞서는 사학 교육의 필요성에 대해서도 그다지 적극적으로 공감하지 못하고 있었다. 이러한 상황에서 조선총독부는 도청과 지역 사회에 압력을 가하며 광주고등보통학교의 관립 전환을 종용하고 있었다. 결국 사립광주고등보통학교는 재원 확보의 어려움 때문에 조선총독부의 압력을 뿌리치지 못하고 관립의 전환을 수용할 수밖에 없었다.

부산의 동래고등보통학교도 사립으로 설립되었지만, 식민당국의 회유로 관립으로 전환된 대표적인 경우이다. 부산에서는 대한제국 시기부터 사학을 설립하기 위한 움직임이 활발하여, 이미 1907년에 동래기영회(東萊耆英會)를 조직하고 사립의 동명학교를 설립하였다.[120] 동명학교는 사립학교였지만 학교의 운영비는 온천세·우시장세 등의 수세권이 부여되고 지방관청의 소유지와 건물이 교부되는 등 민관 협력으로 운영되고 있었다. 이렇게 동명학교는 재정 요건을 확충하고 교육과정을 변경하여, 1916년부터는 당국의 인가를 받아 동래고등보통학교로 교명을 변경하였다.

그런데 사립의 동래고등보통학교가 설치된 동래읍과는 별개로 부산부에서도 고등보통학교 설립운동이 전개되고 있었다. 1921년 부산부의 지역 유지들은 교남기성회(嶠南期成會)를 조직하고 대지주와 부호들의 기부금을 모아 부산진 부근에 학교 부지를 매입하는 등 사립의 고등보통학교 설립 노력이 상당한 진척을 보이고 있었다.[121] 그러나 교남기성회는 기부금 모금이 한계에 이르자, 사립학교를 설립하는 대신에 당국

---

120 동래고등학교동창회, 1979, 『동래고등학교팔십년사』, 85-91쪽.
121 「아 교육계의 경사」, 『동아일보』, 1921.3.13.

에 관립학교 유치를 청원하는 것으로 방향을 전환하게 된다. 이러한 교남기성회의 움직임과 마찬가지로, 동래고등보통학교의 동래기영회 역시 사립학교로서 운영의 어려움을 느끼고 관립으로의 전환을 모색하고 있었다. 동래고등보통학교는 관립학교를 동래읍에 설치할 경우 사립학교의 기본재산을 기부하겠다고 나섰으며, 학생들 역시 관립으로의 전환을 요구하며 동맹휴학을 일으키기도 하였다.[122] 이에 대해, 부산부민을 대표하는 교남기성회는 동래읍이 관립고보의 위치로서는 부적합하다며 경남도청과 조선총독부를 방문하여 여러 차례 진정하고 있었다.[123] 이렇게 관립 중등학교의 설립 위치를 두고 인근 지역끼리 경쟁한 끝에 사립의 동래고등보통학교가 관립으로 전환하는 것으로 결정되었다.

이처럼 조선인들의 중등학교 설립운동이 지역 간의 유치 경쟁으로 나타나는 것은 당연한 현상이었다. 그 이유는 무엇보다도 조선총독부가 고등보통학교의 '1도 1교' 원칙을 고수한 것에서 찾을 수 있다. 복수의 학교를 설립하는 것이 아니라 도내의 어느 지역 한 곳에만 고등보통학교 설립을 인가하였기 때문에 지역 간 경쟁은 필연적이었다. 더구나 조선총독부는 지역 간 학교 설립 유치 경쟁을 더욱 부추기고 있었다. 부산 지역과 같이, 조선총독부는 유치 경쟁이 있는 경우 민간의 재정 지원을 우선 고려하여 설립 위치를 결정하겠다고 밝혔다. 지역 간 유치 경쟁을 통해 식민 당국은 학교의 설립 재원을 지역민들에게 전가하는 효과를 누리고 있었던 것이다. 이러한 점은 충청남도의 사례에서 분명하게 드러났다.

충청남도 역시 다른 지역들과 마찬가지로 독자적으로 교육 사업

---

122 「동래고보생 맹휴」, 『동아일보』, 1921.7.3.
123 「경남 고등보통학교 위치 문제에 대하여(1)」, 『동아일보』, 1922.2.15.

을 전개할 만큼 경제적 여건이 좋지 못했다. 그러나 홍성 지역에서는 1915년부터 독지가와 지식인들을 중심으로 고등보통학교 설립운동을 전개하기 시작하였다.[124] 군수와 지역 유지들이 저축운동을 조직하는 등 관민이 협력한 결과 홍성교육회는 학교 설립을 위한 상당한 재원을 확보할 수 있었다. 충청남도 평의회에서 도내 각 군 가운데 학교 설립 재원을 먼저 조성하는 군을 설립지로 선정하겠다는 방침을 발표하였기 때문이다. 실제로 고등보통학교 위치 선정을 위한 군 대표자회의에서 투표한 결과, 홍성이 1위를 차지하였고, 천안이 2위, 공주가 3위로 나타났다.[125] 그런데 충청남도 당국은 홍성이 교통이 불편하다는 이유로 학교 설립지를 확정하지 않고 다시 각 군의 유치 경쟁을 유도하였다. 이로 인해, 홍성은 물론이고 조치원, 천안, 공주 등에서도 고등보통학교 유치를 위한 각종 시위와 청원 운동이 크게 확산되었다.[126] 공주에서도 설립 기금을 조성한 것은 물론이고, 홍성은 설립지로서의 기부금 외에 다른 군들의 분담금까지 추가로 모금을 완료하여 고등보통학교 설립에 필요한 재원 이상으로 기금을 조성하기에 이른 것이다.[127] 그러나 결국 홍성군의 고등보통학교 유치 운동은 모두 좌절되었고, 관립의 고등보통학교는 도청 소재지인 공주에 설립하는 것으로 일단락되었다.

이처럼 조선총독부는 고등보통학교의 '1도 1교' 원칙을 내세우며 지역 간 유치 경쟁을 유발했다. 학교 유치 경쟁은 불필요한 지역민 간의 반

---

124 홍성고등학교동창회, 1991, 『홍성고50년사』, 41-43쪽.
125 「충남 고보 문제」, 『동아일보』, 1921.10.9.
126 「3백 명의 시위운동」, 『동아일보』, 1921.9.28.
127 「군민대회의 결으로」, 『동아일보』, 1922.2.7.

목을 낳는 것은 물론이고, 결국 학교 설립 비용을 민간으로 전가하는 효과를 낳았다. 더구나 충청남도에서 조선인이 고등보통학교를 설립하기 위해 출혈적으로 모금했던 기금이 일본인 중등학교인 대전고등여학교를 설립하는 데 지원되기도 하였다. 당시 언론은 이에 대해 홍성 군민의 열정과 "홍성고보의 운명을 횡령"한 것이라며 강하게 비판했다.[128]

물론 조선인의 고등보통학교 설립운동이 지역 간 경쟁만 낳았던 것은 아니다. 예를 들어, 황해도는 도내의 여러 지역이 협력하여 학교설립운동을 전개한 대표적인 지역이다.[129] 황해도는 대한제국 시기부터 사립학교 설립운동이 활발하여 한 개 면에 하나 이상의 사립 소학교가 있었고, 중등학교도 재령의 명신학교, 안악의 양산학교가 있었으며, 사리원에서도 중등학교 설립이 준비되고 있었다. 그러나 강점 이후 105인 사건이 발생하면서 교육자들이 대량 검거되고 식민당국의 요시찰 지역이 되어 사립의 교육기관이 대부분 폐교 상태에 이르게 되었다. 이러한 조건에서, 황해도에서는 고등보통학교 설립운동이 지역 간 연합운동의 형태로 전개되었다.

황해도의 고등보통학교 설립운동은 1921년에 안악, 재령, 신천, 봉산, 은율, 장연, 송화 등 7개 군의 대표자가 모여 중학연합기성회의 발기총회를 열며 본격적으로 전개되었다.[130] 이들은 각 군을 순회하며 사립 중등학교 설립을 위한 기성회 회원을 조직하여 5개월 만에 회원이 2천

---

128 「홍성고보 예산을 횡령한 대전고녀」, 『동아일보』, 1923.4.5.
129 제은숙, 1993, 앞의 글, 67-70쪽.
130 「사립 신흥학교 진흥」, 『동아일보』, 1921.3.15.

명에 이르렀다.[131] 이들은 각 군의 부담액을 결정하기 위한 예산 총회를 개최하여, 설립지인 안악군이 설립 예산의 절반인 30만 원을 부담하고, 나머지는 각 군에 고르게 배분하기로 하였다.[132] 이처럼 황해도는 도민이 협의하여 학교의 설립지를 선정하고 그에 따라 군별로 분담액을 설정하는 등 각 군이 고등보통학교 설립과 유치 경쟁을 벌이는 것이 아니라 긴밀하게 협조하고 있었다. 이를 위해 기성회는 모금활동과 순회강연을 통해 학교설립운동은 학교의 소재와 관계없이 전 도민, 전 조선인을 위한 사업이라는 점을 특별히 강조했다.[133]

그러나 황해도의 중등학교 설립운동은 조선총독부의 방해로 결국 목표를 이루지 못하였다. 조선총독부의 방해 공작은 우선 기부금의 인가 신청을 허락하지 않는 것으로 나타났다.[134] 기부금을 인정하지 않는 이유는 징세에 부담을 준다는 것이었지만, 당시 언론은 식민당국의 이러한 무성의한 대처에 매우 비판적이었다.[135] 물론 식민당국이 기부금을 인가하지 않은 이유는 고등보통학교 설립운동을 실업학교 설립으로 유도하는 데 있었다. 안악의 중학기성회는 이후에도 7년 동안이나 고보설립운동을 전개하였으나, 결국에는 고등보통학교가 아니라 실업보습학교를 설립하는 것으로 귀결되었다.[136]

이처럼 조선총독부는 고등보통학교 설립운동을 실업학교 설립으로

---

131 「중학 설립 진보」, 『동아일보』, 1921.8.25.
132 「중학 기성 예산 총회」, 『동아일보』, 1921.7.7.
133 「황해도 중학 기성운동(1~10)」, 『동아일보』, 1921.10.11~25.
134 「기부 모집은 불허」, 『동아일보』, 1922.6.6.
135 「교육에 대한 당국의 불성의」, 『동아일보』, 1922.7.10.
136 「농업보습교 설립」, 『조선일보』, 1927.7.28.

유도하는 정책과 함께 사립학교가 세워지는 것에 대해서도 크게 경계하고 있었다. 이는 경상남도 진주 지역의 사례를 통해 확인할 수 있다. 전통적으로 경상남도의 중심지는 진주였으나, 1924년 말 조선총독부는 경상남도청 소재지의 부산 이전을 전격 발표하였다.[137] 이로 인해 두 지역의 희비가 엇갈렸고, 진주 시민들의 격렬한 반발이 이어졌다. 경상남도 지사는 조선총독부와 협의하여 진주 지역에 5가지의 보상책을 제시하였는데, 남강의 치수계획이나 남강철교 부설 등과 함께 뜬금없이 이미 개교 예정인 사립의 일신고등보통학교를 도립으로 전환한다는 내용이 포함되어 있었다.[138]

그러나 식민당국이 일신고등보통학교의 공립 이관을 결정한 것은 진주에 사립학교를 설립하기 위해 7년이 넘게 활동해온 조선인들의 노력을 하루아침에 허사로 만드는 처사였다. 진주의 고등보통학교 설립운동은 관민의 협력으로 추진된 다른 지역과 달리 순전히 민간 유지들의 힘으로 사립학교 설립을 추진했다는 점에서 당시 조선 사회에서 크게 주목받고 있었나.[139] 진주의 주민들은 수년간의 노력 끝에 기부금 25만 원을 모금하여 재단법인을 설립하였고, 이미 1924년 10월에 사립의 일신고등보통학교 설립을 인가받은 상태였다. 그리고 개교를 얼마 앞둔 시점에서 교원 채용까지 마무리되고 있었다. 그런데 난데없이 경상남도지사가 도청의 부산 이전에 대한 보상으로 진주시에 일신고등보통학교의 공립 전환을 제안한 것이다. 이어서 조선총독부는 일신고등보통학교 재단

---

137 「경남도청 이전 결정」, 『조선일보』, 1924.12.8.
138 「和田지사가 타협조건을 제출」, 『동아일보』, 1925.1.3.
139 「일신고보 문제」, 『조선일보』, 1925.1.29.

의 자산을 도에 기부하면 추가로 사립의 여자고등보통학교를 설립하는 방안도 함께 제시하였다.[140] 물론 일신고등학교 이사회와 조선인들은 이러한 식민당국의 학교 설립 변경안에 반대하였지만, 경찰이 입회한 강압적인 분위기에서 개별적으로 소환된 학교평의회 의원들은 당국의 제안에 찬성하지 않을 수 없었다.[141] 이리하여 진주 시민들이 사립의 일신고등보통학교를 설립하고자 했던 노력은 좌초되어 공립의 진주고등보통학교와 사립의 일신여자고등보통학교가 세워지게 된 것이다.

이처럼 식민당국은 사립의 고등보통학교 설립을 위한 재원을 공립 고등보통학교로 분할하여 흡수하고, 대신에 계획에 없던 사립 여자고등보통학교 설립을 인가하여 조선인의 중등학교 설립운동을 좌절시켰다. 사립의 고등보통학교 설립운동을 방해했던 이유에 대해서 당시 언론은 무엇보다도 식민당국이 운동 세력과 사립학교 자체를 불온시하는 태도를 지적했다.[142] 이러한 조선총독부의 방해로 인해, 조선인들의 중등학교 설립운동 가운데 사립 고등보통학교를 설립하려는 노력은 대부분 좌절되었고, 대신에 공립학교의 설립 청원으로 흡수되거나 실업학교를 설립하는 것으로 전환되었다.

물론 경북의 김천고등보통학교나 전북의 고창고등보통학교와 같이 사립학교 설립운동이 성공한 사례도 있었다. 김천 지역에서도 고등보통학교 설립을 위해 기성회를 조직하고 모금 사업을 전개하였으나 기부금

---

140 「문제의 일신고보」, 『조선일보』, 1925.1.28.
141 「7년 積功도 一朝에 허사」, 『조선일보』, 1925.2.7.
142 「진주 일신고보 변경설」, 『조선일보』, 1925.1.31; 「위협적 원만 타협」, 『동아일보』, 1925.2.8.

부족으로 좌초될 위기에 있었다.[143] 이러한 상황에서 한 자산가가 30만 원이라는 거액을 기부하면서 학교 설립은 급물살을 타게 되었다.[144] 그러나 조선총독부나 경상북도 당국은 고등보통학교에는 사상이 불온한 학생들이 많다는 이유로 실업학교로 설립하도록 압력을 가하고 있었다.[145] 사립 고등보통학교의 설립을 억제하려는 의도를 노골적으로 드러냈던 것이다. 이처럼 설립되는 학교 유형을 두고 식민당국과 기성회는 한동안 갈등을 빚었지만, 결국 설립 재원을 전적으로 책임진 거액 기부자의 뜻이 관철되어 김천고등보통학교는 당국으로부터 인가를 받아 1931년부터 신입생을 모집하게 되었다.[146]

고창고등보통학교는 이와는 또 다른 경우라 할 수 있다. 고창고등보통학교는 일본인 자산가가 1920년에 설립하였다가 폐교 위기를 맞게 된 사립의 오산(吾山)고등보통학교를 인수하여 개편한 학교였다.[147] 1922년 초에 고창군수를 비롯한 지역 유지들은 오산학교의 경영을 인수하는 데 의견을 모으고, 군민대회를 개최하여 고창고등보통학교 설립을 위한 재원 마련 방식을 만장일치로 가결하였다. 학교 설립에 필요한 기본재산 30만 원을 마련하기 위하여 지가 50원 이상의 토지가 있는 군민에게 일정한 분담금을 배당시키는 방식을 선택한 것이다.[148] 고창고등보통학교

---

143 「김천고보의 기금 회수 불능」, 『조선일보』, 1927.11.6.
144 송설당교육재단·김천중고등학교, 2011, 『송설팔십년사』, 124쪽.
145 「김천고보 인가로 又復 도에 진정」, 『조선일보』, 1930.5.22; 「김천고보문제」, 『조선일보』, 1930.10.14.
146 「김천고보교의 창립」, 『조선일보』, 1931.4.25.
147 「고창고보 유지 협의」, 『동아일보』, 1922.2.2.
148 「고창고보문제」, 『동아일보』, 1922.2.10.

가 조선총독부의 재정적 지원을 받지 않고 하나의 군 단위에서 학교 설립에 성공할 수 있었던 것은 이처럼 지역민의 광범위한 동의 창출에 기초하였기 때문이다. 물론 일부 지주들은 분담금 납부를 꺼리며 당국에 고등보통학교 폐지를 청원하기도 하였다.[149] 그러나 고장의 지역민들은 할당된 기부금 외에도 수백 명에 이르는 사람들이 상당한 토지를 기부하는 등 학교 설립과 운영에 필요한 재원 마련을 지원했다.[150]

그러나 당시 조선의 지방 사회는 고창이나 김천과 같이 고등보통학교 설립에 우호적인 조건에 있지 않았다. 홍성을 비롯하여, 북청, 원산, 정주, 강릉, 홍성, 김제, 영광, 남원, 대구, 경주, 안동, 경주 등의 고등보통학교 설립운동은 결국 모두 실패로 돌아갔다.[151] 그 이유는 물론 해당 지역의 열악한 경제 사정이나 학교설립운동을 주도한 세력들의 내부 불화에서도 찾을 수 있을 것이다. 그러나 보다 큰 원인은 식민당국이 고등보통학교 보급에 대한 억제정책을 고수한 데 있었다. 식민당국은 지역민들의 요구와 의지를 조직하고 단합을 촉구하는 활동, 즉 지역 사회의 학교 설립운동 자체에 대해서도 불온시하며 방해하였다. 조선총독부는 열악한 조건에서도 학교 설립에 필요한 재원 마련에 성공했을 때도 인가를 내주지 않기 일쑤였다. 고등보통학교 설립운동을 실업학교 설립으로 유도하거나, 사립학교의 설립 재원을 흡수하여 관공립학교로의 전환을 종용했다.

이렇게 식민당국은 공립의 고등보통학교 증설 요구에 미온적으로 대

---

149 「오산(吾山)고보의 위기」, 『동아일보』, 1922.4.9.
150 고창중·고등학교동창회, 2007, 『성혼』, 91-94쪽.
151 이홍기, 1998, 앞의 글, 97쪽.

처하였고, 민간의 고등보통학교 설립운동에 대해서는 더욱더 억압적이었다. 이로 인해 조선인들에 대한 중등 일반교육의 보급 상황은 극단적으로 낮은 수준에 머물러 있을 수밖에 없었다. 학령인구 기준에 의한 취학률 조사를 보면, 해당 연령의 조선인 남자는 1919년도에 겨우 0.3%만이 중등 일반교육기관에 재학할 수 있었다.[152] 식민지 말기에 이르는 1937년도가 되어서도 고등보통학교 취학률은 1.3%에 지나지 않았다. 반면에, 조선에 거주하는 일본인들의 중학교 취학률은 1919년에 13.3%였으며, 1937년에는 28.7%에 이르고 있었다. 식민지 시기를 관통하는 기간에 중등단계 일반교육에서 조선인들은 매우 열악한 조건에 놓여 있었으며, 민족별 교육기회 배분에서도 엄청난 차별이 유지되고 있었던 것이다.

(2) 여자고등보통교육의 확대

조선총독부는 남자 대상 중등 일반교육의 확대 보급에 대해서도 매우 억압적이었지만, 여자교육에 대해서는 사실상 방치한 것과 크게 다르지 않았다. 관공립 여자고등보통학교는 1925년에 이르도록 전국에 겨우 2곳만이 설립된 수준이었다. 그마저도 경성의 여자고등보통학교는 대한제국 시기인 1908년에 설립된 관립한성고등여학교가 1911년에 경성여자고등보통학교로 개칭된 학교였다. 강점 이후 조선총독부가 세운 학교는 1914년 평양에 설립한 여자고등보통학교 단 1개교에 지나지 않았던 것이다. 식민지 조선의 여자교육은 사실상 항상적인 '불취학' 상태를 벗어나기 어려웠다.[153]

---

152 박철희, 2002, 앞의 글, 44-45쪽.
153 김부자, 조경희·김우자 역, 2009, 『학교 밖의 조선여성들: 젠더사로 고쳐 쓴 식민지

반면에, 조선에 거주하는 일본인을 위한 관공립 고등여학교는 꾸준히 증설됐다. 강점 이전부터 경성과 부산에 고등여학교가 세워져 있었으며, 강점 이후에도 전국의 주요 도시에 고등여학교 설립이 이어져 1925년도에는 20개 학교가 운영되고 있었다. 같은 시기에 여자고등보통학교가 2개였던 것과 비교한다면, 식민당국은 조선인 여자 대상의 중등 일반교육 보급은 사실상 방치하면서 오히려 조선에 거주하는 일본인 대상의 고등여학교 증설에 중점을 두었던 것으로 이해할 수 있다.

〈표 5〉에서 알 수 있듯이, 관공립의 여자고등보통교육은 사실상 1920년대 후반에 들어서야 확대 보급되기 시작했다. 1926년 전주, 대구를 비롯하여, 이듬해 광주, 부산 등에서 여자고등보통학교의 증설이 이루어지기 시작했다. 그러나 일본인 대상의 고등여학교 증설과 비교하면, 여전히 여자고등보통학교의 보급 수준은 매우 미진했다. 1937년도까지도 전국에 겨우 11개 학교가 설립되었을 뿐이며, 충청북도나 강원도에는 단 한 곳의 공립 여자고등보통학교도 존재하지 않았다. 즉, 조선총독부가 남자 대상 고등보통학교 증설에 적용했던 '1도 1교' 원칙에도 훨씬 미치지 못하는 수준이었다.

이렇게 식민당국이 조선인 여자 대상의 중등교육을 방치한 결과, 여자고등보통학교 취학률은 사실상 1%에도 미치지 못하였다.[154] 1937년도에도 여자고등보통학교의 학령인구 가운데 겨우 0.8%만이 중등단계 일반학교에 재학할 수 있었다. 반면에, 일본인의 고등여학교 취학률은 높은 수준이면서도 꾸준히 증가하여 1937년도에는 48.6%에 이르렀다.

교육』, 일조각, 128쪽.
[154] 박철희, 2002, 앞의 글, 44-45쪽.

<표 5> 여자고등보통학교와 고등여학교 설립 현황

설립연도	조선인 대상 학교				일본인 대상 학교	
	학교수	관·공립 여자고등보통학교	학교수	사립 여자고등보통학교	학교수	관·공립 고등여학교
1911	1	경성(경기)	1	숙명	2	경성제일, 부산
1912			2	진명		
1913					4	인천, 평양
1914	2	평양(평양서문)				
1915						
1916					5	대구
1917					6	진남포
1918			4	이화, 호수돈(명덕)		
1919						
1920			5	정의(남산)	8	목포, 나남
1921					12	대전, 군산, 마산, 원산
1922					13	경성제이
1923					16	청주(청주제일), 광주(광주대화), 진해
1924					19	전주, 이리, 함흥
1925			8	배화, 일신(진주), 루씨(원산항)	20	해주(해주욱정)
1926	4	전주(전북), 대구(경북)	9	동덕	22	사리원, 청진
1927	6	광주(광주행정), 부산(부산항)				
1928					23	공주
1929			10	영생(함흥일출)	24	신의주, 용곡*
1930						
1931						
1932	7	해주(해주행정)				
1933						
1934					26	춘천, 흥남
1935	9	함흥(함남), 나남(동나남)			27	김천
1936	10	신의주(신의주남)				
1937	11	대전(대동)			29	겸이포, 회령

출처: 『朝鮮諸學校一覽』(1937년).
* ( )는 이후 변경된 학교명. *는 사립.

이처럼 식민당국이 여자고등보통교육 보급의 책임을 사실상 방기하면서, 조선인 여자 중등교육은 조선에 거주하는 일본인들과 비교할 때 극단적으로 차별적이었을 뿐만 아니라, 남자교육에 비해서도 매우 저조한 수준에 머물러 있게 되었다.

그런데 조선총독부가 여자 대상 중등 일반교육 보급에 대해 이처럼 사실상 방치한 수준의 무정책으로 일관했다면, 조선인들의 민족운동 진영에서도 여자고등보통학교 보급에 대해 그다지 높은 비중을 두지 않았다는 점에도 주목할 필요가 있다. 민간에서 중등학교 설립운동이 활발하게 전개되던 당시에도 대개는 고등보통학교나 실업학교의 설립을 목표로 하였으며 여학교 설립을 지향한 운동은 거의 존재하지 않았다.[155] 식민당국은 물론이고 민족운동 진영에서조차 여자고등보통교육의 확대 보급에 대해서는 크게 중요성을 두지 않았던 것이다. 당시 조선 사회 일각에서는 신여성 담론과 여자교육의 필요성에 대한 언설이 넘쳐나고 있었지만, 한편에서는 여자고등보통학교에 대해 '신부양성소'라는 비아냥이 있을 정도였다.[156] 그만큼 식민지 시기 여자교육에 대해서는 식민당국은 물론이고 민족운동 진영에서조차 우선순위에서 밀려나 관심에서 멀어져 있었다.

이러한 상황에서 여자고등보통교육은 서양의 선교회가 설립한 기독교계 학교들에 대한 의존도가 매우 높았다. 대한제국의 왕실 재산으로 설립된 숙명과 진명, 그리고 자산가의 기부와 지역민 모금에 기초한 동덕, 일신 등을 제외하고, 이화, 호수돈, 정의, 배화, 루씨, 영생 등은 모두

---

155 제은숙, 1993, 앞의 글, 64-66쪽.
156 저자미상, 1924.5, 「여학생의 결혼관」, 『신여성』, 42쪽.

서양의 선교회에서 설립한 학교였다. 1937년까지 존재한 10개의 사립 여자고등보통학교 가운데 6개 학교가 종교계 학교였던 것이다. 이하에서는 이러한 종교계 학교를 중심으로 여자고등보통교육의 보급 문제를 검토하고자 한다.

개화기 시기부터 조선에 진출한 서양의 선교사들은 포교 활동의 일환으로 교육 사업에도 열을 올리고 있었다. 그리하여 대한제국 말기 교육구국운동이 전개되어 전국에 사립학교 설립이 확대될 당시에도 종교계 학교가 차지하는 비중은 매우 높았다. 당국에 인가된 학교만 보아도, 전체 사립학교 2,250개 학교 가운데 종교계 학교는 823개에 이르고 있었다.[157] 이들 종교계 학교는 대부분 미국의 장로교회와 감리교회 교단이 운영하는 기독교계 학교였다. 당시에는 서양인 선교사들이 세운 이들 기독교계 학교에 대해서 '미션 스쿨'이라 부르기도 하였다.

그런데 식민당국은 민간에서 세운 사립학교들에 대한 감독과 통제를 점차 강화하였다. 이미 통감부는 1908년에 「사립학교령」을 제정하여 민간의 학교들에 대해서도 당국이 정한 조건에 따라 인가를 받거나 그렇지 않으면 강제 폐교를 명할 수 있도록 한 바 있었다. 강점 이후인 1910년에는 「사립학교규칙」을 제정하여 사립학교의 설립을 까다롭게 하였고, 1915년에는 이를 개정하여 사립학교의 설립과 운영에 관한 조건들을 더욱 어렵게 만들었다.[158] 특히 교원에 대한 자격 조건과 교육과정의 편성 조건이 크게 강화되었다. 교원은 일본어에 정통해야 하고, 교원면허장을 갖고 있거나 당국이 지정한 학교를 졸업하는 등 일정한 자

---

157 이만규, 1988, 앞의 책, 104-108쪽.
158 「私立學校規則」 개정, 『朝鮮總督府官報』, 1915.3.24.

격 요건을 충족해야 했다. 또한, 교육과정은 당국이 정한 규정에 따라 편성해야 하며, 종교 과목을 개설하거나 수업시간의 종교 의식이 금지되었다. 이로 인해 자격을 갖추지 못한 많은 서양인 교사들이 학교에서 퇴출당할 위기에 놓였고, 여기에 더하여 성경 교육 및 종교 행사의 금지로 인해 기독교계 학교는 존폐 위기에 처했다.

사립학교에 대한 강화된 통제 조치로 인해, 사립의 중등단계 학교들은 식민당국이 요구하는 조건을 갖추어 고등보통학교나 여자고등보통학교로 인가를 받거나, 그렇지 않으면 각종학교에 머물러야 했다. 각종학교는 학교 운영에서 상당한 자율성이 보장되었지만, 정규 학교가 아니기 때문에 그 졸업자들이 학력을 인정받지 못하는 문제가 있었다. 상급학교 진학은 물론 취업에서도 상당한 불이익을 감내해야 했던 것이다. 그렇다고 해서 정식학교로 인가를 받기도 쉽지 않았다. 무엇보다 안정적인 재정 요건이 충족되어야 했고, 교원 채용과 교육과정 편성에서 식민당국이 정한 규칙을 따라야 했기 때문이다. 특히 성경 과목을 정규 교육과정으로 편성할 수 없도록 한 조치는 기독교계 학교들로서는 상당한 부담이었다. 이로 인해, 기독교계 학교들은 인가를 받고 정식학교로 승격할 것인지, 아니면 그대로 각종학교로 남을 것인지에 대한 문제를 두고 고심한 끝에, 각 학교가 소속된 교파에 따라 각기 다른 결정을 내리고 있었다.[159]

먼저, 감리교회 소속 학교들은 정식학교로 인가받는 길을 선택한 경우였다. 이들은 성경 과목을 정규 교육과정으로 편성하지 못하더라도, 방과 후 시간을 이용하여 성경 수업과 예배를 할 수 있으므로 기독교 학

---

[159] 박혜진, 2015, 『일제하 한국기독교와 미션스쿨』, 경인문화사, 36쪽.

교로서의 정체성을 유지하는 데는 큰 문제가 되지 않는 것으로 보았다. 그래서 1916년 배재, 1917년 송도, 1918년 광성 등이 고등보통학교로 인가받고 정식학교로 승격했다. 여학교 가운데는 1918년 이화, 호수돈, 1920년 정의, 1925년 배화, 루씨 등이 인가를 받아 여자고등보통학교로 승격했다. 한편, 장로교파 가운데 다소 유연한 상황에 있었던 캐나다 장로교회에 소속된 남·녀 영생학교도 학교 승격을 준비하여 1929년과 1931년에 각각 여자고등보통학교와 고등보통학교로 인가를 받았다.

반면에, 장로교회에 속하는 학교들은 정식학교로 인가받는 길을 포기하고 말았다. 조선총독부의 인가 조건을 수용하지 않고 각종학교로 잔류하는 길을 선택한 것이다. 이들 장로교파 학교들은 당시 종교계 학교 가운데 매우 큰 비중을 차지하고 있었다. 1919년 당시 종교계 각종학교는 모두 298개가 있었는데, 그 가운데 특히 미국의 북장로회에 소속된 학교만 전체의 절반이 넘는 164개교에 이르고 있었다.[160] 북장로회 선교부는 성경 교육을 금지한 조선총독부의 조치가 선교 활동에 커다란 장애를 초래하는 것으로 판단하고, 당국과 교섭하며 규정의 개정을 요구하고 있었다. 이러한 과정에서 북장로회는 일본의 조선 지배의 합법성과 정당성을 인정하는 것을 조건으로 조선총독부로부터 「사립학교규칙」의 개정을 얻어내려는 협상 전략을 취했다.

장로교파 학교들은 그 수도 상당한 규모에 이르렀던 만큼, 이들이 학교의 승격 인가를 포기하고 각종학교 상태를 그대로 유지하겠다는 결정은 조선인의 교육 상황에 매우 큰 영향을 미치는 것이었다. 특히 교육과정을 이수하고 졸업을 하고도 학력을 인정받지 못하는 재학생들이 교단

---

160   박혜진, 2015, 앞의 책, 37-38쪽.

과 학교의 결정에 대해 갖는 불만은 매우 큰 것이었다. 상급학교인 전문학교나 대학으로 진학하기 위해서는 중등학교 졸업 정도의 학력 자격이 요구되었기 때문이었다. 이로 인해, 이들 기독교계 학교에서는 재학생들이 학교 측에 대해 정식학교로 승격해줄 것을 요구하며 동맹휴학을 일으키는 등 크고 작은 갈등이 끊이질 않았다.

한편, 조선총독부는 1923년부터 지정학교 제도를 도입하기도 하였다.[161] 각종학교 가운데 일정한 조건을 갖추고 있는 경우, 학무국에서 시학관을 파견하여 학교를 실사하고 학생들에 대한 학력 시험을 통해 지정학교로 승인할 수 있는 제도였다. 지정학교가 되면, 기독교계 각종학교로서는 교육과정에서 성경 과목이나 종교 의식을 포함하면서도, 졸업생들에게는 상급학교 진학이 가능한 고등보통학교나 여자고등보통학교를 졸업한 것과 동등한 자격이 인정될 수 있었다. 즉, 지정학교로 지정받기 위해서는 사실상 정식학교와 유사한 조건을 충족할 필요가 있었지만, 교육과정 운영에서 약간의 예외를 두고 있었다. 이러한 지정학교 제도를 통해서, 졸업생에 대해 고등보통학교 또는 여자고등보통학교 졸업과 동등한 학력이 있는 것으로 인정된 학교로는 경성의 경신학교, 정신여학교, 평양의 숭실학교, 숭의여학교, 선천의 신성학교, 보성여학교, 대구의 계성학교, 신명여학교 등이 있었다.[162]

그러나 이러한 지정학교 제도가 도입되었다고 해서 기독교계 학교의 지정학교 인정이 순탄하게 진행된 것은 아니었다. 조선총독부가 승인을 거부하는 일도 잦았지만, 학교 측이 무성의하게 대처할 때도 많기 때문

---

161 「지정방침 완화 호」, 『동아일보』, 1923.11.6.
162 박혜진, 2015, 앞의 책, 63쪽.

이었다. 그러나 정식학교로 승격되는 것과 비교한다면 지정학교로 승인되는 조건이 다소 유연하였기 때문에, 학생들이 교단과 학교에 대해 지정학교로 승인받도록 요구하는 운동이 더욱 크게 고조되었다. 이러한 기독교계 학교의 승격 운동은 동문회나 지역주민들이 합세하며 학내 문제를 넘어 조선 사회 전체로 확대되는 일도 적지 않았다.

예를 들어, 경성의 정신여학교는 10여 년이 넘는 지난한 승격 운동 끝에 1935년이 되어서야 비로소 지정학교로 승인될 수 있었다.[163] 정신여학교는 1923년 지정학교 제도가 도입되면서 승인을 신청하였으나 인가를 받는 데는 실패하고 말았다. 이에 정신여학교 학생들은 학교 측의 무성의한 대처를 비판하며 동맹휴학을 일으키기도 하였다.[164] 이후로도 지정학교로 인가받기까지 과정은 쉽지 않았다. 1926년에는 지정학교 인가를 위해 재학생 전체가 시험을 치르기도 하였지만, 결과는 또다시 실패였다. 이렇게 식민 당국이 지정학교 신청을 승인하지 않는 이유에 관해서, 정신여학교 학생들은 조선총독부가 학생들이 온순하지 않기 때문에 불합격시킨 것이 아닌가 의심하고 있었다.[165] 사실 정신여학교는 일찍부터 학생운동이 활발하여 3·1운동에도 적극적으로 참여하였고, 1922년에는 학교의 설비나 교원의 자질 문제를 제기하며 학생들이 동맹휴학을 일으키기도 하였다.[166] 이에 대해 당시 조선 사회의 관심이 매우 높았으며, 대부분의 언론들은 학교 측과 교육 당국의 무성의한 태도

---

163 「정신교 지정」, 『동아일보』, 1935.5.10.
164 「정신여교생 맹휴」, 『조선일보』, 1925.11.30.
165 정신여자중·고등학교, 1962, 『정신75년사』, 221쪽.
166 「정신교 분규 진상」, 『동아일보』, 1922.12.24.

를 성토하고 있었다.[167]

그러나 정신여학교가 지정학교로 승인받기 위해서는 무엇보다도 미국 북장로회 선교 사업부의 적극적인 의지와 함께 재정적인 문제가 해결될 필요가 있었다. 그러나 선교 사업부는 조선의 학교 사업에 필요한 경비는 조선에서 자체 부담할 것을 강조했다.[168] 이후에도 지정 인가 탈락이 거듭되면서, 1930년대 들어서는 필요한 재원 마련을 위한 기부금 모금 운동이 시작되었다. 경기노회나 동창회, 경성의 유지들로부터 기금을 모금하고, 조선 사회의 각 방면 인사들로 정신여학교 후원회가 조직되기도 하였다.[169] 이러한 노력들에도 불구하고 1934년도까지 지정학교 인가에 거듭하여 실패하였지만, 결국 1935년에 정신여학교는 조선총독부로부터 학력이 인정되는 지정학교로 승인받을 수 있었다.[170]

평양의 숭의여학교는 정신여학교보다 이른 시기인 1931년에 지정학교로 승인되었으나, 그 과정은 매우 험난한 것이었다. 숭의여학교 학생들은 1923년도부터 지정학교로 승격해달라고 요구하며 동맹휴학을 일으켰다.[171] 그러나 학생들의 교원 배척 요구까지 겹치면서, 학생들과 학교 간의 갈등은 크게 악화되었다. 학교 측이 학사 운영이나 교원 채용 등의 사안은 학생들이 개입할 문제가 아니라며 강경하게 대응하였기 때문이었다. 급기야 학교와 교단은 학생들의 동맹휴학에 대응하여 기숙사의

---

167 「정신여학교의 맹휴와 그 진상」, 『조선일보』, 1922.12.23.
168 정신여자중·고등학교, 1962, 앞의 책, 222쪽.
169 「학계에 또 기쁜 소식: 정신여교 후원 발기」, 『동아일보』, 1933.6.27.
170 「정신교 지정」, 『동아일보』, 1935.5.10.
171 「숭의여교생 맹휴」, 『동아일보』, 1923.10.18.

전기와 수도를 끊고 학교를 폐쇄하는 조치를 단행하였다.[172] 이러한 학교 측의 극단적인 대처에 대해 당시 언론은 매우 비판적이었다. 마치 노동자들의 파업에 공장주가 직장 폐쇄로 대처하듯이, 이번의 학교폐쇄 조치는 학교를 '공장'처럼 취급한 것과 다르지 않다며, 학교의 비교육적 처사를 강력히 규탄하기도 하였다.[173] 또한, 서양인 선교사들의 태도에 대해서도 해당 학교의 학생만이 아니라 조선인 전체를 무시하는 처사라며 강하게 비판했다.[174] 이러한 여론 분위기 속에서, 숭의여학교의 지정학교 승격 문제는 여러 사회단체가 중재 역할을 자임하고 나서는 등 커다란 사회 문제로 확대되기도 하였다.

숭의여학교는 이후부터 자격 있는 교원을 초빙하고 학교 시설을 확장하는 등 지정학교 승격 노력이 본격적으로 전개되었다. 일단 지정학교 인가 신청서를 제출하면, 학무당국은 학교 설비, 교사진, 기숙사 설비 등 학교 전반에 대한 실태를 조사하는 데만 수개월이 소요되었다.[175] 그런 뒤로 학무국 시학관이 출장을 나와서 재학생들에 대한 자격고사 시험을 시행하였다.[176] 이러한 과정을 거쳐 숭의여학교는 1931년도 말에 당시로서는 보기 드문 5년제 중등 여자교육 지정학교로 승인되었고, 3학년 재학생이 졸업하는 1934년도부터 여자고등보통학교 졸업과 동등한 자격이 인정되었다.[177]

---

172 「가혹한 학교의 처치에 사회 각 방면의 여론 비등」, 『동아일보』, 1923.10.28.
173 「숭의여교 사건」, 『동아일보』, 1923.10.29.
174 「숭의여교 문제 확대」, 『조선일보』, 1923.10.29.
175 숭의팔십년사편찬위원회, 1983, 『숭의팔십년사』, 181쪽.
176 「평양 숭의여교 지정교 인허 내정」, 『조선일보』, 1931.4.29.
177 「면목일신할 평양 숭의여교」, 『동아일보』, 1931.12.20.

물론 기독교계 학교들의 지정학교 승격 운동이 모두 성공한 것은 아니었다. 평북 선천의 보성여학교나 경북 대구의 신명여학교는 활발한 승격 운동을 전개하였으나 결국 실패로 돌아가고 말았다.[178] 자격 있는 교원을 확보하고, 학교 시설을 증축하고, 필요한 재원을 마련하여 거듭 인가 신청을 했지만, 식민지 말기까지 지정학교로 승인받지 못했다. 식민당국이 이들 학교에 대해서 지정학교로 승인하지 않은 이유는 분명하지 않다. 다만, 이들 학교가 지정학교로 승인받기 위해 인가 신청서를 제출하였다면, 적어도 식민당국이 요구하는 학교 자산, 교원 채용, 학교 시설 등에서 기본적인 요건은 충족하였을 것이다. 그런데도 이들 학교는 지정학교 승인에 실패하고 있었다. 이러한 상황에서, 당시 조선 사회에서는 기독교계 학교들이 굳이 지정학교로 승인받는 길을 고집해야 하는지에 대해서 의문을 제기하고 있었다.[179] 왜냐하면, 문제가 되었던 성경 과목을 정규의 교육과정에서 생략하고 방과 후 시간으로 편성하기만 한다면, 이들 학교는 굳이 지정학교가 아니라 정식학교인 고등보통학교나 여자고등보통학교로 수월하게 인가받을 수 있었기 때문이었다. 그러나 일부 기독교계 학교들, 특히 미국북장로회 학교들이 성경 과목 등 종교 교육에 대한 원론적인 입장을 고수하면서 이들 학교 졸업자의 학력 인정이 더디게 진행되고 있었던 것이다.

이처럼 서양 선교회의 종교 교육에 대한 경직된 입장은 결국 1930년대 후반 신사참배 강요에 대해 학교 철폐로 대응하는 극단적인 사태로

---

178 「30년 동안 닦은 터 우에 더욱 빛날 대구 신명교」, 『동아일보』, 1935.7.26; 「보성여교에 서광」, 『조선일보』, 1935.6.10.

179 「신성학교의 승격운동」, 『동아일보』, 1928.4.13.

이어지기도 하였다. 조선총독부는 1930년대 중반부터 사립학교에 대한 통제를 강화하였고, 이러한 과정에서 점차 기독교계 학교의 신사참배 문제가 불거지기 시작하였다. 1935년 평안남도의 공·사립 초등학교와 중등학교장이 모인 회의 자리에서 도지사가 신사참배를 제의하자, 몇몇 기독교계 학교의 선교사 학교장들이 이를 거부한 사건이 계기가 되었다.[180] 도지사는 이들에게 신사참배 여부에 대한 서면 답신을 요구하였고, 숭실전문학교장, 숭실학교장, 숭의여학교장 등은 최종적으로 신사참배 거부 의사를 밝혔다.[181] 결국 식민당국이 이들의 학교장직을 취소하면서 기독교 선교회와 조선총독부의 갈등이 전면화되기에 이른 것이다. 당시 조선총독부가 밝힌 신사참배 문제에 대한 방침은 분명했다.

> 신사참배 문제는 국가적 의식이요 종교적 의식이 아니다. 그러므로 신사에 참배하지 아니한다는 것은 국가의식에 참배하지 아니한다는 것이 된다. 그렇다고 하면, 일본 영토 안에서 일본 국가의식에 참가하지 아니하는 것은 결국 일본에 복종하지 아니하는 것이 된다. 헌법상에도 신사는 종교가 아니라는 것이 명백하다. 이러함에도 불구하고 조선에 많은 공헌이 있는 기독교 선교사가 경영하는 학교들이 이 문제로 해서 철폐한다고 하는 것은 당국으로서는 알 수 없는 것이다. 만약 이것이 사실이라 하여 철폐하고 선교사들이 돌아간다 하여도 당국으로서는 어찌할 수 없는 일이다.[182]

---

180 「참배거부 문제로 평남도 태도 강경」, 『동아일보』, 1935.11.24.
181 「학교측 '불참배' 표명: 최후의 교섭은 결렬」, 『동아일보』, 1936.1.19.
182 「국가의식에 참배는 당연: 폐교도 부득이」, 『동아일보』, 1935.12.1.

위는 당시 평양 지역에서 기독교계 학교의 신사참배 문제가 불거지고 있을 즈음 조선총독부 학무과장인 오노가 발표한 담화문 일부이다. 그는 학교교육에서 신사참배는 종교 의식이 아니며 어디까지나 국가 의식이라고 주장하고 있다. 국가 의식인 신사참배를 거부하는 것은 결국 일본 국가에 복종하지 않겠다는 뜻으로 간주한다고 선언한 것이다. 이후 신사참배 문제로 강경하게 대립하면서 전국의 선교사들이 대표단을 구성하여 조선총독부와 최종적으로 면담한 자리에서도 학무국장 와타나베는 이러한 입장을 재차 확인하였다.[183] 교육과 종교를 엄격하게 구분할 것을 주문하며, 기독교 포교 활동과 교육 활동을 혼동하여 교육정책에 어그러짐을 초래할 때에는 엄정하게 대처하겠다는 것이다. 이러한 학무국의 입장에 대해 경무국도 동조하고 나서며, 기독교계 학교의 신사참배 거부는 곧 '배일 교육'으로 간주하여 단호하게 경찰력을 동원한다는 방침을 발표하였다.[184]

이처럼 평양 지역에서 촉발된 신사참배 문제에 대해서 조선총독부가 강경한 태도를 보이자 전국의 모든 기독교계 학교들도 입장을 정리해야 했다. 그런데 여기에서도 각 기독교 교파에 따라 대응하는 방식이 상이하게 나타났다.[185] 먼저, 감리교회와 캐나다장로회 선교부에서 운영하는 학교들은 신사참배를 종교 행사가 아니라 국가 의식으로 이해하였기 때문에 교육 당국과 큰 마찰을 빚지 않았다. 천주교 역시 로마교황청에서 신사에 참배해도 좋다는 훈령을 내리고 있었다. 성공회, 안식교, 성결

---

183 「학무국장과 5거두」, 『조선일보』, 1935.12.10.
184 「경무당국에서도 단연 탄압할 태도」, 『조선일보』, 1935.12.10.
185 박혜진, 2015, 앞의 책, 50-54쪽.

교, 구세군 등 다른 기독교 교파들도 대부분 식민당국의 신사참배 정책에 협조적이었다. 따라서 이들 교파 선교회 소속의 학교들은 조선총독부의 신사참배 정책으로 인한 학교 경영권 문제를 겪지 않을 수 있었다.

그러나 기독교계 학교의 절대다수를 차지하던 장로교회 학교들은 신사참배에 대해 매우 강경한 태도를 취하고 있었다. 특히, 미국남장로교 선교회는 신사참배를 종교 의식으로 간주하였고, 당국이 이를 강요한다면 조선의 모든 교육 사업에서 철수한다는 성명을 발표하였다.[186] 더구나 이들은 단순히 학교 폐쇄에 그치는 것이 아니라, 기독교적 원칙을 유지할 수 없는 집단에 학교 재산을 매각하거나 양도하는 것도 모두 금지했다. 이로 인해, 남장로교 선교회가 교육 사업에서 철수한 이후 조선인들이 폐교 예정인 학교를 인계하여 운영하는 길이 사실상 차단됐다. 이러한 선교회 측의 일방적인 결정에 대해 학교 직원들과 학생들은 대단히 분개하고 있었다. 수피아여학교에서는 폐교파와 존속파가 대립하여 폭행사건으로 비화되기도 하였다.[187] 그러나 미국남장로교 선교회는 강경하고 원칙적인 태도를 고수했다. 결국 당국은 1937년 광주의 숭일과 수피아, 목포의 영흥과 정명 등의 학교에 폐교 명령을 내렸고,[188] 순천의 매산, 전주의 신흥과 기전, 군산의 영명 등의 학교는 학교장이 자진하여 폐교를 선언하였다.[189]

남장로회와 마찬가지로 북장로교 선교회도 조선총독부의 신사참배

---

186 「남장로교회 선교본부 정식 폐교성명서 발표」, 『조선일보』, 1937.2.26.
187 「폐교, 존속 문제로 직원간 알력 심각」, 『조선일보』, 1937.3.18.
188 「전남 4 교회학교에 당국 폐쇄 명령」, 『조선일보』, 1937.9.8.
189 「순천 매산 남녀교 자발적 폐교 신청」, 『조선일보』, 1937.9.29.

강요에 대응하여 조선의 교육 사업 철수라는 강경한 태도를 결정하였다. 다만, 남장로회가 1937년을 기해 모든 학교를 즉시 폐교한 것과는 다르게, 북장로회는 학교별로 교육 사업에서 철수하는 양상이 조금씩 다르게 나타났다.[190] 소속된 학교 수도 많았지만, 학교마다 학교 자산의 처분 방법이나 학교의 인계 방법 등에서 매우 다른 상황으로 전개되었기 때문이었다. 신사참배 문제가 촉발되었던 평양 지역의 세 학교, 즉, 숭실전문학교, 숭실학교, 숭의여학교의 설립자인 서양인 선교사들은 1937년 말 학교 직원과 학생들에게 폐교 결정을 통보하였다.[191]

그런데 평양의 학교들을 폐교하는 과정에서 북장로교 선교회는 학교를 폐쇄한 이후의 학교 운영에 관해서는 어떠한 언급도 하지 않았다. 선교회의 무책임한 폐교 조치에 대하여, 학교 직원들은 반박문을 내고 직원과 재학생의 구제 대책을 요구하며 강하게 반발했다.[192] 그러나 그 이후에도 선교회는 폐교 예정인 학교 경영을 지역 사회나 조선인들이 인계하려는 노력에 대해서는 비협조적이었다. 결국 이들 세 학교는 운영을 이어가지 못하고 모두 폐교되기에 이른 것이다. 반면에, 평안북도 선천 지역의 신성학교와 보성여학교는 선교회의 폐교 결정 이후에 조선인들이 비교적 원만하게 학교 경영을 인계했다. 이들 지역에서는 학교 설립 당시부터 지역민들과의 유대가 강했고 조선인들이 학교 이사진으로 참여하고 있었기 때문이다. 또한, 대구 지역의 계성학교와 신명여학교는 지역 교단에서 학교를 인계하였다. 서울 지역의 경신학교는 조선인들이

---

[190] 박혜진, 2015, 앞의 책, 154-156쪽.
[191] 「3숭 학생 직원에게 석별의 통고문」, 『동아일보』, 1937.11.20.
[192] 「직원 사직 통고에 반박 질문 결의」, 『조선일보』, 1937.11.23.

인계할 수 있었으나, 정신여학교는 인계 조건 등에서 합의하지 못하고 끝내 폐교되었다.[193]

이처럼 1930년대 후반 조선총독부의 신사참배 강요로 인해 많은 기독교계 학교들이 폐교되는 사태에 이르렀다. 그러나 당시 신사참배 문제는 조선에서만이 아니라 대만과 일본에서도 공통으로 사회 문제가 되고 있었던 점에 주의할 필요가 있다. 식민지 대만에서도 이미 1933~1935년도에 학교교육에서 신사참배가 강제되었고, 결국 영국과 캐나다의 기독교계 학교들은 대만총독부의 교육 정책을 수용할 수밖에 없었다.[194] 또한, 일본도 기독교도의 신사참배 거부 문제가 사회적인 쟁점으로 부각되면서, 1936년도에는 로마 교황청으로부터 신도들의 신사참배를 허용한다는 공식 성명이 발표되기도 하였다.[195] 가톨릭교를 비롯하여 일본이나 대만의 개신교 선교사들은 학교에서의 신사참배를 용인하고 있었던 것이다. 그런데 조선의 선교사들은 신사참배 문제에 대해 지나치게 원칙만을 고집하는 태도를 보였다. 특히, 기독교계 학교의 절대다수를 점하고 있던 장로교 선교회는 종교적 교리만을 중심에 두고 접근하여 결국 학교 폐쇄라는 극단적인 조처가 내려졌다.

학교 폐쇄 여부를 결정하는 과정을 조망해본다면, 서양인 선교사들이 조선에 온 목적은 포교 활동이 일차적이었고, 교육 사업은 부차적이라는 점이 분명하게 드러난다. 포교와 종교 활동에 장애를 초래할 수 있다면, 교육 사업은 언제든지 폐기될 수 있는 성질의 것이었다. 더구나

---

193 박혜진, 2015, 앞의 책, 130-233쪽.
194 안종철, 2010, 『미국 선교사와 한미관계, 1931~1948』, 한국기독교역사연구소, 58쪽.
195 日本カトリック司教協議會, 2007, 『信教の自由と政教分離』, 60-62쪽.

학교를 폐쇄하는 과정에서 선교사들이 내비친 조선인들을 경시하는 태도에 대해서도 지적해둘 필요가 있다. 학교 직원들이나 재학생들의 입장을 고려하지 않는 무책임한 모습을 보이거나, 심지어는 지역 주민과 조선인들의 학교 인계 노력에 대해서 비협조적인 태도로 일관하여 당시 언론으로부터 많은 비판을 받기도 하였다. 사실 식민지 시기에는 조선인들에 대한 서양인 선교사들의 고압적이고 멸시하는 태도로 인해 학생들이 동맹휴학을 일으키며 집단으로 반발하는 일들이 끊이지 않았다.[196] 또한, 기독교 선교회가 신사참배에 대응하여 학교를 폐쇄한 결정이 과연 종교적 교리를 지키기 위한 유일한 길이었는가에 대해서도 재고해볼 여지가 있다. 실제로 신사참배 거부와 학교 폐쇄를 결정한 지 얼마 지나지 않은 1938년에 장로교회는 전국의 대표자들이 참여하는 조선예수교장로회 총회를 열어 신사참배 수용을 공식적으로 결의한 뒤 대표단이 신사를 참배했다.[197] 기존의 태도를 선회하여 신사참배를 용인했을 뿐만 아니라, 그 이후로 장로회는 전쟁 수행을 위한 일본제국의 국민정신총동원 사업에 적극적으로 협력하는 길을 걷게 된다.

    물론 식민지 시기 조선의 교육에서 서양의 선교회가 갖는 의의를 과소평가할 수는 없을 것이다. 특히 중등단계 여자교육 보급에서 기독교계 학교의 역할은 매우 컸다. 조선총독부는 일본인 대상의 고등여학교 보급에 중점을 두었고, 조선인 대상의 여자고등보통학교 증설은 사실상 방치하여 무정책으로 일관했다. 또한, 민족운동 진영에서도 여자고등보통교육 보급 문제는 우선순위에서 밀려나 있었다. 이처럼 여자 대상 중등교

---

[196] 朝鮮總督府警務局, 『朝鮮に於ける同盟休校の考察』, 1929, 15쪽.
[197] 「평양신사참배하는 장로회 총회 대표」, 『조선일보』, 1938.9.12.

육의 공백 상태에서 절대적으로 부족한 교육 기회를 제공한 것이 서양의 선교사들이 설립한 여학교들이었다. 이들 기독교계 학교들을 중심으로 교육받은 여성의 이미지가 만들어졌고, 점차 조선 사회에서 여자고등보통교육을 확대 보급할 필요성이 확산될 수 있었다.

(3) 실업교육의 확대

실업학교는 세울 수 있는 학교의 종류가 법령으로 정해져 있었다. 전공과목을 기준으로, 농업학교, 공업학교, 상업학교, 수산학교, 직업학교, 그리고 여자실업학교 등을 세울 수 있었다. 또한, 실업학교는 수업연한에 따라 5년제를 원칙으로 하는 갑종학교와 3년제로 운영되는 을종학교로 구분되며, 학교를 설립하는 주체에 따라 관공립 및 사립으로 구분되었다. 일반적으로 중등단계 실업계 교육에는 실업학교 외에도 학력을 인정받지 못하는 간이실업학교나 실업보습학교도 포함된다. 이들 학교는 비교적 단기간의 교육과정을 편성하여 계절제나 야간제 등 자유로운 학사 운영이 가능했으며, 대개는 보통학교에 부설되는 방식으로 설립되었다. 그러나 여기에서는 중등교육에 관한 유의미한 비교 분석을 위하여, 주로 정규 실업학교만을 대상으로 하여 확대 보급의 과정을 검토하고자 한다.

실업학교의 설립 현황을 보면, 식민지 말기인 1943년을 기준으로 전국에 총 118개 학교가 세워져 있었다. 그러나 이러한 실업학교들이 식민지 시기 전 기간에 걸쳐 꾸준하게 증설된 것은 아니었다. 〈표 6〉에서 알 수 있는 것처럼, 실업학교는 크게 세 시기에 집중적으로 증설되었다. 먼저, 식민지 초기인 1910년과 1911년에 실업학교 설립이 집중된 것으로 나타난다. 그러나 이 시기에 설립된 실업학교들은 강점 이후 조선총

<표 6> 실업학교 설립 현황(1943년)

연도	학교수	신설	농업학교	상업학교	공업학교	직업학교	수산 및 여자실업
1910	13	13	예산, 전주, 정읍, 광주, 대구, 진주, 평양, 춘천, 함흥, 북청	부산1, 선린*, 부산2			
1911	18	5	청주, 안주, 의주, 영변, 사리원				
1912	19	1		인천			
1913	20	1					삼도여실*
1914	20	0					
1915	20	0					
1916	21	1		진남포			
1917	21	0					
1918	22	1	경성				
1919	22	0					
1920	28	6	제주	경성, 강경, 목포, 함흥, 회령			
1921	31	3	상주	신의주			여수
1922	37	6	이리	마산, 원산, 동성*	경성		용암포^
1923	40	3		경기, 대구			통영
1924	42	2	길주, 밀양^				
1925	43	1					경성여상*
1926	44	1					경성여실
1927	45	1	김해				
1928	47	2	경성, 강릉				
1929	47	0					
1930	50	3	충주	사리원, 숭인*			
1931	52	2		평양	경성		
1932	52	0					
1933	56	4	공주, 안동	개성		부산	

1934	59	3	연안	대동*		북청	
1935	63	4	순천	청주*		신의주	덕성여실*
1936	67	4	수원, 강계	한성*			향상여실*
1937	72	5	강진^, 울산, 갑산^	청진		대구	
1938	77	5	남원^, 장연, 신천*	강릉			청진
1939	82	5	안성	덕수^	평양1	해주, 삼척	
1940	91	9	영동^, 천안, 덕원^	광신*	이리, 부산, 흥남, 조선 전기*	인천	
1941	100	9	서흥^, 원주	군산, 보인*^	신의주, 청진, 평안*	대전, 송정	
1942	109	9	문산, 순창, 성천, 구성, 평강, 영흥	김천		전주	청진여실
1943	118	9	의정부, 제천, 서산, 영주, 안악, 초산	단천	겸이포, 평양2		

출처: 『朝鮮諸學校一覽』(1943).
* 1943년 현재 운영 중인 공·사립 실업학교. ^는 3년제, *는 사립학교.

독부가 계획하여 세운 것이 아니라, 대한제국 시기에 이미 설립되었거나 신설이 예정된 학교들이었다. 오히려 강점 이후부터 1910년대 후반까지의 실업학교 증설은 매우 미진했다. 실업학교 설립이 집중된 두 번째 시기는 1920년대 초라고 볼 수 있다. 이 시기에는 실제로 학교가 신설되는 경우 외에도 「조선교육령」의 개정으로 수업연한이 연장되면서 정규 실업학교로 승격되는 학교들도 많았다. 세 번째 시기인 1930년대 후반부터 많은 실업학교들이 증설되기 시작하였다. 당시는 초등교육 졸업자가 급증하면서 중등교육 확충계획이 시행되는 시기에 해당한다. 또한, 제

<표 7> 실업학교 종류별 학교 수 변화

구분		1912년	1917년	1922년	1927년	1932년	1937년	1942년
공립학교	농업	14 (88%)	15 (83%)	20 (56%)	23 (51%)	25 (52%)	34 (56%)	48 (51%)
	상업	2 (12%)	3 (17%)	14 (39%)	16 (36%)	17 (35%)	17 (28%)	22 (23%)
	공업			1 (3%)	1 (2%)	1 (2%)	1 (2%)	7 (7%)
	수산			1 (3%)	4 (9%)	3 (6%)	3 (5%)	4 (4%)
	직업					1 (2%)	5 (8%)	12 (13%)
	여자				1 (2%)	1 (2%)	1 (2%)	1 (1%)
	합계	16 (100%)	18 (100%)	36 (100%)	45 (100%)	48 (100%)	61 (100%)	94 (100%)
사립학교	합계	1	1	3	5	6	11	15
총계		17	19	39	50	54	72	109

출처: 『朝鮮總督府統計年報』(각 연도).

2차 세계대전이 본격화됨에 따라 전쟁 수행과 전시체제에 필요한 기술인력을 양성해야 하는 시대적 요구가 높아지던 시기였다.

<표 7>은 실업학교가 확대 보급되면서 실업학교의 종류별 비중이 어떻게 변화되었는지 보여준다. 식민지 초기인 1910년대에는 실업학교 가운데 농업학교의 비중이 압도적으로 높았다. 1912년도에 전국의 공립 실업학교 수는 16개교였으나, 이들 학교 대부분은 이미 대한제국 시기에 설립된 농업학교들이었다. 그러나 각 도에 1교의 농업학교가 설립된 이후로는 추가적인 실업학교 증설 자체가 제한되었다. 1910년대 말까지 조선총독부가 추가로 증설한 실업학교는 매우 적었고, 1917년도에도 공립 실업학교는 2교만이 증가한 총 18개교에 머물렀다. 이로 인해, 전체

실업학교 가운데 농업학교가 83%로 매우 높은 비중을 갖게 된 것이다.

이처럼 1910년대 농업학교 중심의 실업학교 운영은 식민지 통치상의 필요와 무관하지 않았다. 식민지 초기에는 근대적인 토지제도를 마련한다는 명목으로 조선 전 지역에 걸쳐 대대적인 토지조사사업이 진행되었다. 여기에는 많은 수의 조선인 보조인력이 필요했고, 이를 위해 대부분의 농업학교에는 측량과가 설치되어 운영되었다. 물론 농업학교는 그 이후로도 식민지 실업교육 정책에서 매우 높은 비중과 중요한 위치를 차지했다. 조선총독부가 역점을 두었던 산미증식계획 등 제반 농업정책을 조선 사회의 말단에서 추진할 하급 농업기술자에 대한 수요는 남아 있었기 때문이다. 식민지 통치 전략에서 조선의 역할을 일본의 식량공급기지로 규정하는 한 농업학교는 실업교육에서 늘 핵심적 위치에 놓이게 된다.

1920년도에 들어서면서 실업학교의 종류가 다양해졌다. 이 시기에 수산학교도 처음으로 설립되기 시작하였다. 대개는 1910년대에 세워진 간이수산학교가 수업연한을 연장하여 실업학교로 승격된 경우였다. 이들 수산학교는 여수, 통영, 군산(1929년 폐교), 용암포, 청진 등 해안 지역의 주요 거점에 설립되어 운영되었다. 이 시기에는 상업학교 설립이 많이 증가하는 특징을 보인다. 지방마다 한 개 정도의 농업학교가 설립된 데 이어, 1920년도부터 각 도에 1교씩의 상업학교 보급이 진행되었다. 특히 그동안 상업교육이 미진했던 경기 이북 5도 지역에 7개의 상업학교 신설이 집중되었다. 이러한 상업학교의 증설 배경은 제1차 세계대전 이후 경제 호황과 관련이 있었다. 일본 자본의 조선 진출도 증가하였고, 「회사령」의 폐지로 조선인의 회사 설립도 활발해지면서, 은행이나 기업의 회사원 수요가 많이 증가했다. 또한, 소도시와 군 단위까지 확산되기 시작한 금융조합은 상업학교 졸업자의 중요한 취업처가 되었다.

1930년대 후반부터는 모든 종류의 실업학교 설립이 증가했다. 특히 새로운 형태의 실업학교인 직업학교가 설립되기 시작한 점이 주목된다. 직업학교는 3년제 실업학교에 해당하는 본과 외에도, 산업 수요에 따라 수업연한이 다양한 학과들을 설치할 수 있는 새로운 형태의 실업교육 기관이었다. 각 지역에 1개교의 직업학교가 매년 순차적으로 증설되었고, 1942년도에는 12개 학교가 설립되어 전체 실업학교 가운데 13% 비중으로 확대되었다. 또한, 이 시기에는 지금까지 미흡했던 공업학교 증설이 두드러지게 나타났다. 공업학교는 오래전부터 교육의 필요성이 강조되었지만, 정작 학교 설립은 매우 미진한 상태가 지속되었다. 그동안 경성공업학교만이 유일하였고, 1940년대에 가서야 비로소 공업학교 증설이 이루어질 수 있었다. 식민지 말기 전황의 악화로 인해 일본으로부터의 기술인력 수급이 어려워지면서, 중화학공업 및 광산업 분야의 부족한 인력을 조선에서 양성할 필요가 있었기 때문이다.

한편, 〈표 7〉은 공·사립으로 구분하여 실업학교의 설립 주체별 현황도 보여준다. 1942년 기준 사립의 실업학교는 15교로 전체 실업학교 109개교 가운데 14% 비중을 차지하고 있다. 당시 일반계 중등학교에서 사립학교 비율이 약 20%였던 점과 비교한다면, 실업교육의 사립학교 비중은 다소 낮은 편이라 할 수 있다. 그런데 사립 실업학교는 무엇보다 상업학교의 비중이 매우 높았다. 농업이나 공업 사립학교는 1940년대에 소수의 몇몇 학교만이 세워졌을 뿐이며, 대개의 사립 실업학교는 경성에 있는 상업학교들이었다. 그리고 여자 대상의 실업학교는 공립보다 사립의 비율이 매우 높았던 사실도 확인해둘 필요가 있다. 공립의 여자 실업학교는 식민지 말기에도 단 1곳만이 설립되어 있었다. 중등단계의 여자

실업교육은 민간에서 설립한 사립 교육기관에 크게 의존하고 있었으며 식민당국의 교육정책으로부터 철저하게 소외되었다.

다음으로, 실업학교의 지역별 분포 현황은 〈표 8〉과 같다. 실업학교 설립이 급증하기 시작한 1930년대 이전과 이후로 구분하여 각 지방에 설립된 학교 수와 그 비중을 비교한 것이다. 먼저, 실업학교 설립에서 경기도와 경상남도의 편중 현상이 뚜렷하게 나타나는 점이 주목된다. 사립의 실업학교들이 대부분 경성에 있었으므로, 이를 포함한다면 실업학교의 경기도 편중률은 훨씬 높게 나타날 것이다. 다만, 1930년대를 지나며 다른 지역에도 실업학교 설립이 증가하면서 경기 및 경남 지역의 편중 현상이 다소 완화되었다. 그동안 학교 설립이 미진했던 강원도와 충청

〈표 8〉 실업학교 지역별 분포 변화

지역	1929년		1943년	
	학교 수	비율	학교 수	비율
강원	2	4.4%	6	5.8%
경기	8	17.8%	14	13.6%
경남	8	17.8%	10	9.7%
경북	2	4.4%	7	6.8%
전남	4	8.9%	7	6.8%
전북	3	6.7%	8	7.8%
충남	2	4.4%	6	5.8%
충북	1	2.2%	4	3.9%
평남	3	6.7%	7	6.8%
평북	4	8.9%	9	8.7%
함남	4	8.9%	10	9.7%
함북	3	6.7%	7	6.8%
황해	1	2.2%	8	7.8%
공립 합계	45	(100%)	103	(100%)
사립 합계	5		15	

출처: 『朝鮮諸學校一覽』(각 연도).

남·북도에 실업학교 증설이 이루어졌다. 특히 한반도 북부 지역에서 실업학교 보급이 증가하고 있는 점도 주목된다. 경기 이북 5도, 즉, 황해도, 평안남·북도, 함경남·북도 지역의 실업학교는 1929년도에 모두 15개교로 전체 45개 학교의 33.3% 비중이었지만, 1943년도에는 41개교로 증가하여 전체 103개 학교 가운데 39.8%로 비중이 증가했다. 이들 지역에 실업학교 증설이 집중된 이유는 만주사변과 중일전쟁으로 한반도 북부의 지리적 중요성이 부각되면서 중화학공업과 광산업이 집중적으로 육성되는 등 한반도 북부 개발이 본격화되었기 때문이다.

그런데 위와 같은 실업학교의 확대 과정을 검토할 때는 반드시 주의해야 할 사항이 있다. 남·여 고등보통학교와 다르게 실업학교는 조선인과 일본인 학생들이 공학하는 형태로 운영되었기 때문이다. 조선총독부는 1922년 학교교육에서 민족 간의 제도적인 차별을 해소하면서도, 민족별로 입학하는 학교를 구분하는 방식은 그대로 유지하기로 하였다.[198] 이를 위해 '일본어를 상용하지 않는 자'와 '일본어를 상용하는 자'라는 신조어까지 만들어 조선인과 일본인 대상의 학교를 각기 구분하였다. 이에 따라, 조선인 대상의 학교는 보통학교와 남·여 고등보통학교로 칭하고, 일본인 대상의 학교는 각각 소학교와 중학교·고등여학교로 칭하여, 민족별로 입학하는 학교를 구분하는 기존의 방식이 그대로 유지되었다. 그런데 이들 초등교육과 중등 일반교육과는 다르게, 고등교육, 사범교육, 그리고 중등 실업교육에서는 민족 공학제를 원칙으로 하였다. 따라서 실업학교는 원칙적으로 입학자의 출신 민족을 구분하지 않았고, 학교명에도 아무런 차이를 두지 않았다. 다만, 부산 지역과 같이, 부산제1상업학

---

[198] 「교육령 개정안과 명년도 교육시설」, 『동아일보』, 1921.12.26.

교는 일본인 대상의 학교이고 부산제2상업학교는 조선인이 다니는 학교로, 구분하는 곳이 없는 것은 아니었다. 그러나 이는 동일한 지역에 민족마다 각기 같은 종류의 실업학교를 독립적으로 운영해왔기 때문에 나타난 예외적인 경우였고, 대부분의 실업학교는 민족 공학제로 운영되었다.

이처럼 실업학교는 민족별 공학을 원칙으로 하면서, 조선인과 일본인 학생의 입학에 아무런 자격 제한이 없었다. 그렇다면, 실업학교의 증설을 곧바로 조선인에 대한 실업교육의 확대 보급을 의미하는 것으로 판단하기 위해서는 보다 세심한 주의가 요구된다. 고등보통학교의 증설은 분명히 조선인 학생의 교육기회 확대를 의미하지만, 민족 공학제인 실업학교의 설립도 과연 그러한지는 판단하기가 쉽지 않기 때문이다. 이를 위해서는 매우 복잡한 구성을 갖는 실업학교의 증설 결과에 대해 더 상세하게 검토할 필요가 있다.

먼저, 실업교육이 확대된 결과로 나타난 재학생 수 규모를 민족별로 비교할 수 있을 것이다. 1943년도를 기준으로, 중등교육 단계의 모든 실업 계열 학교에 재학하는 조선인 학생은 총 45,842명이었고 일본인 학생이 10,753명이었다.[199] 실업 계열 학교에서는 전체적으로 조선인 학생의 비중이 매우 높았다. 그러나 중등단계 실업계 학교는 졸업 후 전문학교의 입학자격이 부여되는 학력이 인정되는 실업학교와 그렇지 않은 실업보습학교로 구분되었고, 전공에 따라서도 그 종류가 매우 다양하였다. 이처럼 다양한 종류의 실업계 학교들마다 재학생 구성에서 민족별로 뚜렷한 차이가 있는 점에 주의할 필요가 있다.

〈표 9〉는 실업계 학교를 종류별로 구분하여 조선인 재학생이 차지하

---

[199] 『朝鮮諸學校一覽』, 1943.

〈표 9〉 실업계 학교의 종류별 조선인 재학생 비율

연도	실업학교					실업보습 학교
	농업	상업	공업	수산	직업	
1922	95%	51%	30%	100%		89%
1927	88%	45%	15%	95%		91%
1932	89%	47%	25%	99%	86%	89%
1937	89%	50%	31%	97%	82%	84%
1942	92%	54%	50%	84%	94%	90%
평균	91%	49%	30%	95%	88%	89%

출처: 『朝鮮總督府統計年報』(각 연도).

는 비중 변화를 비교하여 보여주고 있다. 먼저, 농업학교와 수산학교에서는 조선인 학생의 비율이 압도적으로 높아 식민지 시기에 줄곧 90%를 상회했다. 특히 학교 수가 많았던 농업학교에 대해서 일본인들은 그다지 입학을 선호하지 않았으며, 대부분의 농업학교는 조선인 학생들로 채워졌다. 이러한 농업학교들은 전체 실업학교 가운데 차지하는 비중이 매우 높았기 때문에 실업학교 재학생 총수에서 조선인 학생의 비율이 높게 나타나는 원인이 되고 있었다. 반면에, 상업학교에서는 조선인 학생의 비율이 평균 50% 전후에 머물렀다. 농업학교와 비교할 때, 상업학교는 일본인들이 상대적으로 입학을 선호하는 학교였기 때문에 그만큼 조선인 재학생의 비율이 축소되었던 것이다.

또한, 공업학교에서 조선인 재학생의 비율은 30% 이하로 실업학교 가운데 가장 낮았다. 공업학교는 1937년까지도 경성공업학교 한 곳만이 유일하였기 때문에 해당 학교의 통계만이 반영되었다. 당시 경성공업학교는 3년제 갑종학교로 운영되었으며, 보통학교나 소학교 졸업자가 아니라 보통학교고등과 2년 또는 고등소학교 2년을 마친 학생이 입학하는 학교였다. 그러나 조선인들이 다녔던 보통학교에 고등과 과정이 설치되는 경우는 매우 드물었고, 일본인의 소학교에는 고등소학교가 설치되는 경우가 많았다. 따라서 조선인 학생들이 경성공업학교에 입학하기에는 조건이 매우 불리했다. 경성공업학교는 1930년대 말 보통학교 졸업자가 입학할 수 있는 5년제 학교로 재편되었다. 이후 공업학교 설립도 전국적으로 확대되면서, 비로소 공업학교에 입학하는 조선인 학생들도 증가하기 시작하였다.

끝으로, 실업학교보다 낮은 수준의 학교인 실업보습학교에서 조선인 재학생의 비중이 90% 정도로 매우 높았던 사실도 확인해둘 필요가 있다. 그만큼 일본인 학생들은 실업보습학교 입학을 그다지 선호하지 않았던 것으로 볼 수 있다. 물론 실업보습학교도 학제상 중등교육단계에 해당했지만, 실제 실업보습학교는 매우 열악한 조건에 놓여 있었기 때문이다.[200] 간이실업학교로 불리기도 했던 실업보습학교는 대체로 1년제 또는 2년제 과정으로 운영되며, 당시에는 '전수학교', '실수학교', '농사학교', '농민학교' 등 매우 다양한 명칭으로 불렸다. 실업보습학교는 대개 공립의 보통학교에 부설하는 형태로 설립되었으며, 계절제나 야간제 과정을 개설하는 등 매우 유연한 학사 운영이 가능했다. 그러나 실업보습학교는 전문학교 등 고등교육으로 진학하기 위한 중등학교 졸업 학력이 인정되지 않았으며, 실무에 필요한 낮은 정도의 기능을 익히기 위해 실습 중심의 교육이 이루어지고 있었다. 즉, 실업보습학교는 정규의 중등학교보다는 보통학교 졸업 이후 보습학교의 성격이 강했다. 그렇기에 기능 훈련 중심의 실업보습학교는 일본인이 입학하는 일이 드물었으며 대부분 조선인 학생들로 채워졌다.

---

200 이명실, 2015, 「일제강점기 실업보습학교제도 연구」, 『한국교육사학』 37(4), 89쪽.

〈표 10〉 민족별 실업학교와 실업보습학교의 재학생 비율

연도	일본인 학생 수 (합)	일본인 학생 수 실업학교	일본인 학생 수 실업보습학교	일본인 비율 실업학교	일본인 비율 실업보습학교	조선인 학생 수 (합)	조선인 학생 수 실업학교	조선인 학생 수 실업보습학교	조선인 비율 실업학교	조선인 비율 실업보습학교
1930	4,392	4,064	328	93%	7%	10,672	7,846	2,826	74%	26%
1935	5,823	5,215	608	90%	10%	16,489	12,234	4,255	74%	26%
1940	8,655	7,568	1,087	87%	13%	31,116	22,855	8,261	73%	27%
1943	10,762	10,301	461	96%	4%	45,842	34,718	11,124	76%	24%

출처: 『朝鮮總督府統計年報』(각 연도), 『朝鮮諸學校一覽』(1943).

〈표 10〉은 조선인과 일본인의 실업학교 및 실업보습학교 재학생 규모를 비교하여 보여주고 있다. 중등단계 실업계 학교에 다니는 일본인 대부분은 실업학교에 재학하고 있었으며, 실업보습학교에 다니는 학생 수는 매우 적었다. 그러나 조선인의 경우에는 낮은 수준의 실업보습학교 재학생 수가 상당한 규모에 이르고 있었다. 즉, 실업학교와 실업보습학교의 재학생 비율은 1930년대와 1940년대에 줄곧 3:1 정도가 유지되고 있었다. 중등단계 실업교육의 질이라는 측면에서 본다면, 그만큼 조선인의 실업교육은 일본인과 비교해 상대적으로 더 열악한 환경에 놓여 있었다고 할 수 있다.

이상에서 살펴본 것처럼, 식민지 시기 중등단계 실업교육은 매우 복잡한 구성을 보이며 성장해왔다. 식민지 교육 당국은 중등교육과 고등교육을 억제하는 가운데 실업교육 중심의 중등교육 확대를 추진하였기 때문에, 일반계 중등학교보다는 실업계 중등학교의 증설이 더 활발한 편이었다. 그러나 실업학교의 증설은 철저하게 식민지 통치 전략의 필요에 따라 이루어졌으며, 시기별로 설립되는 실업학교의 종류에 차이가 있

었다. 식민지 초기를 비롯하여 그 이후로도 농업학교의 보급이 가장 중심에 있었고, 식민지 중기에는 상업학교, 식민지 말기에는 공업학교가 확대되었다. 또한, 실업학교는 민족 공학제로 운영되었으나, 조선인과 일본인에게 교육기회가 동등하게 보장된 것은 아니었다. 중등교육의 분배 구조를 다루면서 더욱 자세히 살펴보겠지만, 실업학교의 입학 과정에는 민족에 따라 구조적인 차별이 존재했다. 이로 인해, 조선인의 중등교육 기회는 더욱 제한될 수밖에 없었다. 따라서 조선인 보통학교 졸업생들은 실업학교 입학을 위하여 극단적으로 치열한 경쟁을 치러야 했으며, 보습교육에 불과한 낮은 수준의 실업보습학교조차 높은 수준의 입학 경쟁이 지속되고 있었다.

2) 중등학교의 교육 여건

교육의 보급 현황에서는 학교기관의 증설 외에 해당 학교의 교육 여건도 매우 중요하다. 학교의 교육 여건에 관해서는 일반적으로 경상비와 자산 등을 기준으로 상호 비교하여 가늠해볼 수 있다. 경상비는 일상적인 학교 운영비에 해당하는 것으로, 당시에는 교원 봉급, 직원 잡급, 실습비, 수선비, 수용비(연료비, 소모품비 등), 잡비 등으로 분류되었으며, 건물 신축 등을 위한 임시비는 제외된다. 그리고 학교의 자산은 토지, 건물, 표본, 기구, 도서 등 학교 설비나 시설에 대한 평가액으로 구성된다. 이하에서는 이들 항목을 중심으로 중등교육 제 학교기관의 교육 여건을 비교 검토하고자 한다.

(1) 학교 자산 규모

학교의 자산은 토지나 건물, 표본, 기구, 도서 등 학교의 설비나 시설 수준을 보여준다. 이러한 학교 자산에 대해서는 자산 평가액을 재학생 수로 나눈 학생 1인당 자산액 지표를 산출하여 서로 비교해볼 수 있다. 〈표 11〉과 같이 중등교육기관을 계열별로 구분하여 자산 규모를 비교하면, 평균적으로 일반계 학교들의 학생 1인당 자산이 가장 적었고, 실업계 학교들이 그보다 많았으며, 사범계 학교들이 압도적으로 많은 수준으로 나타났다. 사실 사범계 학교들은 학교의 자산 항목에서 모두 높은 수준을 보여주고 있는데, 당시 사범학교는 관립으로 설립되었기 때문에 상당히 양호한 시설 투자가 이루어졌다.

중등학교의 자산 항목들을 구체적으로 살펴보면, 건물과 토지의 자산액 비중이 매우 높았다. 특히 학교의 토지는 건물 대지만이 아니라 주로 실습지로 사용되는 부속지를 포함하고 있다. 따라서 학교 자산 가운데 토지 항목의 차이는 대부분 실습지 평가액의 차이가 반영된 것으로 이해할 수 있다. 이러한 사실은 실업계 학교 가운데 농업학교와 상업학교의 자산 항목을 통하여 확인할 수 있다. 상업학교의 자산 상황은 사실 일반계 학교들과 크게 다르지 않지만, 농업학교는 이들 학교와는 토지 항목에서 뚜렷한 차이가 있었다. 농업학교는 학생 1인당 토지 자산 평가액이 상업학교나 일반계 학교와 비교해 매우 높은 수준을 보인다. 그 이유는 농업학교에서 학생들의 농업 실습을 위해 대규모의 실습 농지를 소유하고 있기 때문이었다. 학생 1인당 학교의 부지와 부속지 면적을 비교하면, 일반계 학교의 평균 26평, 상업학교의 평균 31평에 비하여, 농업학교는 무려 376평에 이른다. 다시 말하면, 고등보통학교나 상업학교와는 다르게, 농업학교를 설립하기 위해서는 대규모 실습지 확보에 필요

<표 11> 중등학교의 학생 1인당 자산액 비교

구분	학생 1인당 자산(원)						학생 1인당 부지(평)
	토지	건물	도서	기계 표본	기구	계	
일반계 학교	163	256	13	19	41	493	26
사범계 학교	372	326	22	58	87	866	48
실업계 학교	153	288	10	31	52	534	200
(농업)	190	330	9	24	46	599	376
(상업)	123	217	11	33	45	429	31
(공업)	87	580	31	164	187	1,049	16
(수산)	250	318	18	61	287	933	47
(직업)	45	365	5	34	63	511	18

출처: 『朝鮮總督府統計年報』(1937).

한 추가적인 자산이 소요된다.

학교 자산에서 토지 이외의 건물이나 도서, 표본, 기구 등의 항목은 순수한 학교 설비로 볼 수 있다. 이들 항목에서 나타나는 가장 큰 특징은 공업학교와 수산학교의 학생 1인당 자산이 매우 높다는 점이다. 수산학교는 어로를 위한 실습선이나 수산물 제조 도구 등의 기구 항목에서 자산 평가액이 높게 나타나고 있다. 물론 수산학교는 양식 교육과 수산물 가공 등을 위한 실습지가 필요하므로 토지 자산도 많을 수밖에 없었다. 또한, 공업학교는 실습지가 필요 없는 토지 자산을 제외하고, 모든 자산 항목에서 압도적으로 높은 규모를 보여주고 있다. 물론 여기에서 공업학교는 당시 유일했던 관립의 경성공업학교뿐이지만, 공업교육에 필요한 기계, 표본, 기구 등의 학교 설비나 건물 등을 갖추기 위해서는 일반계 학교보다 훨씬 큰 비용이 필요하다는 점에는 변함이 없을 것이다.

이처럼 중등학교에서 실업계 학교들은 일반계 학교와 비교해 상당히 높은 수준의 자산 규모를 갖고 있었다. 학교의 자산 규모는 경상비 지출 규모와 함께 학교교육의 여건을 가늠해보는 지표가 된다. 경상비가 일상적인 학교 운영비에 해당한다면, 학교 자산은 학교 설립에 필요한 기초적인 자산에 해당한다. 그런데 학교 설립에 이처럼 높은 수준의 시설과 설비를 갖출 수 있는 대규모 재원이 요구된다면, 학교 설립 주체에게는 매우 큰 부담이 될 수밖에 없다. 민간의 사립학교 설립이 실업계 중등학교가 아니라 일반계 중등학교 설립에서 활발했던 이유이기도 하다. 이러한 조건은 중등학교의 경상비 지출 상황에서도 크게 다르지 않았다.

(2) 학교 경상비 규모

학교 경상비 규모는 학생 1인당 경상비를 산출하여 학교 간 비교가 가능하다. 학생 1인당 경상비는 현재에도 학교 간 또는 국가 간 교육 예산을 비교하는 데 유용한 지표로 활용되고 있다. <표 12>는 식민지 시기 중등교육에 해당하는 학교기관을 일반계, 실업계, 사범계로 구분하고, 계열별로 학생 1인당 경상비 규모의 변화를 비교한 것이다. 학생 1인당 경상비 지출 규모는 모든 시기에서 사범계 학교들이 가장 높았고, 다음으로 실업계 학교, 그리고 일반계 학교 순으로 나타났다.

먼저, 사범계 학교의 학생 1인당 경상비를 보면, 1920년대에 583원, 1930년대 273원, 1940년대 551원으로 지출액 규모가 매우 높았다. 그 이유는 물론 1921년에 관립으로 설립된 경성사범학교의 교육비 지출 규모가 압도적으로 높았기 때문이다. 그리고 1930년대에 대구와 평양에 이어서 각 지방에 사범학교들이 증설되면서 학생 1인당 경상비 규모가 다소 감소했다. 또한, 1940년대에는 일부 사범학교가 전문학교 수준으로 승격되면서 다시 급격하게 경상비 지출이 증가했다. 이처럼 사범학교는 그 어느 시기에서도 교육비 지원이 매우 높은 수준이었기 때문에 다

<표 12> 중등교육의 학생 1인당 경상비 비교

구분	1920년대	1930년대	1940년대
일반계	139	103	116
사범계	583	273	551
실업계	156	125	138
(농업)	157	143	152
(공업)	474	346	198
(상업)	145	106	111
(수산)	253	298	310
(직업)		125	141

출처: 『朝鮮諸學校一覽』(1937, 1943). 단위는 원.

른 일반계나 실업계 중등학교들과 비교해 상대적으로 매우 높은 수준의 교육 여건을 갖출 수 있었다.

다음으로, 일반계와 실업계 학교를 비교하면, 일반계 학교의 학생 1인당 경상비 지출액은 실업계 학교보다 낮게 나타나고 있다. 1920년대부터 1940년대까지 모든 시기에 평균적으로 20% 이상 학생 1인당 경상비 규모에서 차이가 있었다. 그것은 물론 일반계 학교와는 다르게 실업계 학교의 경우에는 전공 교육을 위한 실습 비용이나 그와 관련된 직원 급여 등이 별도로 소요되기 때문이었다.

그런데 일반계 학교의 교육 여건과 관련하여, 공립학교와 사립학교의 학생 1인당 경상비 차이가 매우 컸다는 사실에도 주목할 필요가 있다. 예를 들어, 1920년대 공립 고등보통학교의 학생 1인당 경상비는 162원이었지만, 사립 고등보통학교는 76원에 지나지 않았다.[201] 이처럼 공립과 사립 고등보통학교의 경상비 지출 규모는 2배 이상의 차이가 있

---

201 박철희, 2002, 앞의 글, 52쪽.

었으며, 이러한 격차는 1930년대 이후로도 크게 달라지지 않았다. 가장 큰 원인으로는, 공립학교에는 봉급 수준이 월등히 높은 일본인 교원들이 주로 채용된 데 반하여, 사립학교에는 일본인 교원 수가 상대적으로 적었던 점을 들 수 있을 것이다. 그러나 사립 고등보통학교는 일본인 교원 외에도 충분한 교원을 확보하지 못할 때가 많았다. 사립학교 대부분이 학교 운영상 만성적으로 재정적인 어려움을 겪고 있었기 때문이었다. 이런 점에서 본다면, 사립 고등보통학교의 교육 여건은 공립학교보다 상대적으로 열악한 조건에 있었다.

한편, 실업계 학교는 종류가 다른 학교들로 구성되어 있으므로 종류별로 세분하여 살펴볼 필요가 있다. 먼저, 가장 큰 비중을 차지하는 농업학교와 상업학교를 비교해보자. 상업학교의 학생 1인당 경상비는 세 시기 모두 대체로 일반계 학교와 유사한 규모를 나타내고 있다. 사실 상업학교의 교육과정은 농업학교나 공업학교 등 다른 실업학교들보다 오히려 고등보통학교와 유사하게 편성되어 있다. 따라서 학교의 경상비 지출에서도 상업학교는 일반계 학교와 유사한 경향을 보인다.

그러나 농업학교의 학생 1인당 경상비는 일반계 학교와 비교할 때 대체로 30% 이상 높게 나타나고 있다. 농업학교의 경상비 지출이 일반계 학교나 상업학교보다 높은 이유는 실습과 관련이 있었다. 〈표 13〉은 농업학교와 상업학교의 경상비 내역을 비교한 것이다.

춘천농업학교와 대구상업학교의 1926년도 학생 1인당 경상비는 각각 140원과 93원으로 두 학교 간에 큰 차이가 있었다. 세부적인 경상비 지출 내역을 비교해보면, 교원 봉급에서 큰 차이를 보인다. 그러나 교장과 교원의 봉급은 각 개인의 경력이나 호봉 등에 따라 큰 차이가 있었기 때문에 두 학교 교원 봉급의 단순 비교는 그다지 큰 의미가 없었다. 오히

<표 13> 농업학교와 상업학교의 경상비 내역

경상비 내역	춘천농업학교(1926년, 150명)			대구상업학교(1926년, 500명)		
	경상비 지출액		학생 1인당 경상비	경상비 지출액		학생 1인당 경상비
교원 봉급	11,680	(56%)	78	31,648	(68%)	63
직원 잡급	4,943	(24%)	33	10,090	(22%)	20
수용비	2,330	(11%)	16	3,246	(7%)	6
실습비	1,225	(6%)	8	657	(1%)	1
잡비	372	(2%)	2	444	(1%)	1
수선비	400	(2%)	3	200	(0%)	-
계	20,950	(100%)	140	46,285	(100%)	93

출처: 「大邱公立商業學校徵兵令上認定の件」(1927), 「公立實業學校學則改定に關する件」(1926).

려 두 학교의 경상비 내역 가운데 실습과 관련된 비용에 주목할 필요가 있다. 대구상업학교에서 실습비는 경상비 총액의 1% 비중이지만, 춘천농업학교의 실습비는 6% 비중에 이르고 있다. 농업학교의 실습비는 주로 농구비, 종묘비, 비료비, 사료비, 재료비 등으로 지출된다. 또한, 실습과 관련하여 채용되는 직원의 급여는 잡급으로 분류되므로, 직원 잡급 비용의 차이도 실습과 관련되어 있다. 다시 말해, 농업학교와 상업학교의 경상비 차이는 실습 비용의 차이가 큰 영향을 미친다고 볼 수 있다.

다음으로, 공업학교도 일반계 학교와 비교해 학생 1인당 경상비가 매우 높게 나타나고 있다. 물론 1930년대 말까지 공업학교는 관립으로 세워진 경성공업학교만이 유일했기 때문에, 교육 당국의 지원이 집중되는 경성공업학교와 다른 일반계 학교들의 경상비를 직접 비교하는 것은 무리가 있다. 그러나 1940년대 각 지방에 증설되는 공업학교들의 평균 학생 1인당 경상비 규모도 일반계 학교는 물론이고 다른 실업학교들보다 매우 높았다. 이처럼 공업학교의 경상비 지출에서 다른 중등학교들과 차이를 보이는 항목은 물론 학생들의 실습과 관련된 비용이었다. 예를 들어, 1937년도 경성공업학교의 예산안을 보면, 실험·실습을 위한 재료비와 소모품비 항목으로만 25,489원을 책정했는데, 이는 학생 1인당 59원에 해당하는 매우 큰 경상비 지출 규모였다.[202] 즉, 공업학교는 고등보통학교나 상업학교에서 학생 1인당 경상비의 절반에 이르는 금액을 실험이나 실습을 위한 비용으로 지출했다.

이처럼 중등학교 가운데 실업계 학교들은 일반계 학교들보다 학생 1인당 경상비 규모가 상대적으로 높게 나타났다. 공업학교나 수산학교의 경상비 지출이 매우 높았고, 농업학교도 상대적으로 높은 수준이었다. 그렇기에 이들 실업학교는 정부 차원의 재정적 지원이 없다면 학생들의 수업료만으로 운영하기에는 무리가 따를 수밖에 없었다. 다시 말해, 이들 실업학교를 민간에서 사립으로 설립하여 운영하는 것은 사실상 불가능한 일이었다. 반면에, 상업학교나 일반계 학교들은 경상비 지출 내역이 대체로 유사했고, 그 규모도 상대적으로 낮은 수준이었다. 중등학교에서 상업학교와 남·여 고등보통학교에서만 사립학교 비중이 높았던 이유다.

지금까지 살펴본 것처럼 중등교육에서 실업계 학교를 운영하는 데는 일반계 학교보다 상대적으로 큰 비용이 들었다. 또한, 학교 설립에 필요한 시설과 설비를 갖추기 위해서도 일반계 학교보다 실업계 학교에 훨씬 많은 기초 재원을 마련해야 했다. 당시 조선의 경제 현실에서는 사립의 일반계 학교를 운영하는 데도 만성적인 재정적 어려움을 겪어야 했기 때문에, 민간에서 실업학교를 설립하고 운영하는 것은 매우 어려운 일이었다. 다시 말해, 정책 당국의 의지가 없는 한, 중등단계의 일반교육은 물론이고 실업교육의 성장을 기대하기는 매우 어려운 조건이었다.

---

202 「道立工業學校新設計劃」, 1936.

3. 중등교육 분배 구조

식민지 교육 당국은 중등교육에 대해 매우 억압적인 정책을 고수하였다. 식민지 통치 정책의 필요에 따라 중등교육에서도 부분적인 확대 보급이 이루어졌지만, 초등교육의 팽창에 비하면 매우 미흡했다. 이처럼 학교교육이 불균형을 이루면서 초등교육 졸업자의 중등교육 진학의 기회는 매우 제한적일 수밖에 없었다. 이로 인해 조선인 학생들은 중등학교 입학을 위해 매년 치열한 경쟁을 치러야 했다. 이하에서는 중등교육 기회의 분배 현황과 그 성격에 관해 살펴보고자 한다.

1) 차별적인 교육 기회 분배

앞에서 살펴본 것처럼, 조선인에 대한 중등교육 보급 상황은 일본인과 비교해 매우 열악했다. 더구나 중등교육 내 다양한 학교들의 교육 기회 배분 상황은 너욱너 차별적이었다. 〈그림 5〉와 〈그림 6〉은 민족별로 구분하여 중등교육기관 재학생의 계열별 비율을 보여주고 있다. 조선인과 일본인은 중등교육 구성에서 뚜렷한 차이가 있었다. 조선인의 경우, 식민지 초기에는 실업계 학교에 재학하는 학생 수가 일반계 학교의 학생 수보다 많았다. 그 차이는 급격히 줄어들어, 식민지 중기에는 일반계 학교의 학생 수가 실업 계열 재학생 수를 넘어섰다. 그러나 이후 점차 일반계 학교 재학생 비율은 지속적으로 감소하여, 식민지 말기에는 실업계 학교 재학생 수가 일반계열 재학생 수보다 많아졌다. 반면에, 일본인의 경우, 식민지 시기 전 기간에 일반계 학교의 재학생 수가 실업계 학교 재학생 수보다 압도적으로 많았다.

<그림 5> 조선인 중등교육 재학생의 계열 구성비 변화

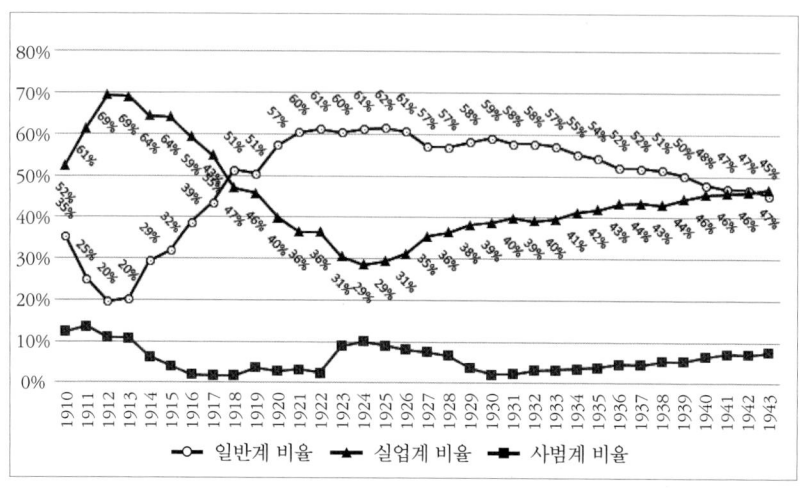

출처: 『朝鮮總督府統計年報』(각 연도); 『朝鮮諸學校一覽』(1943); 안홍선, 2017, 111쪽.

<그림 6> 일본인 중등교육 재학생의 계열 구성비 변화

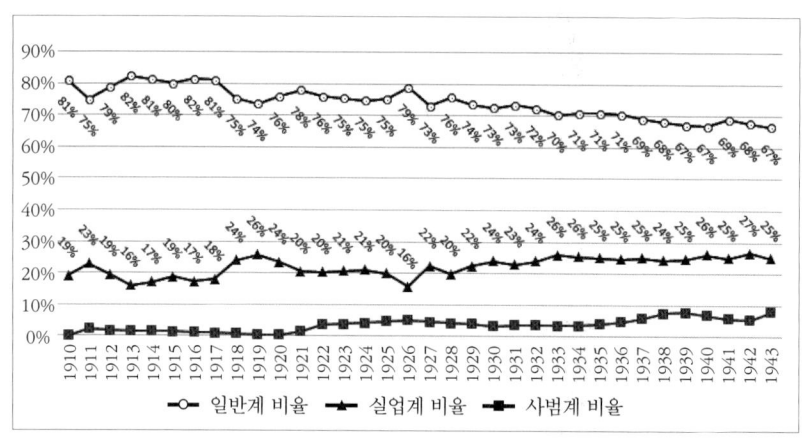

출처: 『朝鮮總督府統計年報』(각 연도); 『朝鮮諸學校一覽』(1943); 안홍선, 2017, 111쪽.

먼저, 조선인의 중등교육 재학생의 구성 비율 변화를 살펴보자. 식민지 초기에 실업계 학교의 재학생 비율이 높았던 이유는 대한제국 말기에 전국 각 지방에 설치된 실업학교가 강점 후에도 그대로 이어졌기 때문이다. 그러나 강점 이후 조선총독부는 일반계 중등학교의 설립에 매우 소극적이었다. 1915년도에도 남·여 고등보통학교는 경성과 평양에 각각 2교씩 세워진 게 전부였다. 이후 각 도에 순차적으로 1교씩 고등보통학교가 설립되면서 일반계 학교 재학생 수가 증가하기 시작하였다. 고등보통학교 '1도 1교제'가 완료되는 1920년대 중반에 이르면, 일반계 학교의 재학생 비율은 60%를 상회하고, 반대로 실업계 학교의 재학생 비율은 감소하여 30% 이하로 축소된다. 이처럼 일반계 학교의 재학생 수가 많이 증가한 데에는 식민지 교육 당국이 세운 공립의 남·여 고등보통학교뿐만 아니라, 민간에서 설립한 사립학교들도 당국의 인가를 받아 고등보통학교 체제로 편입되었기 때문에 나타난 결과이기도 했다.

그러나 1920년대 중반 이후부터는 일반 계열의 재학생 비율이 지속해서 감소한다. 결국 식민지 말기에 이르면, 다시 실업계 학교의 재학생 수가 일반 계열 재학생 수를 추월하게 된다. 그 이유는 물론 식민지 교육 당국이 실업학교에 중심을 둔 중등교육 보급정책을 고수하였기 때문이다. 1920년대 중반 고등보통학교 '1도 1교제'가 일단락된 이후부터 1935년도까지 10년 동안 식민당국은 단 한 곳의 고등보통학교도 신설하지 않았다. 1930년대 후반부터 고등보통학교가 설립되기 시작하였으나, 여전히 중등교육 보급은 실업학교 증설에 중심이 놓여 있었다.

이러한 조선인의 중등교육 상황과 비교할 때, 일본인의 중등교육 구성은 뚜렷한 차이를 보였다. 중등학교에 재학하는 일본인 학생의 계열 비율에서 나타나는 가장 큰 특징은 식민지 시기 전 기간에 걸쳐 실업계 학교보다 일반계 학교의 재학생 수가 압도적으로 높은 수준을 유지하고 있다는 점이다. 일본인의 일반계 학교 재학생 비율은 1910년대 초반부터 80%에 이르는 매우 높은 수준이었다. 이후 그 비율이 다소 줄어들고는 있지만, 식민지 말기까지 일반계 학교의 재학생 비율은 대체로 70% 수준이 유지되었고, 실업계 학교의 재학생 비율은 20% 중반에 머물러 있었다.

그렇다면, 이처럼 뚜렷한 대조를 보이는 조선인과 일본인의 중등교육 구성은 어떤 의미를 갖는가? 식민지 조선의 중등교육 현황과 당시 일본 본토의 중등교육을 비교하여 그 성격을 더욱 분명하게 규명할 수 있을 것이다.

중등교육의 확대 보급은 물론 전체 학생 수로 파악되는 절대적인 보급 규모의 변화도 매우 중요하다. 그러나 여기에 더하여, 취학률 규모 및 계열별 구성비를 함께 비교 검토할 때 식민지 시기 중등교육의 성장이 갖는 의미가 더욱 분명하게 드러날 것이다. 〈표 14〉는 조선인과 조선에 거주하는 일본인의 중등교육 현황을 당시 일본 본토의 중등교육 현황과 비교하여 보여주고 있다. 다만, 중등학교 가운데 일본과 조선에서 성격이 다른 실업보습학교와 사범학교 항목을 제외하고, 남·여 일반계 학교와 5년제·3년제 실업계 학교만을 비교 대상으로 하였다. 이로 인해 앞의 자료들과 학생 수에서 약간의 차이가 있지만, 중등교육 현황을 비교 해석하는 데는 더욱 유용할 것이다.

먼저, 조선인의 중등교육 현황을 당시 일본 본토의 상황과 비교해보자. 조선인의 중등학교 학생 수는 꾸준히 증가하여, 1942년도에 이르면 일반계 학교 학생 수가 40,309명이고 실업계 학교 학생 수는 29,832명으로, 중등학교의 전체 재학생 수는 70,141명이었다. 중등학교 재학생 수를 전체 인구수에 대비한 취학률 지표로 환산하면, 당시 조선인 총인구 1만 명당 26.6명으로 산출된다. 반면에, 당시 일본 본토의 중등학교

〈표 14〉 조선인과 일본인의 중등교육 취학 상황

연도	일반계 학교		실업계 학교		계열별 비율	
	학생 수	총인구 1만 명당 학생수	학생 수	총인구 1만 명당 학생수	일반계 학교	실업계 학교
조선인의 중등교육 현황						
1910	679	0.5	918	0.7	43%	57%
1915	1,478	0.9	1,422	0.9	51%	49%
1920	3,768	2.2	1,836	1.1	67%	33%
1925	11,500	6.0	4,807	2.5	71%	29%
1930	16,311	8.1	7,846	3.9	68%	32%
1935	21,266	9.7	12,234	5.6	63%	37%
1940	32,755	13.8	22,855	9.6	59%	41%
1942	40,309	15.3	29,832	11.3	57%	43%
조선 거주 일본인의 중등교육 현황						
1910	720	42.0	170	9.9	81%	19%
1915	2,120	69.8	498	16.4	81%	19%
1920	4,321	124.2	1,063	30.6	80%	20%
1925	9,990	235.2	2,506	59.0	80%	20%
1930	13,260	264.2	4,064	81.0	77%	23%
1935	16,526	283.3	5,215	89.4	76%	24%
1940	22,139	321.0	7,568	109.7	75%	25%
1942	26,541	352.6	9,706	128.9	73%	27%
일본 본토 거주 일본인의 중등교육 현황						
1910	178,584	36.3	64,739	13.2	73%	27%
1915	237,903	45.3	93,736	17.8	72%	28%
1920	328,489	58.7	136,290	24.4	71%	29%
1925	598,238	100.1	212,867	35.6	74%	26%
1930	714,690	110.9	288,681	44.8	71%	29%
1935	752,783	108.7	397,687	57.4	65%	35%
1940	987,877	137.3	624,699	86.8	61%	39%
1942	1,205,320	165.4	680,054	93.3	64%	36%

출처: 『朝鮮總督府統計年報』, 『日本の推定人口』, 『明治以降我國の人口』(각 연도).
* 일반계 학교는 공사립의 중학교, 고등여학교, 고등보통학교, 여자고등보통학교이며, 실업학교는 실업보습학교를 제외한 5년제 또는 실업학교만을 대상으로 함.

재학생 수는 일반계 학교와 실업계 학교를 합하여 대략 190만 명에 이르고 있었다. 이는 당시 일본의 총인구 1만 명당 258.7명의 중등교육 취학 규모였다. 조선인의 중등교육 취학률 규모는 식민지 말기인 1942년에 이르러도 일본 본토의 1/10에 불과한 매우 미약한 수준이었다. 또한, 중등학교 재학생의 계열별 비율에서는, 조선인과 일본 본토 일본인의 중등교육 모두에서 1920년대 이후로 일반계 학생의 비율이 감소하는 경향이 나타났다. 조선인 중등교육에서는 일반계 학교의 재학생 비율이 1925년 71%였다가 1942년에는 57%로 많이 축소되었으며, 일본 본토 중등학교도 같은 기간에 일반계 학교의 재학생 비율이 74%에서 64%로 감소하였다. 조선과 일본 모두에서 실업교육이 강조된 결과였지만, 조선인의 중등교육에서 일반교육의 비율이 더욱 낮게 유지되었다고 할 수 있다.

그런데 이러한 조선인의 중등교육 및 일본 본토의 중등교육 현황과 비교할 때, 조선에 거주하는 일본인의 중등교육 현황은 커다란 차이가 있었던 사실에 주목할 필요가 있다. 같은 1942년도를 기준으로, 조선에 거주하는 일본인 중등학교 재학생 수는 일반계 26,541명과 실업계 9,706명이었다. 이러한 중등학교 재학생 수는 당시 조선에 거주하는 일본인 총인구 1만 명당 481.5명에 이르는 취학률 규모였다. 즉, 조선에 거주하는 일본인의 중등학교 취학 수준은 조선인의 취학률 26.6명과 비교할 때 압도적인 규모였으며, 나아가 일본 본토의 취학률 258.7명과 비교해도 훨씬 높은 수준이었다. 또한, 중등학교 재학생의 계열별 비율에서도, 조선에 거주하는 일본인의 중등교육 상황은 큰 차이가 있었다. 1942년에 조선에 거주하는 일본인 중등학교 재학생의 일반계 비율은 73%였다. 이는 조선인 중등학교 재학생의 일반계 비율 57%와 비교할 때는 물론이고, 일본 본토의 일반계 비율 64%보다 매우 높은 수준이었다. 이마저도 1930년대부터 다소 감소한 결과였으며, 식민지 중기까지 조선에 거주하는 일본인 중등학생의 일반계 비율은 80%를 넘어섰다.

이처럼 중등교육의 확대 보급 측면에서 본다면, 식민지 시기 조선에 거주하는 일본인들은 당시 본토의 일본인들보다 중등교육 기회에서 훨씬 양호한 혜택을 누리고 있었다. 중등학교 취학률도 높았을 뿐만 아니라, 일반계 학교의 진학 기회도 상대적으로 확대되었다. 그러나 조선에 거주하는 일본인들에게 더 많은 중등교육의 혜택이 주어진다면, 반대로 그것은 조선인의 중등교육 기회가 그만큼 위축된다는 것을 의미한다. 이러한 점은 중등학교 재학생의 민족별 비율이나 입학 경쟁에 그대로 반영되어 나타난다.

2) 식민지적 중등교육 체제

〈표 15〉는 중등학교 재학생 가운데 조선인이 차지하는 비율을 보여준다. 식민지 시기를 5년 단위로 나누어, 중등교육 전체 및 계열별 학교에서 조선인 학생의 비율 변화를 보여준다. 먼저, 중등교육 전체로 볼 때, 조선인 학생이 차지하는 비율은 대체로 60% 정도였으며, 식민지 말기인 1942년도에는 70%에 다소 미치지 못했다. 이처럼 중등학교 재학생 가운데 조선인 학생의 비율이 높은 것으로 보이지만, 조선인과 일본인의 인구수를 고려하면, 이는 전혀 다른 상황을 의미하게 된다. 1942년도를 기준으로, 조선인 초등학생 수는 170만 명이었고, 조선에 거주하는 일본인 초등학생 수는 10만 명이었다. 즉, 초등교육 단계에서는 조선인과 일본인 학생의 비율이 17 : 1이었지만, 중등교육 단계에서 그 비율이 7 : 3으로 크게 축소되었다.

〈표 15〉 중등교육 재학생의 조선인 비율

연도	중등교육 전체	일반계 학교	실업계 학교	사범계 학교
1912	66%	32%	87%	93%
1917	63%	48%	84%	76%
1922	60%	55%	73%	50%
1927	60%	54%	71%	72%
1932	62%	56%	72%	57%
1937	63%	56%	74%	57%
1942	69%	60%	79%	74%

출처: 『朝鮮總督府統計年報』(각 연도).

중등학교를 다시 계열별로 구분하여 살펴보면, 일반계 학교의 조선인 학생 비율이 실업계 학교보다 낮게 나타나고 있다. 일반계 학교 재학생 가운데 조선인 학생이 차지하는 비율은 식민지 초기에 약 30% 정도에 머물다가, 이후 점차 상승하여 식민지 말기에는 약 60%에 이르고 있다. 사범계 학교는 식민당국의 교원정책 변화에 따라 조선인 학생의 비율 변화가 크게 나타나고 있지만, 학생 수 규모는 그다지 크지 않았다. 반면에, 실업계 학교에서 조선인 학생의 비율은 상대적으로 높은 수준이었다. 식민지 초기에는 80%가 넘는 비중이었고, 식민지 중기에 점차 감소하여 70% 가까이 이르렀다가, 이후 다시 증가하고 있다. 식민지 중기에 실업계 학교에서 조선인 학생의 비율이 감소했던 이유는 당시 실업계 학교의 수업연한이 연장된 것과 관계가 있었다. 이로 인해 실업학교에 대한 일본인의 진학 선호가 증가하였고, 신설되는 실업학교는 대부분 조선인과 일본인이 함께 입학하는 민족 공학제로 운영되기 시작했다. 이렇게 실업학교로 진학하는 일본인 학생들이 늘어나면서 반대로 조선인 학생의 비율이 감소했다.

그런데 중등학교 재학생의 민족 비율을 검토하면서, 한 가지 주목해야 할 문제가 있다. 일반계 학교와 실업계 학교에서 재학생의 민족 비율에 차이가 있을 뿐만 아니라, 그 비율이 대체로 안정적으로 유지되고 있는 점이다. 당시에는 일반계와 실업계 학교를 막론하고 중등학교 입학을 위해서는 치열한 선발 경쟁을 치러야 했다. 이를 고려한다면, 중등학교 입학생 가운데 조선인과 일본인 학생의 비율이 안정적으로 유지되는 이유가 단지 학생들의 학교 선호도 차이에 있었다고 보기는 어려울 것이다. 그렇다면, 중등학교 재학생 수에서 민족 비율 차이는 어떤 이유에서 비롯된 것이었는가?

이를 위해서는 우선 식민지 시기 중등학교 제도의 특징을 이해할 필요가 있다. 당시 일반계 학교와 실업계 학교는 중요한 제도적 차이가 있었다. 일반계 학교들은 1938년 이전까지 학교 명칭에 차이를 두어, 민족별로 입학하는 학교를 뚜렷하게 구분하고 있었다. 조선인이 입학하는 학교는 고등보통학교와 여자고등보통학교였으며, 일본인이 다니는 학교는 각각 중학교와 고등여학교로 나뉘어 있었고, 민족별로 서로 교차 입학하는 경우는 매우 드문 예외적인 상황이었다.[203] 따라서 일반계 학교 재학생 수에서 민족 비율의 차이는 애초에 조선인 대상의 학교와 일본인 대상의 학교 수 차이에서 발생한다. 즉, 조선인을 위한 고등보통학교 및 여자고등보통학교와 일본인을 위한 중학교 및 고등여학교를 확대 보급하는 과정에서 차별적인 증설이 진행된 결과이다. 따라서 일반계 학교 재학생 가운데 조선인과 일본인 학생의 비율 차이는 식민당국의 민족 차별적인 학교 설립 정책이 그대로 반영된 것이라 할 수 있다. 그러나 실업

---

203 1937년 현재 고등보통학교에 재학하는 일본인은 2%였고, 중학교에 재학하는 조선인은 6% 정도였다(『朝鮮總督府統計年報』, 1937).

계 학교는 이와는 상황이 다르다는 사실에 유의해야 한다. 실업학교는 민족 공학이 원칙이어서 조선인과 일본인을 구별하지 않고 누구나 입학할 수 있었기 때문이다. 이처럼 일반계 학교와 실업계 학교의 제도적 차이를 염두에 두고, 중등학교 재학생 수에서 나타나는 민족 비율의 차이 문제에 접근할 필요가 있다.

당시 중등학교의 입학생 선발은 매년 치열한 경쟁이 되풀이되고 있었다. 이런 조건에서 중등학교 재학생의 민족 비율은 입학생 모집 과정의 민족 구성비와 같을 것이다. 이에 대해서는 보다 면밀한 검토가 필요하다. 〈표 16〉은 일반계 학교와 실업계 학교의 입학 지원자와 합격자 현황을 보여주고 있다. 합격자는 지원자 가운데 입학에 성공한 사람이며, 대체로 합격자 수는 입학 정원과 일치한다. 따라서 합격률이 낮다는 것은 입학 지원자 수가 많아 입학 경쟁이 치열한 상황을 의미한다. 전체적인 중등학교 입학 상황을 보면, 식민지 후기로 갈수록 일반계 학교와 실업계 학교 모두에서, 그리고 조선인과 일본인 학생들 모두 합격률이 점차 낮아지고 있다. 즉, 식민지 시기를 관통하며 중등학교 입학 지원자 수가 증가하면서 입학 경쟁이 점점 치열해지는 상황이었다고 할 수 있다.

먼저, 일반계 학교에서, 조선인 입학 지원자들의 합격률은 30~40% 정도로 매우 낮았으며, 1930년대 초반부터 합격률은 더욱 낮아져 1937년도에는 22%까지 하락하였다. 27,001명의 지원자 가운데 겨우 5,910명만이 합격하고, 절대다수인 21,000여 명은 입학에 실패했다. 반면에, 일본인 입학 지원자들은 줄곧 70% 이상의 높은 합격률을 보였으며, 1930년대 후반부터 60% 전후로 다소 하락한 정도였다. 조선인 학생들과는 다르게, 일반계 학교로 진학을 희망하는 일본인 입학 지원자들의 절대다수는 입학에 성공했다.

<표 16> 일반계 및 실업계 학교의 민족별 입학자 합격률

일반계 학교 합격률							
연도	일본인			조선인		
	지원자	입학자	합격률	지원자	입학자	합격률
1927	4,648	3,186	69%	12,498	4,500	36%
1928	4,300	3,141	73%	16,067	4,946	31%
1929	4,623	3,283	71%	15,593	4,796	31%
1930	4,549	3,392	75%	14,064	4,993	36%
1931	4,655	3,408	73%	12,113	5,103	42%
1932	4,641	3,459	75%	12,267	5,134	42%
1933	5,267	3,686	70%	12,931	4,898	38%
1934	5,279	3,842	73%	15,434	5,006	32%
1935	7,056	4,218	60%	19,682	5,161	26%
1936	7,448	4,450	60%	24,816	5,382	22%
1937	8,246	4,890	59%	27,001	5,910	22%
실업계 학교 합격률							
연도	일본인			조선인		
	지원자	입학자	합격률	지원자	입학자	합격률
1927	1,745	950	54%	11,350	2,384	21%
1928	1,834	941	51%	13,479	2,402	18%
1929	1,792	970	54%	12,890	2,463	19%
1930	1,874	1,043	56%	11,066	2,330	21%
1931	2,178	1,247	57%	11,676	2,638	23%
1932	2,305	1,278	55%	12,075	2,610	22%
1933	2,547	1,373	54%	13,397	2,753	21%
1934	3,130	1,542	49%	16,068	2,909	18%
1935	3,215	1,577	49%	18,978	3,246	17%
1936	3,526	1,507	43%	24,205	3,612	15%
1937	3,863	1,773	46%	26,887	4,298	16%

출처: 『學事參考資料』(1937).
* 일반계 학교는 공·사립 고등보통학교, 여자고등보통학교, 중학교, 고등여학교이며, 실업계 학교는 5년제 및 3년제 남녀 공·사립 실업학교이다.

이처럼 일반계 중등학교의 입학 경쟁에서 조선인은 일본인과 비교해 합격률이 매우 낮았다. 그러나 조선인의 합격률이 낮다고 해서, 조선인이 일본인과의 입학 경쟁에서 뒤처진 것을 의미하는 것은 아니었다. 조선인 학생과 일본인 학생이 민족별로 각기 다르게 경쟁한 결과였기 때문이다. 즉, 조선인 학생들은 고등보통학교와 여자고등보통학교 진학을 위해 경쟁했고, 일본인 학생들은 중학교와 고등여학교 입학을 위해 경쟁했다. 따라서 중등단계 일반계 학교 입학에서 조선인 지원자들의 합격률이 낮은 것은 식민지 교육 당국이 조선인 대상의 학교 증설에 매우 소극적이었기 때문에 나타난 결과였다. 다시 말해, 일반계 중등학교 입학에서 일본인보다 조선인의 합격률이 낮았던 것은 그만큼 교육기회가 차별적으로 분배되고 있었다는 사실을 의미한다.

다음으로, 실업계 학교의 입학 경쟁률 상황을 보면, 일본인 입학 지원자는 50% 이상의 합격률을 보이다가, 1930년대 중반부터 50% 이하로 소폭 하락하였다. 반면에, 조선인 입학 지원자의 합격률은 줄곧 20% 전후로 매우 낮게 나타나고 있으며, 1930년대 후반에 이르면 입학 지원자 가운데 불과 15% 정도만이 진학에 성공할 수 있었다. 이처럼 실업계 학교 지원자의 합격률은 일반계 학교보다 낮았으며, 그만큼 실업계 학교의 입학 경쟁은 일반계 학교보다 치열했다. 또한, 일반계 학교의 입학 상황에서와 마찬가지로, 실업계 학교도 조선인 입학 지원자의 합격률은 일본인보다 현저히 낮게 나타났다.

그런데 실업계 학교는 일반계 학교와는 입학 경쟁의 양상이 전혀 다르다는 점에 주의해야 한다. 일반계 학교와는 다르게, 대부분의 실업계 학교들은 민족 공학제로 운영되어 조선인과 일본인을 함께 선발하고 있었기 때문이다. 실업계 학교의 이러한 조건은 민족별로 진학하는 학교가 명확하게 구분되었던 일반계 학교와는 전혀 다른 입학 경쟁을 의미하게 된다. 따라서 실업계 학교의 입학 상황에 관해서는 종류별로 구분하여 더욱 자세하게 살펴볼 필요가 있다. 〈표 17〉은 중등단계 실업계 학교들을 종류별로 구분하여, 조선인과 일본인의 입학 지원자 및 합격자 상황을 비교하여 보여주고 있다. 실업학교들은 학교 종류에 따라 입학 상황에서 각기 다른 양상이 나타났다.

먼저, 실업계 학교들 가운데 설립된 학교 수도 많았고 재학생 규모도 컸던 농업학교와 상업학교의 입학 상황을 비교해보자. 농업학교는 조선인 입학자의 비율이 압도적으로 높았고, 그에 비해 상업학교는 일본인 입학자의 비율이 상대적으로 높은 수준이었다. 이들 두 학교에서 일본인 입학 지원자의 합격률은 40%를 훨씬 상회하고 있었지만, 조선인들의 합격률은 매우 낮아 대체로 20% 이하에 머물러 있었다. 그리고 재학생 수가 가장 적었던 공업학교는 조선인과 일본인 모두 입학 경쟁이 매우 치열하였고, 1930년대에 대체로 20% 정도의 합격률을 보였다. 또한, 수산학교는 일본인보다 조선인의 비율이 매우 높았으며, 점차 입학 지원자가 급증하여 1930년대 후반에는 합격률이 20% 아래로 하락하였다. 그리고 1930년대부터 설립되기 시작한 새로운 형태의 실업학교인 직업학교에서, 조선인 지원자의 합격률은 20% 정도였지만, 일본인들은 매우 높은 70% 수준이 유지되고 있었다. 한편, 여자 실업학교는 조선인보다 일본인의 재학생 비율이 높았으며, 소수인 조선인 지원자의 합격률도 일본인보다 낮게 나타났다.

이처럼 중등단계 실업계 학교들은 학교의 종류에 따라 민족별로 각기 다른 입학 상황을 보여주었다. 그런데 이들 실업학교에서 조선인 입학자의 비율이 비교적 안정되게 유지되고 있는 점에 주목할 필요가 있다. 점

⟨표 17⟩ 실업학교의 민족별 입학자 합격률

계열	민족별		1928년	1931년	1934년	1937년
농업	일본인	지원자	277	287	447	396
		입학자	106	158	198	167
		합격률	38%	55%	44%	42%
	조선인	지원자	7,156	4,768	8,088	11,396
		입학자	1,331	1,317	1,402	1,875
		합격률	19%	28%	17%	16%
상업	일본인	지원자	1,249	1,345	1,813	2,190
		입학자	656	741	798	906
		합격률	53%	55%	44%	41%
	조선인	지원자	5,858	5,066	6,604	11,993
		입학자	921	993	1,210	1,709
		합격률	16%	20%	18%	14%
공업	일본인	지원자	137	128	197	289
		입학자	54	51	56	61
		합격률	39%	40%	28%	21%
	조선인	지원자	21	58	98	121
		입학자	7	12	25	27
		합격률	33%	21%	26%	22%
수산	일본인	지원자	4	3	12	8
		입학자	4	2	9	1
		합격률	100%	67%	75%	13%
	조선인	지원자	206	242	189	574
		입학자	99	95	73	89
		합격률	48%	39%	39%	16%
직업	일본인	지원자		124	261	275
		입학자		88	217	193
		합격률		71%	83%	70%
	조선인	지원자		1,301	755	2,285
		입학자		180	150	503
		합격률		14%	20%	22%
여자	일본인	지원자	167	291	400	705
		입학자	110	198	258	441
		합격률	66%	68%	65%	63%
	조선인	지원자		2	13	98
		입학자		1	7	46
		합격률		50%	54%	47%

출처: 『學事參考資料』(1937).

차 실업계 학교들에 대한 조선인 지원자 수가 증가하여 각 학교의 입학 경쟁이 보다 치열해지는 상황에서도, 입학자 가운데 조선인이 차지하는 비율은 그다지 큰 변화가 없었다. 평균적으로 농업학교 입학자의 조선인 비율은 90% 정도였으며, 상업학교는 61%, 공업학교는 24%, 수산학교 96%, 직업학교 63%, 여자 실업학교 5% 정도가 대체로 유지되고 있었다. 민족별로 진학하는 학교가 구분되어 있던 일반계 학교와는 입학 조건이 상이하였지만, 이처럼 실업계 학교들에서 입학자의 조선인 비율이 비교적 안정되게 유지되었던 이유는 무엇인가? 무엇보다 각 학교의 신입생 모집 과정에서 민족별 선발 인원이 내정되어 있었다고 볼 수밖에 없다.

중등단계 실업계 학교에서 민족별로 입학생의 정원을 할당하는 방식은 조선인과 일본인이 공학하기 시작한 식민지 초기에 이루어졌다. 가장 먼저 민족 공학제가 실시된 선린상업학교는 조선인과 일본인 대상의 교육과정을 다르게 편성하여 운영하였다.[204] 본과 과정을 민족별로 1부와 2부로 나누었고, 일본인 대상의 본과 1부와 조선인이 입학하는 본과 2부를 구분하여 각각 신입생 모집 인원을 따로 배정하여 공고하였다.[205] 또한, 경성공업학교의 전신인 공업전습소도 각 학과마다 민족별로 정해진 인원을 할당하여 신입생을 모집하기도 하였다.[206] 그러나 이렇게 민족별로 입학 정원을 배정하여 선발하는 학교는 식민지 초기에 교육과정 자체가 민족별로 다르게 운영된 예외적인 경우였다. 이후에는 어떠한 학교도 민족별로 선발 인원을 구분하여 공고하는 일은 없었다. 사실 식민

---

204 선린팔십년사편찬회, 1978, 『선린팔십년사』, 154쪽.
205 「선린상업교 생도 모집」, 『매일신보』, 1914.2.13.
206 「공업전습소의 확장」, 『매일신보』, 1914.5.15.

지 교육 당국은 입학 정원의 민족별 내정에 대해서는 물론이고, 학사 운영에서 조선인과 일본인을 구별하는 제도 자체를 공식적으로 인정하려 하지 않았다.

특히 1922년 학교제도 개정으로 민족 공학이 제도화된 실업학교들은 조선인과 일본인 학생을 구별하지 않는다는 소위 '무차별 원칙'을 표방하고 있었다.[207] 학사 운영에서 노골적인 민족 차별로 불필요한 갈등이 초래하는 상황을 예방하려는 취지가 강했다. 대개 실업학교들은 학급 구성이나 기숙사 편제에서 조선인과 일본인 학생을 혼합하여 편성하였다. 그리고 학생 대표를 선출할 때도 민족별로 동수가 되도록 임명하는 것이 일반적이었다. 이러한 '무차별 원칙'을 적용하여, 일부 실업학교에서는 신입생 모집에서도 조선인과 일본인을 동수로 선발하고 있었다. 예를 들어, 경기상업학교와 대구상업학교는 신입생 정원 100명 가운데 조선인과 일본인을 각각 50명씩 할당하여 선발하였고, 이리농림학교도 입학생 선발 인원을 민족별로 절반씩 배정하고 있었다.[208] 이러한 '무차별 원칙'을 신입생 모집 과정에도 기계적으로 적용하여 조선인과 일본인 학생을 동수로 선발하는 방법을 정당화하고 있었다. 그러나 실업계 학교의 민족별 동수 선발 원칙은 식민지 교육 당국이 실업학교의 입학생 인원을 민족별로 통제하고 있었다는 사실을 방증한다.

사실 대부분 실업학교의 신입생 모집 결과는 매년 민족별 비율이 일정하게 유지되고 있었다. 꼭 조선인과 일본인의 동수 선발이 아니라 하

---

207 「鎭南浦公立商工學校徵兵令上認定の件」, 『實業學校徵兵令上認定の件』, 1926.
208 대구상업고등학교 오십년사 편찬회, 1973, 『대상오십년사』, 42-43쪽; 경기상업고등학교동창회, 1973, 『경기상고오십년』, 28쪽; 이리농림60주년 기념사업 추진위원회, 1982, 『이리농림육십년사』, 28쪽.

더라도, 학교마다 신규 입학자의 출신 민족 비율은 매년 일정한 수준이 유지되었다. 예를 들어, 강경상업학교 입학생 가운데 조선인 합격자와 일본인 합격자 비율은 9:6 정도가 대체로 유지되었다.[209] 조선인 지원자가 압도적으로 많았고, 또한 그 수가 매년 급증하는 상황에서도 합격자의 민족별 비율은 그대로 유지되었던 것이다. 신입생 모집에서 입학 정원이 민족별로 내정되어 있지 않다면 이러한 결과가 나타날 수는 없었다.[210] 결국 민족별로 정원이 배정된 상황에서 일본인들은 지원자 수가 적어 전원 합격하는 것이나 다름없었지만, 지원자 수가 압도적으로 많았던 조선인들은 극심한 입학 경쟁을 치러야 했다.

이런 측면에서 본다면, 식민지 시기 중등학교의 입학 경쟁은 일반계 학교는 물론이고 실업계 학교에서도 민족별로 제한된 경쟁이었다고 할 수 있다. 실업계 학교는 조선인과 일본인 모두 지원할 수 있었지만, 학교마다 민족별로 선발 인원이 내정되어 있었기 때문이다. 민족별로 지원 가능한 학교가 구분되어 있었던 일반계 학교의 입학 상황과 큰 차이가 있었던 것은 아니었다. 다시 말해, 일반계 학교와 실업계 학교 모두 출신 민족별로 입학 정원이 정해져 있었다. 이렇게 식민지 교육 당국이 민족별로 입학 인원을 통제하면서, 중등학교의 입학 경쟁은 민족별로 매우 불공정한 결과가 나타날 수밖에 없었다. 〈그림 7〉과 같이, 식민당국의 차별적인 교육 기회 분배로 인해 조선인들에게 극심한 중등학교 입학 경쟁을 초래했다.

---

209 정연태, 2012, 「일제강점기 한·일공학 중등학교의 관행적 민족차별」, 『한국사연구』 제159호, 한국사연구회, 158쪽.
210 강경상업고등학교, 1990, 『강상칠십년사』, 58-59쪽.

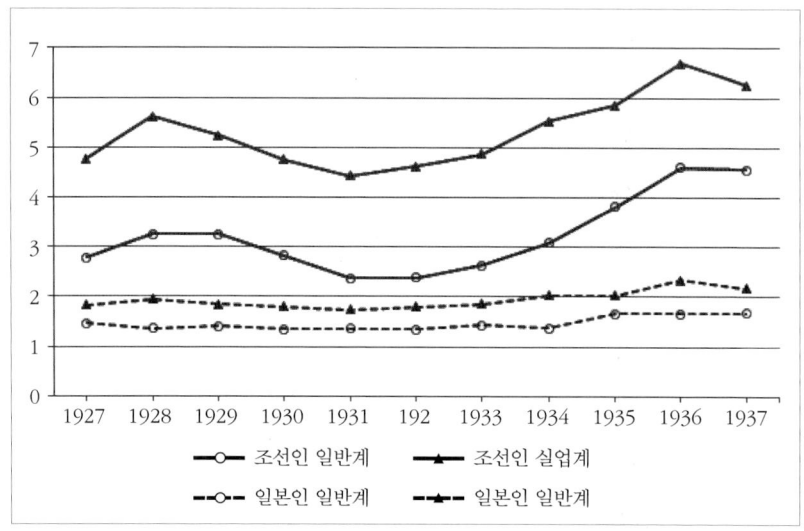

〈그림 7〉 조선인과 일본인의 중등교육 입학 경쟁률 추이

출처: 『學事參考資料』(1937); 안홍선(2017), 129쪽.

〈그림 7〉은 중등학교의 민족별 입학 경쟁률 변화를 비교하여 보여주고 있다. 조선인과 일본인 모두 일반계 학교보다는 실업계 학교의 입학 경쟁률이 높게 나타나고 있다. 그러나 민족에 따라 교육 기회가 차별적으로 분배되면서, 조선인과 일본인의 입학 경쟁률에서 매우 큰 차이가 나타나고 있다. 일본인의 일반계 학교 입학 경쟁률은 2:1에도 미치지 않고 있으며, 1930년대 후반에도 대체로 비슷하였다. 그러나 조선인의 경우는 그보다 높아 3:1 수준이었으며, 1930년대 후반에는 4:1을 훨씬 넘어섰다. 실업계 학교도, 일본인의 입학 경쟁률은 대체로 2:1 수준이었지만, 조선인은 그보다 훨씬 높은 6:1을 상회했다. 이처럼 조선인들에게서 극단적으로 치열한 중등학교 입학 경쟁이 나타난 것은 식민지 교육당국의 중등교육 확대 보급 정책이 매우 억압적이었고, 교육 기회마저도 민족에 따라 차별적으로 분배되었기 때문이다.

한편, 〈그림 7〉에서 입학 경쟁률의 연도별 변화 경향에 대해서도 검토할 필요가 있다. 식민지 시기에 중등학교 진학을 희망하는 초등학교 졸업자에게 먼저 요구되었던 것은 치열한 입시경쟁을 통과할 수 있는 뛰어난 학업성적과 가정의 경제적 배경이었다. 당시 중등학교에 다니기 위해서는 상층의 농민들도 부담이 될 만큼 매우 비싼 학자금이 들었기 때문이다. 그런데 조사 시기는 세계적인 경제 대공황의 여파로 조선의 경제 상황이 급격히 악화되었다가 점차 회복되는 시기였다. 이러한 경제적 환경 변화는 조선인 가계의 소득 변동에 영향을 미치고, 이로 인해 전체적인 중등학교 진학 희망자 수 자체가 영향을 받고 있었다. 즉, 입학 정원이 정해진 조건에서, 경제 상황에 따른 입학 지원자 수의 증감이 중등학교 입학 경쟁률의 상승과 하락에 그대로 반영되어 나타났다.

그런데 당시 일반계 학교 입학 경쟁률과 실업계 학교 입학 경쟁률의 변화 방향이 동일하게 나타나는 점에 주의할 필요가 있다. 일반계 학교의 입학 경쟁률이 하락한다고 해서 실업계 학교의 입학 경쟁률이 상승하는 것은 아니었고, 반대로 일반계 학교의 입학 경쟁률이 상승한다고 해서 실업계 학교의 입학 경쟁률이 하락하는 것도 아니었다. 다시 말해, 조선인 학생들에게 일반계 학교를 선호하고 실업계 학교 지원을 꺼린다든지, 반대로 일반계 학교의 지원을 포기하고 실업계 학교에 대한 선호가 급증하는 등의 현상은 나타나지 않았다. 일반계 학교나 실업계 학교로 구분되는 중등교육 계열을 적극적으로 선택한 것은 아니었다고 볼 수 있다. 중등교육 보급이 극도로 억압되어 있고, 교육 기회마저 출신 민족별로 차별적으로 분배되면서, 조선인 초등교육 졸업자들은 일반계와 실업계를 막론하고 중등학교 진학을 위한 치열한 입시경쟁에 내몰리고 있었던 것이다.

제2장
중등학교 교육과정과 학생평가

교육과정은 교육 목표를 실현하기 위한 교육활동의 구체적인 실행 방법이라 할 수 있다. 일제강점기 교육과정 정책은 철저하게 식민지 통치전략 및 교육방침의 변화에 종속되어 있으며, 이를 위해 교육 법규 체제도 완전한 하향식 체제를 형성하고 있었다. 즉, 교육방침의 변화는 교육 법규에서 각급 학교의 교육 목적 및 교수상 주의사항의 개정으로 반영된다. 이러한 변화는 다시 교과목 편성과 교수요지의 변경으로 이어지며 구체화되는 방식이었다.

식민지 시기에는 크게 초기, 중기, 후기에 세 차례의 교육과정 개정이 있었으며, 시기마다 구체적인 교육 목표와 교수요지에서 커다란 변화가 있었다. 시기별로 교육 목표의 변화를 검토하며, 특히 식민당국이 '국민성 양성' 과목으로 분류했던 수신 과목의 변화나 공민과 과목의 도입, 그리고 식민지 말기의 황민화교육 정책에 주목하여 살펴볼 것이다. 또한, 이러한 교육과정의 변화 속에서 중등교육을 구성하고 있는 고등보통학교, 여자고등보통학교, 실업학교는 어떻게 각기 서로를 구별하며 각각의 교육 영역을 구축하고 있었는지 비교 검토하는 데 주안점을 두고자 한다.

한편, 교육과정 정책은 교육평가와도 매우 밀접한 관계가 있다. 특히 중등학교의 학생 평가 결과는 취업 및 진학과 직결된다는 점에서 학생들에게 더욱 큰 의미를 갖는다. 식민지 시기 학생에 대한 평가는 크게 성적고사와 인물고사로 구분할 수 있다. 성적고사는 주로 학업 성취에 관한 평가 기록이었지만, 당시에는 일종의 품행 평가인 조행 점수나 신체에 관한 체위 점수가 포함되기도 하였다. 그런데 이러한 성적고사와는 별도로 당시에는 학생의 성격이나 태도 등 인물됨에 대한 평가 기록인 인물고사가 실시되고 있는 점에 주목할 필요가 있다. 이러한 인물 평가 결과는 소견표나 성행증명서로 작성되어 학생의 진학과 취업 과정에서 중요한 전형 자료로 활용되었다. 당시 식민지적 상황을 고려한다면, 중등학교의 인물 평가 기록은 조선인 학생에 대한 일본인 교원의 규율의 시선을 의미하는 것이라 할 수 있다. 이러한 점을 염두에 두고, 이하에서는 교육과정 정책의 변화와 학생 평가 방식에 관해 살펴보고자 한다.

1. 교육과정 정책의 변화

1) 식민지 초기의 교육과정

일제 강점 이듬해인 1911년 8월 「조선교육령」이 제정되면서 식민지 조선의 학교교육 체제에 대한 대강이 마련되었다.[1] 「조선교육령」은 조선의 학교제도에 관한 가장 상위의 법령으로서 식민지 교육방침에 관한 법률적 근거라 할 수 있다. 그 내용은 대체로 상령과 함께 각 단계의 학교 운영에 기본적인 사항들이 규정되어 있다. 우선, 조선에 세울 수 있는 학교는 보통학교와 전문학교를 비롯하여, 고등보통학교, 여자고등보통학교, 실업학교 등으로 규정하였고, 모든 학교기관은 공립과 사립을 막론하고 조선총독의 인가를 얻어야 설립될 수 있도록 하였다(제28조). 그리고 각 학교에 설치하는 교과목은 물론이고 학년별 교육과정이나 교과서 등에 대해서도 조선총독이 정하도록 규정하였다(제29조).

이러한 「조선교육령」 제정으로 중등교육에 나타난 가장 큰 변화는

---

1 「朝鮮敎育令」, 『朝鮮總督府官報』, 1911.9.1.

일반계 학교기관으로 고등보통학교와 여자고등보통학교를 설립하도록 하였다는 점이다. 대한제국 시기의 고등학교와 고등여학교의 명칭이 다시 변경된 것이다. 이러한 조선인 대상의 학교들과는 다르게, 조선에 거주하는 일본인이 다니는 중학교와 고등여학교는 별도의 법령에 따르도록 하였다. 또한, 중등단계 실업계 학교로는 실업학교와 간이실업학교를 세울 수 있도록 하였다. 실업계 학교 또한 대부분 조선인 학생들이 입학하였지만, 각 지방의 사정에 따라서는 일본인 학생과 조선인 학생이 함께 수학하는 학교들도 많았다. 한편, 식민지 초기에는 사범학교를 설립하지 않는다는 방침에 따라 기존의 한성사범학교가 폐지되었다. 대신에 중등학교에 임시교원 양성소를 설치하거나 사범과 또는 교원속성과를 부설하여 초등학교 교원을 양성하도록 하였다. 이에 따라 1910년대 관립의 고등보통학교나 여자고등보통학교에는 사범과 또는 교원속성과 과정이 부설되어 초등교원을 양성하기도 하였다.

고등보통학교는 "남자에게 고등한 보통교육을 실시하는 곳"으로 정의되었고, 그 목적으로서 "상식을 배양하고, 국민다운 성격을 도야하고, 그 생활에 유용한 지식기능을 교수한다"고 규정되었다(제11조). 고등보통학교의 수업연한은 4년이었고(제12조), 입학자격은 연령 12세 이상으로 보통학교 4년을 졸업하거나 그와 동등한 학력을 가진 자로 하였다(제13조). 그리고 고등보통학교에 부설된 사범과는 수업연한 1년 과정이었고, 교원속성과는 수업연한 1년 이내였다. 사범과는 고등보통학교를 졸업한 자가 입학할 수 있었으며, 교원속성과는 16세 이상으로서 고등보통학교의 2년 과정을 수료한 자를 입학자격으로 하였다(제14조).

여자고등보통학교는 "여자에게 고등한 보통교육을 실시하는 곳"으로 정의되었다(제15조). 그리고 "부덕(婦德)을 배양하고 국민다운 성격을 도야하고 그 생활에 유용한 지식기능을 교수"하는 교육 목적이 규정되었다. 이러한 여자고등보통학교의 수업연한은 3년이었으며(제16조), 입학자격은 연령 12세 이상으로서 보통학교 4년을 졸업하거나 그와 동등한 자격 이상의 학력이 있는 자로 하였다(제17조). 그리고 여자고등보통학교에는 재봉·수예를 전수(專修)하는 수업연한 1년의 기예과(技藝科)를 설치할 수 있었다(제18조). 또한, 여자고등보통학교에도 수업연한 1년의 사범과를 설치하여 여자고등보통학교 졸업자에게 초등학교 교원이 되기 위한 교육을 시행할 수 있도록 하였다(19조).

실업학교는 "실업에 종사하려는 자에게 필요한 교육을 실시"하기 위한 학교였다(제20조). 실업학교는 전문으로 하는 전공 내용에 따라 농업학교, 상업학교, 공업학교, 간이실업학교 등으로 구분하여 설립할 수 있었다(제21조). 실업학교의 수업연한은 2~3년으로 하였고(제22조), 연령 12세 이상으로서 수업연한 4년의 보통학교를 졸업하거나 그와 동등한 정도의 학력이 있는 자를 입학자격으로 하였다(제23조). 그러나 간이실업학교는 수업연한이나 입학자격에서 실업학교의 규정을 따르지 않고 별도로 정하도록 하였다(제24조).

이처럼 「조선교육령」을 통해서 학교교육 체제의 대강을 수립한 뒤에 각 학교의 세부적인 운영에 관한 규칙들이 차례로 공포되었다. 이 가운데 중등교육에 관해서는 「고등보통학교규칙」, 「여자고등보통학교규칙」, 「실업학교규칙」 등이 조선총독부령으로 제정되었다. 여기에서는 이러한 각 학교 규칙에서 규정하고 있는 중등학교의 교육과정에 관해 살펴보고자 한다.

(1) 고등보통학교 교육과정

1911년 8월 「조선교육령」 제정에 이어, 같은 해 10월 「고등보통학교규칙」이 공포되었다.² 「고등보통학교규칙」은 학교의 설립과 폐지, 학칙, 교과목 및 교육과정, 교과용도서, 학년·학기·휴업일, 입학·퇴학·징계, 수업 및 졸업 등 학교 운영 전반에 관해 상세하게 규정하고 있다. 「조선교육령」에 따라 모든 학교기관의 설립과 폐지는 조선총독의 인가를 얻도록 한 데 이어, 「고등보통학교규칙」에 의하지 않고는 학교명에 '고등보통학교'라는 명칭조차 사용할 수 없도록 하였다(제6조). 그만큼 「고등보통학교규칙」은 당시 공·사립을 막론하고 모든 고등보통학교의 학사운영을 규율하는 커다란 강제력을 갖는 법규정이라 할 수 있다.

① 교과목 편성

먼저, 교육과정에서 핵심적인 교과목 편성에 대해서 검토할 필요가 있다. 「고등보통학교규칙」은 설치해야 하는 교과목을 일일이 열거하고 있으며, 수신, 국어, 조선어및한문, 지리, 역사, 수학, 이과, 습자, 도화, 실업및법제경제, 수공, 창가, 체조, 영어로 규정하고 있다(제7조). 그리고 실업 과목은 농업 또는 상업 가운데 하나를 선택하도록 하였고, 특히 영어 과목은 설치하지 않아도 되는 수의과목으로 하였다.

이러한 교과목 설치 규정은 사실 대한제국 말기인 1909년에 통감부 주도로 개정된 「고등학교령」 및 동 시행규칙의 내용에서 크게 달라진 것은 아니었다.³ 당시 고등학교에 설치하는 학과목은 수신, 국어및한문, 일

---

2 「高等普通學校規則」, 『朝鮮總督府官報』, 1911.10.20.
3 「고등학교령」 개정, 『관보』, 1909.4.20; 「고등학교령시행규칙」 개정, 『관보』, 1909.7.9.

본어, 지리, 역사, 수학, 박물, 물리및화학, 법제경제, 실업, 도화, 창가, 체조로 규정되었다(제4조). 그리고 외국어 과목은 필요에 따라 영어, 불어, 독어, 중국어 가운데 하나를 추가할 수 있었고, 실업 과목은 농업, 상업, 공업 가운데 선택하여 개설하도록 하였다. 즉, 1909년에도 중등학교에서 영어 등 외국어는 수의과목이었다. 대신에 일본어는 필수과목으로서 큰 비중을 차지하였으며, 실업 과목이 추가되어 필수적으로 설치하도록 개정되었다. 이러한 대한제국 말기의 교과목 설치 규정이 1910년 국권 피탈로 인해 '일어' 과목이 '국어'로 그 명칭이 변경되었고, 반대로 '국어및한문'은 '조선어및한문'으로 과목명이 달라졌다.

　그러나 일제 강점 이후 고등보통학교의 설치 교과목 변화가 단순히 과목명의 변화만 있었던 것은 아니었다. 교과목 편제에서 과목 간 수업시수 배당에서도 큰 차이가 나타났다. 특히 주목할 것은 일본어와 조선어 과목의 비중 변화라 할 수 있다. 〈표 1〉을 통해 알 수 있는 것처럼, 1909년도 4년제 고등학교의 전체 수업시간은 수의과목인 외국어를 제외하고 총 126시간이있다. 이 가운데 '국어및한문' 과목은 24시간으로 전체의 약 19% 비중을 차지했으며, '일어' 과목 역시 이와 동일하게 24시간 19% 비중이었다. 그러나 〈표 2〉의 1911년도 4년제 고등보통학교 교과목 편제를 보면, 수의과목인 영어를 제외한 총 수업시수 120시간 가운데 일본어인 '국어' 과목의 수업시간은 30시간으로 전체의 25% 비중을 차지했다. 일본어 과목이 수업시수와 비중 모두 많이 증가한 것이다. 반면에, '조선어및한문' 과목의 수업시간은 24시간에서 14시간으로 42%나 감소했으며, 이에 따라 과목 비중도 12% 비중에 지나지 않게 되었다. 이처럼 1909년도의 고등학교 교육과정과 비교할 때, 1911년도 고등보통학교는 일본어 교육이 크게 강화됐지만, 조선어 교육의 비중은

〈표 1〉 고등학교의 학과과정과 주당 교수시수(1909년)

학과목	1학년 정도	시수	2학년 정도	시수	3학년 정도	시수	4학년 정도	시수
수신	실천도덕	1	좌동	1	좌동	1	좌동	1
국어및한문	강독, 작문, 문법, 습자	6	좌동	6	강독, 작문, 문법	6	좌동	6
일어	독법, 해석, 회화, 서취	6	좌동, 작문, 문법	6	강독, 작문, 문법	6	좌동, 번역	6
역사	본국역사	3	외국역사	3	좌동	3		
지리	본국지리		외국지리		좌동		지문	1
수학	산술, 대수	6	대수, 기하	5	대수, 기하, 부기	4	기하, 부기	4
박물	광물, 식물	4	동물, 생리	2	생리, 위생	2		
물리및화학					화학	3	좌동, 물리	4
실업	실업개설	1	농업, 상업, 공업에 관한 사항 및 실습	3	자동	3	좌동	5
도화	자재화	1	좌동	1	좌동, 용기화	1	용기화	1
체조	학교체조	3	좌동	3	좌동	2	좌동	2
법제경제							현행제도 및 경제의 대요	(2)
창가	단음창가	(1)	좌동	(1)				
외국어	독법, 해석, 서취, 습자	(2)	독법, 해석, 회화, 서취	(3)	좌동, 문법	(3)	좌동, 작문	(3)
계		31(3)		30(4)		31(3)		30(5)

출처: 「고등학교령시행규칙」(1909).
* 실업 과목에서 상업은 4학년에서 실습을 부과함.

많이 축소되었다.

다음으로, 일제강점기 전후로 교육과정 편성에서 실업교육의 중시 정책도 일관되게 유지되었다. 〈표 1〉, 〈표 2〉에서 확인할 수 있는 것처럼, 1909년도와 1911년도 교육과정 편제에서 법제경제 과목을 포함한 실업 과목의 수업시수는 동일하게 12시간이 할당되었으며, 각각 전체 수업시

<표 2> 고등보통학교의 교과목 및 주당 교수시수(1911년)

학과목	1학년 과정	시수	2학년 과정	시수	3학년 과정	시수	4학년 과정	시수
수신	수신의 요지	1	좌동	1	좌동	1	좌동	1
국어	독방, 해석, 회화, 암송, 서취, 작문	8	좌동	8	좌동, 문법	7	좌동	7
조선어및한문	독방, 해석, 암송, 서취, 작문	4	좌동	4	좌동	3	좌동	3
역사			본방역사	2	외국역사	2	좌동	2
지리	본방지리						외국지리 지문	
수학	산술	4	좌동	4	대수, 기하	4	좌동, 주산	4
이과	식물	3	동물, 인신생리 및 위생	4	물리 및 화학 (광물을 포함)	3	좌동	3
실업및법제경제					농업 또는 상업	6	좌동, 법제경제	6
습자	해서, 행서	2	좌동	1				
도화	자재화	3	좌동	3	자재화 용기화	1	좌동	1
수공	목, 죽 및 금속 등의 세공		좌동					
창가	단음창가	3	좌동	3	좌동	3	좌동	3
체조	보통체조		좌동		좌동, 기계체조		좌동	
영어					발음, 해석, 서취 등	(2)	좌동	(2)
계		30		30		30(32)		30(32)

출처:「高等普通學校規則」(1911).
* 1. 외국역사는 외국지리를 완료한 후에 교수한다.
  2. 사범과 입학 지망자에게는 최종 학년에 매주 3시간 교육을 부과하고 매주 2시간 창가의 교수시수를 증가하여 악기사용법을 교수한다.

간의 11%와 10% 비중을 차지했다. 1911년도 고등보통학교의 교과목 편제에서 수공 과목을 실업 과목으로 분류한다면, 실업교육의 비중은 다소 증가한 것으로 나타날 것이다. 이처럼 일반 중등학교의 교육과정에 실업

과목이 추가된 것은 1909년의 일이었다. 애초에 「고등학교령」 및 동 시행규칙이 제정될 당시인 1906년도에는 고등학교 교육과정에 농업, 상업, 공업 등의 실업 과목은 설치되지 않았다.[4] 그러나 점차 대한제국의 교육정책을 주도하는 일본인 관료와 통감부의 교육방침으로 실업교육을 중시하는 정책이 강화되면서 일반 중등교육기관인 고등학교의 교육과정에도 낮은 단계의 직업교육인 실업 과목이 도입된 것이다.[5]

한편, 일반 중등학교에 실업 과목이 설치된 것과 더불어 외국어 과목이 수의과목으로 분류되고 있는 점에 대해서도 다시 한번 확인해둘 필요가 있다. 사실 1906년도에 제정된 「고등학교령」 및 동 시행규칙은 기존의 '중학교'를 '고등학교'로 명칭을 변경한 것에 더하여, 고등학교 교육과정 편성에서 기존의 외국어 과목을 삭제했다.[6] 대신에 기존 외국어 가운데 하나로서 선택과목에 불과했던 일본어 과목을 독립적인 필수과목으로 지정하고, 조선어와 비슷한 정도로 매우 많은 수업시수를 배당했다. 1909년도에 관련 규정이 개정되면서 영어, 불어, 독어, 중국어 등의 외국어 과목을 개설할 수 있도록 하였지만, 여전히 외국어는 설치하지 않아도 되는 수의과목이었으며, 반면에 필수과목으로서 일본어의 독보적인 지위는 그대로 유지되었다.[7] 물론 일제 강점과 함께 일본어는 '국어'가 되었으나, 여타의 외국어는 여전히 수의과목으로 분류되고 있었다.

이처럼 일제 강점 이전부터 일본어는 외국어들 가운데 독보적인 지

---

4 「고등학교령」, 『관보』, 1906.8.31; 「고등학교령시행규칙」, 『관보』, 1906.9.3.
5 유봉호, 1992, 앞의 책, 97쪽.
6 「고등학교령」, 1906.8.31; 「고등학교령시행규칙」, 1906.9.3.
7 「고등학교령」 개정, 『관보』, 1909.4.20; 「고등학교령시행규칙」 개정, 『관보』, 1909.7.9.

위를 누리며 필수과목으로서 비중 있게 교수되고 있었다. 그렇다면 일본어 과목의 교육 목적 또는 교수요지는 어떠하였을까? 외국어로서의 일본어 교육과 국어로서의 일본어 교육은 같은 교육적 가치를 부여받고 있었을까? 이하에서는 일본어 과목을 비롯하여, 주요 과목의 교수요지와 교수상 주의사항 등을 검토하고자 한다.

② 교수요지 및 교수상 주의사항

1911년 「고등보통학교규칙」은 고등보통학교 교육에서 요구되는 교수상의 주의사항을 비롯하여, 과목마다 교육 목표와 방법 및 범위 등의 교수요지를 규정하고 있다. 먼저, 교수상의 주의사항에 주목할 필요가 있다. 교수상 주의사항은 「조선교육령」에서 명시한 고등보통교육의 목적과 인간상 및 그 구현 방법 등을 보다 구체화하여 설명한 것으로, 교육 당국이 고등보통교육에서 주안점을 두고 있는 것이 무엇인지 분명하게 파악할 수 있기 때문이다.

「조선교육령」에서 고등보통학교를 "남자에게 고등한 보통교육을 실시하는 곳"으로 정의한 뒤 "상식을 배양하고 국민다운 성격을 도야하고 그 생활에 유용한 지식기능을 교수"하는 것으로 규정하고 있다(제11조).[8] '국민다운 성격'을 도야한다는 것은 당시 모든 학교교육기관이 표방하는 교육 목적으로서, 일본 제국주의 교육이 추구하는 궁극적인 최종 목표인 '충량한 국민'이라는 인간상에 대한 지향을 보여준다. 그렇다면 고등보통학교의 교육 목적이 의미하는 것은 무엇인가? 「조선교육령」은 그것에 대해 '충량한 국민' 가운데 '상식'을 갖춘 인재 양성이라고 말한다.

---

8 「朝鮮教育令」, 1911.9.1.

즉, 고등보통교육의 목적은 '상식을 갖춘 충량한 국민'으로서 '중견인물'을 양성하는 것이었다. 이는 '부덕'을 갖춘 '현모양처' 양성을 지향하는 여자고등보통학교와 다르며, '실업에 종사'하는 '독립 자영인' 양성을 목적으로 하는 실업학교와도 구별된다. 따라서 '상식을 배양'한다는 말은, 오늘날의 용어로 풀이하자면, 비전문교육 또는 일반교육을 뜻한다고 볼 수 있다. 그러나 「조선교육령」은 '상식'을 배양하는 일반교육도 결국은 '생활에 유용한 지식기능'을 익히는 것이 되어야 한다고 규정한다. 이러한 논리로 일반 중등교육기관에도 농업, 상업, 공업 등의 실업 과목이 설치되는 등 실업교육 강화정책을 정당화하고 있다.

「조선교육령」에서 정의한 고등보통학교의 교육 목적에 대해서는 「고등보통학교규칙」에 규정된 교수상의 주의사항에서 더욱 분명하게 드러나고 있다.

제10조 고등보통학교에서는 아래의 사항에 주의해야 한다.
1. 생도의 상식을 배양하여 충량하고 근면한 국민을 양성하는 것은 고등보통학교의 주요한 목적인바 어떠한 교과목에 대해서도 항상 이에 유의하여 교수할 것을 요한다.
2. 항상 질서를 존중하고 규율을 준수하는 기풍을 배양하는 것은 교육상 중요한 것인바 어떠한 교과목에 대해서도 항상 이에 유의하여 교수할 것을 요한다.
3. 국어는 국민정신이 깃든 바로서 또한 지식기능을 얻게 하는 데 누락되어서는 아니 되는바 어떠한 교과목에 대해서도 국어의 사용을 정확히 하고 그 적용을 자재로 하게 할 것을 기해야 한다.
4. 지식기능은 생활상 적절한 사항을 선택하여 그것을 교수하고, 헛

되이 다식다능을 구하여 산만의 폐에 빠지지 않도록 노력해야 한다.
5. 교수는 그 목적 및 방법을 그르치지 않고 상호연락하여 보익하게 할 것을 요한다.
6. 교수는 항상 그 방법에 주의하여 헛되이 암송, 기억에 치우치지 않고 추리, 고찰의 능력을 얻게 할 것을 요한다.[9]

「고등보통학교규칙」의 교수상 주의사항 1은 '상식을 갖춘 충량한 국민' 양성이라는 「조선교육령」의 고등보통학교의 교육 목적을 동일하게 재서술하고 있다. 또한, '생활에 유용한 지식기능'이라는 의미에 대해서는 '근면한 국민' 양성이라는 말로 변형하여 설명하고 있다. 그것은 물론, 교수상 주의사항 4를 통해, '헛되이 다식다능(多識多能)'을 추구하지 않고 '생활상 적절한 사항', 즉 실생활에 부합하는 지식기능을 익히도록 하는 것이라고 보다 직접적으로 설명하고 있다. 한편, 당시 모든 교육의 궁극적인 목표인 '충량한 국민' 양성은 일본이 교육을 통한 '일본 정신의 함양'에 있는 것으로 교수상 주의사항 3은 밝히고 있다. 아울러 교수상 주의사항 2는 이러한 '충량한 국민'의 구체적인 모습은 '질서 존중'과 '규율 준수'로 드러나는 것이라고 설명하고 있다. 이러한 고등보통학교의 교육이 제시된 목적에 부합하도록 교수상 주의사항 5와 6에서는 교육 실천과 방법상에서 특별히 유의할 사항을 규정하고 있다.

이와 같은 교수상의 주의사항이 고등보통학교의 교육 목적과 실천 방법에 대한 포괄적인 설명이라면, 「고등보통학교규칙」은 과목마다 교

---

[9] 「高等普通學校規則」, 『朝鮮總督府官報』, 1911.10.20.

육 목표와 교육내용에 대해서도 요약적으로 규정하고 있다. 즉, 각 과목의 교수요지는 첫 행에 교육 목표를 제시하고, 다음 행에 더 구체적인 교육내용과 범위 등을 설명하는 방식으로 서술되어 있다.

제12조 수신은 교육에 관한 칙어의 지취에 기초하여 도덕상의 사상 및 정조를 배양하고 구래의 양풍미속을 잃지 않도록 주의하여 실천 궁행을 권장하는 것을 요지로 한다.

수신은 가언선행 등에 철저히 하고 생도 일상의 몸가짐과 관련하여 도덕의 요령을 훈유하며, 특히 국가 및 사회에 대한 책무를 알게 하여 국법을 존중하고 공덕을 숭상하고 공익에 진력하는 기풍을 조성하고, 또한 보통의 예의작법을 교수해야 한다.

제13조 국어는 보통의 언어, 문장을 요해하고 정확하고 자유롭게 사상을 발표하는 능력을 얻게 하며, 또한 지덕의 계발에 이바지할 것을 요한다.

국어는 현대의 문장으로부터 점차 근고의 국문에 이르기까지 그 독방, 해석을 교수하고, 어구, 격언, 운문 등을 암송하게 하며, 회화, 서취, 작문, 문법을 교수해야 한다.

제14조 조선어및한문은 보통의 언어, 문장을 이해하고 일상의 용무를 분별하는 능력을 얻게 하며, 또한 덕성의 함양에 이바지하는 것을 요지로 한다.

조선어및한문은 덕교에 이바지하는 문장을 선별하여 그것을 교수해야 한다.

제15조 역사는 역사상 중요한 사적을 알게 하고 세운의 변천 및 문화가 유래하는 소이를 이해하게 하는 것을 요지로 한다.

역사는 본방역사 및 외국역사로 하고, 본방역사에 있어서는 충분하게 우리 국체를 명확히 하고, 외국역사에 있어서는 특히 우리 국체 민정과 상이한 소이까지 논급해야 한다.

제16조 지리는 지구의 형상, 운동, 지구의 표면 및 인류생활의 상태에 관한 지식의 일반을 얻게 하여 처세상 필수적인 사항을 알게 하는 것을 요지로 한다.

지리는 본방지리 및 외국지리의 대요를 알게 하고, 또한 지문의 일반을 교수해야 한다.

제17조 수학은 수량의 관계를 명확히 하여 계산에 습숙하게 하고 또한 사고를 정확하게 하는 것을 요지로 한다.

수학은 산술, 대수, 기하 및 주산을 교수해야 한다.

제18조 이과는 자연계에 있어 사물, 현상, 그 법칙 및 인생에 대한 관계를 이해하고 이용후생의 길을 알게 하는 것을 요지로 한다.

이과는 식물, 동물, 인신생리 및 위생, 물리·화학(광물을 포함)에 관하여 그 대요를 교수해야 힌다.

제19조 실업은 실업에 관한 보통의 지식기능을 얻게 하고, 또한 생업을 중시하고 근로를 숭상하는 습관을 배양하며, 법제경제는 처세상 중요한 사항을 알게 하는 것을 요지로 한다.

실업은 농업, 상업으로 하고, 법제경제는 현행법규 및 경제의 대요를 부과하며, 실업 및 법제경제는 가능한 한 연락하여 그것을 교수해야 한다.

제20조 습자는 문자를 단정하고 민속하게 서사하는 능력을 얻게 하는 것을 요지로 한다.

습자는 해서, 행서의 2체를 주로 하고 가나 및 초서를 부가하여 교수해야 한다.

제21조 도화는 물체의 형상을 간취하여 올바르게 그것을 그리는 기능을 얻게 하고, 의장을 익히고 또한 미감을 배양하는 것을 요지로 한다.

도화는 자재화 및 용기화로 하며, 자재화에 있어서는 사생화를 주로 하고 임화 및 고안화를 부가하고, 용기화에 있어서는 기하화, 투영화 및 투시화를 부과해야 한다.

제22조 수공은 간단한 물품을 제작하는 기능을 얻게 하고, 또한 공작의 취미를 키우고 근로를 숭상하는 관습을 배양하는 것을 요지로 한다.

수공은 목, 죽 및 금속 등의 세공을 교수해야 한다.

제23조 창가는 평이한 가곡을 부를 수 있도록 하여, 심정을 순정히 하고 덕성의 함양에 이바지하는 것을 요지로 한다.

창가는 단음창가를 주로 하고, 고아하여 교육상 비익한 가사, 악보를 선별하여 그것을 교수해야 한다.

제24조 체조는 신체의 각 부분을 균형 있게 발육하게 하여 자세를 단정히 하고, 정신을 쾌활하게 하고 또한 규율을 준수하고 절제를 숭상하는 습관을 배양하는 것을 요지로 한다.

체조는 보통체조, 기계체조를 교수해야 한다.

제25조 영어는 일상 보통의 영어를 요해하고 또한 그것을 사용하는 능력을 얻게 하는 것을 요지로 한다.

영어는 간이한 언어, 문장을 교수해야 한다.

제26조 교육은 교육에 관한 지식 일반을 얻게 하고, 특히 보통교육의 지취를 알게 하는 것을 요지로 한다.

교육은 교육학, 심리학, 논리학의 대요를 교수해야 한다.[10]

먼저, 수신 과목의 경우, 일제 강점 이후 제정된 「고등보통학교규칙」의 교수요지에는 그 이전의 「고등학교령시행규칙」(1909)에는 없었던 '교육에 관한 칙어'의 취지에 기초해야 한다는 문구가 추가되고 있는 점이 특징적이다. 이는 「조선교육령」의 강령에서 "조선인의 교육은 '교육에 관한 칙어'의 취지에 기초하여 충량한 국민을 육성하는 것을 본의로 한다"고 명시한 것에 연원을 두고 있다. 이로 인해, 고등보통학교는 물론이고 보통학교나 여자고등보통학교 등 모든 학교의 수신 과목 교수요지에 같은 문구가 삽입되었다. 그러나 '교육에 관한 칙어'와 관련된 내용을 제외한다면, 수신 과목의 교육 목표나 내용 등에서 그 이전과 큰 차이를 보이지 않고 있다. 수신 과목은 도덕적인 사상과 정조를 배양하고, 양속미풍을 유지하며 실천궁행을 장려하는 데 교육 목표를 두고 있다. 이를 위해서는 현인들의 가언선행과 일상의 도덕 요령을 훈유하고, 특히 국가와 사회에 대한 책무를 알게 하여, 국법 존중, 공덕 숭상, 공익 진력 등의 기풍을 기르고, 보통의 예의작법을 가르치도록 규정하고 있다.

다음으로, 일제 강점으로 인해, 특히 언어 과목들의 지위 변동이 교수요지에서 드러나고 있다. 그 이전까지 일본어 과목에는 비록 상당한 수업시수가 할애되고 있었지만, 다른 외국어 과목들과 마찬가지로 지식 증진을 위한 수단으로 이해되고 있었다. 그러나 이제 일본어는 국어의 지위를 얻게 되었고, 그에 따라 지덕 계발을 위한 수단으로서 교수용어가 조선어에서 일본어로 대체되었다. 즉, 정확하고 자유롭게 사상을 표출

---

10 「高等普通學校規則」, 『朝鮮總督府官報』, 1911.10.20.

할 수 있을 정도로 높은 수준의 언어적 능력을 배양해야 하는 교육 목표는 조선어 과목이 아닌 일본어 과목에 부여되었다. 반면에, 조선어 과목은 보통 정도의 문장을 이해하고 일상의 용무를 분별하는 정도의 낮은 수준의 교육 목표가 설정되었다. 조선어 과목이 마치 영어 등 외국어 과목들과 유사한 지위로 전락한 것이다. 또한, 조선어는 한문과 함께 묶여 하나의 과목으로 교수되며, 학습 자료 선택에서도 덕성의 함양에 도움이 되는 문장들을 선별하여 교수하도록 제한을 두었다.

이처럼 일제 강점으로 인한 교수요지 변화는 역사와 지리 과목에서도 유사하게 나타나고 있다. 특히 역사 과목의 교육 목표는 역사상 중요한 사적들을 이해하고 세계와 문화의 유래와 변천 등을 이해시킨다는 점에서는 그 이전과 다름이 없었다. 그리고 본국역사에서 출발하여, 그와 관련이 있는 주변국과 세계 역사로 확장해가는 교수 방법도 큰 차이가 없었다. 그러나 일제 강점으로 인해, 본국역사는 조선의 역사가 아니라 일본의 역사로 대체되었고, 한반도 역사는 그 안으로 포섭되었다. 또한, 역사를 가르칠 때는 일본의 고유한 국체(國體) 관념을 명확하게 하고, 특히 외국역사와 비교하여 그 차이점과 우수성을 설명하는 것까지 나아가야 한다고 명시하고 있다.

그리고 고등보통학교는 일반계 중등교육기관임에도 실업 과목과 수공 과목이 비중 있게 취급되고 있는 점도 주목된다. 실업 과목은 이미 1909년 「고등학교령」 및 시행규칙 개정에 따라 필수과목으로 도입된 바 있으며, 1911년 「고등보통학교규칙」 제정으로 수공 과목이 추가되었다. 실업 과목은 농업 또는 상업 가운데 하나를 선택하여, 생업 중시와 근로 숭상의 습관을 배양하는 데 교육 목표를 두고 있었다. 수공 과목 역시 목공, 죽공, 금속공 등의 세공을 교수하여, 공작 취미나 근로 숭상의 습관을 배양하는 교육 목표를 갖는 점에서는 실업 과목과 유사했다.

한편, 당시의 창가, 도화, 체조 과목들은 오늘날의 예체능 과목들과 상당한 차이가 있었던 점에 관해서도 확인해둘 필요가 있다. 도화 과목은 사물의 형상을 그리거나 미감을 배양하는 것뿐만 아니라, 이를테면, 의장(意匠) 기술을 익히는 데에도 교육 목표를 두고 있었다. 도화는 크게 자재화와 용기화로 구분하여, 자재화는 사생화만이 아니라 임화나 고안화를 추가하도록 하였고, 도구를 사용하여 작업하는 용기화는 기하화, 투영화, 투시화 등을 포함하여 교수하도록 하였다. 이처럼 도화 과목은 매우 실용적으로 교수되도록 하였고, 그에 따라 수공 과목과 함께 묶여 수업시간이 배당되었다. 그리고 창가 과목은 쉬운 가곡을 부를 수 있게 하여, 심정을 순정히 하고 덕성 함양에 이바지하는 데 교육 목표를 두도록 하였다. 즉, 창가 과목은 단음창가 등 제식 창가를 주로 교수하였고, 교육내용 범위에 악기사용법 등이 생략되어 있다는 점에서 당시의 음악 과목과 차이가 있었다. 또한, 체조 과목이 신체와 자세의 균형 발달을 기하는 것뿐만 아니라 정신 쾌활, 규율 준수, 절제 숭상 등의 습관을 배양하는 데 교육 목표를 두고 있는 점에도 주목할 필요가 있다. 당시 체조는 보통체조, 기계체조로 구분하고 있었으며, 체조 과목은 상당한 정도로 군사교육과 유사한 성격이 있었다. 사실 1914년에는 「고등보통학교규칙」이 개정되어,[11] 체조 과목의 교육내용 가운데 기계체조를 대신하여 '교련'이라는 용어가 사용되었다.

---

11 「高等普通學校規則」 개정, 『朝鮮總督府官報』, 1914.6.10.

(2) 여자고등보통학교 교육과정

1911년 「고등보통학교규칙」과 함께 「여자고등보통학교규칙」도 함께 공포되었다.[12] 당시 조선인 대상의 일반계 여자 중등교육기관은 대한제국 시기에 설립된 관립고등여학교를 전신으로 하는 경성여자고등보통학교가 유일하였다. 그만큼 여자 중등교육은 매우 억제된 채 명맥만 유지되는 상황이 지속되고 있었다. 더구나 「조선교육령」은 여자고등보통학교의 수업연한을 남자 대상의 고등보통학교보다 1년이 짧은 3년으로 규정하였다(제16조). 그마저도 교육과정 편성과 수업시수 등에서 고등보통학교와는 상당한 차이를 보여주고 있었다. 이처럼 수업연한과 교육과정에서 남·여 고등보통교육의 차이는 1945년 해방을 맞을 때까지 계속 유지되었다.

「여자고등보통학교규칙」에서 규정하고 있는 교과목은 수신, 국어, 조선어·한문, 지리, 역사, 산술, 이과, 가사, 도화, 습자, 재봉및수예, 음악, 체조로 제시되었다(제7조). 고등보통학교와 비교할 때, 실업 과목과 수공 과목을 대신하여 가사 과목을 설치하도록 하였으며, 재봉·수예 과목을 개설하도록 한 것이 가장 큰 특징이라고 할 수 있다. 그리고 남자 대상의 고등보통학교에서는 수의과목으로 영어 과목을 개설할 수 있었지만, 여자고등보통학교에서는 영어나 외국어 과목에 대한 개설 규정조차 존재하지 않았다. 대신에, 여자고등보통학교에는 기예과(技藝科)를 설치하여 재봉·수예를 전문적으로 배우는 전수과정을 두도록 하였다. 이러한 기예과는 3년 이내 과정이었으며, 재봉·수예 과목 외에 위에 열거된 과목들 가운데 적절한 것을 택하여 부가적으로 편성할 수 있었다. 이처럼

---

12 「女子高等普通學校規則」, 『朝鮮總督府官報』, 1911.10.20.

「여자고등보통학교규칙」에서 규정하고 있는 교육과정 편성 및 수업시수 배당은 〈표 3〉과 같다.

「여자고등보통학교규칙」은 국어 과목으로 전환된 일본어에 주당 6시간을 할애하고 있다. 조선어및한문 과목은 그보다 훨씬 적은 주당 2시간이 배당되었고, 산술 과목도 주당 2시간으로 매우 적은 시간이 할애되고 있다. 이를 앞에서 살펴본 남자 대상 고등보통학교의 교육과정과 비교한다면, 여자고등보통학교는 일본어, 조선어및한문, 산술 과목을 비롯하여 전체적으로 각 과목에 대해 상대적으로 적은 수업시간을 배당하고 있음을 확인할 수 있다.

이러한 여자고등보통학교 교육과정의 특징은 재봉·수예 과목 때문에 초래된 결과였다. 사실 여자고등보통학교의 교육과정 편성 및 수업시수 배당표에서 가장 크게 눈에 띄는 것은 재봉·수예 과목의 압도적인 수업시간 비중일 것이다. 재봉·수예 한 과목에만 학년마다 주당 10시간이 배당되었다. 이는 전체 수업시간의 30%를 넘어서는 큰 비중이었다. 여기에 더하여 육아, 양로, 요리 등을 가르치는 가사 과목에도 별도의 수업시간이 배당되었다. 이처럼 여자고등보통학교의 교육과정은 재봉·수예 과목과 가사 과목을 중심으로 편성되어 있다. 그 이유는 물론 「조선교육령」에서 여자고등보통학교의 고유한 교육 목적으로 '부덕의 배양'을 규정한 데서 기인한 것이라 할 수 있다.

그런데 「조선교육령」은 여자고등보통학교에 대해 "여자에게 고등한 보통교육을 실시하는 곳"으로 정의하고, "부덕을 배양하고 국민다운 성격을 도야하고 그 생활에 유용한 지식기능"의 교수를 교육 목적으로 규

<표 3> 여자고등보통학교의 교과과정 및 주당 교수시수(1911년)

교과목	1학년 과정	시수	2학년 과정	시수	3학년 과정	시수
수신	수신의 요지	1	좌동	1	좌동	2
국어	독방, 해석, 회화, 서취, 작문	6	좌동	6	좌동	6
조선어및한문	독방, 해석, 서취, 작문	2	좌동	2	좌동	2
역사	본방역사	2	좌동	1		1
지리	본방지리				본방과 관계 있는 외국지리	
산술	정수, 소수	2	제등수, 분수, 주산	2	비례, 보합산, 구적, 주산	2
이과	식물	2	동물, 인신생리및위생	4	물리및화학 (광물을 포함)	4
가사			의식주, 양로		육아, 간호, 요리 등	
습자	해서, 행서	2	좌동	1		
도화	자재화	1	좌동	1	좌동	1
재봉및수예	운침법, 보통의류 봉법, 재법, 선법, 편물, 조화, 자수	10	좌동	10	좌동, 재봉기계 사용법, 낭물, 조사, 염직	10
음악	단음창가	3	좌동, 악기사용법	3	좌동, 복음창가	3
체조	유희, 보통체조		좌동		좌동	
계	31		31		31	

출처: 「女子高等普通學校規則」(1911).
* 제1학년 본방역사는 본방지리를 완료한 후에 교수한다.

정하고 있다(제15조).[13] 이를 남자 대상의 고등보통학교 규정과 비교한다면, '상식을 배양'한다는 목적이 '부덕을 배양'한다는 것으로 달라진 점에 주의할 필요가 있다. 다시 말해, 남자 대상의 고등보통학교 교육은 '상식의 배양'을 목적으로 하지만 여자고등보통학교 교육은 '부덕의 배

---

13 「朝鮮敎育令」, 『朝鮮總督府官報』, 1911.9.1.

양'을 고유한 목적으로 규정한 것이다. 따라서 이러한 교육 목적을 실현하기 위해, 여자고등보통학교는 고등보통학교와는 다르게 '부덕의 배양'을 특징으로 하는 구체적인 교육과정을 편성할 필요가 있었다.

「여자고등보통학교규칙」은 교수상의 주의사항을 통해 「조선교육령」에서 정의한 여자고등보통학교의 교육 목적을 더 분명하게 서술하고 있다.

> 제9조 여자고등보통학교에 있어서는 교수상 아래의 사항에 주의한다.
> 1. 정숙하고 근검한 여자를 양성하는 것은 여학교의 주요한 목적인 바 어떠한 교과목에 대해서도 항상 이것에 유의하여 교수할 것을 요한다.
> 2. 국어는 국민정신이 깃든 바로서 또한 지식기능을 얻게 하는 데 누락되어서는 아니 되는 바 어떠한 교과목에 대해서도 국어의 사용을 정확히 하고 그 적용을 자재로 하게 할 것을 기해야 한다.
> 3. 지식기능은 생활상 적절한 사항을 선택하여 그것을 교수하고, 헛되이 고상우원으로 치달아 경조부화한 기풍에 순치해서는 안 된다.
> 4. 교수는 그 목적 및 방법을 그르치지 않고 상호연락하여 보익하게 할 것을 요한다.
> 5. 교수는 항상 그 방법에 주의하여 헛되이 암송에 치우치지 않고 고찰의 능력을 얻게 할 것을 요한다.[14]

---

14 「女子高等普通學校規則」, 『朝鮮總督府官報』, 1911.10.20.

「여자고등보통학교규칙」의 교수상 주의사항 5가지 가운데 2~5항은 고등보통학교의 3~6항 내용과 거의 동일하게 서술되고 있다. 차이가 있는 부분은 교육 목적을 서술하는 1항에 있다. 「조선교육령」에서 여자고등보통교육의 목적으로 규정한 '부덕의 배양'에 기초하여, "정숙하고 근검한 여자를 양성"하는 것으로 교육 목적을 더 상술하고 있다. 이는 "상식을 배양하여 충량하고 근면한 국민을 양성"한다는 「고등보통학교규칙」의 교수상 주의사항과 대비되는 점이다.

(3) 실업학교 교육과정

대한제국 말기에는 실업교육이 강조되면서 전국에 실업학교 설립이 확산되었다. 1909년에 「실업학교령」과 「실업학교령 시행규칙」이 제정되어 실업학교의 종류나 교육과정 편성에 있어서 통일된 규정이 마련되었다.[15] 실업학교의 종류로는 농업학교, 상업학교, 공업학교, 그리고 그보다 수업연한이 짧은 실업보습학교를 세울 수 있도록 하였다. 실업학교의 본과는 수업연한 3년으로 교육과정이 편제되어 예시되었으나, 지역 상황에 따라 2~4년 과정으로 신축적으로 운영할 수 있도록 하였다. 그리고 1910년에는 「실업보습학교규정」을 제정하여 실업학교보다 수업연한이 짧은 실업보습학교를 다른 학교에 부설하여 운영할 수 있도록 하였다.[16]

일제 강점 이후 1911년에는 「조선교육령」 반포와 함께 실업학교 운

---

15 「실업학교령」, 『관보』, 1909.4.27; 「실업학교령 시행규칙」, 『관보』, 1909.7.9.
16 「실업보습학교규정」, 『관보』, 1910.4.4.

영을 규율하기 위한 「실업학교규칙」이 공포되었다.[17] 실업학교의 종류는 그 이전과 같이 농업학교, 상업학교, 공업학교를 설립할 수 있도록 하였으나, 수업연한은 대체로 단축하여 운영하도록 하였다. 「조선교육령」에서 실업학교는 보통학교 졸업자가 입학하여 2년 또는 3년 과정을 이수하는 것으로 규정하고 있지만, 「실업학교규칙」의 별표로 예시된 표준적인 교육과정은 농업·상업·공업학교 모두 2년제 과정으로 편성된 것이다. 실제로 대부분의 실업학교는 2년 과정으로 운영되었다. 그리고 기존의 '실업보습학교'는 '간이실업학교'로 명칭이 변경되었다. 이러한 간이실업학교는 입학자격과 교육과정 편성 등을 유연하게 운영할 수 있었고, 보통학교나 기타 실업학교에 부설하도록 하였다.

한편, 실업학교에 일본인이 입학하는 것도 허용하고 있었으나, 1912년 일본인 학생들이 다니는 실업학교에 대한 「조선공립실업전수학교 및 조선공립간이실업전수학교규칙」을 별도로 제정하였다.[18] 일본인 거류민단 또는 학교조합이 설립한 일본인 실업교육에 관한 것으로, 학교 이름에 '전수학교'를 붙여 「실업학교규칙」에 따라 설립된 조선인의 실업학교들과 구별하였다. 즉, 농업전수학교, 수산전수학교, 상업전수학교, 공업전수학교, 상선전수학교, 또는 간이실업전수학교 등은 일본인을 위한 실업교육 기관이었다. 이는 조선인의 고등보통학교와 일본인의 중학교 관계와 비슷한 것으로, 일본인을 위한 실업전수학교와 간이실업전수학교는 대체로 일본의 해당 법령을 준용하도록 하였다.

「실업학교규칙」에서는 실업학교의 교육과정 운영에 대해 더욱 상세

---

17 「實業學校規則」, 『朝鮮總督府官報』, 1911.10.20.
18 「朝鮮公立實業專修學校 及 朝鮮公立簡易實業專修學校規則」, 『朝鮮總督府官報』, 1912.3.27.

<표 4> 실업학교의 교육과정 및 교수시수(1911년)

교과목	농업학교		상업학교		공업학교	
	1학년	2학년	1학년	2학년	1학년	2학년
수신	1	1	1	1	1	1
국어	4	4	8	8	4	4
조선어·한문	2	1	2	2	2	1
수학	4	4	5	5	5	5
지리				2		
이과	6	2	2		2	3
도화	1		1		2	2
체조	2		2	2	2	
전공과목 (농·상·공업)	10	18	9	14	12	14
계	30	30	32	32	30	30
비고	1. 실업에 관한 법규, 경제 일반은 전공과목에서 교수. 2. 매주 실습은 농업 8시간, 상업 3시간, 공업 10시간 이상.					

출처: 「實業學校規則」(1911).

하게 규정했다. 실업학교에 설치할 수 있는 교과목으로 수신, 실업 과목 및 실습, 국어, 조선어및한문, 이과, 수학을 필수과목으로 하였다. 여기에 지리, 도화, 체조 등의 과목을 필요에 따라 첨가할 수 있도록 하였다. 한편, 수업연한이 짧은 간이실업학교는 실업에 관한 과목 외에 국어, 조선어및한문, 산술 등을 적절하게 부가하도록 하였고, 지역 상황에 따라 계절제 또는 야간제 형태로도 운영할 수 있게 하였다.

「실업학교규칙」에서 예시된 표준적인 교육과정 역시 대한제국 시기의 교과목 편제와 크게 다르지 않았다. 다만, 일제 강점으로 인해 '일본어'가 '국어' 과목으로 전환되었고, 조선어는 국어의 지위를 잃고 한문과 한데 묶어 교수하도록 변화되었다. 실업학교의 수업연한이 3년에서 2년으로 축소된 점에 대해서도 주목할 필요가 있다. 실업학교의 수업연한 단축은 보통과목에 비해 전공과목의 비중 증가로 이어져, 대체로 전체 학과교육 수업시간에서 절반 정도의 비중을 차지하게 되었다.

먼저, 농업학교의 경우 1·2학년 과정을 통틀어 본다면, 보통과목의 수업시간은 32시간, 전공과목(농업)은 28시간으로, 실습을 제외한 전공과목 수업시간이 전체 학과교육 60시간 가운데 47%를 차지했다. 그리고 영어나 외국어 과목은 별도로 규정되지 않았으며, 그 이전까지 교수되었던 측량 과목이 생략되었다. 상업학교와 공업학교도 대한제국 시기의 교과목 편제와 대체로 유사하였다. 상업학교에서는 보통과목과 전공과목(상업)의 수업시간 비율이 64:36이었으며, 보통과목의 수업시간 비중이 농업학교보다는 다소 높게 설정되어 있었다. 상업학교에서는 특히 국어의 수업시간이 주당 8시간으로 매우 높게 배당되었는데, 이는 고등보통학교의 국어 수업시간을 상회하는 수준이었다. 한편, 공업학교의 교육과정 편제는 농업학교와 비슷하였으며, 전공과목(공업)의 비중도 전체 학과교육 시간의 43% 정도였다. 사실상 전공과목과 유사하게 운영된 도화 과목을 고려한다면, 전공과목 비중은 이보다 다소 높은 수준이었다고 볼 수 있다. 또한, 공업학교의 주당 실습은 10시간 이상 실시하는 것으로 규정하고 있는데, 이는 상업학교에서 3시간 이상, 농업학교에서 8시간 이상 배정한 것에 비하면 가장 높은 수준이었다.

실업학교의 이러한 교육과정 편제는 물론 「조선교육령」이 규정한 실업교육의 교육 목적에 따른 것이었다. 「조선교육령」에서 실업학교는 "농업, 상업, 공업 등의 실업에 종사하려는 자"에게 필요한 교육을 실시하는 것으로 정의되고 있다. 이러한 '실업에 종사하려는 자'를 양성한다는 실업학교의 교육 목적은 '상식의 배양'을 목적으로 하는 고등보통학교나, '부덕의 배양'을 목적으로 하는 여자고등보통학교의 교육 목적과 구별된다. 「실업학교규칙」은 '실업에 종사하려는 자'를 양성하기 위한 교육과정을 더 상술하고 있다. 실업학교의 교수상 주의사항은 다음과 같다.

제9조 실업학교에 있어서는 교수상 아래의 사항에 주의해야 한다.
1. 성실, 신용, 근검은 실업에 종사할 자에게 특히 필요한 것인바 어떠한 교과목에 대해서도 항상 이에 유의하여 교수할 것을 요한다.
2. 지식기능은 산업의 개량진보에 이바지할 사항을 선별하여 그것을 가르치고, 또한 토지의 상황에 맞게 그 실제에 적절하게 할 것을 요한다.
3. 교수는 이론에 치우침이 없이 항상 실습과 함께 하여 효과가 있도록 기해야 한다.[19]

「실업학교규칙」의 교수상 주의사항은 「조선교육령」이 규정한 실업학교의 교육 목적이 '실업에 종사하려는 자'의 양성에 있다는 점을 재차 강조하고 있다. 이를 위해 실업학교에서는 모든 교과목의 교수에서 실업인에게 요구되는 '성실, 신용, 근검'이라는 덕목을 배양하는 데 주의할 것을 주문하고 있다. 다음으로, 교수상 주의사항은 실업학교에서 가르치는 지식과 기능은 실제적이어야 한다는 점을 강조하고 있다. 식민지 교육정책에서 '실제적'이라는 말은 다양한 맥락에서 등장하고 있는데, 여기에서 실제적이라는 말은 지역 상황에 따라 적절하게 해야 한다는 의미로 사용되고 있다. 그리고 실업학교는 이론에만 치우쳐서는 안 되고 실습을 통해 교육의 효과를 높일 것을 주문하고 있다.

---

19 「實業學校規則」, 『朝鮮總督府官報』, 1911.10.20.

2) 식민지 중기의 교육과정

1919년 3·1운동을 계기로 중등학교 교육과정은 크게 변화되었다. 무엇보다 가장 큰 변화는 수업연한 연장에 있었다. 1922년에 「조선교육령」이 전면 개정되어 초등교육만이 아니라 중등교육 단계에서도 일본에서와 동일한 수업연한이 규정되었다.[20] 그러나 여전히 조선에 거주하는 일본인, 즉 '국어를 상용하는 자'는 일본의 「소학교령」, 「중학교령」, 「고등여학교령」에 따르도록 하였고(제2조), '국어를 상용하지 않는 자'에 해당하는 조선인은 보통학교, 고등보통학교, 여자고등보통학교에 다니도록 하였다(제3조). 원칙적으로 조선인과 일본인이라는 용어로 민족을 구별하지 않으면서도 실제적으로는 민족별로 다니는 학교를 분리하고 있으며, 예외적인 경우에만 민족별 교차 입학을 허용했다(제25조). 반면에, 실업학교나 사범학교, 전문학교, 대학은 일본의 해당 법령을 따르도록 하여, 사실상 조선인과 일본인 학생의 공학제로 운영되도록 하였다.

이하에서는 1922년 「조선교육령」의 전면 개정에 이어 공포된 「고등보통학교규정」, 「여자고등보통학교규정」, 「실업학교규정」을 기초로 하여 1920~1930년대 중등학교의 교육과정 변화를 검토하고자 한다.

(1) 고등보통학교 교육과정
① 교육과정 편성의 변화

1922년 2월 「조선교육령」이 개정되면서 기존에 고등보통학교 교육을 규율했던 「고등보통학교규칙」은 폐지되고 새롭게 「고등보통학교규

---

[20] 「朝鮮教育令」 개정, 『朝鮮總督府官報』, 1922.2.6.

정」이 제정되었다.²¹ 고등보통학교의 수업연한이 5년으로 연장되면서 교육과정의 편제에서도 큰 변화가 있었다. 고등보통학교에 수신, 국어및한문, 조선어및한문, 외국어, 지리, 역사, 수학, 박물, 물리및화학, 실업, 도화, 창가, 법제경제, 체조 과목을 설치하도록 규정하고 있다(제7조). 이러한 교과목 설치 규정에서 나타난 가장 큰 변화는 외국어 과목과 실업 과목의 위상이 달라졌다는 점이다. 기존의「고등보통학교규칙」에서 외국어는 설치하지 않아도 되는 수의과목이었던 반면에 실업은 필수과목으로서 큰 비중을 차지하고 있었다. 그러나 새롭게 제정된「고등보통학교규정」에서는 실업이 수의과목이 되었고, 반대로 외국어가 필수과목으로 지정되었다. 그리고 기존의 이과 과목을 세분하여 박물 과목과 물리및화학 과목으로 나누어 설치하도록 규정하고 있다.

1922년 제정된「고등보통학교규정」에서 나타난 고등보통학교 교육과정의 이러한 변화는 사실 1919년 12월「고등보통학교규칙」의 일부 개정을 통해 이미 이루어지고 있었다.²² 당시는 아직 3·1운동의 여파가 가시지 않은 상황에서 식민지 관료들이 학원 안정화를 위한 유화정책을 모색하는 시점이었다. 조선총독부는 먼저「고등보통학교규칙」의 개정을 통해 고등보통학교의 교육과정 개선을 급하게 추진하였는데, 이는 고등보통학교 학생들의 상급학교 진학이나 일본 본토 학제와의 연결을 쉽게 하는 데 그 취지가 있는 것으로 설명하고 있다.²³ 근본적인 학제 개정까지는 상당한 준비가 필요하므로, 우선 외국어 과목을 필수과목으로 변경

---

21 「高等普通學校規程」,『朝鮮總督府官報』, 1922.2.20.
22 「高等普通學校規則」개정,『朝鮮總督府官報』, 1919.12.1.
23 고등보통학교 및 여자고등보통학교 규칙 개정에 관한 훈령,『朝鮮總督府官報』, 1919.12.1.

하고 이과 과목을 세분하여 수업시간을 늘렸으며, 대신에 실업을 수의과 목으로 변경하였다는 것이다. 그러나 여전히 고등보통학교의 수업연한 은 일본인 학생들이 다니는 중학교보다 짧은 4년제 과정이었기 때문에, 이러한 교과목 설치 규정을 개정하는 것만으로 중등교육에서 조선인에 대한 제도적인 차별이 폐지되는 것은 아니었다. 1922년 「조선교육령」의 개정으로 비로소 고등보통학교의 수업연한이 5년으로 연장되었고, 그에 따라 「고등보통학교규정」이 새롭게 제정되면서 고등보통학교에서 5년 제 교육과정을 편성하여 운영할 수 있게 된 것이다.

1922년의 「고등보통학교규정」에서 외국어 과목은 영어, 독어, 불어 가운데 선택하도록 하였고, 필수과목으로서 수업시간도 매우 큰 비중으로 배정되고 있었다. 5년 동안 주당 총 30시간을 이수하도록 하여 전체 수업시간 160시간 가운데 19% 비중을 차지하도록 편성된 것이다. 이러한 외국어 과목의 수업시간은 국어및한문으로 변경된 일본어 과목의 수업시간이 5년 동안 총 32시간을 이수하여 전체의 20% 비중이었던 것에 버금갈 정도로 매우 큰 비중이었다. 이처럼 기존에 없었던 외국어 과목의 수업시간을 확보하기 위해서 기존 습자 과목과 수공 과목은 폐지되었고, 실업 과목의 비중도 많이 축소되었다. 특히 실업 과목은 지역 상황에 따라 설치하지 않아도 되는 수의과목으로 변경되었고, 실업 과목을 부과하더라도 고학년 과정에서 매우 적은 수업시간이 배정되고 있었다.

그런데 〈표 5〉와 같은 「고등보통학교규정」에서 규정하고 있는 교과목 편제 및 교수시수 배당은 일본인 대상 학교에 대한 「중학교규정」의 교육과정 편성과 완전히 같은 것이었다.[24] 다만, 일본인 학생이 다니는

---

24 「中學校規程」, 『朝鮮總督府官報』, 1922.2.17.

〈표 5〉 고등보통학교의 교육과정과 교수시수(1922년)

학과목	제1학년	제2학년	제3학년	제4학년	제5학년
수신	1	1	1	1	1
국어및한문	8	8	6	5	5
조선어및한문	3	3	2	2	2
외국어	6	7	7	5	5
역사	3	3	3	3	3
지리					
수학	4	4	5	4	4
박물	2	2	2	2	
물리및화학			2	4	4
법제경제					2
실업				2	2
도화	1	1	1	1	1
창가	1				
체조	3	3	3	3	3
계	32	32	32	32	32

출처: 「高等普通學校規程」(1922).

중학교에는 조선어및한문 과목이 생략된 점에서만 차이가 있었다. 중등교육 단계의 수업연한이나 교육과정 편제에서 조선인 학교와 일본인 학교 간의 형식적인 차별이 사라진 것이다. 이러한 점은 각 교과목의 교수요지에서도 동일하게 나타나고 있었다. 「고등보통학교규정」과 「중학교규정」에서 각 과목에 대한 교수 목적과 교수 방법 등은 완전히 동일하게 규정되었다. 교수상 주의사항도 일부 사항을 제외하고 매우 유사한 내용으로 서술되어 있었다. 다음은 「고등보통학교규정」에 명시된 교수상의 주의사항이다.

제8조 고등보통학교에 있어서는 교수상 특히 아래의 사항에 주의해

야 한다.

1. 국민다운 성격을 함양하고 국어에 숙달하게 하는 것은 어느 학과목에서도 항상 깊이 그것에 유의할 것을 요한다.
2. 선량한 풍속을 존중하고 생도의 덕성을 함양하여 순량한 인격을 도야하고, 나아가 사회에 봉사하는 신념을 돈독히 하여 동포집목의 미풍을 기르는 것을 기하여, 어느 학과목에서도 항상 깊이 그것에 유의할 것을 요한다.
3. 지식 기능은 생도 장래의 생활상 적절한 사항을 선택하여 그것을 교수하고 또 가능한 한 개인의 특성에 유의할 것을 요한다.
4. 생도의 신체를 건전하게 발달시킬 것을 기하여, 어느 학과목에서도 그 교수는 생도의 심신 발달의 정도에 부합하도록 할 것을 요한다.
5. 각 학과목의 교수는 그 목적 및 방법을 어그러짐이 없이 서로 연결하여 보익하게 할 것을 요한다.[25]

1922년 제정된 「고등보통학교규정」의 교수상 주의사항 2~5항은 「중학교규정」과 완전하게 동일하게 서술되고 있다. 다만, 1항은 「중학교규정」의 경우, "국민도덕의 배양에 관계된 사항"은 모든 교과목 교수에서 항상 주의할 것을 주문하고 있는 반면에, 「고등보통학교규정」에서는 "국민다운 성격을 함양하고 국어에 숙달하게 하는 것"에 유의할 것을 주문하고 있다. 조선인의 고등보통학교 교육에서 여전히 일본어 능력의 습득을 중요하게 고려하도록 주문하고 있는 것이다. 일본어 숙달 여부는 고

---

25 「高等普通學校規程」, 1922.2.20.

등보통학교 교육의 궁극적 목적이라 할 수 있는 '국민다운 성격 함양'을 위한 교육 수단이며 동시에 그것의 객관적 표지로 이해되었기 때문이다.

이러한 「고등보통학교규정」의 교수상 주의사항은 전체적으로 그 이전에 제정된 「고등보통학교규칙」의 그것과 크게 다른 것은 아니었다. 그러나 지나치게 국가와 일본 천황에 대한 충성을 강요하는 덕목들이 다소 완화되어 서술되고 있는 점은 주목할 필요가 있다. 예를 들어, 「고등보통학교규칙」에서는 '충량하고 근면한' 국민을 육성한다는 교육 목적에 관한 서술이나, '질서 존중', '규율 준수'의 기풍 배양, '국민정신이 깃든' 국어 교육의 강조, 또는 '다식다능'과 '암송 기억'에 의존하는 교수법 경계 등에 관해서 명시하고 있었지만, 새롭게 제정된 「고등보통학교규정」에서는 이에 관한 직접적인 언급은 드러나지 않고 있다. 다만, '선량한 풍속 존중', '덕성의 함양', '순량한 인격 도야', '사회 봉사의 신념', '동포집목의 미풍' 배양 등 다소 순화된 표현으로 대치되었다.

교수상 주의사항의 이러한 변화 경향은 각 교과목의 교수요지에 대한 서술에서도 유사하게 나타나고 있다. 대표적인 예로 수신 과목을 들 수 있다. 그 이전의 「고등보통학교규칙」에서 수신 과목의 교수요지는 '양풍미속', '가언선행'의 덕목이나 '국법 존중', '공덕 숭상'의 기풍 조성을 직접적으로 명시하고 있었다(제12조). 그러나 새로운 「고등보통학교규정」에서는 이러한 덕목들에 대한 직접적인 언급을 생략하고 있다. 대신에 '남자의 품격'을 갖추도록 한다거나 '인격 수양'에 필요한 교육을 하는 것으로 서술하고 있다(제9조). 이와 같은 고등보통학교의 교수요지 및 교수상 주의사항의 변화는 교과서 편집 방침에서도 유사한 변화를 보여주었다.

② 교과서 편찬 방침의 변화

식민지 교육 당국은 각 교과목의 성격을 두 종류로 구분했다.[26] 수신 과목을 비롯하여, 국어, 지리, 역사 등의 과목은 "국민성 양성에 관계가 있는" 과목으로 이해되었고, 그 외 수학, 물리, 박물, 화학 등은 "직접적으로 국민성 양성과 관계가 옅은" 과목으로 분류되었다. 이러한 기타 과목들은 일본 문부성의 검정 교과서 가운데 조선총독의 인가를 얻어 각급 학교에서 교재로 사용할 수 있도록 하였다. 그러나 수신, 국어, 지리, 역사 등은 '국민성 양성'을 위한 핵심 과목으로 분류되었고, 이들 과목의 교재들은 조선총독부가 직접 편찬하여 발행하는 정책을 취했다.

그러나 일제 강점 직후 조선총독부는 소위 '국민성 양성'에 관계되는 모든 교과서를 일괄적으로 발행할 수 있는 여건을 갖추지 못하고 있었다. 그래서 조선총독부는 보통학교에 필요한 교과서 발행에 역점을 두면서, 중등학교에서는 고등보통학교의 국어 과목 교과서인 『고등국어독본』을 먼저 편찬하였다. 『고등국어독본』은 1912~1914년에 걸쳐 모두 8권으로 간행이 완료되었고, 4년제 고등보통학교의 수입시수에 맞게 총 8권 258편으로 학습내용이 구성되었다. 이렇게 편찬된 고등보통학교의 국어 과목 교재는 여자고등보통학교와 실업학교에서도 해당 학교의 교과서가 발행되기까지 이를 준용하여 활용하도록 하였다.[27] 또한, 당시에는 아직 수신 과목의 교과서도 편찬되지 못하고 있었기 때문에, 국어독본은 '수신서 대용'으로 사용할 수 있도록 특별한 주의를 기울여 편찬한 것으로 설명하고 있다. 즉, 고등보통학교 국어독본의 문장은 일본의 "황

26　朝鮮總督府, 1921, 「現行敎科書編纂の方針」, 1쪽.
27　朝鮮總督府, 1917, 「朝鮮總督府編纂敎科書槪要」, 22쪽.

실과 국가에 관한 사항을 주로 하고 이들 내용을 매 권마다 권두에 실어, 일본의 국정을 알게 하고 신정의 지취를 이해시키는 데" 특별한 주의를 기울였다는 것이다. 이처럼 1910년대 조선총독부가 발행하는 교과서는 조선인 학생들이 일본의 국가와 황실에 관한 내용을 알게 하는 데 주안점을 두고 편찬되었다.

그러나 1919년 3·1운동의 영향으로 인해, 일제의 조선 통치 방식과 식민지 교육 정책의 변화가 요구되었다. 고등보통학교에서도 교육과정 편성이나 교수요지의 변화가 불가피한 상황이었다. 특히 수신 과목은 이러한 변화의 특징을 잘 보여주고 있다.

조선총독부는 고등보통학교의 수신 과목에서 사용할 교과서로 이미 총 4권의 『(고등보통학교)수신서』(1918~1922)를 발행한 바 있었다. 수신 과목의 교재 편찬은 국어 과목 교과서인 국어독본에 비하면 상당히 늦은 편이었다. 그런데 1922년 「조선교육령」 개정과 「고등보통학교규정」의 제정으로 교육과정이 크게 변화하면서, 이제 막 편찬된 수신 교재 역시 전면적으로 다시 편집되어야 했다. 이에 따라, 조선총독부는 고등보통학교용 수신 교재인 『고등보통학교 수신서』 총 5권을 1923년과 1924년에 다시 편찬하여 발행했다. 이때 수신 교과서를 새롭게 편찬하면서, 교육 당국이 우선 고려한 편집 방침은 다음과 같았다.

> 수신은 개인, 가정, 사회, 국가에 관한 도덕적 교재를 적당히 배열함과 동시에, 조선인의 사적을 가능한 한 채택하기 위해 노력하고, 또한 그 기술을 평이하게 하여 실제 교수자가 운용할 여지가 있게 한다. 다만, 충군애국을 과도하게 강제하거나 애국심을 고무하기 위해 적개심을

일으키는 등의 교재는 가능한 한 그것을 생략하도록 한다.[28]

식민지 교육 당국이 밝히고 있는 『고등보통학교 수신서』의 새로운 편집 방침을 보면, 기존과 같이 '충군애국'이나 '애국심'을 지나치게 강제하는 내용을 생략하였다고 한다. 이러한 내용들은 조선인 학생들의 '적개심'을 유발시키는 경향이 있어 오히려 교육적 효과를 기대하기 어렵다는 판단이었다. 대신에, '조선인의 사적(事蹟)'에 대해서도 교재 내용으로 채택하기 위해 노력하였다고 설명한다. 이러한 『고등보통학교 수신서』의 새로운 편집 방침에서 3·1운동 이후 급격하게 증가한 조선인 학생들의 집단적 저항에 대응하기 위한 식민지 교육 당국의 고심의 흔적을 엿볼 수 있다. 이는 수신 교육의 변화에도 나타나고 있었다.

1920년대 새로운 수신 교육의 특징은 교과서 내용 변화를 통해서 확인할 수 있다. 예를 들어, 기존 『(고등보통학교)수신서』(1918)의 제1권 제1과 「생도의 본분」 단원과 새롭게 편찬된 『고등보통학교 수신서』(1923)의 제1권 제1과 「우리들 학교」 단원을 비교하는 것도 좋은 방법이 될 것이다.[29] 새로운 교과서의 「우리들 학교」는 수신서의 가장 처음에 등장하는 단원으로서, 기존 수신서의 「생도의 본분」 단원이 제목과 내용에서 약간의 수정 가필이 이루어진 것이다. 따라서 신·구 두 교재의 동일한 단원에서 변화된 내용이 무엇인지 수신 교육의 변화 경향을 이해할 수 있게 될 것이다.

28　朝鮮總督府, 1925, 「朝鮮總督府編纂敎科用圖書書槪要, 10쪽.

29　朝鮮總督府, 1918, 「生徒の本分」, 『(高等普通學校)修身敎科書』 卷1 第一課; 朝鮮總督府, 1923, 「我等の學校」, 『高等普通學校修身書』 卷1 第一課.

우선, 기존 수신서 내용 중에 '천황의 은혜'나 '교육칙어(敎育勅語), 무신조서(戊申詔書)'를 언급하며 노골적으로 일본 천황을 칭송하는 서술이 생략되고 있다. 그리고 기존에는 학생의 본분으로서 일본제국의 '충량한 국민'이 되어야 한다고 명시하고 있었지만, 새로운 수신서에서는 '국가 사회의 중견인'이 될 것으로 상정되었다. 또한, 새로운 수신 교재에서는 역사 인물 가운데 일본인만이 아니라 조선인을 등장시키는 사례도 나타나고 있었다. 특히 퇴계 이황과 같은 성리학자의 글을 인용하며 사제지간의 예의나 교사에 대한 존경 등의 덕목을 강조했다. 이처럼 1920년대 새롭게 편집된『고등보통학교 수신서』는 그 이전까지 일본제국과 천황에 대한 충성을 노골적으로 강제했던 논조가 다소 완화되고 있었다. 그리고 일본인만이 아니라 조선인 위인들도 등장시켜 수신 교육의 효과를 높이려는 경향이 나타나고 있었다.

(2) 여자고등보통학교와 실업학교 교육과정

1922년「조선교육령」의 개정으로 여자고등보통학교와 실업학교의 수업연한도 연장되었다.[30] 여자고등보통학교는 기존 3년제에서 4년제 과정으로 수업연한이 늘어났고, 토지 상황에 따라서 5년제 또는 3년제로 운영할 수 있도록 하였다(제9조). 그러나 실제로 모든 여자고등보통학교는 남자 대상의 고등보통학교에 비해 1년이 짧은 4년제로 운영되었고, 그보다 수업연한이 짧은 전수과정으로 기예과를 설치한 기예학교가 설립될 수 있었다. 물론 이러한 여자고등보통학교는 일본인 대상의 고등여학교와 동일한 수업연한과 교육과정을 갖는 것이었다. 또한, 개정된

---

30 「朝鮮敎育令」 개정,『朝鮮總督府官報』, 1922.2.6.

「조선교육령」에서는 실업교육에 대해 일본의 "실업학교령에 의한다"고 간명하게 규정하고 있다(제11조). 이로써 실업학교는 사실상 일본의 제도와 동일하게 운영되었고, 대부분의 실업학교는 조선인만이 아니라 일본인 학생이 공학하는 형태로 운영되었다. 다만, 조선의 학교 운영을 구체적으로 규율하기 위하여 기존의 「여자고등보통학교규칙」과 「실업학교규칙」이 폐지되고 새롭게 「여자고등보통학교규정」과 「실업학교규정」이 제정되었다.

① 여자고등보통학교

여자고등보통학교의 교육과정을 살펴보면, 새롭게 제정된 「여자고등보통학교규정」은 일본인 대상의 「고등여학교규정」과 매우 유사했다.[31] 조선인이 다니는 여자고등보통학교의 수업연한이 연장되면서 일본인이 다니는 고등여학교와 교육과정의 편성에서 큰 차이를 두지 않게 된 것이다. 이는 남자 대상의 「고등보통학교규정」이 「중학교규정」과 유사하게 서술된 것과 같은 맥락이었다. 즉, 교과목 편성에서 일본인이 다니는 고등여학교는 조선어 과목이 생략되는 점에서만 차이가 있었다. 다만, 교수상의 주의사항에서 조선인이 다니는 여자고등보통학교는 특별히 '국어 숙달'을 명시하여 강조했다. 이를 제외하고는 여자고등보통학교나 고등여학교의 교육과정은 거의 동일하게 규정되고 있었다.

또한, 「여자고등보통학교규정」의 교수상 주의사항 5가지는 남자 대상의 「고등보통학교규정」의 그것과 매우 유사해진 점에도 주목할 필요

---

31 「女子高等普通學校規程」, 『朝鮮總督府官報』, 1922.2.27; 「高等女學校規程」, 『朝鮮總督府官報』, 1922.2.16.

가 있다. 다만, 교수상 주의사항 2항에서 "특히 정숙하고 동정에 풍부하며 근검을 숭상하는 지조를 두텁게 한다"는 서술이 추가되고 있는 점에서만 고등보통학교와 차이가 있었다. 이것은 물론 「조선교육령」에서 여자고등보통학교의 교육 목적으로 남자 대상의 고등보통학교와 다르게 '부덕의 함양'이라는 항목이 추가되고 있는 것에서 비롯된 것이었다. '부덕의 함양'이라는 여자고등보통학교만의 고유한 교육 목적을 위해, 교수상 주의사항에서도 '정숙', '동정', '근검' 등의 덕목 배양을 특별히 강조하고 있는 것이다. 물론 이것은 1910년대 「여자고등보통학교규칙」의 교수상 주의사항과도 동일한 연장선상에 있는 것이라 할 수 있다.

여자고등보통학교는 이처럼 「조선교육령」에서 규정한 '부덕의 함양'이라는 고유한 교육 목적이 있기 때문에 교과목 편제에서도 남자 대상의 고등보통학교와 차이를 보인다. 「여자고등보통학교규정」은 수신, 국어, 조선어, 외국어, 지리, 역사, 수학, 이과, 가사, 재봉, 도화, 음악, 체조 과목을 설치하도록 규정하고 있다. 기존에는 언급조차 없었던 외국어 과목을 설치할 수 있도록 하였으나, 여자고등보통학교에서 외국어는 필수 과목이 아닌 수의과목이라는 점이 고등보통학교의 교육과정과 다른 점이라 할 수 있다. 또한, 한문, 법제경제 과목이나, 교육, 수예, 실업 과목 등을 가설과목으로 설정하고 있는 점도 고등보통학교와는 차이가 있는 규정이었다. 물론 여자고등보통학교 교과목 규정의 가장 큰 특징은 무엇보다 가사 과목과 재봉 과목에 있다.

「여자고등보통학교규정」은 교육과정 편성 및 수업시간 배당에 관해서 5년제, 4년제, 3년제 과정을 각각 구분하여 예시하고 있으나, 실제로 조선에 설립된 여자고등보통학교는 모두 4년제로 운영되었다. 4년제 과정을 기준으로 한 여자고등보통학교의 교육과정과 교수시수는 〈표 6〉

과 같다.

　1922년 「여자고등보통학교규정」의 교육과정은 기존 「여자고등보통학교규칙」에는 규정되지 않았던 외국어 과목을 편성하고 있는 점이 주목된다. 그러나 남자 대상의 고등보통학교 교육과정에서 외국어 과목은 전체 수업시간의 19% 비중으로 매우 높게 설정된 것과 비교할 때, 여자고등보통학교의 외국어 수업시간은 4년간의 전체 수업시간 120시간 가운데 12시간이 배정되어 약 10% 비중에 지나지 않는다. 더구나 외국어 과목은 필수과목이 아니라 학교 상황에 따라 개설하지 않아도 되는 수의과목이었다. 이과 과목도 고등보통학교의 교육과정과 비교할 때 박물이나 화학, 물리 등으로 구분되지 않고 있으며, 수업시수도 상대적으로 적게 편성되어 있다. 반면에, 가사 과목과 재봉 과목에는 총 22시간이 배

〈표 6〉 여자고등보통학교의 교육과정 및 교수시수(1922년)

학과목	제1학년	제2학년	제3학년	제4학년
수신	1	1	1	1
국어	6	6	5	5
조선어	3	3	2	2
외국어	3	3	3	3
역사	3	3	2	2
지리				
수학	2	2	3	3
이과	2	2	3	3
도화	1	1	1	
가사			2	4
재봉	4	4	4	4
음악	2	2	1	
체조	3	3	3	3
계	30	30	30	30

출처: 「女子高等普通學校規程」(1922).

정되어 전체 수업시간 가운데 18% 비중으로 매우 높게 설정되어 있다. 기존의 「여자고등보통학교규칙」에서 재봉·수예 한 과목에만 전체 수업시간의 32%를 배정하고 있는 것과 비교할 때, 이들 과목의 수업시간 비중이 많이 축소되었다.

이처럼 새롭게 제정된 「여자고등보통학교규정」에서는 보통과목의 수업시간 비중이 크게 증가한 것으로 볼 수 있다. 그러나 여전히 외국어나 이과 과목은 고등보통학교의 교육과정 편성과 비교할 때 상대적으로 매우 낮은 비중으로 편성되어 있었다. 더구나 여자고등보통학교의 수업연한은 여전히 고등보통학교보다 1년이 짧았기 때문에 각 교과목에 대한 총 이수시간도 적을 수밖에 없었다. 이러한 수업연한과 교육과정 편제 측면에서 본다면, 여자고등보통학교는 대학 및 고등교육과 연계되는 일반계 중등교육기관으로서의 성격이 상당히 약화될 수밖에 없었다. 실제로도 여자고등보통학교는 일반계 중등교육기관이면서도 상급학교 진학의 길이 사실상 차단되어 있었다. 대부분의 고등교육기관은 5년제 중등학교 졸업 정도를 입학자격으로 요구하였기 때문이다. 따라서 여자고등보통학교 졸업자들은 일반적인 전문학교나 제국대학에 입학할 수 없었으며, 그보다 낮은 학력 조건을 입학자격으로 하는 여자전문학교 진학만이 가능한 조건이었다.

② 실업학교

개정된 「조선교육령」에서 실업학교의 학교 운영에 대해서는 일본의 「실업학교령」을 준용하도록 하였다. 다만, 조선의 특별한 상황에 맞는 실업학교를 운영하기 위해 「실업학교규정」이 새롭게 제정되었다.[32] 이에 따라 실업학교는 수업연한이 매우 짧은 2년제 학교였지만, 수업연한이 연장되어 5년제 또는 3년제 학교로 승격될 수 있었다. 그러나 고등보통학교는 4년제에서 5년제 학교로 일괄적으로 전환되었지만, 실업학교의 수업연한 연장은 각 학교의 사정에 따라 개별적으로 진행되었다. 이는 당시 중등단계 실업학교들이 매우 복잡한 형태로 운영되고 있었기 때문이다.

먼저, 「실업학교규정」은 실업학교의 종류로서, 공업학교, 농업학교, 상업학교, 수산학교, 상선학교, 직업학교, 그리고 실업보습학교 등을 설립할 수 있도록 하였다(제2조). 그 이전까지의 「실업학교규칙」과 비교할 때 설립되는 실업학교의 종류도 매우 다양해졌다. 그리고 기존에 수업연한이 짧은 실업학교를 간이실업학교로 분류하였지만, 이제 다시 그 명칭을 실업보습학교라는 명칭으로 변경했다. 이러한 각급 실업학교의 학사 운영 전반에 관해서는 일본의 「실업학교령」과 그에 해당하는 각각의 종류별 실업학교 규정들을 순응하도록 하였다(제12조). 다만, 조선의 상황에 맞게 특별히 정할 필요가 있는 사항에 대해서는 「실업학교규정」을 따르도록 하였다.

그런데 「조선교육령」이 개정되고 새롭게 「실업학교규정」이 제정되면서, 조선에 설립되는 모든 실업계 학교들은 동일한 규정을 적용받게 된 점에 주목할 필요가 있다. 기존에 조선인을 위한 '실업학교'와 일본인을 위한 '실업전수학교'로 구분하던 방식이 폐지된 것이다. 이로 인해 실업학교들은 원칙적으로 조선인과 일본인 모두 입학 가능하게 되었다. 기

---

32 「實業學校規程」, 『朝鮮總督府官報』, 1922.2.25.

존에도 일부 실업학교에서 조선인과 일본인이 공학하는 때도 있었지만, 이제부터 모든 실업계 학교들은 사실상 민족 공학제로 운영하게 된 것이다. 일반계 학교들이 여전히 조선인 학교와 일본인 학교를 구분했던 것과 다르게, 실업계 학교들은 조선인 학생과 일본인 학생이 같은 학교의 동일한 교실에서 같은 교재로 공부하기 때문에 제반 학사 운영에서도 큰 차이를 보이게 된다.

이처럼 실업계 학교들이 일본에서와 동일한 제도로 정비되면서, 실업학교 졸업자에게도 중학교나 고등보통학교 졸업자와 동등한 학력이 주어졌다. 실업학교 졸업자들도 동일계열 전문학교만이 아니라 일반적인 전문학교나 대학에 입학할 수 있는 자격이 인정된 것이다.[33] 다른 한편으로, 이것은 관리 임용에서도 실업학교 졸업자에게 중학교 졸업과 동등한 자격이 인정된다는 것을 의미한다. 당시 「문관임용령」은 판임관이 될 수 있는 자격 가운데 하나로 "중학교나 문부대신에 의해 그와 동등 이상으로 인정한 학교를 졸업한 자"를 규정하고 있었다.[34] 고등보통학교는 1923년에 수업연한이 연장되면서 일괄적으로 판임관이 될 수 있는 중학교와 동등한 학교로 인정되었고,[35] 실업학교 졸업자는 5년제로 승격되는 학교부터 중학교 졸업자와 동등한 학력이 있는 것으로 인정되기 시작하였다.

그런데 당시 실업계 학교들은 매우 복잡한 제도로 운영되고 있는 점에 주의할 필요가 있다. 일본의 실업교육 체제를 보면, 실업교육 전반을

33　『日本官報』, 1924.3.12.

34　「文官任用令」, 『日本官報』, 1913.8.1.

35　『朝鮮總督府官報』, 1923.2.7.

규율하는 상위 법령으로「실업학교령」이 존재하면서, 그 아래에 하위 규정으로「농업학교규정」,「상업학교규정」,「공업학교규정」등 실업학교의 종류별로 각기 다른 문부성령이 각각 따로 존재하고 있었다. 이로 인해, 실업학교는 그 종류에 따라 입학·졸업, 수업연한, 교육과정 편성 등 제반 학사 운영에서 큰 차이가 있었다. 여기에 다시 조선에서는 조선총독부령인「실업학교규정」도 적용되면서 더욱 다양한 형태의 실업학교들이 설립되고 있었다. 특히「실업학교규정」은 서로 다른 학과를 동시에 설치하거나 병합하여 설치할 수 있도록 하였다(제12조). 이에 따라 상업과와 공업과와 같이 서로 다른 종류의 전공 학과를 동시에 설치한 학교도 등장했다. 또한, 직업학교는 더 다양한 전공 학과들이 설치될 수 있었는데, 학과의 특성에 따라 1년제, 2년제, 3년제 과정 등 각기 다른 수업연한과 교육과정이 같은 학교 안에서 다양하게 편성되어 운영되고 있었다.[36]

이처럼 실업계 학교들은 설치되는 전공과목에 따라 다양한 종류로 구분할 수 있지만, 수업연한에 따라서도 그 유형이 다르게 구분되기도 하였다.「실업학교규정」은 실업학교를 중등교육기관으로서 학력이 인정되는 실업학교와 그렇지 않은 실업보습학교로 구분하고 있으며, 고등교육 단계에 속하는 실업전문학교로 나누기도 한다(제3조). 즉, 실업학교라는 용어는 넓게는 "실업에 종사하려는 자에게 필요한 지식기능을 교수하는 학교"로 정의될 수 있지만, 일반적으로 좁은 의미에서는 중등단계 교육기관으로서 실업에 관한 전문적인 교과를 중심으로 운영되는 학교 모두를 지칭하는 말로 사용되기도 하였다.

36 『朝鮮總督府官報』, 1931.4.1.

그런데 이러한 좁은 의미의 실업학교들에 대해서도 다시 갑종과 을종으로 구분되고 있었다. 1920년대부터 일본에서는 실업학교의 갑종과 을종의 구분을 폐지하였지만, 교육 행정에서는 물론이고 일반 사회나 언론에서도 갑종과 을종이라는 용어가 관행적으로 널리 사용되고 있었다. 대체로 5년제를 갑종학교, 3년제를 을종학교로 구분하여 지칭하고 있었으나, 정확한 차이는 사실 졸업자의 최종 교육연한에 있었다. 예를 들어, 3년제 실업학교에서, 보통학교 고등과 2년 졸업자나 고등보통학교 2년 수료한 사람 또는 고등소학교 졸업자가 입학하는 학교라면, 그 졸업자에게는 전문학교에 입학할 수 있는 학력이 인정된다. 이들의 최종적인 교육연한은 보통학교 6년, 보통학교 고등과 2년, 실업학교 3년으로 총 11년이 되어, 보통학교 6년 및 고등보통학교 5년을 마친 자와 같기 때문이다. 따라서 이러한 실업학교들은 비록 3년제 과정이지만 갑종학교로 분류된다.[37] 3년제 갑종학교들은 경성공업학교나 회령상업학교가 대표적이었다. 그러나 대체로 갑종 실업학교는 5년제로 운영되었고, 을종 실업학교는 그보다 최종 학력이 미치지는 못하는 3년제 학교를 지칭했다.

이처럼 학교 유형과 종류가 매우 복잡했던 실업학교의 교육과정 편성 및 설치 학과에 관해서는 진남포상공학교의 예를 통해 그 특징을 살펴볼 수 있다.[38] 1916년에 설립된 진남포상공학교는 그 이름에서 나타나듯이 전공과목이 다른 상업과와 공업과를 설치한 매우 독특한 학교였다. 1918년에 수업연한이 3년으로 연장되고, 다시 1923년에는 5년

---

[37] 3년제 갑종학교는 경성공업학교가 대표적이었으며, 회령상업학교도 1930년대에 한동안 3년제 갑종학교로 운영되었다.

[38] 「鎭南浦公立商工學校徵兵令上認定ノ件」, 『實業學校徵兵令上認定ノ件』, 1926.

제 학교로 승격되었다. 이러한 진남포상공학교는 수업연한이 연장되면서 설치된 학과들에서도 다양한 변화가 나타났다. 1916년 4월 학교 설립 당시는 상업과만 설치하였으나, 그해 9월에 목공과가 신설되었고, 1917년에는 금공과가 추가로 설치되었다. 1918년에 수업연한이 3년으로 연장되면서, 2년제인 목공과를 폐지하고 지물과와 조가과를 설치하였다. 그리고 1921년에는 설치된 학과들의 명칭을 변경해, 금공과를 기계과로, 지물과를 가구과로, 조가과를 건축과로 재편하였다. 다시 1923년에는 수업연한이 5년으로 연장되면서, 가구과와 건축과가 폐지되고 기계과와 상업과만이 유지되었다. 이처럼 진남포상공학교는 1923년까지는 3년제 을종학교였으나, 그 이후부터는 5년제 갑종학교로 승격되어 운영되었고, 그에 따라 설치되는 학과들과 수업연한도 매우 다양하였다.

한편, 실업계 학교에는 갑종과 을종의 실업학교 외에 실업보습학교도 포함되어 있었다. 당시 실업보습학교는 학교명에 '보습학교'라는 명칭만이 아니라, '실수학교', '전수학교', '농민학교', '공민학교' 등 다양한 이름을 붙일 수 있었다. 실업보습학교는 기존의 간이실업학교와 같이 교육과정 편성이나 학사 운영에서 매우 유연한 방식으로 설립할 수 있었다. 그러나 실업보습학교는 공립의 보통학교에 부설되어 주로 실습 중심의 기능적인 훈련에 집중하는 방식으로 운영되었다. 즉, 정규의 실업학교와 다르게, 실업보습학교는 상급학교와 연결되지 못하는 초등단계 이후의 보습교육으로서의 성격이 매우 강했다.

(3) 공민과 설치

1922년 「조선교육령」 개정에 따른 교육과정 변화가 갖는 가장 큰 특징은 각 학교의 수업연한을 연장하여 일본의 학제와 동일하게 편성하는 데 있었다. 이로 인해, 보통학교와 일반계 중등학교의 교육과정에서 실업 과목이 폐지되고 보통과목의 비중이 확대되는 것으로 나타났다. 그러나 식민당국의 이러한 정책 방향은 오래 지속되지 못하였다. 1927년 「고등보통학교규정」을 개정하여 일반계 중등학교에서 실업 과목을 도입하여 다시 필수과목으로 지정하였다.[39] 그리고 1929년에는 초등학교 교육과정에도 실업 과목인 직업과를 설치하도록 「보통학교규정」이 개정되었다.[40] 이러한 교육정책의 변화에 대해 당시 식민지 관료들은 '독서교육의 폐'에서 벗어나 '근로애호'와 '흥업치산'의 정신을 배양하는 '교육실제화 정책'이라고 선전하였다.[41] 그리고 1931년 세계 경제 대공황이 가져온 충격 속에 부임한 조선총독 우가키는 이를 더욱 확대하여 '근로주의 교육방침'을 천명하기도 하였다.[42]

그런데 1932년에는 중등학교의 교육과정에서 또 다른 중요한 변화가 시도되었다. 「고등보통학교규정」이 일부 개정되어 중등학교 교육과정에 공민과 과목이 신설된 것이다.[43] 새롭게 공민과를 도입한 취지를 설명하면서, 조선총독 우가키는 기존의 교육이 실제 생활과 유리된 채 지식 편중으로 흐르는 경향을 비판했다.[44] '공민적 자질'을 도야할 수 있도록 기존의 법제경제 과목을 대체할 새로운 과목이 필요하다는 것이다.

39　「高等普通學校規程」 개정, 『朝鮮總督府官報』, 1927.3.31.

40　「普通學校規程」 개정, 『朝鮮總督府官報』, 1929.6.20.

41　山梨半造, 1929, 도지사에 대한 훈령, 『朝鮮總督府官報』, 1929.6.20.

42　宇垣一成, 1934, 앞의 글, 28쪽.

43　「高等普通學校規程」 개정, 『朝鮮總督府官報』, 1932.1.18.

44　宇垣一成, 1932, 고등보통학교규정 개정에 부친 훈령, 『朝鮮總督府官報』, 1932.1.18.

이러한 공민과의 신설 배경에 대해서, 당시 조선총독부 편수관이었던 간즈카 다스쿠(鎌塚扶)는 다음과 같이 상술하고 있다.

> 예전과 같이 현철예화주의로 행해지는 수신 교수만으로는 현대인의 생활이 지도될 수 없다. 그렇다고 해서 이것을 종래와 같이 법제경제 교수에만 기대할 수도 없다. 종래의 중등학교에서 법제경제의 교수는 추상적 이론으로 흘러… 생도의 현재 생활이나 현대의 생활방식을 이해시키는 데 도움이 되지 못했기 때문이다. 공민교육은 이러한 시대적 요구로부터 생겨난 전혀 새로운 교과목이다.[45]

이처럼 조선총독부 편수관인 간즈카는 기존의 수신 교육과 법제경제 교육에 대한 반성에서 공민과의 도입 배경을 설명하고 있다. 수신 과목의 '현철예화주의(賢哲例話主義)' 방식은 학생들이 복잡한 현대 사회를 살아가도록 교육하는 데 한계를 드러내고 있다는 것이다. 또한, 법제경제 과목 역시 추상적 이론 교육에 중심을 두고 있어서 학생들이 실제적인 생활방식을 개선하는 데 도움이 되지 못한다고 비판한다. 따라서 간즈카에 의하면, 기존 수신 교육의 한계를 보완하고 법제경제 과목을 대체할 목적으로 새로운 과목인 공민과가 도입된 것이었다.

그런데 공민과가 중등교육에 도입된 배경은 간즈카가 이해했던 것과는 또 다른 맥락을 갖는 것이었다. 애초에 일본에서 공민과 도입은 지방자치제도와 보통선거제도가 실시되는 것과 관련이 깊었다.[46] '공민'이라

---

45 鎌塚扶, 1933.2, 「朝鮮に於ける公民科要目に就て」, 『文教の朝鮮』, 15쪽.
46 일본의 공민교육과 관련해서는 김종식, 2012, 「1930년 전후 중학교 공민과의 정치

는 말조차 '시공민(市公民)'이라 하여 일본의 시정촌(市町村)에 거주하는 연령 25세 이상의 투표권이 있는 남자를 지칭하는 말이었다.[47] 이러한 맥락은 공민과 교수요지에 반영되어 있었다. 〈표 7〉은 일본 중학교의 공민과 교수요지와 조선의 고등보통학교 공민과 교수요지의 차이점을 보여주고 있다.

일본에서 공민과는 사회 교육이나 경제 교육만이 아니라 정치 교육적 성격을 갖는 것으로서 '자치민' 양성을 목적으로 하는 것이었다. 그러나 조선의 공민과 교수요지는 이와는 다르게 규정되고 있다. 일본의 교수요지에서 "국민의 정치생활, 경제생활, 사회생활"이라는 문구가 조선의 교수요지에서는 "국민의 공민적 생활"로 대체되어 있다. 또한, 일본의 교수요지에서 "선량한 입헌 자치민다운 소지를 육성"한다는 교육 목적은 조선의 교수요지에서 "건전한 국민다운 소지를 육성"하는 것으로 바뀌어 있다. 그리고 일본의 교수요지에서 "헌정자치의 본의"를 밝혀야 한다는 방법론은 조선의 교수요지에서는 "국민생활의 본의"를 밝히는 것으로 변경되었다.

그렇다면, 조선과 일본의 공민과 교수요지가 다르게 서술된 이유는 무엇인가? 공민과 교수요지의 차이에 대해, 당시 경성제대 교육학 교수 마쓰즈키 히데오는 단지 조선의 특수성을 고려한 것에 불과하다고 설명한다.[48] 공민과 교육의 정신이나 취지는 일본과 조선에서 완전히 같다는 것이다. 그러나 공민과 교수요지의 차이는 애초에 공민과 도입의 취

교육 성립과정: 중의원의원선거혁정심의회의 논의를 중심으로」, 『일본역사연구』 35; 馬居政幸, 1995, 「日本における公民教育の成立と展開」, 『사회와 교육』 21 등 참조.

47 中村止戈男, 1933.3, 「修身科及公民科の指導原理」, 『文教の朝鮮』, 52-53쪽.

48 松月秀雄, 1933.7, 「教科目としての公民科」, 『朝鮮の教育研究』, 5-6쪽.

<표 7> 일본과 조선의 공민과 교수요지

일본의 공민과 교수요지	조선의 공민과 교수요지
제6조 공민과는 국민의 정치생활, 경제생활, 사회생활을 완전하게 하는 데 족한 지덕을 함양하고, 특히 준법의 정신과 공존공영의 본의를 회득하게 하여, 공공을 위해 봉사하고 협동하여 일에 당면하는 기풍을 길러, 선량한 입헌 자치민다운 소지를 육성하는 것을 요지로 한다.	제9조2 공민과는 국민의 공민적 생활을 완전하게 하는 데 족한 지덕을 함양하고, 특히 준법의 정신과 공존공영의 본의를 획득하게 하여, 공공을 위해 봉사하고 협동하여 일에 당면하는 기풍을 길러, 건전하고 국민다운 소지를 육성하는 것을 요지로 한다.
공민과는 헌정자치의 본의를 밝혀, 일상생활에 적절한 법제상, 경제상, 사회상의 사항을 교수해야 한다.	공민과는 국민생활의 본의를 밝혀, 일상생활에 적절한 법제상, 경제상, 사회상의 사항을 교수해야 한다.

출처: 「中學校令施行規則」(1931); 「高等普通學校規程」(1932).

지 가운데 하나였던 정치 교육 문제와 관련되어 있었다. 일본과 달리 조선에는 의회제도나 보통선거제도와 같은 정치제도가 적용되지 않았기 때문에 '정치 생활'이나 '자치민' 등은 논리적으로 성립할 수 없는 말이었다. 이러한 조건의 차이는 단순히 교수요지에서 몇 가지 용어를 대체하는 문제가 아니라, 저음부터 공민과 교육의 성격에 심각한 영향을 미치는 것이었다.

이와 관련해서는, 조선총독부 편수관이었던 간즈카 다스쿠의 공민과 교수요목에 대한 해설에서도 확인할 수 있다. 그는 1933년 공민과 교육에 관한 강습회를 앞두고 일본과 조선의 교수요지에 따른 교수요목의 차이에 관해 설명하고 있었다.[49] 조선의 공민과 교수요목에서는 「지방자치」나 「입헌정치」와 관련된 내용들은 모두 생략되어 있다. 또한, 일본의 공민과 교수요목은 첫 장으로 「인간과 사회」를 배치하고 있지만, 조

49　鎌塚扶, 1933.2, 「朝鮮に於ける公民科要目に就て」, 『文教の朝鮮』, 17-18쪽.

선의 교수요목에서는 이를 삭제하고 「우리 가족」, 「우리 향토」, 「우리 국가」 등으로 대체되어 있다. 그러나 「인간과 사회」는 정치 생활, 경제 생활, 사회 생활의 중요성과 그에 필요한 지식의 체득을 설명하는 내용으로서, 당시에는 공민과 교육에서 가장 핵심적인 교수요목으로 이해되고 있었다.[50] 그런데 조선의 사정이 일본과 다르다는 이유로, 공민과의 교육 목적 가운데 핵심에 해당하는 자치 교육과 정치 교육이 생략된 채로 조선의 공민과 교육이 시행되기에 이른 것이다. 실제로 조선총독부가 1934년 발행한 공민과 교재 『(중등교육)공민과 교과서』는 일본의 공민과 교과서와 상당한 차이를 보인다.[51]

그런데 공민과 과목의 교수요지와 교수요목에서 정치 교육 부분이 생략된다면, 결국 공민과 교육의 의의는 도덕의식을 강화하는 교육이라는 점이 부각될 수밖에 없었다. 경성제대 교육학 교수였던 마쓰즈키 히데오는 공민과 교육의 의의에 관해 기존 법제경제 과목에서 미약했던 도덕 교육을 강화하여 수신 교육의 효과를 높이는 것으로 연결되도록 고안된 것으로 설명했다.[52] 이러한 인식은 중등학교에서 실제로 공민과를 가르치는 교사들과 크게 다르지 않았다. 일선 학교의 공민과 교사들도 공민과 교육의 의의를 도덕 교육의 강화에서 찾고 있었다. 인천상업학교의 공민과 교사는 공민과 교육의 취지를 기존 법제경제 과목의 개선에 두고, 실제 수업을 위한 교수세목을 만들 때는 사회의식과 국가의식

50　大瀨甚太郎, 1932, 『公民科敎本敎授資料』, 卷上, 下, 東京開成館, 1-9쪽.

51　조선총독부는 여학교용으로 『(中等敎育)女子公民科敎科書』를 따로 간행하였으나, 실업학교용은 별도로 편찬하지 않았다.

52　松月秀雄, 1933.7, 「敎科目としての公民科」, 『朝鮮の敎育硏究』, 4쪽.

을 보다 강화하는 방향에 중점을 두고 있었다.[53] 또 다른 상업학교 교사도 공민과 교육은 수신 교육과 함께 '진정한 인간'을 양성하기 위한 '도덕 교육의 양익'이라고 주장했다.[54] 물론 그는 '진정한 인간'의 의미는 국가의식에 충만한 인간이라는 점을 강조하고 있었다. 그리고 평양고등보통학교의 교사도 조선에서 공민과 교육의 의의는 도덕 교육에 있다고 보고, 이를 통해 '내선합일(內鮮合一)'의 이상을 실현해야 한다고 주장하였다.[55]

이처럼 1930년대 조선의 중등학교에 도입된 공민과 과목은 일본의 공민과 과목과는 다른 성격을 갖고 있었다. 애초에 공민과 교육의 취지였던 정치 교육이나 자치민 교육을 위한 핵심적인 내용이 생략되면서, 결국 도덕 교육과 국가주의 훈육의 강화 수단으로 이해되었다. 어떠한 정치적 권리도 주어지지 않는 상황에서, 조선인에게 공민의 의무만이 강조되는 공민과 교육이 갖는 당연한 귀결일 것이다. '공민다운 자질'의 핵심 가치인 정치 주체로서의 권리 의식과 책임 의식의 형성과는 무관한 교육이 되고 마는 것이다. 이로 인해, 조선의 공민과 교육은 단지 일본제국과 천황에 대한 무한한 충성만이 강요되며, 식민지 후기의 '황국신민화 교육'으로 이어질 개연성이 높았다.

3) 식민지 후기의 교육과정

식민지 후기는 중일전쟁(1937)과 아시아태평양전쟁(1941)이 발발

---

53 大山讓一, 1932.4, 「我校に於ける公民科教授細目」, 『文教の朝鮮』, 102쪽.
54 中村止戈男, 1933.3, 「修身科及公民科の指導原理」, 『文教の朝鮮』 54-55쪽.
55 竹內泰宗, 1933.12, 「國家主義に立脚せる公民教育」, 『朝鮮の教育研究』, 86-91쪽.

하면서 사회 전체가 급속하게 전시체제로 재편된 시기에 해당된다. 교육 분야에서도 학교제도나 교육과정 등에서 급격한 변화들이 이어졌다. 1938년 「조선교육령」이 전면 개정되어, 조선에 설립된 보통학교·고등보통학교·여자고등보통학교들도 일본의 「소학교령」이나 「중학교령」 및 「고등여학교령」에 따르도록 하였다.[56] 이로 인해, 조선인이 다니는 보통학교·고등보통학교·여자고등보통학교는 각각 일본인 대상의 소학교·중학교·고등여학교와 같은 명칭으로 통일되었다. 그동안 민족별로 학교를 구분하는 제도가 사라진 것이다. 이러한 학교제도 변화와 함께, 조선에 설립된 각급 학교들을 통일적으로 운영하기 위하여 「소학교규정」, 「중학교규정」, 「고등여학교규정」, 「실업학교규정」 등도 전면 개정되었다.

또한, 전황이 격화되던 1943년도에도 「조선교육령」은 다시 한번 크게 개정되어 학교제도에 커다란 변화가 있었다.[57] 중등학교 제도에 나타난 가장 큰 변화는 새롭게 「중등학교령」이 제정된 점에 있을 것이다.[58] 그동안 중등단계 학교였던 중학교·고등여학교·실업학교 등은 각기 다른 법률을 따르고 있었지만, 이제 이들 학교를 하나의 '중등학교'로 분류하여 규정하고, 그 아래에 학교마다 세부 규정을 두는 방식으로 변경된 것이다. 물론 교육 목적이 다른 학교들을 하나의 원리로 운영할 수는 없었고, 여전히 중등학교들은 각기 다른 법규정에 기초하고 있었다. 사실 당시 학교제도 변화가 갖는 가장 큰 특징은 전쟁 수행을 위한 국가총동원 체제가 강화되면서 각 학교의 수업연한이 단축된 점이라 할 수 있다.

---

56 「朝鮮教育令」 개정, 『朝鮮總督府官報』, 1938.3.4.
57 「朝鮮教育令」 개정, 『朝鮮總督府官報』, 1943.3.18.
58 『日本官報』, 1943.1.21.

또한, 교육내용에서도 천황 숭배 의식이 강요되고 군사 훈련 교육이 강화되는 등 일본 파시즘 체제의 군국주의 교육이 극단으로 치닫고 있었다. 여기서는 식민지 후기의 중등교육 정책과 함께 교육과정에서 나타난 변화에 대해 검토하고자 한다.

(1) 황국신민화 교육

만주사변(1931)과 중일전쟁(1937), 아시아태평양전쟁(1941)으로 이어지면서 일본 제국주의는 급격하게 파시즘 체제가 강화되어 갔다. 사회 모든 부문이 전행 수행을 위한 국가총동원 체제로 전환되었고, 교육 분야에서도 이른바 '황국신민(皇國臣民)' 교육이 전면화되었다. 황국신민화 교육은 1938년 「조선교육령」 개정과 함께 하달한 조선총독 미나미(南次郎)의 유고에서 '국체명징(國體明徵)', '내선일체(內鮮一體)', '인고단련(忍苦鍛鍊)'이라는 식민지 후기 교육의 3대 강령으로 정식화되었다.[59] 이에 대해서 당시 조선총독부 학무국의 학무과장이었던 야기(八木信雄)는 그동안 조선의 교육에서 각종 폐해를 낳는 원인이었던 "자유주의적이고 개인주의적인 교육 사조를 일소"한 일대 전환으로 평가하였다.[60] 그의 설명에 기초하여 당시 표방된 '조선교육 3대 강령'의 내용을 요약하면 다음과 같다.

먼저, 국체명징(國體明徵)이란 일본정신의 체득이라는 황국신민교육의 구체적 목표로서, 국체관념을 명확히 하는 것을 말한다. 국체(國體)는,

---

59 「조선교육령」 개정에 따른 유고, 『朝鮮總督府官報』, 1938.3.4.
60 八木信雄, 1939, 『學制改革と義務敎育の問題: 今日の朝鮮問題講座 3』, 綠旗聯盟, 10-22쪽.

인간의 신체와 같이, 국가의 구성 원리와 그 특징을 말한다. 일본국가는 만세일계(萬世一系)로 이어져 온 황실과 현인신으로서 천황이 존재하는데, 그것이 가능한 이유는 신민들이 하나가 되어 충으로써 황실의 안위를 지켜왔기 때문으로 이해된다. 이러한 군신일체(君臣一體), 일군만민(一君萬民)의 체제는 동서고금 세계 어느 곳에서도 유례가 없는 일본만의 고유한 국체라는 것이다. 따라서 국체관념은 일본정신의 요체로서, 이러한 국가관을 체득하여 천황과 국가를 위해 헌신적으로 봉사할 수 있도록 지도하는 것이 황국신민교육의 궁극적인 이념이 된다. 교육은 그 목적은 물론이고 그 내용과 방법도 국체관념의 체득이라는 견지에서 규정되어야 한다는 것이다. 이러한 국체명징의 교육강령으로 인해, 식민지 후기 교육은 충군애국의 덕목들과 천황숭배 의례들이 더욱 강화되기 시작했다. 천황에 대한 충성의 맹세문(황국신민서사)을 암송하게 하거나, 종교시설인 신사(神社)에 대해 학생들의 집단참배를 강요하고, 천황의 사진이나 천황이 사는 동쪽을 향해 절하는 학교행사(궁성요배)가 만들어지는 등 천황에 대한 우상화 교육으로 나타났다.

다음으로, 내선일체(內鮮一體)는 기존의 일시동인(一視同仁)이라는 논리의 연장선상에 있다. 일시동인은 3·1운동이라는 거족적인 저항에 대한 대응으로써 조선인과 일본인을 차별하지 않는다는 식민지 통치방식의 변화를 선전하기 위한 정치 슬로건이었다. 여기에서 더 나아가, 내선일체는 일본인(內地人)과 조선인이 유구한 옛날부터 하나의 역사적 공동체였다는 동조동근론(同祖同根論)에 뿌리를 두고 있다. 원래 일본인과 조선인은 분리되어 살아갈 수 있는 존재가 아니며, 서로 융합하여 하나가 되지 않으면 안 된다는 것이다. 그런데 이를 위해서는 상호 신뢰와 협력이 중요하며, 그것은 결국 일본인과 조선인이 다 같은 황국신민으로서 같은 국가정신을 갖고 국가의 목적에 협력할 때 비로소 가능하다고 한다. 일본인과 조선인이 소아를 버리고 대아를 추구할 때, 자기를 버리고 국가사회에 몰입하여 오로지 국가 전체를 위해 헌신할 때, 내선일체·내선융합이라는 궁극적 목표를 이룰 수 있다는 것이다. 이처럼 내선일체의 논리는 조선인에 대한 제국신민의 의무를 강요하거나 조선인에 대한 고유성의 희생을 정당화하는 슬로건이었다. 조선인과 일본인을 분별할 수 없도록 성씨와 이름을 모두 일본식으로 바꾸게 하거나(創氏改名), 조선어 과목을 폐지하였고, 나아가 일상에서 조선인 학생들의 조선말 사용조차 금지하였다.

끝으로, 인고단련(忍苦鍛鍊)은 고통을 감내하고 주어진 사명에 매진할 수 있도록 정신적·신체적으로 강한 의지력과 지구력을 갖추게 하는 훈련을 말한다. 이러한 인고단련의 교육강령은 실행력을 갖춘 일본인을 연성하는 방법을 말하는 것으로, 그것은 황국신민교육의 진수인 것으로 평가한다. 왜냐하면 황국신민교육이 국가적 대업에 헌신 봉사하는 국민의 양성을 최고의 사명으로 한다면, 실천력과 실행력을 갖춘 인물을 양성해야 하기 때문이다. 물론 당시의 국가적 대업이란 신동아 질서를 구축하기 위한 전쟁에서 승리하는 것이었다. 인고단련은 결국 전쟁 수행을 위한 후비대 양성의 교육 방법론이라 할 수 있다. 이러한 인고단련의 교육강령에 따라 학교에서 군사 훈련 과목인 교련 교육이 강화되고, 교육과정에 검도나 유도 등의 무도 과목도 새롭게 추가되었다. 상급학교 입학시험에서도 지필고사 점수만이 아니라 신체검사 성적도 높은 비중으로 반영되기 시작했다. 나아가 인고단련의 교육강령은 근로보국대활동 등 전쟁 수행을 위한 학생들의 강제동원에 대해서도 정상적인 교육활동인 것처럼 정당화하는 논리로 활용되기도 하였다.

(2) 중학교 교육과정

1938년「조선교육령」이 개정되면서 조선인이 다니던 고등보통학교의 명칭이 일본인 학교와 같이 모두 중학교로 개칭되었다. 이에 따라 기존의「고등보통학교규정」은 폐지되고, 조선인 중학교와 일본인 중학교를 모두 통일적으로 규율할 수 있도록「중학교규정」이 전면 개정되었다.[61] 개정된「중학교규정」은 무엇보다 '황국신민' 정책을 반영하여 교육 목적에 대한 서술이 크게 변화되었으며, 이를 실현하기 위하여 교수상 주의사항과 각 교과의 교수요지에서도 더 구체적인 서술이 추가되었다.

먼저,「중학교규정」은 기존과 같이 '남자에게 필요한 고등보통교육'을 실시하는 곳이라는 중학교 교육의 정의에 관한 서술에서는 차이가 없었으나, 교육 목적으로 '국민도덕의 함양'과 '황국신민의 양성'을 추가하여 명시하고 있다(제1조). '황국신민의 양성'이라는 교육 목적은 일본에서는「중학교령」이나 그 시행규칙 등 그 어떠한 학교의 교육 목적에서도 등장하지 않는 말이었다. '황국신민'은 조선총독 미나미가「조선교육령」을 개정하면서 국체명징·내선일체·인고단련 등 조선의 3대 교육강령으로 천명한 것이었기 때문이다. 따라서「중학교규정」에서는 이러한 '황국신민의 양성'이라는 교육 목적에 주안점을 두고 교수상의 주의사항들을 제시하고 있다.

제11조 중학교에서는 항상 좌의 사항에 유의하여 생도를 교양해야 한다.
1. 교육에 관한 칙어에 기초하여 국민도덕의 양성에 유의하고, 우리 나라 건국의 본의와 국체의 존엄한 소이를 회득하게 하여 충효의

---

[61] 「中學校規程」개정,『朝鮮總督府官報』. 1938.3.15.

대의를 밝히고 그 신념을 공고하게 하는 것을 기하고, 항상 생도로 하여금 실천궁행하게 함으로써 황운부익의 길에 철저하게 하는 것에 힘써야 한다.

2. 생도의 덕성을 함양하여 순량한 인격을 도야하고, 나아가 국가사회에 봉사하는 신념을 돈독히 하여, 내선일체, 동포집목의 미풍을 배양하는 것에 힘써야 한다.
3. 자강자율의 정신을 배양하고, 근로를 애호하는 습관을 육성하고, 또한 협동을 숭상하고 책임을 존중하는 관념을 함양하는 데 힘써야 한다.
4. 오로지 심력의 계발을 취지로 하고, 헛되이 학술의 체계에 구애됨이 없이 국민생활상 적절하고 유용한 지능을 배양하는 것에 힘써야 한다.
5. 지식기능은 생도의 특성과 환경에 맞도록 장래의 생활상 적절한 사항을 선택하여 그것을 교수해야 한다.
6. 생도의 신체를 강건히 하는 것과 함께 정신을 단련히고 강건활달한 기풍과 인고지구한 체력을 배양하는 것을 취지로 해야 한다.
7. 국어의 사용을 정확히 하고 또한 그 적용을 자재로 하도록 국어교육의 철저를 기함으로써 황국신민다운 성격을 함양하는 것에 힘써야 한다.
8. 각 학과목의 교수는 그 목적 및 방법을 어그러짐이 없이 서로 연결하여 보익하게 하는 데 힘써야 한다.[62]

---

62 「中學校規程」 개정, 『朝鮮總督府官報』. 1938.3.15.

1938년 개정된 「중학교규정」의 교수상 주의사항 1항은 그 이전까지 '국민도덕의 배양'에 유의할 것을 주문했던 것에서 그 내용과 방법을 상술하는 것으로 크게 달라졌다. 즉, 국민도덕은 교육칙어의 취지에 기초해야 하며, 국체의 존엄함을 깨닫고 항상 충효를 실천하도록 교육할 것을 주문하고 있다. 이러한 내용은 기존 조선의 각 학교 규정에는 없었던 것이며, 일본에서 1931년 「중학교령시행규칙」을 개정하면서 교육상의 주의사항으로 새롭게 추가된 내용이었다.[63] 이러한 내용을 다시 조선총독부가 1938년 「중학교규정」을 개정하면서 교수상 주의사항의 1항으로 서술하고 있다. 여기에서는 「중학교령시행규칙」에 없었던 "황운부익의 길"로 나서도록 교육할 것을 주문하며 국민도덕 실천의 핵심 내용도 함께 제시하고 있다.

다음으로, 「중학교규정」의 교수상 주의사항 1항과 함께, 3항, 4항, 6항은 일본의 「중학교령시행규칙」에도 유사한 내용이 서술되어 있다. 다만, 3항의 예를 들면, 일본에서는 "독립자주의 정신"이라는 표현이 조선에서는 "자강자주의 정신"으로 대체되는 등 몇 가지 용어 사용에서 차이를 보여주고 있다. 6항에서도 「중학교규정」은 동일한 서술에 "인고지구한 체력" 등을 추가하여 조선교육의 3대 강령 내용을 강조하고 있다.

한편, 「중학교규정」의 교수상 주의사항 2항, 5항, 7항, 8항은 일본의 「중학교령시행규칙」에는 없는 내용이다. 그러나 조선에서는 그 이전까지 중학교 또는 고등보통학교 교육에서 주의할 사항으로 이와 유사한 서술들이 포함되어 있었다. 다만, 1938년의 개정에서는 2항에 '동포집목' 외에도 "내선일체의 미풍"을 배양해야 한다는 내용이 새롭게 추가

---

63   『日本官報』, 1931.1.10.

되었다. 마찬가지로, 7항과 같이 일본어 능력에 대해서는 식민지 초기부터 일본 정신을 배양하기 위해 조선의 모든 교육에서 가장 중요한 목표로 제시됐던 것이기도 하다. 그런데 이번 개정에서는 일본어 교육에 대해 "황국신민다운 성격 함양"의 핵심적인 수단이 되어야 한다고 주문하고 있다.

이처럼 1938년에 개정된 「중학교규정」은 새로운 교육방침으로 표방된 '황국신민교육'과 그것의 목표 및 방법으로 제시된 '국체명징·내선일체·인고단련'이라는 교육 강령을 명시적으로 드러내고 있다. 이는 비단 교수상의 주의사항에만 해당되는 것이 아니라, 각 교과목에 대한 교수요지에도 적용되었다. 새롭게 개정된 「중학교규정」에서는 교수요지의 서술 방식도 달라졌는데, 첫 항에 교육 목표를 규정하고, 두 번째 항에 교수 방법을 제시하고, 세 번째 항에 유의사항을 서술하는 방식을 취하고 있다. 여기서는 수신 과목의 교수요지를 예를 들어 그 특징을 검토하고자 한다.

> 제11조 수신은 교육에 관한 칙어의 취지를 봉체하고, 우리 국체의 본의를 명징하게 하고, 국민도덕을 획득하게 하고, 공고한 의지를 단련하고, 특히 우리 국체에 대한 확호한 신념을 배양함으로써 건전유위한 황국신민답게 하는 것을 기하여 실천궁행으로 이끄는 것을 요지로 한다.
>
> 수신은 교육에 관한 칙어를 비롯하여 기타 조칙의 성훈에 기초하여, 황국신민의 각오로부터 출발하여 국민도덕의 실천에 관한 요령 및 보통의 작법을 교수하고, 나아가 국민도덕의 유래 및 특질을 획득하게 하는 것과 함께 시대의 사상에 대한 올바른 비판력을 키우고 황

국신민다운 신념을 공고히 하고, 또한 그 본분을 체인하게 하여 대국민다운 자질을 배양함으로써 황운부익의 길에 철저히 하는 것에 힘써야 한다.

수신을 교수할 때는 항상 훈련에 무게를 두고, 지조의 함양과 의지의 단련에 유의하고, 이론과 실천을 합일하고, 공고한 황국신민다운 지조를 배양하는 것에 힘쓸 것을 요한다.[64]

「중학교규정」에서 수신 과목의 교수요지는 그 교육 목표인 '황국신민다운 실천'을 위한 교수 방법과 유의사항들을 보다 구체적으로 제시하고 있다. 수신 과목은 교육칙어의 취지와 국체의 본의로부터 황국신민다운 신념을 갖추게 하고, 나아가 그것을 '황운부익'의 실천으로 이끌기 위한 훈련과 단련에 중심을 두어야 한다는 것으로 요약할 수 있다.

이러한 1938년도 「중학교규정」의 수신 과목 교수요지가 갖는 특징은 그 이전의 교수요지와 비교할 때 더욱 분명하게 드러난다. 1922년도 「중학교규정」 및 「고등보통학교규정」의 수신 과목 교수요지에서도 천황제 국가인 일본 도덕의 특질을 깨닫고 실천궁행을 권장할 것을 강조하고 있는 점에서는 동일하다. 그러나 1922년도의 수신 교육은 사회에 대한 책무와 인격 수양을 위한 도덕 요령을 교수하는 데 중심이 놓여 있었다. 즉, 기존의 수신 교육에서 지나치게 충군애국이나 애국심을 강제하고자 했던 교육 방식에 일정한 변화를 시도하고 있었으나, 1938년도에는 일본 국가에 대한 맹목적인 충성을 요구하는 수신 교육으로 재차 변모하고 있는 것이다.

---

64 「中學校規程」 개정, 『朝鮮總督府官報』. 1938.3.15.

이러한 수신 과목의 변화와 관련하여, 1938년 당시 일본의 수신 과목에 대한 교수요지와 비교하는 것도 유용할 것이다. 일본에서는 1931년에 개정된 「중학교령시행규칙」의 교수요지 등이 계속해서 유지되었다.[65] 여기에서도 수신 과목의 교육 목표를 국체관념의 배양에 두고 있는 것에는 차이가 없었으나, 그 방법은 조금 달랐다. 즉, 도덕 요령을 교수하여 학생들이 국체에 대한 신념과 국가에 대한 책무를 알게 하고, 사회생활에 대한 이론을 교수하여 학생들이 현대 사상에 대한 비판력을 길러 도덕적 신념을 확립해가도록 하는 데 유의할 것을 주문했다. 다시 말해, 일본의 수신 교육에서는 어느 정도 학생들의 자유로운 도덕 형성을 염두에 두고 있었다.

그러나 1938년 「중학교규정」이 개정되면서 조선의 수신 교육은 그 이전 또는 일본의 교육 방식과는 큰 차이를 보인다. 일본 정신의 주입과 제국신민으로서 의무의 강제는 이제 '황국신민'이라는 용어를 사용하며 보다 노골적이고 직접적인 교육 목표로 표명되고 있다. 더구나 자유로운 도덕의 형성에 대한 고려는 존재하지 않으며, 오직 친황에 대한 충성과 국가에 대한 헌신을 위한 반복적 훈련만이 실천적 교육 방법으로서 명시되고 있다. 이러한 수신 과목의 교수요지는 '황국신민교육'이라는 교육 방침과 국체명징·내선일체·인고단련의 3대 강령이 각 교과 교육에 미친 영향을 단적으로 보여주는 것이라 할 수 있다. 이러한 맥락에서, 조선어 과목이 필수과목의 지위를 상실하고 가설과목으로 전락한 사실도 확인해둘 필요가 있다.

---

65 『日本官報』, 1931.1.10.

(3) 고등여학교 교육과정

1938년 「조선교육령」이 개정되면서 조선인과 일본인이 다니는 학교명이 모두 통일되었다. 고등보통학교가 중학교로 개칭되는 것과 마찬가지로, 조선인이 다니는 여자고등보통학교도 일본인 학교와 같은 고등여학교로 변경되었다. 이에 따라, 기존의 「여자고등보통학교규정」은 폐지되고 「고등여학교규정」이 개정되어 조선인 여학교에도 적용되기 시작했다.[66]

새로운 「고등여학교규정」에서는 고등여학교에 대해 "여자에게 고등보통교육을 실시하는 곳"으로 정의하고, 그 교육 목적에 대해서는 "국민도덕의 함양, 부덕의 양성에 유의하고 양처현모다운 자질을 얻게 함으로써 충량지순한 황국여성을 양성"하는 데 힘써야 한다고 규정하였다. 남자 중학교의 교육 목적을 '국민도덕의 함양'을 통한 '황국신민의 양성'으로 정의한 것과 구별하여, 고등여학교는 국민도덕과 함께 부덕을 겸비하여 '현모양처로서 자질을 갖춘 황국여성의 양성'을 교육 목적으로 하고 있다. 기존 「여자고등보통학교규정」에서 '부덕의 함양'을 강조했던 것에서 나아가, 개정된 「고등여학교규정」에서는 '현모양처'를 '황국여성'의 교육적 이상형으로 정의하고 있는 것이다. 이러한 교육 목적을 달성하기 위해 고등여학교에서 유의해야 할 교수상 주의사항은 다음과 같이 제시되고 있다.

제12조 고등여학교에서는 항상 좌의 사항에 유의하여 생도를 교양해야 한다.
1. 교육에 관한 칙어에 기초하여 국민도덕의 양성, 부덕의 함양에 유

---

[66] 「高等女學校規程」 개정, 『朝鮮總督府官報』. 1938.3.15.

의하고, 우리나라 건국의 본의와 국체의 존엄한 소이를 회득하게 하여 충효의 대의를 밝히고 그 신념을 공고하게 하는 것을 기하고, 항상 생도로 하여금 실천궁행하게 함으로써 황운부익의 길에 철저하게 하는 것에 힘써야 한다.
2. 품성의 도야, 정조의 함양에 유의하여, 정조를 중히 하고 순량정숙하여 온정자애로 풍부하고 순풍미속을 숭상하고, 가정에 대한 임무를 중히 하고 국가사회에 봉사하는 소지를 얻게 하는 것에 힘써야 한다.
3. 실질을 숭상하고 근로를 애호하는 지념을 배양하는 것과 함께 책임을 중히 하고 협동을 숭상하고 내선일체, 동포집목의 미풍을 배양하는 것에 힘써야 한다.
4. 지식기능은 생도의 특성과 환경에 맞도록 장래의 생활상 적절한 사항을 선택하여 그것을 교수해야 한다.
5. 생도의 신체를 건전하게 발달시켜 명랑쾌활한 기풍과 인고지구한 체력을 배양하고, 특히 선상을 중히 하는 관념을 양성하는 것에 힘써야 한다.
6. 여성의 심신의 특질을 알게 하고 결혼생활 및 육아에 관한 사항을 이해시켜야 한다.
7. 국어의 사용을 정확히 하고 또한 그 적용을 자재로 하도록 국어교육의 철저를 기함으로써 황국신민다운 성격을 함양하는 것에 힘써야 한다.
8. 각 학과목의 교수는 그 목적 및 방법을 어그러짐이 없이 서로 연결하여 보익하게 하는 데 힘쓰고, 장래 가정의 주부이자 어머니로서의 자각을 촉진시켜 여성의 책무를 이해시키고, 가정생활상 특

히 필요한 사항에 관해서는 항상 반복하여 지능의 연마를 도모하는 것과 함께 국가사회의 진운에 순응하는 황국 여성의 양성에 힘쓰는 것을 요지로 해야 한다.[67]

1938년 개정된 「고등여학교규정」에서 교육 목적을 포괄적으로 규정하고 있는 교수상 주의사항 1항은 「중학교규정」의 그것과 거의 같으며, 다만 '부덕의 양성'이 추가되어 서술되고 있다. 그러나 이렇게 추가된 '부덕의 양성'이라는 교육 목적이 결국 중학교와는 다른 고등여학교 교육의 핵심적인 성격을 결정하게 된다. 즉, 「고등여학교규정」의 교수상 주의사항이 「중학교규정」과 크게 다른 부분은 2항, 6항, 8항이라고 볼 수 있다. 「중학교규정」의 '덕성 함양'과 '인격 도야'를 대신하여, 「고등여학교규정」은 2항에서 '정조관념'과 함께 순량정숙이나 온정자애와 같은 덕목의 배양과 가정의 임무 등을 강조하고 있다. 이러한 고등여학교 교육의 특징은 주의사항 6항과 8항에서 보다 구체적으로 서술되고 있는데, "여성의 심신의 특질을 알게 하고 결혼생활 및 육아에 관한 사항"을 교육해야 한다고 규정하고 있다. 그 이유는 물론 고등여학교 학생들은 장차 "가정의 주부이자 어머니"가 될 것으로 상정되고 있으며, 여성의 책무는 '현모양처'로서의 역할 수행에 있기 때문이었다.

이처럼 「고등여학교규정」은 고등여학교를 여자에게 고등보통교육을 실시하는 것으로 정의하면서도, 남자 대상의 중학교와는 구별하여 '황국여성'의 양성을 교육 목적으로 하고 있다. 이상적인 '황국여성'은 국체관념이 투철하고 부덕을 겸비한 현모양처로 표상되고 있다. 따라서 교수상

---

67 「高等女學校規程」 개정, 『朝鮮總督府官報』, 1938.3.15.

주의사항에서는 주부로서 어머니로서 필요한 교육에 유의할 것을 주문하고 있으며, 이를 기초로 교과마다 필요한 교육 목표나 방법 등의 교수 요지가 제시되고 있다.

(4) 실업학교 교육과정

실업교육에서도 1938년 「조선교육령」 개정의 취지에 따라 「실업학교규정」이 개정되었다.[68] 그러나 고등보통학교나 여자고등보통학교와 달리, 실업학교는 1922년부터 조선인과 일본인의 구분 없이 이미 일본의 「실업학교령」을 준용하고 있었다. 따라서 1938년의 「실업학교규정」 개정에서 기존과 크게 달라진 점은 없었으며, 다만 '황국신민' 정책을 반영하여 교육 목적이나 교수상 주의사항 등에서 변화가 있었다.

1938년 「실업학교규정」에서 실업학교는 "실업에 종사하려는 자에게 필요한 지식기능을 교수하는 곳"이라는 정의는 기존과 같았다. 그러나 이번 개정을 통해 '덕성의 함양'에 유의해야 한다는 기존의 서술에서 '국민도덕의 함양'과 함께 '황국신민의 양성' 등 교육 목적을 더욱 분명히게 명시하는 방식으로 변화되었다. 이에 따라 「실업학교규정」은 다음과 같은 교수상 주의사항을 제시하고 있다.

제11조 실업학교에서는 항상 좌의 사항에 유의하여 생도를 교양해야 한다.
1. 교육에 관한 칙어에 기초하여 국민도덕의 양성에 유의하고, 우리
나라 건국의 본의와 국체의 존엄한 소이를 회득하게 하여 충효의

---

[68] 「實業學校規程」 개정, 『朝鮮總督府官報』, 1938.4.1.

대의를 밝히고 그 신념을 공고하게 하는 것을 기하고, 항상 생도로 하여금 실천궁행하게 함으로써 황운부익의 길에 철저하게 하는 것에 힘써야 한다.
2. 덕성 함양에 유의하여 순량한 인격을 도야하고, 특히 성실하여 신용을 중시하고 근검하여 공익에 진력하는 기풍을 기르고, 내선일체, 동포집목의 미풍을 배양하는 것에 힘써야 한다.
3. 지식기능은 학교의 정도에 적절한 사항을 선택하여 그것을 교수하고, 또한 토지의 정황 및 생활의 실제에 적절하게 하는 것을 취지로 해야 한다.
4. 신체를 강건히 하는 것과 함께 정신을 단련하고 강건활달한 기풍과 인고지구한 체력을 배양하는 것을 취지로 해야 한다.
5. 남녀의 구별은 물론 생도의 특성에 유의하여 각각 적당한 교육을 실시하는 것을 취지로 한다. 여생도에게 있어서는 특히 여성의 심신의 특질을 알게 하고 결혼생활 및 육아에 관한 사항을 이해시키는 데 힘써야 한다.
6. 국어의 사용을 정확히 하고 또한 그 적용을 자재로 하도록 국어교육의 철저를 기함으로써 황국신민다운 성격을 함양하는 것에 힘써야 한다.
7. 각 학과목의 교수는 그 목적 및 방법을 어그러짐이 없이 서로 연결하여 보익하게 하는 데 힘써야 한다.[69]

「실업학교규정」의 교수상 주의사항에서 교육 목적을 상술하는 1항

---

69 「實業學校規程」 개정, 『朝鮮總督府官報』, 1938.4.1.

을 비롯하여, 3, 4, 6, 7항 등은 「중학교규정」과 거의 유사하게 서술되고 있다. 국체명징, 내선일체, 인고단련 등의 조선교육 3대 강령을 핵심으로 하는 '황국신민' 교육정책의 취지를 반영한 것이라 할 수 있다. 또한, 2항의 경우, '덕성 함양'과 '순량한 인격 도야' 등에 관한 서술이나, '내선일체'를 추가하고 있는 점도 같다. 그러나 일찍부터 실업 종사자에게 요구되는 덕목으로 제시되었던 '성실, 신용, 근검'에 대해서는 여전히 실업학교 교육에 대해서 특별히 유의해야 할 것으로 언급되고 있다. 그런데 이번 「실업학교규정」의 개정에서는 5항과 같이 여학생 교육에 대한 특별한 주의사항이 언급되고 있는 점도 주목된다. 사실 실업학교는 남녀를 구분하지 않기 때문에, 기존에는 교육 목표나 교수요지 등이 남자 대상의 교육을 상정하여 서술되어 있었다. 이번 개정을 통해, 남녀를 구별하여 그에 적합한 교육을 시행해야 하며, 여학생에 대해서는 "여성의 심신의 특질을 알게 하고 결혼생활 및 육아에 관한 사항"에 유의하여 교수할 것을 주문하고 있다. 「고등여학교규정」에서 살펴본 것처럼, 실업학교에서도 여학생에 대해서는 장래 주부로서, 어머니로서 필요한 교육에 초점을 두었다.

한편, 실업교육에서는 실업학교 외에 실업보습학교에 대해서도 살펴볼 필요가 있다. 실업보습학교는 실업학교보다 수업연한이 짧고 입학과 졸업 또는 교육과정 편성 등 전체 학사 운영에서 유연한 학교교육 기관이었다. 일본에서는 1935년에 일종의 사회교육 기관이었던 기존의 청년학교 제도를 재편하면서 실업보습학교들이 모두 새로운 청년학교로 전환되었다.[70] 그러나 조선에서는 청년학교 제도를 창설하지 않고 기존의

---

[70] 「靑年學校令」, 『日本官報』, 1935.4.1.

실업보습학교 제도를 그대로 유지하기로 하였다.[71] 이에 따라 1935년에는 조선총독부령으로 「실업학교규정」의 개정과 함께 「실업보습학교규정」이 새롭게 제정되었다.[72] 실업보습학교의 수업연한은 2~3년을 표준으로 하였으나, 학교에 따라서는 1년을 더 단축할 수 있었다.

이 시기 실업보습학교 중에는 실업학교의 한 형태인 직업학교로 개편되는 경우도 많았다. 직업학교의 본과는 상급학교와 연결되는 을종 실업학교에 해당하였지만, 3월~1년의 단기 과정과 다양한 학과들을 탄력적으로 설치하여 직업기술 교육이 가능한 학교기관이었다.[73] 즉, 회사나 공장의 기술교육 필요에 따라 '주문식' 교육과정을 운영하는 등 직업학교는 현장과 밀접하게 연계된 실험적인 형태의 실업교육 기관이었다.[74] 1931년 경성직업학교가 설립된 이후로 매년 지방에 하나씩의 직업학교들이 증설되었다. 그러나 지방에 설립되는 직업학교는 대체로 기존의 실업보습학교가 직업학교로 확대 재편되는 경우가 많았다. 부산직업학교의 경우는 1924년 설립된 부산공업보습학교가 1933년에 직업학교 체제로 재편되었으며,[75] 1937년 설립된 대구직업학교는 기존의 대구공업보습학교를 확대 개편한 것이었다.[76]

이렇게 직업학교로 개편되면, 수업연한이 다른 다양한 학과들을 설

---

71 「개정 조선교육령 4월부터 실시」, 『동아일보』, 1935.3.30.
72 「實業補習學校規程」, 『朝鮮總督府官報』, 1935.4.1.
73 『朝鮮總督府官報』, 1931.4.1.
74 「수업기도 임의 자유로 과목 선택: 최신식 직업학교」, 『동아일보』, 1931.2.22.
75 국립부산개방대학교60년사편찬위원회, 1987, 『학교60년사: 부산공립공업보습학교에서 국립부산개방대학까지 1924~1984』, 154-158쪽.
76 대구공업중고등학교 총동문회, 2005, 『대구공고80년사』, 136-146쪽.

치하거나 폐지하는 등 더욱 유연한 학교 운영이 가능했다. 부산직업학교만 보더라도 매우 복잡한 학과 설치 상황을 보여주고 있다.[77] 1933년 학교가 설립될 당시는 가구과와 건축과가 본과 3년제로 설치되었으나, 1934년에는 전수과로서 본과 졸업 정도의 학력이 있는 자가 입학하는 1년제의 토목과를 신설하였다. 그리고 야간부에 단기과정으로 주산부와 속기부를 개설하였고, 1935년에도 야간부에 도공과를 개설하기도 하였다. 1936년에는 토목과를 폐지하는 대신에, 본과 2년제 과정으로 기계과를 설치하였다. 그리고 1940년에는 광산과가 1년 과정으로 설치되었고, 1943년에는 목공목형과가 개설되기도 하였다. 이처럼 직업학교는 실업학교로서 정규 교육과정을 운영하는 것 외에도 다양한 형태의 학과를 설치하거나 폐지하기가 비교적 쉬웠다. 이로 인해, 직업학교는 식민지 말기 전쟁 수행에 필요한 인력 수급을 위해 매우 유용하게 활용될 수 있었다.

(5) 전시 교육과정

제2차 세계대전이 격화되는 가운데 1943년에는 「조선교육령」이 재차 전면 개정되고 각급 학교교육에서도 큰 변화를 가져왔다.[78] 가장 큰 특징은 전쟁 수행을 위해 대부분의 학교에서 수업연한이 단축된 점에 있을 것이다. 교육과정의 편성 원리에서도 큰 변화가 있었다. 기존에는 개별적인 각각의 과목 중심 체제였으나, 이번 개정을 통해 몇 개의 연관이 높은 과목들을 묶어 통합적인 교과군으로 분류하는 체제로 개편되

---

77 국립부산개방대학학교60년사편찬위원회, 1987, 앞의 책, 154-158쪽.
78 「朝鮮敎育令」개정, 『朝鮮總督府官報』, 1943.3.18.

었다. 또한, 중등교육에서는 「중등학교령」이 제정되어,[79] 그동안 각기 다른 법률로 규율되었던 중학교·고등여학교·실업학교 등이 하나의 법령으로 통일적으로 관리되기 시작한 점도 주목할 만한 점이다.

① 중학교 교육과정

1943년 개정된 「조선교육령」에서는 중학교 교육에 대해 별도로 교육목적을 정의하고 있지 않으며, 「중학교규정」을 통해 새로 제정된 일본의 「중등학교령」의 취지에 따르도록 하고 있다. 「중등학교령」에서는 중등학교에 대해 "황국의 도에 즉하여 고등보통교육 또는 실업교육을 실시하고, 국민의 연성을 실시하는 것"을 교육 목적으로 규정하고 있다(제1조). 즉, 새로 제정된 「중등학교령」은 중학교·고등여학교·실업학교를 통일적으로 규율하면서, 기존의 법령에 없었던 '황국의 도'와 '국민 연성' 등의 용어를 동원하여 일본 제국주의의 천황주의 이데올로기 교육을 강화하고 있다. 따라서 조선의 「중학교규정」도 이러한 일본의 「중등학교령」의 제정 취지에 따라 새롭게 교수상 주의사항들을 제시하고 있다.

제1조 중학교에 있어서는 교육에 관한 칙어의 취지를 봉체하고 조선교육령에서 따르도록 정한 중등학교령 제1조의 본지에 기초하여 좌의 방침에 의하여 생도를 교육해야 한다.
1. 국체의 본의를 천명하고 황국의 도를 수련하게 하여 지성진충의 정신에 철저히 해야 한다.
2. 일시동인의 성지를 봉체하고 내선일체의 본의를 철저히 해야

---

79 『日本官報』, 1943.1.21.

한다.
3. 황국의 동아 및 세계에 대한 사명을 명확히 하고, 황국신민다운 책무를 자각하게 하여, 직분을 다해 황운을 부익하고 봉사하는 신념과 실천력을 함양해야 한다.
4. 학행을 일체로 하여 심신을 수련하게 하고, 황국신민다운 덕조식견을 도야하고, 창조활용의 능력을 배양하고, 견인불요의 체력기력을 연마해야 한다.
5. 학교가 일체로 문무수련에 힘쓰는 기풍을 진작하고, 활달하여 실질강건을 숭상하고, 협동과 근로를 중히 하는 기풍을 작흥해야 한다.
6. 교육은 국민생활의 실제에 적절하게 하고, 특히 그 지방의 주요 산업의 일반을 습득하게 하는 것에 힘쓰는 것과 함께 실천체험에 의한 학습을 기초로 하여 자발연구의 태도를 육성해야 한다.
7. 교육내용의 전체적 통일에 유의하고, 학교 내외의 생활을 통틀어 황국신민 연성의 한 실로 귀착시켜야 한다.
8. 국어의 사용을 정확히 하고 그 적용을 자재로 하여 순정한 국어생활에 철저히 해야 한다.[80]

1943년 개정된「중학교규정」의 교수상 주의사항 1항은 '국체의 본의'를 천명하는 것 외에 새롭게 '황국의 도'를 수련하여 국가에 충성을 다하여 교수하도록 교육의 목적을 제시하고 있다. 물론 여기에서 '황국의 도'는「중등학교령」에서 새롭게 명시된 교육 방침에 의한 것이다. 그

---

[80]「中學校規程」개정,『朝鮮總督府官報』, 1943.3.27.

리고 3항과 4항에서는, '황국의 도'는 세계대전의 확전에 따른 일본 제국주의의 침략적 전쟁 수행에 있으며, 이러한 국가적 과제에 대해 국민 개인이 자신의 책무로 자각하게 하고, 또 각자가 자신이 처한 위치에서 실천할 수 있도록 교수하는 데 주의할 것을 주문하고 있다.

이러한 교육 목적을 달성하기 위해, 교수상 주의사항 4항과 5항에서는 학행과 문무를 동시에 수련하도록 규정하고 있다. 물론 그것은 학교 교육에서 강건한 체력과 기력의 증진에 유의하도록 주문하는 것으로, 사실 학보다는 행에, 문보다는 무에 대한 강조로 이해된다. 이는 교육과정 편성에서 유도나 검도 등의 무도 과목 설치로 나타나게 된다. 그리고 교수상 주의사항 7항은 교육내용의 통일성을 주문하고 있는데, 이에 대해서는 그 이전부터 과목 간의 연결성을 강조해오고 있었다. 그러나 이번 「중학교규정」에서는 기존의 과목 중심이 아니라 교과군 체제로 교육과정을 개편하여 교육내용의 통일성을 도모하고 있는 점에서 특징적이라 할 수 있다. 그리고 7항에서는, '황국신민'의 연성은 학교 안에서만이 아니라 학교 밖에서도 이루어져야 한다고 주문한다. 이는 교육과정 편성에서 교과 외에 별도로 수련을 부과하는 것으로 구체화된다. 물론 이렇게 새로 설치된 수련과는 학생들의 학교 밖 활동인 근로보국대활동 등의 근로동원 시간으로 할애되는 것이었다.

한편, 조선의 「중학교규정」의 교수상 주의사항을 일본의 「중학교규정」과 비교 분석할 필요도 있다. 물론 두 규정은 사실상 거의 같은 내용으로 서술되어 있다. 차이가 있는 점은 특별히 조선의 교육에만 해당하는 내용으로서, '일시동인'이나 '내선일체' 등을 서술하는 2항은 조선의 「중학교규정」에만 나타나고 있다. 또한, 8항에서 일본어 교육의 중요성과 의의를 확인하고 있는 부분도 차이가 있는 점이라 할 수 있다. 그리고

6항에서 "그 지방의 주요 산업의 일반을 습득하게 하는 것"에 힘쓰도록 한 부분은 조선의 규정에만 나타나고 있다. 이것은 조선의 「중학교규정」에서 일본과는 다르게 실업 과목이 필수과목으로 규정된 것에서 기인한 것으로 이해된다. 이처럼 일본의 규정에 없는 별도의 항목이 추가되는 것 외에, 일본의 「중학교규정」에 나오는 '황국민'이 조선의 「중학교규정」에서는 모두 '황국신민'으로 대체되어 서술되고 있는 점에도 주목할 필요가 있다. 이러한 '황국신민'이라는 용어는, 물론 당시 일본 사회에서도 사용되고는 있었지만, 사실상 1938년 이후 조선의 통치정책과 교육 방침이 반영된 것으로 볼 수 있다.

이상과 같이, 1943년 「중학교규정」의 교육 목적은 '황국신민의 연성'에 있었던 것으로 요약될 수 있다. 이러한 교육 목적은 교육과정 편성과 각 교과의 교수요지로 구체화되어 서술된다.[81] 특히, 개정된 「중학교규정」은 교육과정을 구분하여, 교과와 함께 수련으로 나누고 있다(제2조). 교과는 기존의 과목들 가운데 연관성 높은 과목들을 몇 가지로 묶어 분류한 것이며, 수련은 교육과정에 포함되는 일종의 비교과 활동으로 이해할 수 있다.

〈표 8〉과 같이, 개정된 「중학교규정」의 교육과정은 수업연한이 1년 단축된 4년으로 편성되어 있으며, 그에 따라 학년의 주당 수업시간이 많이 증가했다. 1922년 「고등보통학교규정」에서는 5년 동안 160시간을 이수하도록 하였으나, 1943년의 「중학교규정」은 4년간 총 150시간으로 편제되어 있다. 그리고 개정된 「중학교규정」에서 교과는 국민과, 이수과(理數科), 체련과, 예능과, 실업과, 외국어과 등 7가지로 분류되어 있다.

---

81 「中學校規程」 개정, 『朝鮮總督府官報』, 1943.3.27.

〈표 8〉 중학교의 교과 편성 및 주당 교수시수(1943년)

교과		제1학년	제2학년	제3학년	제4학년
국민과	수신	1	1	2	2
	국어	5	5	5	5
	역사	3	3	3	3
	지리				
이수과	수학	4	4	4	5
	물상	4	4	6	5
	생물				
체련과	교련	3	3	3	3
	체조	4	4	3	3
	무도				
예능과	음악	1	1	3	3
	서도	1	1		
	도화	2	2		
	공작				
실업과		2	2	2(2)	2(2)
외국어과		4	4	(4)	(4)
수련		3	3	3(2)	3(2)
선택수업 총시수		37	37	38	38

출처:「中學校規程」(1943).
* 외국어를 선택 이수하지 않는 자에게는 실업과에 2시간, 수련에 2시간을 부가해야 한다. 수련에는 수업일수 가운데 30일을 부과한다.

국민과에는 수신, 국어, 역사, 지리 과목이 포함되며, 이수과는 수학, 물상, 생물 과목이 포함되고, 체련과는 교련, 체조, 무도 과목이 포함되며, 예능과는 음악, 서도, 도화, 공작 과목이 포함되었다. 그리고 수련은 매일의 일상 수련, 매주의 정시 수련, 학년 중 수시로 행하는 수련 등으로 구성되었다. 이렇게 개정된「중학교규정」은 과목이 아니라 교과 중심으로 교육과정을 편성하여, 특별히 규정한 과목들을 제외하고는 교과 내에서 과목들을 선택적으로 이수할 수 있도록 한 것이 중요한 특징이었다.

먼저, 국민과의 경우는, 일본 문화를 외국의 역사 및 지리와 비교하여 '국체의 본의'를 깨닫고 '국민정신의 함양'과 '황국의 사명'을 자각하여 실천하도록 하는 데 요지가 있었다. 이처럼 '황국신민 연성' 교육과정의 핵심 요체는 국민과라 할 수 있다. 그리고 이를 실현하기 위한 교과로서 체련과와 수련 등을 설치하여 보다 구체적으로 실천에 초점을 두고 있는 점에서 개정된 「중학교규정」의 특징이 나타나고 있다. 이로 인해 그 이전의 공민과 과목은 자연스럽게 폐지되었다.

체련과에는 체조 과목 외에 새롭게 교련 과목과 무도 과목이 포함되었다. 기존의 「중학교규정」에서도 교련과 무도는 교육과정에 포함되어 있었으나, 별도의 과목으로 설치되지 않고 체조 시간에 교수할 수 있도록 규정하고 있었다. 그런데 이번에 개정되면서, 필수 이수시간을 교련 과목에 할당했으며, 무도 과목도 별도로 설치하도록 변화되었다.

다음으로, 수련은 일반 교과와는 구별되는 일종의 비교과 활동으로서, '황국의 도'를 실천하기 위해 새롭게 설치된 교육과정이었다. 수련은 일반 교과와 나란히 배치되어, "진충보국의 정신을 발양시키고 헌신봉공의 실천력을 함양"하는 것을 요지로 한다. 이러한 수련은 매일의 일상적 수련, 매주의 정시 수련, 학년 중 수시 수련 등으로 구분되었다. 특히 수시로 부과하는 수련은 수업일수 가운데 약 30일을 할당하도록 규정하고 있다(제11조). 대개 이러한 중학교의 수련은 방학 중에 며칠씩 지속되는 근로보국대 활동에 참여하거나, 학기 중에도 공사현장이나 군수공장 등에서 노력 봉사하는 근로동원의 방식으로 진행되었다.

또한, 외국어 교과는 영어, 독어, 불어, 중국어, 말레이어 등을 가르칠 수 있도록 하였다. 당시 일본의 침략 전쟁이 동남아시아나 서태평양 일대로 확대되면서, 외국어 과목에 말레이어가 추가된 점도 인상적이다.

그러나 이러한 외국어과는 3학년과 4학년에서는 선택과목으로 운영되도록 하였다. 즉, 고학년에서 외국어과 시간은 실업 또는 수련 시간으로 할당할 수 있도록 규정한 것이다. 게다가 고학년에서 외국어과를 선택하더라도, 외국어과 수업시간은 전체 수업시간 가운데 기존의 19%에서 11% 비중으로 많이 축소되어 편제되었다.

이렇게 선택과목인 외국어 교과와 대비되어, 실업 교과는 여전히 필수과목으로 규정되어 있었다. 이는 1920년대 말부터 남자 고등보통교육에서 실업 과목의 비중이 재차 확대된 결과이기도 하다. 그리고 고학년에서 외국어 과목을 선택하지 않는 경우 해당 수업시간의 일부를 실업 과목에 할당하도록 하였다. 이처럼 실업 교과가 필수과목으로 지정된 것은 조선의「중학교규정」이 일본의「중학교규정」과 다른 점이라 할 수 있다.

한편, 개정된「중학교규정」에서는 조선어 과목이 사라지고 있는 점에도 주의를 기울일 필요가 있다. 1938년의「중학교규정」에서 이미 조선어 과목은 필수과목의 지위를 상실하였고, 다만 학교의 필요에 따라 설치 가능한 가설과목으로 규정되어 있었다. 그런데 이번 개정에서는 조선어 과목에 대한 어떠한 언급도 없었다. 다시 말해, 조선어 과목 자체가 중학교 교육과정에서 사라지게 된 것이다.

② 고등여학교와 실업학교의 교육과정

중학교와 마찬가지로, 1943년「조선교육령」개정과「중등학교령」제정에 따라「고등여학교규정」도 전면 개정되었다.[82] 새로운「고등여학교규정」은「중등학교령」에서 규정한 "황국의 도에 즉한 국민 연성 교육

---

[82] 「高等女學校規程」개정,『朝鮮總督府官報』, 1943.3.27.

의 취지에 충실"하도록 개정되었으며, 따라서 그 내용이 「중등학교 규정」과 크게 다르지 않았다. 다만, '황국신민'다운 책무와 덕조 등의 표현이 '황국여자'로서의 책무와 덕조 등으로 대체된 점에서 차이가 있었다(제1조). 즉, 「고등여학교규정」이 개정되면서 고등여학교의 교육 목적 등에 대한 교수상의 주의사항은 「중학교규정」과 한층 더 유사하게 서술되었다.

새로운 「고등여학교규정」의 특징은 교수상의 주의사항보다는 교육과정 편성 방식에서 더욱 분명하게 드러나고 있다. 교육과정 편성에서 교과와 수련으로 구분하는 방법은 「중학교규정」에서와 동일하였지만, 「고등여학교규정」은 교과를 다시 기본교과와 증과교과로 구분하는 점에서 차이가 있었다(제2조). 기본교과는 국민과, 이수과, 체련과, 예능과, 가정과, 실업과로 구성되며, 증과교과로는 가정과, 실업과, 외국어과가 지정되었다. 이렇게 별도로 분류된 증과교과는 기본교과에 더하여 선택적으로 부과할 수 있는 과목들이라 할 수 있다.

1943년 「고등여학교규정」에서 규정한 교육과정에서 가장 특징적인 점은 물론 가정과 교과에 있을 것이다. 가정과는 '황국여자'의 임무를 자각하게 하고 "가정의 책무를 습득시켜 근로의 습관을 배양하고 주부답고 어머니다운 덕조를 함양하는 것"을 요지로 하고 있다. 이처럼 고등여학교의 교육과정이 장래 '주부로서 어머니로서'의 역할에 초점을 두고 편성되고 있는 점은 기존 「고등학교규정」에서와 같은 맥락이라 할 수 있다. 나아가 개정된 「고등여학교규정」에서는 가정과 교과를 위해 가정, 육아, 보건, 피복 등 보다 세분화된 과목들을 설치하도록 편성한 점도 특징적이다.

이처럼 「고등여학교규정」의 교육과정에서는 가정과 교과가 높은 비

<표 9> 고등여학교의 교육과정과 주당 교수시수(1943년)

교과		제1학년	제2학년	제3학년	제4학년
국민과	수신	1	1	2	2
	국어	5	5	4	4
	역사	3	3	2	2
	지리				
이수과	수학	3	3	2	2
	물상	3	3	3	4
	생물				
가정과	가정	2	2	4	4
	육아				
	보건				
	피복	4	4	4	4
체련과	교련	4	4	4	4
	체조				
	무도				
예능과	음악	1	1	1	3
	서도	1	1	1	
	도화	2	2	2	
	공작				
실업과		1	1	1	1
기초과목에 충당할 시수		30	30	30	30
증과과목에 충당할 시수		3	3	4	4
수련		3	3	3	3
주당수업 총시수		36	36	37	37

출처: 「高等女學校規程」(1943).
* 증과교과는 가정과, 실업과, 외국어과로 한다. 수련에는 수업일수 가운데 30일을 부과한다.

중으로 편제되어 있어서 상대적으로 수학이나 물상·생물 등 이수과 교과의 비중이 작을 수밖에 없었다. 남자 대상의 「중학교규정」에서 이수과 비중은 전체 수업시간의 24%였지만, 「고등여학교규정」의 교육과정 편제에서 이수과 비중은 16%에 지나지 않았다. 물론 총 수업시수에서도 중학교에서는 이수과 교과를 4년간 총 36시간 이수하는 반면에, 고등여학교에서는 총 23시간만 교수하도록 편제되어 있었다. 외국어 교과의 비중 축소도 이러한 맥락에서 이해할 수 있다. 중학교와 달리,「고등여학교규정」은 외국어 교과에 대해서 증과교과, 즉 일종의 가설과목으로 분류하고 있었다.

이처럼 고등여학교에서 중학교와 다르게 교육과정이 편성된 이유는, 한편으로 고등보통교육을 실시하여 '황국신민'을 양성한다는 점에서 중학교와 같은 교육 목적을 공유하면서도, 다른 한편으로 '황국여자' 또는 '현모양처' 양성이라는 또 다른 교육 목적을 고수하기 때문이었다. 이러한 점은 물론 실업학교도 동일하게 나타나고 있다. 개정된「실업학교규정」은 '황국신민의 연성'을 위한「중학교규정」의 교수상 주의사항이나 각 교과의 교수요지 등을 공유하고 있다.[83] 그러나 실업학교 교육의 목적을 '산업에 종사하는 황국신민'에게 필요한 덕조와 식견 및 기능을 도야하는 것에 두는 점에서 중학교와는 차이가 있었다.

이처럼 중학교와 고등여학교, 실업학교는 동일한「중등학교령」에 따라 규율되는 중등교육기관이면서도, 각기 다른 교육 목적과 서로 다른 인재상을 규정하는 방식은 그대로 유지되고 있었다. 즉 중학교는 '국가 사회에 봉사하는 중견인물'의 양성을 목적으로 하며, 고등여학교는 '가정의 책임과 역할을 다하는 현모양처' 양성을 지향하고, 실업학교는 '산업보국의 신념을 지닌 실업가'의 양성을 추구하고 있었다. 이러한 인재상의 분류는 당시 사회 구성에 대한 교육 당국의 독특한 이해를 반영한

---

83 「實業學校規程」 개정,『朝鮮總督府官報』, 1943.3.27.

것으로 볼 수 있다. 다시 말해, 당시 사회 구성에 대한 국가적 필요로 복선형 중등교육 체제를 유지하기 위한 이념적 기초가 정당화되고 있었던 것이다.

2. 학생 평가제도

식민지 시기 학생에 대한 학교의 평가는 크게 성적고사와 인물고사로 구분할 수 있다. 성적고사는 학업 성취에 관한 평가 기록으로, 단지 교육과정의 이수만이 아니라 학업의 성취 결과에 대해 시험을 통해 고사하도록 한 것이다. 이러한 시험을 통한 고사 관행은 서열 위주로 석차를 산출하는 상대평가라는 특징을 갖는다.[84] 반면에, 인물고사는 학적부에 기록된 학생의 성품이나 태도 또는 특장점 등에 관한 관찰 평가를 말한다. 이러한 인물고사는 '개성조사', '성행조사' 등 다양한 이름으로 실시되었으며, 해당 학생이 상급학교로 진학하거나 취업할 때 중요한 전형자료로 활용되었다.[85] 이하에서는 학업성적 평가와 인물 평가로 나누어 식민지 시기 학생평가가 갖는 특징을 살펴보고자 한다.

---

[84] 백순근, 2003, 『일제강점기의 교육평가』, 교육과학사, 36쪽.

[85] 이경숙, 2007, 「모범인간의 탄생과 유통: 일제시대 학적부 분석」, 『한국교육』 34(2), 한국교육개발원, 229쪽.

1) 성적 평가

대한제국 시기 중등학교에서도 학생에 대한 평가 방법을 엄격하게 규정하고 있었다. 1906년 「고등학교령시행규칙」은 "평상의 성적과 시험의 성적을 고사"하여 각 학년의 수료 및 학과의 졸업 여부를 판단하도록 규정하였다.[86] 매 학기 말과 학년 말에 시험을 쳐 학업의 성취 정도를 판단하도록 하였고, 미흡한 경우에는 해당 학생의 진급이나 졸업을 허락하지 않을 수 있었다. 성적고사는 10점 만점으로 평가하여, 각 교과목 성적이 최소 4점 이상이고 전체 평균이 6점 이상이면 진급할 수 있도록 하였다. 당시 학생에 대한 평가는 진급과 졸업을 인정하기 위한 학생 개인의 학업 성취도 평가에 초점이 놓여 있었다.

일제 강점 이후에도 평소 성적과 시험 성적을 통해 학업성적을 고사하여 진급 및 졸업 여부를 판단하도록 한 규정은 그대로 유지되었다. 그러나 구체적인 평가 방법과 기록 방법은 통일되지 않았고, 학교마다 다양한 방식을 도입했다. 이로 인해, 1910년대에는 10점 만점제, 100점 만점제, 또는 갑·을·병 평어제 등 교과목을 평가하는 방법이 학교마다 달랐다. 그런데 각 중등학교는 점차 학생의 학업 성취에 대해 상대적인 수준도 함께 기록하기 시작하였다. 경성고등보통학교는 1922년부터, 경성여자고등보통학교는 1913년부터, 그리고 배재고등보통학교는 1916년부터 학업성적의 학년 석차를 기재하기 시작한 것이다.[87] 중등교육에서 학업성적에 대한 상대평가 문화는 1910년대를 지나며 형성된

---

86 「고등학교령시행규칙」, 『관보』, 1906.9.3.
87 백순근, 2003, 앞의 책, 50-51쪽.

것으로 이해할 수 있다.

학생의 학업성적에 대해 평소 성적과 시험 성적으로 고사하는 규정은 1920년대와 1930년대에도 큰 변화 없이 계속되었다. 여전히 구체적인 평가 방법은 학교장의 재량에 따라 학교마다 차이가 있었다. 그러나 1940년대 이르면 학업성적을 평가하는 방법에서 큰 변화가 일어난다. 각 과목에 대해 100점 만점으로 수치화된 점수로 평가하는 방법은 폐지되고, 1943년도부터는 우·량·가 등의 평어를 부여하는 방식으로 변경된 것이다. 이에 따라, 학년 말의 성적에서도 총점 또는 평균 점수를 산출할 수 없었으며, 석차 기록도 구체적인 순위를 매길 수가 없었다. 즉, 학년 말 학업성적의 석차는 총원에 대비하여 크게 상·중·하 등으로 기재했다.[88]

그러나 학업성적을 평어로 기록할 때도, 학업성적 석차를 단지 상·중·하라는 3단 척도로만 표시한 것은 아니었다는 점에 주의해야 한다. 실제로 전주고등보통학교 학생들의 1944년도 학업성적과 석차 기록을 분석해보면, 변경된 방침에 따라 재학생 총원 130명 가운데 41명에게 '상'(32%), 52명에게 '중'(40%), 37명에게 '하'(28%)의 석차를 부여했다. 그러나 학업성적 우수 집단인 '상'에서는, 이를 다시 세분하여 '상의 상', '상의 중', 그리고 '상의 하'로 기록하고 있었다. 즉, 학업성적 석차를 상·중·하의 3단 척도로 표시하는 방법은 성적 우수자를 세분화하기 위하여 사실상 9단 척도 방식이 응용되고 있었다. 더구나 성적 최우수자에게는 상·중·하 외에도 별도로 '특'의 석차를 부여하고 있었다. 이처럼 고등보통학교의 학업성적 기록은 상·중·하라는 평어를 부여하면서도, 학업성

---

88 「전주고등보통학교 학적부」(1940년 입학~1945년 졸업).

적이 우수한 상위 집단에 대해서는 보다 세분화된 기재 방식을 채택하고 있었다.

이처럼 식민지 시기 말기에 이르면, 고등보통학교의 성적 평가는 지나친 점수 경쟁과 순위 경쟁을 완화하기 위해 우·량·가 또는 상·중·하 등의 대략적인 평어로 평가하는 방식을 지향하고 있었다. 그러나 중등학교의 최종 성적은 상급학교 진학이나 취업에서 중요한 전형 자료로 활용되었기 때문에 학생들 간의 성적 순위를 산출하지 않을 수 없었다. 이를 위해서 보다 세분화된 등급으로 표기하는 우회적인 방법이 동원되었다. 특히 성적 상위집단은 학업성적에 대한 평어 또는 등급의 표시 방법을 더욱 세분하여 표시하는 방법을 채택하고 있었다.

이러한 고등보통학교와는 다르게, 여학교에서는 1940년대에 다소 독특한 성적 산출 방식을 도입하기도 하였다. 예를 들어, 군산고등여학교는 1939년도 입학생부터 최종 성적 및 석차 산출에서 학업성적 외에도 조행과 체위에 관한 평가 점수를 반영하기 시작하였다.[89] 전체 학과목 시험 결과의 평균 점수와 조행 점수, 체위 점수 등 3영역에 동등한 비중을 두어 평가한 것이다. 조행 점수는 규정실행과 일반행위로 구분하여 각각 점수로 평가한 뒤 이를 평균하여 산출하였다. 그리고 체위 점수는 발육, 체조, 경기(競技)조사, 특기 등 네 가지로 평가한 점수를 다시 평균한 점수였다. 군산고등여학교는 이렇게 학업, 조행, 체위에 관한 평가 점수를 합계하여 각 학생에 대한 최종 석차를 부여하였다.

〈표 10〉과 같이, 군산고등여학교에서는 학업, 조행, 체위 점수를 동등한 비중으로 평가하여 학생의 성적을 산출하고 있었다. 이처럼 최종

---

89 「군산고등여학교 학적부」(1939년 입학~1943년 졸업).

〈표 10〉 군산고등여학교의 성적과 석차 산출 방식

학업				조행			체위					평균합계	판정	재적수	석차
수신	공민	…	계	평균	규정실행	일반행위	계	평균	발육	체조	경기조사	특기	계	평균				
72	72	…	1370	81	97	87	184	92	100	99	90	97	393	98	271	급	105	19

출처: 군산고등여학교 학적부(1939년 입학~1943년 졸업).

성적 산출에서 학업성적 외에 조행 점수와 체위 점수를 반영하는 경우, 그리고 조행 및 체위 점수의 비중을 높게 설정한다면, 최종 학년의 석차에서 학업성적과 큰 차이가 발생할 수 있다. 〈표 10〉에서 예로 든 학생의 경우, 각 학과목 시험 결과에 따른 학업성적의 석차는 총원 105명 가운데 48등이었지만, 조행과 체위 점수를 반영한 최종 석차는 19등이었다. 이처럼 군산고등여학교 학생들 대부분의 성적표에서 학업성적의 석차와 최종 석차 간의 차이가 매우 크게 나타났다. 최종 학년의 석차 산출에서 각 학과목 시험 점수인 학업성적과 함께 조행 점수와 체위 점수도 동등한 영향을 미치게 되는 것이다.

그런데 학생의 성적 평가에서 조행 점수와 체위 점수가 갖는 성격에 관해 주목할 필요가 있다. 체위 점수는 발육 상태나 운동능력 등을 평가하는 것이므로, 사실상 타고난 신체적 조건으로부터 영향을 받을 가능성이 크다. 비록 후천적으로 노력한다고 하더라도 단기간의 성취를 기대하기는 어려웠을 것이다. 또한, 조행 점수는 규정 준수 여부나 평소의 행실에 대해 평가한 것으로 보인다. 다시 말해, 조행 평가는 평가자의 주관적인 판단이 개입될 개연성이 매우 높았다. 사실 수원고등여학교의 사례를 보면, 조행 평가 점수는 학업성적과 매우 높은 상관관계가 있었다.[90] 더구나 조행 평가가 갖는 더 큰 문제는 학생의 출신 민족에 따라 평가자의 차별적인 시선이 개입된다는 점에 있다. 즉, 조선인과 일본인이 공학했던 수원고등여학교에서 조선인 학생들은 일본인 학생들과 비교해 평균적으로 낮은 조행 점수를 받고 있었다.

한편, 학생의 성적 평가와 관련하여, 실업학교는 그 종류나 학교에 따라서 매우 다양한 성적 산출 방식을 채택하고 있는 점도 주목된다. 물론 상업학교는 고등보통학교와 거의 유사한 방법으로 학생의 최종 성적을 산출하였다. 예를 들어, 대구상업학교는 조행 점수와 실습 점수를 학업성적 산출 과정에 포함시키지 않았으며, 학년 말 성적은 전체 학과목 시험 점수를 단순 평균하여 산출하였다.[91] 이처럼 상업학교는 고등보통학교와 유사한 방법으로 학생의 최종 성적과 석차를 작성하였지만, 농업학교나 공업학교는 전혀 다른 방식을 적용하고 있었다.

먼저, 경성공업학교의 최종 성적 산출 과정은 다소 독특했다.[92] 조행 점수는 최종 성적 산출에 반영되지 않았으나, 실습 점수는 전체 학과목 시험 점수 평균의 절반 정도로 가중치가 높게 부여되었다. 다시 말하면, 보통과목과 전공과목을 포함한 전체 학과목의 시험 점수는 실습 점수의 2배에 해당하는 가중치가 부여되어 총점에 반영되었다. 그리고 이러한 총점의 20% 비중으로 학생의 출결 상황을 점수로 환산하여 최종 성적을 산출했다. 출석 점수를 최종 성적 산출에 반영하는 경성공업학교의

---

90 김명숙, 2014, 「1943~1945년 수원공립고등여학교 학적부 분석: 일제 강점기 한일 공학의 특징을 중심으로」, 『한국사상과 문화』 제73집, 175-180쪽.
91 「대구상업학교 학적부」(1935년도 졸업).
92 「경성공업학교 학적부」(1920년도 졸업).

성적 산출 방법은 당시로서도 찾아보기 어려운 매운 드문 경우였다.

또한, 농업학교 가운데 대표적인 대구농림학교는 비교적 이른 시기부터 학생의 성적 산출에서 조행 점수와 실습 점수를 비중 있게 반영한 경우라 할 수 있다.[93] 보통과목의 시험 점수, 전공과목의 시험 점수, 실습 점수, 조행 점수 등 네 가지 영역에 동등한 중요도를 부여하였고, 이를 합산하여 학년 말 성적과 석차를 산출하였다. 당시 실업학교들은 물론 실습 점수를 최종 성적에 반영하고 있었다. 그러나 대구농림학교는 학생에 대한 품성 평가라 할 수 있는 조행 점수도 최종 성적 산출에 포함시켜 높은 가중치를 부여했다.

또 다른 농업학교인 이리농림학교는 대구농림학교보다 최종 성적 산출에서 조행 점수에 더 큰 가중치를 부여한 경우라 할 수 있다.[94] 보통과목과 전공과목 시험 점수를 모두 합하여 학과목 시험의 평균 점수를 산출하고, 이와 동등한 비중으로 각각 실습 점수와 조행 점수를 합하여 세 영역의 총합점을 구하고 있다. 이리농림학교는 이러한 세 영역의 총합점에 기초하여 개인별로 학년 말 최종 성적을 표시하고 석차를 매기는 방식이었다. 즉, 학업성적 산출에서 실습 점수와 조행 점수는 모든 학과목의 시험 점수를 합한 것과 동등한 정도의 가중치가 부여되었다.

이처럼 실업학교들은 대체로 실습 점수와 조행 점수를 최종 성적에 포함시키고 높은 가중치를 부여하고 있었다. 그러나 앞서 여학교에서 살펴본 것처럼, 특히 조행 점수는 평가자의 주관적 판단이 개입될 개연성이 컸고, 대부분의 일본인 교원들은 조선인 학생에 대해 차별적인 시선

---

93 「대구농림학교 학적부」(1913, 1914년도 졸업).
94 「이리농림학교 학적부」(1936년도 졸업).

으로 평가하는 경향이 있었다. 당시 실업학교는 조선인 학생과 일본인 학생이 공학하는 경우가 많았으므로, 이러한 민족 차별적인 조행 평가 관행은 조선인 학생들의 반발을 불러오는 경우가 많았다. 예를 들어, 대구상업학교에서 식민지 시기 후반에 조행 점수를 성적 산출에 포함하기 시작하면서, 조선인 학생들은 이에 대해 큰 불만을 표출하고 있었다.[95] 일본인 교원들의 조행 평가 결과는 조선인 학생들에 대해 "지독히 편파적이며 차별적인 성적 평가"였던 것으로 이해되었기 때문이었다. 대구상업학교의 이러한 민족 차별적인 성적 평가 방법과 학사 행정은 조선인 학생들의 민족의식을 자극하게 되었고, 급기야 1943년 학생비밀결사조직인 '태극단 사건'으로 이어지기도 하였다.[96]

그런데 조행 점수만이 아니라 실습 점수도 조선인 학생들에게 매우 불리하게 평가되는 경향이 있었다. 이리농림학교의 예를 들면, 기존에 학과목 시험 점수, 실습 점수, 조행 점수 세 영역을 모두 균등한 비율로 최종 성적에 반영하다가, 1939년도부터는 조행 점수를 제외하고 학과목 점수와 실습 점수만으로 성적을 산출하기 시작하였다.[97] 즉, 실습 점수는 모든 학과목의 시험 점수와 동등한 비중을 갖게 된 것이다. 이렇게 성적 산출 방식을 변경한 결과, 1학년 때 성적은 조선인 학생들이 일본인 학생들에 비해 월등히 높았지만, 졸업 학년으로 갈수록 그 격차가 크게 줄어들었다. 일본인 학생들의 실습 점수가 조선인 학생들에 비해 높게 부여되고 있었기 때문이다.

---

95 대구상업고등학교 오십년사 편찬회, 1973, 『대상오십년사』, 228쪽.
96 조춘호, 2001, 『태극단학생독립운동』, 대구상업정보고등학교 총동창회.
97 「이리농림학교 학적부」(수의축산과, 1941년 졸업생).

이처럼 식민지 시기 중등학교의 성적 평가에서는 학과목의 시험 점수만이 아니라 학생의 생활태도 등에 대한 평가 점수도 반영하려는 경향이 나타나고 있었다. 그러나 그 효과는 전혀 다른 결과로 이어지기도 하였다. 즉, 조행 점수와 실습 점수 등은 평가자의 주관적인 판단이 개입될 개연성이 높았고, 당시 중등학교 교원은 대부분이 일본인이었기 때문에, 일본인 학생에 비해 조선인 학생에게 매우 불리한 평가가 이루어지기도 하였다. 이러한 성적 평가 방법과 학사 관행은 조선인 학생들이 민족적 차별을 일상에서 경험하는 계기가 되었고, 때로는 집단적 행동을 일으키며 식민지 교육에 대한 저항으로 발전하기도 하였다.

2) 인물 평가

식민지 시기에는 학생의 학업성적 외에도 학생의 인물됨에 대해서도 평가하여 기록하고 있었다. 학생의 인물 평가는 '개성조사', '성행조사', '인물고사' 등 학교마다 각기 다른 이름을 사용하고 있었다. 평가 방식도 매우 다양하여, 서술형 문장으로 학생에 대한 개략적인 총평을 기술하거나, 주요 항목을 나누고 몇 가지 평가적인 용어를 활용하여 기록하는 방식 등이 채택되기도 하였다. 평가 내용은 더욱 다양하여, 성품이나 태도, 언어행동의 특징, 사상 경향, 근태, 장·단점, 징계 및 상벌, 학생회나 특별활동, 특기 사항 등 학생 생활의 다양한 측면에 대한 관찰 결과를 기록했다.

이러한 학생의 인물 평가는 학적부의 주요 기재사항이었다. 학적부는 오늘날의 학교생활기록부에 해당하는 것으로, 당시에도 작성과 보존이 법령에 따라 의무화되어 있었다. 특히 1922년부터는 학적부 기재 사항도 세부적으로 규정하여, 학생의 신상정보를 비롯하여 부모의 재산 정도, 가족 사항, 학사 변동 등을 기록하도록 하였다.[98] 학적부의 보존기간도 고등보통학교는 15년 이상, 여자고등보통학교와 실업학교는 10년 이상으로 규정하였다. 또한, 학적부 외에도 학교에서 작성하여 비치해야 하는 학생에 대한 기록은 출석부, 성적표, 신체검사표 등이 있었다. 이러한 학교 기록들은 통일적인 양식이 존재하지 않았기 때문에 학교마다 적절한 양식을 마련하여 작성하였다. 대부분 학교에서는 학적부의 앞면에 법령이 규정한 학생의 개인 정보를 기록하고, 뒷면을 활용하여 학업성적표, 신체검사표, 인물고사표 등을 작성하는 것이 일반적이었다. 이러한 학적부 기록의 인물고사표는 '소견표' 또는 '성행증명서'라는 이름의 인물 평가 서류로 재작성되어 학생의 진학이나 취업 과정에서 중요한 전형 자료로 활용되었다.

그런데 식민지 시기 학생들에 대한 인물 평가의 주체는 대부분 일본인 교원이라는 사실에 주목할 필요가 있다. 당시 중등학교 교사들은 조선어 과목을 담당하는 소수의 조선인을 제외하고 전원 일본인이었다. 즉, 식민지 시기 인물 평가는 일본인 교원이 평가한 조선인 학생들에 대한 관찰 기록이라 할 수 있다. 또한, 인물 평가는 속성상 평가 주체의 주관적인 판단이 크게 개입될 수밖에 없다는 점에도 유의해야 한다. 예를 들어, 당시 인물 평가 용어로 자주 등장했던 "고집이 세다"는 부정적인 평가나 "진취적이고 대담하다"는 긍정적인 평가 사이의 선택은 순전히 평가 주체의 인상에 따라 결정되는 것이었다. 그렇다면, 당시 인물 평가

---

98 「高等普通學校規程」, 『朝鮮總督府官報』, 1922.2.20; 「女子高等普通學校規程」, 『朝鮮總督府官報』, 1922.2.27; 「實業學校規程」, 『朝鮮總督府官報』, 1922.2.25.

기록은 평가 대상자에 대한 인물 정보로서 갖는 의미보다는 오히려 평가 주체자의 관찰 시선이 어떠한지를 보여준다는 점에서 더욱 큰 의미가 있을 것이다.

다음으로 중등학교에서 학생들에 대한 인물 평가가 실제로 어떻게 이루어지고 있었는지 살펴보고, 인물 평가 과정에 영향을 미친 요인들은 무엇인지, 그리고 평가 결과는 어떻게 활용되고 있었는지를 검토해 보도록 하자.

(1) 고등보통학교의 인물 평가

고등보통학교의 인물 평가 방식은 다음과 같은 세 가지 방식 가운데 하나를 채택하였다. 첫째, 학생의 인물됨에 관해 포괄적으로 평가하여 개략적으로 기술하는 방식이었다. 이러한 개평 서술 방식에서는 평가 항목이 정해져 있지 않았고, 기술하는 방식도 제각각이었기 때문에, 인물 평가 결과도 통일되지 못하고 평가자에 따라 매우 다양하게 나타났다. 둘째, 평가 영역이나 평가 항목들을 세분하여 자유 기술하는 방식이었다. 그러나 각각의 세부 항목에 대한 평가 방식이 정해진 것은 아니었기 때문에 서술형 문장으로 기술하거나 주요한 평어만을 써넣는 등 여전히 평가자마다 각기 다른 기록 방식이 나타나고 있었다. 셋째, 기존의 자유 기술 방식이 아니라 평어 선택 방식을 채택하는 때도 있었다. 평가 항목마다 몇 개의 평어가 예시되어 인쇄된 양식을 마련하여, 평가자에 해당하는 것을 선택하여 표시하는 방식이었다. 이 경우에는 평가자의 자유가 제약되기는 하였으나 인물 평가 기록에서 통일성을 기할 수 있었고, 아울러 평가자의 수고를 덜어주는 효과도 함께 기대할 수 있었다.

이처럼 고등보통학교의 인물 평가 방식은 개평 서술 방식, 항목별 자유 기술 방식, 평어 선택 방식 등으로 분류할 수 있지만, 학교마다 평가 방식은 매우 다양하게 나타났다. 각 학교에서도 학적부 양식이 변경되면서, 시기마다 학생들에 대한 인물 평가 방식도 함께 변하고 있었다. 그런데 전주고등보통학교의 인물 평가 기록은 이처럼 다양한 인물 평가 방식이 모두 나타나고 있다. 시대별로 인물 평가 방식이 변경되면서, 각각의 특징을 모두 보여주는 전형적인 예라 할 수 있다.

전주고등보통학교는 식민지 시기 조선인 대상의 대표적인 중등교육기관으로서, 당시에는 '전주고보', '전고', '북중' 등의 이름으로 불리고 있었다. 전주고등보통학교는 3·1운동의 여파가 아직 가시지 않았던 1919년 6월에 4년제 교육과정으로 개교하였다.[99] 당시 전국에 세워진 관공립 고등보통학교는 경성과 평양, 대구, 함흥에 4개교만이 있었던 만큼 전주고등보통학교는 오랜 전통의 설립 역사를 가진 학교였다. 이후 전주고등보통학교는 1922년도부터 수업연한이 5년으로 연장되었고, 1938년도부터는 고등보통학교라는 명칭도 일본인 학교와 동일하게 중학교로 통일되었다.[100] 이로 인해 전주고등보통학교는 '전주북공립중학교'로 개칭되었고, 해방 이후에는 중학교와 고등학교가 분리되어 오늘날의 전주고등학교로 이어졌다.

이처럼 식민지 시기 대표적인 중등학교였던 전주고등보통학교의 학생에 대한 인물 평가 방식은 크게 세 차례 변화하며 각각의 특징이 그대로 드러났다. 학교 설립 초창기에는 학생의 인물됨을 개평 서술하는 방식을 채택했다. 이후 1930년대에는 평가 항목을 세분화하여 자유롭

---

99   전주고등학교·전주북중학교총동창회, 1999, 『전고·북중80년사』, 81쪽.
100 『朝鮮總督府官報』, 1938.4.1.

게 기술하는 방식으로 변경되었다. 그리고 1940년대에는 자유 기술 방식이 아니라 제시된 평어 가운데 선택 표시하는 방식으로 변화했다. 이러한 인물 평가 방식에 대해 더 자세하게 살펴볼 필요가 있다.

① 개평 서술 방식

1919년 전주고등보통학교가 개교할 당시의 학적부 양식은 매우 단순한 형태였다. 학적부 앞면에서는 학생의 개인정보, 호주와 보증인 정보, 가족 구성원이나 자산 상황 등을 기록하였다. 그리고 학적부 뒷면은 〈학업 근타 및 성행〉과 〈체격검사〉 항목으로 구성되어 있었다. '학업'에는 각 학년의 학기마다 모든 학과목의 시험 성적과 석차를 기록했다. '성행'은 상벌 내역과 성행사정평 등으로 나누어 간략하게 기술하도록 하였으며, '근타'에 대한 평가는 결석 또는 지각 일수를 기록하였다.

이후 전주고등보통학교의 학적부는 1926년에 새로운 양식으로 변경되었다. 전체적인 틀에서 큰 변화는 없었지만, 〈성행〉조사에서 더 세부

〈표 11〉 1920년대 인물 평가: 개평 서술 방식

		성행	운동 및 동작	기타	상벌
성행	1학년	온순. 품행 바름. 타인으로부터 사랑받는 편	기민		맹휴로 인해 정학
	2학년	온량. 정직. 초월적 태도를 지님.	운동(축구)을 좋아함.	부친 사망 후 가정적으로 도움받지 못하여 고학의 뜻 있음.	개근상
	3학년	온량			개근
	4학년	온량	축구를 즐김.	1학년생 집에서 하숙하며 가정교사가 됨.	
	5학년	온순. 정직	축구선수		개근

출처: 전주고등보통학교 학적부(1926년 입학~1931년 졸업).

적인 항목으로 구분하여 '성행', '운동 및 동작', '기타', '상벌' 등을 평가하여 기록하도록 하였다. 그러나 '성행' 항목은 학생의 인물됨에 대한 포괄적인 인상을 기록하였기 때문에, 평가자에 따라 관심을 두는 범주나 기술 형식 등이 제각각이었다. 〈표 11〉은 이러한 개평 서술 방식으로 학생의 인물됨을 평가한 실제 사례이다.

〈표 11〉에서 알 수 있듯이, 학적부의 인물 평가라 할 수 있는 〈성행〉 조사는 학생의 다양한 측면에 대한 관찰 결과를 개평하여 서술하고 있다. 특히 '성행' 항목은 학생의 성격이나 태도 등에서 평가 범주나 방식이 별도로 정해져 있지 않아서 매우 다양한 방식으로 기술되고 있다. "온순", "온량", "정직" 등과 같이 대체로 두 글자의 한자어 덕목들을 나열하는 경우가 많았지만, 평가자에 따라서는 "초월적 태도를 지님" 또는 "타인으로부터 사랑받는 편" 등과 같은 모호한 서술도 자주 등장했다.

한편, 위 인물 평가 사례에서 1학년 시기의 '상벌' 항목에 "맹휴로 인해 정학"되었다는 기록에도 주목할 필요가 있다. 사실 1920년대는 학생운동이 매우 활발하게 전개된 시기였으며, 진주고등보통학교 역시 내년 수업거부나 동맹휴학(맹휴) 등의 집단행동이 끊이지 않았다. 이러한 학생들의 집단행동 이후에는 정학이나 퇴학 등 대규모 징계로 이어져 졸업생 수가 입학생 수보다 크게 줄어드는 경우도 많았다. 〈표 11〉에 예시된 학생이 재학했던 시기에도 전주고등보통학교에서는 집단행동이 속출하였고, 특히 1929년도와 1930년도에는 광주학생운동의 여파로 대규모 징계 사태가 이어졌다. 이로 인해, 1931년 및 1932년도 2개년 동안의 졸업생은 모두 합쳐 69명에 불과하였다. 이들이 입학할 당시의 정원 200명과 비교할 때, 당시의 가혹했던 학생 징계 상황을 충분히 짐작할 수 있을 것이다. 이러한 사실을 고려한다면, 당시 일본인 교원들은

〈성행〉조사라는 명목으로 "맹휴로 인해 정학" 등을 기록하여, 1학년 시기부터 조선인 학생들의 사상 동향을 관찰하고 관리하고자 했던 것으로 이해할 수 있다.

이러한 평가 기록은 비단 위에서 예를 든 학생에게서만 나타나는 것은 아니었다. 당시 졸업생 69명의 1학년 때 '성행' 항목에는 모두 147건의 평가 내용이 기록되어 있었는데,[101] 그 가운데 부정적인 의미의 평가는 27건으로 18% 비중이었다. 여기에는 물론 "장난스럽다"거나 "다변" 등의 평가들도 포함되어 있었으나, "인순(因循)", "사상 위험", "민족 관념이 강함", "불평가(不平家)" 등의 평가들에 대해 주목할 필요가 있다. 특히 "인순"이라는 말은 과거의 폐습에 얽매여 있다는 뜻으로, 당시 조선인 학생들에 대한 부정적 의미의 평가로 자주 사용되던 용어였다. 그렇다면, 도대체 당시 교사들은 학생들의 어떤 모습에 대해 "인순"이라거나 "불평가" 등의 부정적인 평어를 사용하여 기록해두고자 하였는가?

당시 평가 주체는 일본인 교사였고 평가 대상은 조선인 학생이었다는 사실을 고려하지 않을 수 없을 것이다. 전주고등보통학교에서는 일본인 교사를 배척하거나 식민지 교육의 폐지를 주장하는 학생운동이 고조되어 있었다. 이러한 조건이라면, 조선인 학생에 대한 일본인 교원의 시선에서 민족적 편견을 지적하지 않을 수 없을 것이다. 일본에 강점된 조선의 현실과 식민지 정책에 대해 비판하는 학생은 "불평가"라거나 "사상이 위험하다"고 평가될 것이며, 조선 문화를 고집하고 조선어를 사용한다면 "민족 관념이 강하다"고 평가될 것이고, 지난날 자주국이었던 조선의 역사에 자부심을 느끼는 태도는 과거 지향적인 "인순"으로 평가되

---

101 「전주고등보통학교 학적부」(1926년 입학~1931년 졸업).

었을 것으로 이해해도 무리는 아니었다. 이후에도 계속해서 살펴볼 것이지만, 이러한 평가 용어들은 사실 조선인 학생에 대해서만 기록되고 있었다.

② 항목별 자유 기술 방식

1932년도부터 전주고등보통학교의 학적부 양식은 다시 한번 크게 변경되었다. 이번에도 큰 변화는 학적부의 뒷면에 있었으며, 기존의 〈성행〉조사가 〈개성조사〉라는 이름으로 변경되었다. 명칭 변경만이 아니라 조사 항목과 기록 방식도 크게 변경되어 인물 평가 방식에 많은 변화가 나타났다.

기존 〈성행〉조사에서는 '성행', '운동 및 동작', '기타', '상벌' 등 4개의 평가 항목으로 구성되어 있었으나, 변경된 양식의 〈개성조사〉에서는 '심지(心智)', '거지(擧止)', '근태(勤怠)', '성실(誠實)', '지조(志操)', '협동(協同)', '통솔(統率)', '언동(言動)', '사상(思想)', '상벌(賞罰)', '인병(人柄)', '장소(長所)·단소(短所)', '취미·특기·억원·신수 기타 참고사항' 등 총 13개 평가 항목으로 더욱 세분되었다.[102] 그리고 새로운 〈개성조사〉의 기록 방식은 각 항목에 대해 자유롭게 기술하는 방식이었지만, 항목에 따라 다소 차이가 있었다. 기존의 '성행' 항목을 대체한 새로운 '인병(人柄, 인물됨)' 항목은 완전히 자유롭게 기술하였다면, 그 외의 항목들은 대체로 몇 가지로 척도화된 평어를 활용하여 기록하기도 하였다. 예를 들어, "극히 상품", "상품", "보통" "조야" 등과 같이 서열적 의미로 척도화된 평어를 활용하여 기술하는 방식이었다.

---

102 「전주고등보통학교 학적부」(1932년 입학).

〈개성조사〉에서 '심지' 항목은 다시 주의(注意), 판단(判斷), 지속(遲速)의 세 가지 내용으로 구분하여 평가하였다. 주의는 "주밀"한지 또는 "산만"한지, 판단의 경우는 "정확"한지 아닌지, 그리고 지속은 "신속" 또는 "노둔" 여부를 평가하였다. 다음으로, '거지' 항목은 외모 등 전체적인 몸가짐을 평가하여 "상품" 또는 "조야" 등으로 기술하였다. 그리고 '근태' 항목은 근면한지에 대하여 "각근", "근면", "태만" 등으로 평가하였다. 또한, '성실' 항목은 대체로 "정직"한지 또는 "표리"부동한지를 평가하였으며, '지조' 항목은 "뇌동" 또는 "견고" 여부를 기술했다. 그리고 '협동'과 '통솔' 항목은 각각 "협동심"과 "지도력" 여부가 평가되었다. 또한, '언동' 항목은 언어에 대해 "명료" 또는 "명석" 여부로, 동작은 "활발"이나 "민활" 여부를 평가하였다. 그리고 '사상' 항목에서는 "온건"이나 "건전"한지 아닌지로 평가되었으며, 그렇지 못한 경우에는 "요주의" 등으로 기록되었다. 또한 '상벌' 항목은 우등상·개근상 등의 수상 내역이나 근신·정학·퇴학 등 징계 내역이 기록되었다. 이외에도 특별한 장단점을 서술하는 '장단(長·短)' 항목이 있었으나 기록된 사례는 매우 적었으며, '기타' 항목에 취미나 운동 또는 급장 활동 여부를 기록하는 경우가 많았다.

〈표 12〉 전주고등보통학교의 인병(人柄) 항목의 평어 및 빈도

긍정적 평어(131건)						부정적 평어(13건)			
평어	빈도	평어	빈도	평어	빈도	평어	빈도	평어	빈도
온순	34	준민	7	진취	2	인순	3	경솔	1
온아	18	과묵	10	대담	2	교활	3	경박	1
순진	12	담백	5	관용	3	강정	2	다변	1
실직	27	쾌활	10	이지적	1	협량	1	고독적	1

출처: 전주고등보통학교 학적부(1938년 입학~1943년 졸업). 총 84명.

끝으로, '인병(人柄)' 항목은 인물됨 또는 인품에 대한 평가로 이해할 수 있다. 전주고등보통학교의 교사들은 학생의 '인병' 평가를 위해 다양한 평어들을 활용하였으나, 대체로 "온아", "온순", "순진", "실직" 등과 같은 평어 한두 가지를 기술하고 있었다. 사실 이러한 평어들로 기록되는 '인병' 항목은 다른 학교에서는 일반적으로 '성행 평가'라는 이름으로 실시되고 있었다. 〈표 12〉는 실제로 학생들의 '인병'을 평가하기 위해 부여했던 평어들의 등장 빈도에 관한 것이다.

1943년도 졸업생의 1학년 때 〈개성조사〉 '인병' 항목에는 학생마다 1~3개의 평어가 부여되었다. 이러한 평어들을 분류하면, 긍정적 의미의 평어가 91%(131건)였고, 부정적 의미의 평어는 9%(13건)였다. 이 가운데 긍정적 의미로 이해되는 "온순", "온아", "순진" 등의 평어는 총 64건으로 가장 많이 활용되고 있었다. 사실 온순, 온아, 온화, 온량, 온후, 순진 등은 당시 다른 학교의 인물 평가에서도 가장 많이 등장하는 용어였다. 전주고등보통학교에서는 약 65%(55명)의 학생들에게 이러한 평어를 부여하고 있었다. 반면에, 부정적으로 평가했던 용어를 보면, "인순", "교활", "강정", "경박", "다변", "협량", "경솔", "고독적" 등이 기록되었다. 이렇게 전주고등보통학교에서 학생들의 인품을 평가했던 '인병' 항목에는 약 20여 개의 평어가 동원되었다. 그렇다면 당시 교사들은 이렇게 다양한 평어들 가운데 어떤 기준으로 해당 학생에게 가장 적합한 평어를 선택하여 기록하였을까?

사실 당시 학생들의 인품을 평가하기 위한 위의 용어들이 서로 의미가 명확하게 구별될 수 있는지 매우 의문이다. 여러 평가 기록의 예를 종합하면, "인순"은 "진취"와 대립하고, "교활"은 "순진"과 대립하며, "강정"은 "온순"과 대립하고, "협량"은 "관용"과 대립하며, "경솔"·"경박"은 "실직"과 대립하고, "다변"은 "과묵"과 대립하며, "고독적"은 "사교적"이라는 말과 대립하여 사용되고 있었다. 그러나 문제는 이러한 평어들이 어느 학생의 태도나 성격을 설명하는 데 얼마나 배타적인 범주로 구별되는가 하는 점에 있다. 예를 들어, 어떤 학생이 "진취"적이지 못하여 "인순"으로 평가될 수 있지만, 다른 범주에서는 긍정적인 "온순"함을 의미할 수도 있다. 또는, 어떤 학생이 "온순"하지 않다는 점에서 "강정"으로 평가할 수 있지만, 다른 범주로는 긍정적인 의미에서 "대담"하다고 평가할 수 있는 것이다. 실제로 평가 결과들을 보면, 같은 학생에게 "인순"과 "온순"이 함께 부여되거나, "강정"과 "대담"이 병기된 때도 있으며, 또는 "다변"과 "쾌활"이 동시에 부여된 경우를 어렵지 않게 발견할 수 있다. 이처럼 자유 기술 방식의 인물 평가에서는 평가 주체들이 적절한 평어를 선택하여 기술하는 일이 그리 쉽지 않았을 것이다.

　사실 당시 인물 평가 기록을 보면 무수히 많은 "상동"을 발견할 수 있다. 1학년 때의 평가 기록 외에 2, 3, 4학년과 졸업 학년인 5학년에서조차 당시 교사들은 "상동"을 남발하여 기재하고 있었다. 그만큼 인물 평가는 1학년의 평가 기록이 절대적인 의미를 갖는 것이었다. 물론 상급학년에서 평가자가 자신만의 평가 의견을 기록할 때도, 선행했던 평가와 정면으로 대립하는 평어를 기술하기보다는, 전혀 다른 범주의 평가로 대체하는 것이 일반적이었다. 앞선 평가자가 "과묵"으로 평가한 것에 대해 군이 정반대의 "다변"으로 정정하여 평가하기보다는, "쾌활"한지 또는 "근면"한지 등의 범주로 추가 기록하는 식이었다. 그렇다면, 무수히 많은 "상동"이라는 기록이 단지 고학년 시기 평가자들의 태만함을 보여주는 것만은 아니라는 점에 주의할 필요가 있다. 그것은 선행하는 평가자의 견해에 동의를 표시함으로써, 사실상 매우 주관적인 인상 기록에 지나지 않은 인물 평가에 대해 집단적으로 객관성을 추인해가는 과정이기도 했다.

③ 평어 선택 방식

전주고등보통학교의 인물 평가 방식은 1940년도부터 재차 크게 변경되었다. 학적부의 〈개성조사〉 기록 항목이 변경되어, '성질', '소행', '재간', '사상 경향', '근타', '취미', '특징', '상벌', '취미·특기·역원·선수 기타 참고사항' 등 9개 평가 항목으로 재조정되었다.[103] '인병' 등의 평가 항목들이 사라지고, 대신에 '성질'이나 '소행' 항목이 등장했다. 그러나 무엇보다 큰 변화는 기록하는 방식에 있었다. 지금까지와 같이 자유롭게 기술하는 것이 아니라, 미리 예시된 평어 가운데 해당하는 것을 선택하여 표시하는 방식으로 변경된 것이다. 예를 들어, '사상 경향' 평가의 경우 "온건", "보통", "요주의" 등으로 미리 인쇄되어 예시된 평어 가운데 하나를 선택하여 표시만 할 수 있었다.

그런데 새로운 평가 항목 가운데 특히 '성질' 항목은 평어가 예시된 방식도 매우 독특했다. 각기 긍정적-부정적 의미로 상호 대립하는 평어 쌍을 제시하여 적합한 것을 선택하도록 한 것이다. "온아-야비", "온순-강정", "진취-인순", "준민-응양", "순진-교활", "과묵-다변", "관용-협량", "대담-소심", "집요-담백", "쾌활-음울", "실직-경박", "이지적-감정적", "사교적-고독적" 등 모두 26개 평어로 13개의 대립 쌍이 제시되었다. 그러나 실제로 평가된 결과를 보면, 평가자들이 13개의 모든 평어 쌍에 대해 표시한 것은 아니었다. 대체로 3~6개 정도의 평어 쌍 범주를 선택하

---

103 「전주고등보통학교 학적부」(1940년 입학).

〈표 13〉 1940년대 전주고등보통학교의 〈개성조사〉 기록: 평어 선택 방식

		성질			소행	재간	사상 경향	…
개성조사	1학년	온아-야비 온순-강정 진취-인순 준민-응양	순진-교활 과묵-다변 관용-협량 대담-소심	집요-담백 쾌활-음울 실직-경박	이지적 감정적 사교적 고독적	방정 보통 요주의	특히 ___에 빼어남 ___에 빼어남 보통 부족함	온건 보통 요주의
	2학년	온아-야비 온순-강정 진취-인순 준민-응양	순진-교활 과묵-다변 관용-협량 대담-소심	집요-담백 쾌활-음울 실직-경박	이지적 감정적 사교적 고독적	방정 보통 요주의	특히 ___에 빼어남 ___에 빼어남 보통 부족함	온건 보통 요주의
	…							

출처: 전주고등보통학교 학적부(1940년 입학~1945년 졸업).

여 해당 학생의 '성질'을 평가했다. 〈표 13〉은 이러한 '성질' 항목을 비롯하여 '소행', '재간', '사상 경향' 항목에 대해 평어 선택 방식으로 평가 기록된 사례이다.

〈표 13〉과 같이, 인물 평가 방식이 자유 기술 방식에서 평어 선택 방식으로 변경됨으로써, 교사들로서는 평가 업무의 고충이 다소 완화되는 효과를 기대할 수 있었을 것이다. 그런데 이러한 평어 선택 방식에서는 "야비", "교활", "인순", "협량", "경박" 등과 같은 부정적인 평어들이 직접적인 선택지로 예시되고 있는 점에 주목할 필요가 있다. 비록 당시의 언어문화가 오늘날과 다르다고 해서, 학교의 인물 평가에서 "야비", "교활" 등이 많은 학생에게 부여된 것은 아니었다. 그러나 이러한 부정적 평어들이 평가 양식에 인쇄되어 예시된다면, 평가자들이 이를 선택할 개연성이 조금은 높아질 것이다. 사실 전주고등보통학교의 1940년 1학년

3개 학급 114명의 '성질' 항목에 대한 평가 결과를 보면,[104] 그 이전 시기보다 부정적 평가 비율이 증가했다. "야비"의 평어가 부여된 학생들은 9명으로 전체의 8%였으며, "교활"로 평가된 학생도 10명으로 9%에 이르고 있었다. 평어가 예시되어 선택 표시하는 방식에서는 평가자들이 부정적 평어를 부여할 때의 심적인 부담을 완화해주었다.

그렇다면, 전주고등보통학교 교사들은 도대체 어떤 학생들에게 "야비", "교활", "인순", "협량", "경박"과 같은 부정적인 평어를 부여하였을까? 실제 평가 기록을 분석하면, 인물 평가 결과는 학생의 학업성적과 매우 밀접한 상관관계가 있었다. 긍정적 평어가 부여된 집단이 부정적 평어가 부여된 집단보다 학업성적이 매우 우수한 것으로 나타났다. 가령, "진취-인순"의 경우, 긍정적인 "진취"가 부여된 30명 학생의 학업성적은 백분위 석차에서 평균 29%였으나, 부정적인 "인순"으로 평가된 14명 학생의 석차 평균은 68%로 뚜렷한 대조를 이루고 있었다. 이러한 경향은 '성질' 항목에 예시된 13개 평어 대립 쌍 모두에서 공통된 것이었다.

나아가 이러한 상관관계는 '성질' 평가만이 아니라 '소행', '사상 경향', '근타' 등 〈개사조사〉의 대부분 평가 항목에서도 동일하게 나타난다. '소행' 항목에서 "방정"으로 평가된 집단의 학업성적은 백분위 석차에서 평균 36%였으나, "보통" 집단은 57%였으며, "요주의" 집단은 76%였다. 이러한 관계는 '사상 경향' 항목이나 '근타' 항목의 평가에서도 크게 다르지 않았다. 즉, '사상 경향'에서 "온건"으로 평가된 학생들은 "요주의"가 부여된 학생들보다 학업성적이 좋았으며, '근타' 항목에서 "근면"이

---

104 「전주고등보통학교 학적부」(1945년 졸업).

부여된 학생들은 "태만"으로 평가된 학생들보다 학업성적이 좋았다. 다시 말해, 전주고등보통학교에서는 학업성적이 좋은 학생일수록 인물 평가에서도 긍정적으로 평가되는 경향이 뚜렷하게 나타났다.

(2) 여자고등보통학교의 인물 평가

여자고등보통학교의 인물 평가 방식도 고등보통학교와 크게 다른 것은 아니었다. 학교마다 각기 명칭도 다양하고 학생들의 인물됨을 평가하여 기록하는 방식도 각기 달랐다. 예를 들어, 전주여자고등보통학교(고등여학교)는 〈성행 개평〉이라는 하나의 항목으로 학생에 대한 포괄적인 관찰 정보를 서술하도록 하였다.[105] 개평 방식으로 기록된 결과를 보면, 평가자들은 주로 학생의 성격, 태도, 언어행동, 또는 장단점 등에 대해 간단하게 나열하며 기록했다. 1943년 졸업생 82명의 1학년 때 〈성행 개평〉란에 기록된 정보는 총 239개였으며, 평균적으로 학생 1명당 3가지 정도의 평가 내용을 기록했다. 긍정적인 기술은 193개로 약 81%였으며, 부정적인 평가는 46개로 약 19% 비중이었다. 다만, 학업성적이 좋을수록 긍정적인 평가로 기술되는 경우가 다소 많았지만, 그 차이가 그다지 큰 것은 아니었다.

전주여자고등보통학교의 〈성행 개평〉에서 가장 많이 등장하는 평어는 "온순"(18명)과 "정직"(16명)이 압도적이었다. 그러나 "온순"과 "온아"(6명), "온화"(6명), "온량"(5명) 등의 평어를 구분하기는 쉽지 않아 보인다. 그리고 "친절"하다거나(5명), "예의"바르다거나(5명), "근면"(6명), "명랑"(6명) 등도 자주 활용되는 평어였다. 반면에, 부정적인 평어로는 언

---

[105] 「전주여자고등보통학교 학적부」(1939년 입학~1943년 졸업).

어가 "불선명"·"불명료"(6명)하다는 평가가 가장 많았다. 그러나 "수다스럽다"거나, "태만"하다거나, "신용할 수 없다"거나, 또는 "여성스럽지 않다" 등으로 학생의 다양한 측면에 대해 부정적인 관찰 결과를 기록하는 때도 있었다.

이와 비슷한 시기인 1945년 사립 동덕여자고등보통학교 졸업자의 인물 평가도 공립의 전주여자고등보통학교와 대체로 유사한 것으로 분석되었다.[106] 다만, 전주여자고등보통학교가 〈성행 개평〉이라는 하나의 항목으로 포괄적으로 기술하였다면, 동덕여자고등보통학교는 〈성행〉조사에서 다양한 평가 항목을 세분했다. 즉, '성질', '행위', '특장', '단소', '기호', '지망', '언어' 등 7개 항목으로 나누어 관찰 결과를 기술하였다. 이 가운데 '성질' 항목에서 기술된 내용 가운데 긍정적인 평어는 94%를 차지하였고 부정적인 평어는 6% 정도였으며, '행위' 항목에서도 부정적인 평가는 매우 적었던 것으로 분석되었다. '성질' 평가에서도 "온순"·"온화"·"온량" 등이 압도적으로 많은 평어였으며, '행위' 평가에서는 "방정"·"착실" 등이 가장 높은 빈도로 조사되있다.

그런데 전주여자고등보통학교의 〈성행 개평〉과 동덕여자보통학교의 〈성행〉조사는 모두 개평의 방식으로 기록하였기 때문에, 기재 내용이 혼란스럽고 평가자에 따라 매우 다양한 형태로 기술되었다. 이와 비교할 때, 일본인 여학생이 다녔던 군산고등여학교는 학생의 〈성행〉에 대해 '총평', '기타', '취미', '용의', '거동', '언어', '근타', '지조', '성질' 등으로 비교적 세세하게 나누어 기록해 좋은 참조가 될 것이다.[107]

---

106 김명숙, 2011, 앞의 글, 247-261쪽.
107 「군산고등여학교 학적부」(1939년 입학~1943년 졸업).

군산고등여학교에서도 '성질' 항목의 평어는 "온화"와 "온순"이 거의 비슷한 정도로 가장 많이 사용되었으며, 일부에만 "침착하지 않다"거나 "의지가 부족하다" 등의 부정적 표현도 등장했다. '거동' 항목의 평가에서는 "여성스럽다"는 표현이 가장 많았고, 그에 버금가는 정도로 "정숙"하다는 평어가 사용되었다. 반면에, 부정적인 평어로서 소수에 한하여 "침착하지 못하다"거나 "조야하다", "둔하다" 등의 표현이 기록되었다. 또한, '용의' 항목에서는 "단정"한지 아닌지로만 평가되었으며, '언어' 항목도 "명료"·"명석" 여부로만 표현되었다. 마찬가지로, '지조' 항목은 "견실"한지 아닌지로 평가되었고, '근타' 항목도 "근면" 여부로만 표현되었다.

이처럼 조선인 학교였던 여자고등보통학교나 일본인 학교였던 고등여학교의 인물 평가 방식은 그다지 큰 차이가 없었다. 오히려 여자 중등교육기관의 인물 평가는 고등보통학교와 상당한 차이가 있었다. 여자 대상 학교는 남자학교에 비해서 상대적으로 '사상 경향'에 대해 평가하는 서술이 보이지 않았다. 대신에 여자학교에서는 특히 '거동' 측면에 대한 평가가 두드러지게 나타났다. 예를 들어, "정숙"하다거나 "여성스럽다", "아릅답다" 또는 "애교 있다" 등의 평어가 주로 활용되었다. 또한, '용의'와 관련해서도 여자학교에서는 "단정"한지 여부가 매우 중요하게 평가되었다.

한편, 여자고등보통학교 또는 고등여학교의 인물 평가에서 조선인 학생과 일본인 학생에 대한 평가 결과를 비교하는 것도 유의미할 것이다. 그러나 기록 양식과 평가 방법이 서로 다를 뿐만 아니라, 평가자가 다른 두 개 학교의 인물평가 결과를 직접 비교하는 것은 무리가 있다. 이런 점에서, 조선인과 일본인이 공학했던 학교의 인물평가 결과를 비교하는 방법이 매우 유용할 것이다. 예를 들어, 수원고등여학교는 1940년대에 조선인 학생과 일본인 학생이 비슷한 비중으로 재학했던 학교였기 때문에, 이들에 대한 평가 결과를 비교하는 것은 흥미로울 것이다. 수원고등여학교의 인물 평가인 〈성행〉조사는 '기질', '지조', '언어', '거동', '총괄', '취미·습벽', '기타' 등 7가지 항목에 대해 기록하였다.[108] 이 가운데 특히 '지조' 항목의 경우, 조선인 학생에게는 일본인 학생에 비해 부정적으로 평가한 경우가 3배나 많은 것으로 나타났다. '지조' 평가는 일반적으로 "우유부단"하지 않고 지조가 "견실"하거나 더 나아가 "견확"한 지 여부로 평가한다. 이러한 '지조' 평가에서 조선인 학생에 대한 부정적인 평가가 많았던 이유는, 일본어가 유창하지 못한 조선인 학생들이 일본인 교사의 눈치를 본다든지 제대로 본인의 의사를 표현하지 못하는 태도에서 비롯된 것일 수 있다.[109]

그러나 조선인 학생과 일본인 학생에 대한 인물 평가의 차이에 대해서는 보다 면밀한 검토가 요구된다. 이에 관해서는 민족 공학제로 운영된 실업학교의 인물 평가 결과를 분석하여 보다 많은 시사점을 얻을 수 있을 것이다.

(3) 실업학교의 인물 평가

식민지 시기 실업학교의 인물 평가 기록은 조선인 학생에 대한 평가와 일본인 학생에 대한 평가를 직접적으로 비교할 수 있다는 점에서 시사하는 바가 크다. 실업학교는 조선인 학생과 일본인 학생이 공학하는

---

108 김명숙, 2014, 앞의 글, 175쪽.
109 김명숙, 2014, 위의 글, 183쪽.

형태로 운영되는 경우가 많았기 때문이다. 또한, 인물 평가 결과는 졸업 후 대부분 취업하는 실업학교에서 더 중요한 의미가 있다. 당시의 취업 관행은 학교의 추천제로 진행되었기 때문이다. 공공기관이나 민영기관이 각각의 실업학교로 취업자 추천을 의뢰하면, 학교는 적당한 대상자를 복수로 추천하고, 이들 후보자 가운데 의뢰 업체가 일정한 전형을 거쳐 채용하는 방식이었다.[110] 이때 학교에서 제공하는 추천서와 '소견표'는 채용의 가부를 결정하는 데 매우 중요한 자료로 활용되었다. 여기에서 '소견표'는 물론 학적부에 기록된 인물 평가를 그대로 옮겨 작성한 것이었다.

실업학교 가운데 대표적인 농업학교였던 이리농림학교는 인물 평가에서 민족별 차이를 비교하기에 좋은 사례가 될 것이다. 조선인 학생과 일본인 학생을 같은 비율로 선발하였으며, 출신 민족을 혼합하여 동일한 학급으로 편성하는 등 모든 학사 일정을 민족 공학제로 운영하였다. 따라서 이리농림학교의 인물 평가 기록은 조선인 학생과 일본인 학생에 대해 동일한 교사에 따라 평가된 결과라는 특징을 갖는다.

이리농림학교에서도 학생에 대한 인물 평가 방식은 몇 차례 변화가 있었다. 특히 1938년도부터 기록 양식이 변경된 〈인물고사표〉에 주목할 필요가 있다. 여기에서는 '성행', '지조', '사상 경향', '언어·거동', '근타', '재간 및 역원', '습관 및 특장', '취미·특기·선수', '건강·기타(체위)', '상벌·기타 증명' 등의 항목을 구분하여 학생의 인물됨을 평가하도록 하였다. 이때부터 〈인물고사표〉는 자유 기술 방식이 아니라 평어 선택 방식으로 변경되었다. 각각의 평가 항목마다 몇 가지 평어를 예시하여 평

110　朝鮮殖産銀行, 1939,「昭和14年度 採用決定書類」.

가자가 적합한 것을 선택하도록 한 것이다.

〈인물고사표〉의 다양한 항목들 가운데 학생의 인물됨을 평가하는 '성행' 항목에 주목할 필요가 있다. '성행' 항목에는 총 20개의 평어가 예시되어 인쇄되어 있었다. 각각의 평어는 2자의 한자어가 결합한 4글자로 구성하여 4행 5열로 배치되었다. 다소 생소한 용어들이지만, 열마다 앞의 2행은 긍정적인 평어가 배치되고, 뒤의 2행에는 부정적인 평어가 배치되었다는 점을 확인해두고자 한다. 즉, 1열에는 '온후독실(溫厚篤實)', '정직결백(正直潔白)', '완고강정(頑固剛愭)', '아진방종(我儘放縱)', 2열에는 '여정진지(勵精眞摯)', '강의경골(剛毅硬骨)', '경솔조야(輕率粗野)', '불손횡착(不遜橫着)', 3열에는 '쾌활근면(快活勤勉)', '친절관인(親切寬仁)', '집요음험(執拗陰險)', '단기조폭(短氣粗暴)', 4열에는 '침착과단(沈着果斷)', '순정감격성(純情感激性)', '인순고식(因循姑息)', '영리교활(怜悧狡猾)', 5열에는 '과언중후(寡言重厚)', '담백뇌락(淡白磊落)', '순진다목(純眞茶目)', '이기적·배타적(利己的排他的)' 등이었다.[111] 이렇게 예시된 20개의 평어 가운데 평가자들은 대체로 1개를 선택하여 학생의 인물됨을 평가했다.

그런데 〈인물고사표〉의 '성행' 평가 기록을 민족별로 비교하면, 조선인 학생과 일본인 학생을 평가한 결과에 큰 차이가 없었다.[112] 즉, 조선인 학생의 85%에게 긍정적 평어가 부여되었고, 일본인 학생의 84%에게 긍정적 평어가 부여되었다. 그렇다면, 이리농림학교의 일본인 교원들은 학생에 대한 인물 평가에서 출신 민족별로 차별이나 편견이 없었던 것인가?

---

111 「이리농림학교 학적부」(1943년 졸업).

112 「이리농림학교 학적부」(1940년 및 1941년 입학생. 조선인 169명, 일본인 109명).

<표 14> 이리농림학교의 성적별·민족별 성행 평가 결과

구분		긍정적 평어											부정적 평어										
		온후독실	정직결백	여정진지	강의경골	쾌활근면	친절관인	침착과단	순정감격성	과언증후	담백뇌락	합계	완고강정	아진방종	경솔근야	불손횡착	집요음험	단기조포	인순고식	영리교활	순진다목	이기적배타적	합계
<학업 성적 상위 50% 학생집단> (조선인 112명, 일본인 22명)																							
조선인	수	18	12	16	2	9	17	9	1	20	10	114	1	0	1	2	1	2	2	3	1	0	13
	비율	15%	10%	13%	2%	7%	14%	7%	1%	16%	8%	93%	1%	0%	1%	2%	1%	2%	2%	2%	1%	0%	11%
일본인	수	1	2	6	1	2	6	2	0	4	1	25	0	0	0	0	0	0	0	0	1	0	1
	비율	5%	9%	27%	5%	9%	27%	9%	0%	18%	5%	114%	0%	0%	0%	0%	0%	0%	0%	0%	5%	0%	5%
<학업 성적 하위 50% 학생집단> (조선인 47명, 일본인 87명)																							
조선인	수	4	6	0	2	1	6	4	0	4	3	30	1	1	3	0	0	1	9	5	0	0	20
	비율	9%	13%	0%	4%	2%	13%	9%	0%	9%	6%	64%	2%	2%	6%	0%	0%	2%	19%	11%	0%	0%	43%
일본인	수	5	20	0	2	3	14	1	6	8	8	67	0	6	1	0	1	0	3	1	15	1	28
	비율	6%	24%	0%	2%	4%	17%	1%	7%	10%	10%	80%	0%	7%	1%	0%	1%	0%	4%	1%	18%	1%	33%

출처: 이리농림학교 학적부(1940년 및 1941년 입학생. 조선인 169명, 일본인 109명).
* 누락 및 약간의 복수 기록 등이 포함되어 합계는 100%를 다소 상회함(총 298건).

물론 이러한 결과에 대해서는 보다 면밀한 분석이 필요하다. 이리농림학교의 '성행' 평가도 학생의 학업성적과 매우 큰 상관관계가 있었기 때문이다. 즉, 학업성적이 좋을수록 '성행' 평가에서 긍정적인 평어가 부여되는 경우가 많았다. 그런데 이리농림학교에서는 조선인 학생과 일본인 학생의 학업성적에서 매우 큰 차이를 보였다. 민족별로 입학 정원을 동수로 할당하고 있었기 때문에 지원자 수가 압도적으로 많았던 조선인의 경우에 훨씬 치열한 입시경쟁이 초래되었고, 그 결과 조선인 합격자들이 일본인 합격자들에 비해 상대적으로 학업성적이 우수하였다. 따라서 '성행' 평가에서 해당 학생의 민족 요인이 미치는 결과를 확인하기 위해서는 학업성적 변수를 통제한 후에 민족별로 평가 결과를 비교할 필요가 있다. 〈표 14〉는 학업성적에서 상위 50% 집단과 하위 50% 집단으로 구분하고, 이들 집단의 '성행' 평가 결과를 민족별로 비교한 것이다.

〈표 14〉에서 나타나듯이, 조선인 학생들이 일본인 학생들보다 학업성적이 우수했으므로, 학업성적 상위 50% 집단에서는 조선인 학생 수가 많고, 반대로 학업성적 하위 50% 집단에서는 일본인 학생 수가 많았다. 먼저, 학업성적 상위 50%에 속하는 집단을 살펴보면, 조선인 학생 가운데 '성행' 평가에서 긍정적인 평어로 평가된 비율은 93%였으며, 일본인 학생에게 긍정적 평어가 부여된 경우는 114%였다. 반면에, 조선인 학생 가운데 부정적 평어로 평가된 비율은 11%였지만, 일본인 학생에게 부정적 평어가 부여되는 비율은 5%였다. 이러한 학업성적 상위집단과 비교하여, 학업성적 하위 50% 집단에서 조선인 학생에게 긍정적 평어가 부여되는 경우는 64%였지만, 일본인 학생 가운데 긍정적 평어로 평가된 비율은 80%였다. 반대로, 조선인 학생 가운데 부정적 평어가 부여된 비율은 43%였지만, 일본인 학생에게 부정적 평어가 부여된 경우는 33%였다. 이처럼 학업성적 상위집단과 하위집단에서 모두 민족별 '성행' 평가 결과는 뚜렷한 경향을 보여주었다. 조선인 학생들에게 긍정적인 평어가 부여되는 비율은 상대적으로 낮았으며, 반대로 부정적인 평어로 평가되는 비율은 상대적으로 높았던 것이다.

이러한 사실로부터, 이리농림학교의 '성행' 평가에서 전체적으로 조선인 학생과 일본인 학생에게 긍정적 평어 또는 부정적 평어가 부여되는 비율이 큰 차이가 없었던 이유를 확인할 수 있다. 일차적으로 '성행' 평가는 학생의 학업성적이 크게 영향을 미친다. 학업성적이 좋은 학생일

〈표 15〉 이리농림학교의 성적별·민족별 지조, 사상 경향, 근타 평가 결과

평가 항목		지조				사상 경향				근타			
평어		견확경직	견고강직	보통	박약우유	온건중정	건전	건	요주의	각근	근면	보통	불열심
〈학업 성적 상위 50% 학생집단〉 (조선인 112명, 일본인 22명)													
조선인	수	13	46	60	3	15	51	51	5	17	63	42	0
	비율	11%	38%	49%	2%	12%	42%	42%	4%	14%	52%	34%	0%
일본인	수	6	12	4	0	8	11	3	0	7	10	5	0
	비율	27%	55%	18%	0%	36%	50%	14%	0%	32%	45%	23%	0%
〈학업 성적 하위 50% 학생집단〉 (조선인 47명, 일본인 87명)													
조선인	수	0	8	34	5	0	9	32	6	0	7	38	1
	비율	0%	17%	72%	11%	0%	19%	68%	13%	0%	15%	81%	2%
일본인	수	2	33	47	4	7	48	32	0	0	32	49	6
	비율	2%	39%	56%	5%	8%	57%	38%	0%	0%	38%	58%	7%

출처: 이리농림학교 학적부(1940년 및 1941년 입학생. 조선인 169명, 일본인 109명).
* 누락 및 약간의 복수 기록 등이 포함되어 합계는 100%를 다소 상회함(총 298건).

수록 '성행' 평가에서 긍정적인 평어로 평가되는 비율이 높았다. 그러나 '성행' 평가는 학생의 출신 민족에 따라서도 크게 영향을 받고 있었다. 조선인 학생들은 일본인 학생들에 비해 상대적으로 부정적인 평어로 평가되는 경우가 많았다. 따라서 '성행' 평가에서 조선인 학생들은 일본인 학생들과 비교할 때 학업성적 요인에서 긍정적인 평어로 평가될 개연성이 높았지만, 민족적 요인으로 그 효과가 상쇄되었다.

이와 같은 이리농림학교의 민족차별적인 평가는 〈인물고사표〉의 '성행' 항목만이 아니라, '지조', '사상 경향', '근타' 등의 평가에서도 같게 나타났다. 물론 이때도 학업성적 요인을 통제한 후에 민족별로 비교할 때 유의미한 분석이 가능하다. 〈표 15〉는 학업성적 상위 50% 집단과 하

위 50% 집단으로 나누어, 조선인 학생들과 일본인 학생들에 대한 '지조', '사상 경향', '근타' 항목의 평가 결과를 비교한 것이다.

예를 들어, '지조' 평가를 살펴보면 학업성적 상위집단의 경우, 조선인 학생들에 대해서는 "견확경직" 11%, "견고강직" 38%, "보통" 49%, "박약우유" 2% 비중으로 평가되었다. 일본인 학생들은 "견확경직" 27%, "견고강직" 55%, "보통" 18%이며, "박약우유"가 부여된 학생은 아무도 없었다. 반면에, 학업성적 하위집단의 경우, 조선인 학생들 가운데 "견확경직" 또는 "견고강직"이 부여된 비율은 17%였지만, 일본인 학생들 가운데 "견확경직" 또는 "견고강직"으로 평가된 비율은 41%였다. 이처럼 학업성적 상위집단과 하위집단 모두 '지조' 평가에서 조선인 학생보다는 일본인 학생에게 더욱 긍정적인 평어가 부여되었다. 이러한 평가 경향은 '지조' 항목 외에 '사상 경향'과 '근타' 평가에서도 동일하게 나타났다. 다시 말해, '지조', '사상 경향', '근타' 항목의 평가에서도, 앞의 '성행' 평가와 유사하게, 학생의 학업성적 요인이 크게 영향을 미치고, 학생의 민족 요인으로부터 큰 영향을 받고 있었던 것이다.

한편, 이리농림학교 〈인물고사표〉의 '지조', '사상 경향', '근타' 항목 및 앞서의 '성행' 항목과의 관련성에 대해서도 검토할 필요가 있다. 가령, '지조' 항목에서 "박약우유"로 평가된 12명의 학생들 가운데 '사상 경향' 평가에서 "요주의"로 분류된 학생들은 50%(6명)에 이르고 있었다. 전체 학생 가운데 '사상 경향'에서 "요주의"로 평가된 학생이 4%인 점과 비교한다면, '지조'와 '사상 경향'의 평가 결과는 매우 높은 상관성을 보여준다. 또한, '지조', '사상 경향', '근타'의 평가는 '성행' 평가와도 밀접한 관계가 있었다. 예를 들어, '사상 경향' 항목에서 "요주의"로 평가된 학생 11명 가운데 '성행' 평가에서 부정적 평어로 평가된 학생은

82%(9명)에 이르고 있었다. 전체 학생 가운데 '성행' 항목에서 부정적 평어로 평가된 비율이 8%인 점과 비교할 때, '사상 경향' 평가와 '성행' 평가의 상관성은 매우 높았다.

그런데 '사상 경향' 항목에서 매우 부정적인 "요주의"라는 평어가 부여된 11명 집단에 대해 다시 한번 주목할 필요가 있다. '사상 경향' 항목에서 "요주의"로 평가된 학생 가운데 일본인은 단 사람도 없으며 전원 조선인 학생들이었다. 또한, '사상 경향'에서 "요주의" 집단의 학업성적은 백분위 석차가 평균 47%로 특별히 학업에 소질이 없는 집단으로 보기도 어려웠다. 다시 말해, 오직 조선인 학생만, 학업성적이 상위든 하위든 고려하지 않고, '사상 경향' 평가에서 "요주의"를 부여했다.

더구나 이렇게 '사상 경향'에서 "요주의"로 평가된 학생들은 〈인물고사표〉의 다른 항목들에서도 매우 부정적으로 평가되었다. 이들에게는 '성행' 평가에서도 "인순고식"(5명) 또는 "영리교활"(4명) 등의 부정적 평어가 부여되었다. 또한, 이들 학생들은 모두가 '지조' 항목에서 부정적인 "허약우유"(6명) 또는 "보통"(5명)으로 평가되었다. 그리고 별도의 평가 항목인 습관이나 특장을 평가할 때도, 이들에게는 "겉과 속이 다름"(5명) 또는 "나태"(3명) 등의 매우 부정적인 평어들이 부여되었다. 이러한 인물 평가에 활용된 평어들을 종합하면, '사상 경향'에서 "요주의"를 중심으로, 성행이 "인순고식"하거나 "영리교활"하고, 지조가 견고하지 못하고 "허약우유"하며, "겉과 속이 다르고", "나태"한 인간이라는 평어 조합이 만들어진다. 즉, 인간의 다양한 제 측면에서 가장 부정적인 인물형이 만들어진 것이다. 이들은 학교 안에서는 '모범학생'에 대조되는 '불량학생'으로 표상될 것이며, 학교 밖으로는 '충량한 신민'에 대조되는 '불령선인'에 다름없을 것이다.

이처럼 〈인물고사표〉의 '사상 경향' 항목에서 "요주의"로 평가되었다면, 그 학생이 취업이나 진학에서 학교의 추천을 받을 것으로 상상하기는 매우 어렵다. 더구나 이러한 인물 평가 결과는 보존이 의무화된 학적부에 기록되는 사항이며, 대부분의 취업이나 진학 과정에서 반드시 요구되는 전형서류인 '소견표' 또는 '성행증명서'로 복사되어 재작성되었다. 결국, 학교 밖으로 나갈 만한 학생과 그렇지 못한 학생을 선별하여 인증하는 것, 이것이 식민지 시기 학교의 인물 평가 기록이 갖는 사회적 기능이었다. 그것은 물론 일본인 교원이 임의적으로 구성하는 조선인 학생들의 인물형이기도 했다.

이러한 인물 평가에 대해서 당시에도 우려의 목소리가 높았다. 오천석은 학교의 인물 평가 과정이 결국은 교사와 학생 사이에 비교육적 관계를 낳게 되는 '치명적 약점'을 갖고 있다고 비판하였다.[113] 학생으로서는 자신의 운명을 좌우할 교사에 대해 "곱게 보이기 위하여" 거짓 행동을 취할 수밖에 없게 된다는 것이다. 다시 말해, 학교의 인물 평가는 권력자로서의 일본인 교사와 순종하는 조선인 학생의 관계를 고차화하는 결과가 초래될 것이라며 강하게 경계하고 있었던 것이다.

---

113 오천석, 「교육계의 당면문제(상·중·하)」, 『동아일보』, 1934.10.26~27.

제3장
중등학교 학생과 교사

여기서는 식민지 시기 중등학교 학생들과 교사들의 특성에 관해 주목하고자 한다. 당시 중등학교 교원은 조선어 과목을 담당하는 소수를 제외하고는 전원 일본인이었다. 특히 조선에는 중등학교 교원을 양성하는 제도가 존재하지 않았기 때문에 대부분 일본에서 직접 초빙된 이들이었다. 그러나 일본에서 유입하는 것만으로는 충분한 중등학교 교원을 확보하기 어려워지면서 점차 조선에서 필요한 교원을 충원하기 위한 정책들이 수립되었다. 경성제국대학이나 전문학교에 중등학교의 일부 과목에 대한 양성과정을 부설하기 시작한 것이다. 또한, 일본의 교원양성기관을 지정하여 위탁생을 파견하는 제도가 운영되기도 하였다. 이러한 양성제도와 더불어, 사립 중등학교에 재직하는 무자격 교원에 대하여 경력과 자질을 심사하여 중등교원 자격을 인정해주는 제도가 운용되기도 하였다. 이외에도 문부성이 주관하는 교원 검정시험을 통해 중등학교 교원 자격을 얻는 길도 있었다. 그러나 당시 중등교원 면허제도는 매우 엄격했기 때문에 이들 방법으로 교원 자격을 취득하는 조선인 수는 매우 제한되어 있었다.

한편, 일제강점기 중등교육의 성격을 규명하기 위해서는 식민당국의 교육정책만큼이나 학생들의 집단적 특징에 관해서도 이해할 필요가 있다. 당시 중등학교 학생들은 오늘날의 중등학교 학생들과는 많은 점에서 차이가 있었다. 특히 중등학교 학생들은 평균 연령이 매우 높았으며, 재학생 중에는 기혼자들도 상당수 포함되어 있었다. 당시 조선 사회에서 평균적인 결혼 연령이 10대 후반이었던 점을 고려한다면, 중등학교 학생들 가운데 재학 중에 결혼 적령기에 이르는 경우가 많았기 때문이었다. 이러한 사실은 당시 중등학교 학생들에 대한 사회적 기대가 지금과는 상당한 차이가 있었고 학생들 자신의 정체성 형성에도 큰 영향을 미치게 된다는 점을 시사한다. 즉, 당시 중등학교 학생들은 사회적 연령에서 이미 성숙한 위치에 있었기 때문에, 자신의 미래나 민족의 현실에 대해서도 성인에 버금가는 성숙한 의식을 보이고 있었다. 이러한 조선인 학생들의 인구학적 조건은 일본인 교원들과의 관계에도 큰 영향을 미쳤다. 이하에서는 이러한 점들에 주목하여 식민지 시기 중등학교의 학생과 교원의 특성에 관해 살펴보고자 한다.

1. 중등학교 학생의 특성

1) 입학생 특성

(1) 연령 배경

1911년 「조선교육령」은 고등보통학교의 입학자격에 대해 "연령 12년 이상으로서 수업연한 4년의 보통학교를 졸업한 자 또는 그와 동등 이상의 학력이 있는 자"로 규정하고 있다.[1] 당시 보통학교의 입학자격이 8세 이상이며 수업연한은 4년 과정이므로, 규정에 따라 정상적인 나이에 보통학교에 입학하여 졸업한 경우라면, 고등보통학교 입학 시에는 12세가 될 것이다. 그리고 1922년에 개정된 「조선교육령」은 고등보통학교의 입학자격에 대해 별도의 연령 기준을 제시하지 않고 "수업연한 6년의 보통학교를 졸업한 자 또는 조선총독이 정하는 바에 의해 그와 동

---

1 「朝鮮敎育令」, 『朝鮮總督府官報』, 1911.9.1.

등 이상의 학력이 있다고 인정되는 자"로 규정하였다.² 물론 당시에는 보통학교의 입학자격이 6세 이상으로 낮아졌고 수업연한이 6년이었기 때문에, 이 시기에도 규정에 따른 정상적인 고등보통학교 입학생의 나이는 12세라 할 수 있다.

그러나 실제 고등보통학교 입학생들의 나이 분포는 규정과는 상당한 차이가 있었다. 당시 조선인 학생들은 규정보다 평균적으로 3~4살 정도 많은 나이에 고등보통학교에 입학했다. 예를 들면, 1915년 경성고등보통학교 입학생의 평균 나이는 16년 8월이었고, 평양고등보통학교 입학생들도 평균 15년 8월이었다.³ 반면에, 같은 해 일본인 학생들이 다니던 경성중학교 입학생의 나이는 평균 13년 2월이고, 부산중학교는 13년 7월이었다. 이처럼 식민지 초기의 고등보통학교는 일본인의 중학교와 비교하더라도 입학생의 평균 연령이 매우 높았다.

고등보통학교 입학생의 평균 연령이 높았던 이유는 애초에 조선인

〈표 1〉 고등보통학교와 중학교 입학생의 연령(1915년)

구분		최대	최소	평균
조선인 학교	경성고등보통학교	25.01	12.01	16.08
	평양고등보통학교	20.09	12.01	15.08
	경성여자고등보통학교	21.06	12.00	13.05
	평양여자고등보통학교	23.07	12.00	14.01
일본인 학교	경성중학교	15.01	11.03	13.02
	부산중학교	15.01	12.02	13.07

출처: 『朝鮮總督府官報』(1915.7.12).
* 소수점 이하는 월을 의미함.

---

2 「朝鮮敎育令」 개정, 『朝鮮總督府官報』, 1922.2.6.
3 『朝鮮總督府官報』, 1915.7.12.

학생들의 보통학교 입학 자체가 늦었기 때문이었다. 식민지 시기 조선인에게 초등교육은 의무교육이 아니었다. 반면에 일본인들에게는 초등교육 의무교육제가 적용되고 있었기 때문에 대부분 정해진 연령에 초등교육을 마칠 수 있었고, 그에 따라 중학교 입학생의 연령 분포도 규정에서 크게 벗어나는 것은 아니었다. 그러나 조선인 아동들은 보통학교 보급이 더디게 진행되면서 초등교육을 이수할 기회가 매우 제한되었다. 더구나 조선인 아동들은 보통학교 입학 전에 서당에 다니는 경우도 많았다.[4] 1920년대 초반까지도 서당에 다니는 학생 수는 보통학교 재학생 수를 상회할 정도였다. 서당 교육이 급격히 축소되는 1930년대에도 보통학교 입학 전에 서당 교육을 이수하는 학생들이 1/3에 이르고 있었다. 이처럼 조선인 아동들은 학령기를 놓치고 뒤늦게 보통학교에 진학하는 경우가 많았다. 이로 인해 보통학교 재학생의 졸업 연령은 물론이고 고등보통학교 입학생의 평균 연령도 높아진 것이다.

고등보통학교 입학생들은 평균 연령도 높았지만 학생들 사이의 나이 편차도 매우 컸다. 그것은 물론 나이가 매우 많은 만학도들이 입학했기 때문이었다. 1910년대 경성고등보통학교 입학생 중에는 25살이 넘는 학생도 있었으며, 평양고등보통학교도 20살이 넘는 학생들이 입학하고 있었다. 이로 인해, 고등보통학교 재학생들은 같은 학년에서 최고 연령자와 최소 연령자 사이에 10년 이상의 차이가 나타났다. 일본인 중학교 입학생의 연령 편차가 4년 미만이었던 것에 비교하면, 고등보통학교 입학생들의 연령 분포는 그 편차가 매우 심한 편이었다.

고등보통학교 입학생들의 평균 연령은 1920년대 후반부터 낮아지기

---

4 오성철, 2000, 앞의 책, 117쪽.

〈표 2〉 남·여 고등보통학교 입학생의 평균 연령

	1915년	1922년	1934년
관공립고등보통학교	16.04	15.06	13.05
관공립중학교(일본인)	13.04	12.11	12.09
관공립여자고등보통학교	13.09	14.04	13.03

출처: 박철희(2002), 55쪽.
* 소수점 이하는 월을 의미함.

시작하였고, 1930년대부터는 일본인 중학교와도 비슷한 연령 분포가 나타나기 시작하였다. 그것은 물론 보통학교의 확대 보급이 큰 영향을 미치고 있었다. 또한, 보통학교와 고등보통학교의 수업연한이 연장되고 입학 연령이 조정되는 등 학교체제가 정비된 것도 중요한 요인이 되었을 것이다. 이와 더불어, 만학도의 입학이 급격히 줄고 있는 사실도 지적되어야 할 것이다. 이 시기에는 6세에 초등교육을 시작하고 12세에 중등학교로 진학하는 조선인의 교육행위가 널리 일반화되기 시작했다. 조선인 사회에 학교제도가 안정적으로 정착된 시기라 할 수 있다.

한편, 식민지 시기 초기에는, 고등보통학교와 마찬가지로 실업학교 입학생들의 평균 연령도 상당히 높은 편이었다. 「조선교육령」은 실업학교의 입학자격에 대해 "12세 이상으로서 수업연한 4년의 보통학교를 졸업한 자 또는 그와 동등 이상의 학력이 있는 자"로 하여 고등보통학교와 동일하게 규정하였다.[5] 그러나 1910년대 실업학교에 입학하는 조선인 학생들의 평균 연령은 고등보통학교의 경우보다 훨씬 높았으며, 동급생 사이의 연령 편차도 매우 큰 편이었다.

---

5 「朝鮮敎育令」, 『朝鮮總督府官報』, 1911.9.1.

<표 3> 초창기 대구농림학교의 입학생 연령 분포

연령	14	15	16	17	18	19	20	21	22	23	24
학생수	3	7	7	9	7	6	3	6	2	1	1

출처: 「대구농림학교 학적부」(1912·1913년도 졸업생).

대구농림학교의 예를 들자면, 1910년대 학적부에 기록된 입학생들의 연령 분포는 매우 큰 편차를 보였다. 14세부터 24세에 이르기까지 매우 다양하게 분포하고 있으며, 입학생들의 평균 연령은 18세로 매우 높았다. 법 규정에 따른 입학 연령인 12세 또는 13세 입학생은 단 한 명도 없었으며, 오히려 20세 이상의 입학생이 13명으로 전체의 25% 비중에 이르고 있었다. 12세 이상의 보통학교 졸업자가 입학하는 중등단계 실업학교로서는 학생들의 연령 분포가 매우 높게 나타나고 있었다.

그런데 1910년대 실업학교 학생들의 입학 연령이 높았던 데에는 고등보통학교와는 또 다른 이유가 있었다. 「조선교육령」에서 실업학교의 입학자격을 12세 이상으로 규정하고 있었시만, 실제로 각각의 실업학교들은 교칙으로 별도의 입학자격 연령을 정해놓고 있었기 때문이었다. 1914년도를 기준으로 보면, 춘천농업학교는 14세 이상을 입학자격으로 하였고, 광주농업학교는 15세 이상이었으며, 심지어 청주농업학교, 예산농업학교, 전주농업학교, 군산농업학교 등은 16세 이상을 입학자격으로 제한하였다.[6] 대부분의 실업학교들이 「조선교육령」의 규정보다 훨씬 높은 수준으로 입학 가능한 최저 연령 기준을 설정하고 있었던 것이다.

이처럼 중등단계 실업학교가 입학자격으로 최저 연령 기준을 높게

---

6 예산농업전문대학 편, 1980, 『예산농학칠십년』, 28-29쪽.

설정하면 학교제도에 심각한 영향을 미친다는 점에 주목할 필요가 있다. 보통학교 졸업을 앞둔 학생들이 실업학교로 진학하지 못하는 문제가 발생하기 때문이다. 「조선교육령」과 「실업학교규칙」 등 법령에 따라 정상적인 나이에 보통학교를 졸업한 12세의 학생들이 실제로는 실업학교 입학자격을 갖추지 못하는 결과가 초래되는 것이다. 규정에 따른 12세는 물론이고 14세 또는 15세의 보통학교 졸업자조차도 16세 이상을 최저연령으로 설정한 대부분의 실업학교로 진학할 수가 없었다. 초등교육 이수자가 입학하는 중등단계 학교기관이었지만, 보통학교 이수자가 졸업과 동시에 곧바로 진학할 수 없었던 것이다. 이로 인해, 1910년대 대부분의 실업학교들은 초등교육과 직접 연결되지 못하는 매우 단절적인 위치에 놓이게 되었다.

그렇다면, 식민지 초기 실업학교들이 「조선교육령」이나 「실업학교규칙」 등과 다르게 학교마다 입학자격으로 보다 높은 최저 연령 기준을 설정한 이유는 무엇인가? 그것은 실업학교의 목적 및 취업 연령과 관련이 있었다. 1910년대 실업학교들은 재학생에게 학자금을 지원하고 졸업 후에는 지정된 곳에서 일정 기간 종사할 의무를 부과하고 있었다.[7] 그런데 만일 이들 실업학교에 12세의 보통학교 졸업자가 입학한다면, 2년의 교육과정을 마치고 14세에 곧바로 취업하게 된다. 특히 농림학교나 공업전습소의 졸업자들은 대개 판임관 자격으로 군청 또는 조선총독부의 관리로 임명되었는데,[8] 14세라는 졸업생의 나이는 곧바로 취업하기에는

---

7   대구농림자연과학고등학교총동창회, 2010, 『대구 농림·자연과학고등학교 백년사』, 114쪽; 인고백년사편찬위원회, 1995, 『인고백년사』, 171쪽.

8   「農林學校規則」 개정 및 「工業傳習所規則」 개정, 『朝鮮總督府官報』, 1915.2.24, 1915.3.16.

매우 적은 편이었다. 이러한 상황은 수업연한이 매우 짧았던 다른 실업학교들도 유사하게 겪는 문제였다. 따라서 입학생의 최저 연령 기준을 높게 설정하여 졸업 시에 취업 연령이 지나치게 낮아지는 문제를 방지하려고 하였다. 다시 말해, 1910년대 실업학교는 지나치게 수업연한이 짧게 고안되었고, 그로 인해 학교마다 입학생의 최저 연령을 상향 조정하면서, 결국 중등단계 실업학교는 보통학교와 연계되지 못하는 매우 기형적인 학교제도가 운영되고 있었던 것이다.

그런데 1920년대 들어서 각급 학교의 수업연한이 연장되어도 중등학교 입학생들의 높은 평균 연령은 크게 낮아지지 않았다. 특히 20세가 넘는 나이 많은 학생들의 입학 비중이 그다지 줄어들지 않고 있었다. 이러한 만학도 문제는 당시 대부분의 중등학교가 공통으로 겪고 있었다. 그러자 이번에는 입학자격으로 상한 연령을 설정하여 나이 많은 학생의 입학을 제한하는 방법으로 이러한 문제를 해결하기 시작했다.

진남포상공학교는 입학자격의 상한 연령을 설정하여 만학도의 입학을 제한하기 시작한 대표적인 예라 할 수 있다. 진남포상공학교도 1920년대 중반까지 입학자의 연령 분포가 최저 13세에서 최고 24세에 이르기까지 매우 다양하였다.[9] 그러자 만학도의 입학 문제를 해결하기 위해 단계적으로 입학 지원자의 상한 연령을 설정하기 시작했다. 1925년도에는 입학자격으로 상한 연령을 18세로 설정하였고, 1926년도에는 다시 17세까지로 낮게 설정하여 나이 많은 학생의 입학을 제한하였다. 춘천농업학교도 입학자격으로 상한 연령을 설정한 경우인데, 1929년도에는 지원자의 상한 연령을 20세 미만으로 제한하여 신입생을

9　진남포상공학교,「公立學校認定に關する件」, 1926.7.6.

모집했다.¹⁰ 이렇게 하여, 1930년대 들어 대부분의 실업학교들도 재학생의 평균 연령이 규정에 근접하는 수준으로 낮아지게 되었다.

그러나 중등학교 재학생의 연령 분포에서 고등보통학교와 실업학교에 차이가 없었던 것은 아니었다. 1929년도 조사 결과를 분석해보면, 고등보통학교와 실업학교 입학생의 연령 분포는 일정한 경향을 보여주고 있다.¹¹ 당시에는 도마다 대체로 하나씩의 고등보통학교와 농업학교가 설립되어 있었는데, 모든 지역에서 고등보통학교와 농업학교 입학생의 평균 연령은 일관된 경향이 나타나고 있었다. 예를 들어, 충청북도에 있는 청주고등보통학교 입학생의 평균 연령은 14년 3월이지만 청주농업학교는 17년 8월이었다. 충청남도의 경우도 공주고등보통학교는 14년 3월이지만 예산농업학교는 15년 10월이었다. 이처럼 고등보통학교보다는 농업학교 입학자의 평균 연령이 더 높게 나타났다. 거의 모든 지역에서 나이 많은 학생들은 일반계 학교보다는 상대적으로 실업계 학교를 선택하는 경우가 많았다.

한편, 1930년대까지 대부분의 중등학교에서 입학생들의 평균 연령이 높았던 점에 다시 한번 주목할 필요가 있다. 학생들의 높은 연령과 특히 만학도의 존재는 학교문화에도 적지 않은 영향을 미치고 있었기 때문이다. 당시 중등학교 문화에서 매우 흥미로운 사실은 재학생 가운데 상당수가 기혼자들이었다는 점이다. 1910년대 조사한 자료에 따르면, 전국의 농업학교와 상업학교 재학생 가운데 기혼자 비율은 각각 70%와

---

10 「금년 입학 안내」, 『동아일보』, 1929.2.12.
11 『朝鮮總督府官報』, 1929.12.13~19.

51%에 이르고 있었다.¹² 1920년대 들어서도 재학생의 기혼자 비율은 크게 달라지지 않았다. 1923년과 1924년도 대구농림학교 졸업생 70명 가운데 기혼자는 38명으로 절반을 넘어서는 수준이었다.¹³ 이는 고등보통학교에서도 크게 다르지 않았는데, 공주고등보통학교에서 1927년 졸업생 44명 중 9명(20%)과 1929년 졸업생 49명 중 8명(16%)이 기혼자였다. 경성제2고등보통학교도 1926년 졸업생 66명 중 24명(36%)과 1939년 졸업생 82명 중 12명(15%)이 기혼자였다.¹⁴

    이렇게 중등학교 재학생의 혼인 비율이 높은 이유는 물론 나이 많은 입학생들이 많았기 때문이기도 하지만, 당시 조선 사회에서는 상대적으로 결혼 연령이 상당히 낮았기 때문이기도 하다. 1921년도 결혼 연령 조사에 의하면, 17~19세에 결혼한 조선인 남자의 비율이 37%로 가장 높았고, 다음으로 20~25세 구간이 28%였으며, 심지어 17세 미만의 기혼자 비율도 7%가 넘었다.¹⁵ 일본인 남자들의 결혼 연령은 25~29세가 37%로 가장 높고, 다음으로 30~34세가 25%였던 점과 비교한다면, 당시 조선인들은 결혼 시기가 상당히 빨랐다고 볼 수 있다. 조혼의 경향은 1930년대 중반이 되어도 크게 다르지 않았으며, 10대 후반에 결혼한 조선인 남자의 비율이 여전히 30%를 넘었다.¹⁶ 이와 같은 당시 조선인들의 혼인 문화를 고려한다면, 20세가 넘어 중등학교에 입학한 만학도는

---

12   1913년 8월 기준이며, 재학생의 평균 연령은 17.8세였다(朝鮮總督府學務局, 1914, 『(朝鮮人敎育)實業學校要覽』, 3쪽).
13   「대구농림학교 학적부」(1923년, 1924년 졸업).
14   박철희, 2002, 앞의 글, 57쪽.
15   『朝鮮總督府統計年報』, 1921.
16   『朝鮮總督府統計年報』, 1934;「결혼 연령에 대하여」,『동아일보』, 1935.9.10.

물론이고 중등학교 재학생 대부분은 졸업 전에 이미 결혼 적령기에 도달하게 된다고 볼 수 있다.

이처럼 중등학교 재학생 가운데 기혼자의 비율이 높고, 재학생 대부분이 결혼 적령기였다는 사실은 당시 중등학교 학생들의 특성을 이해하는 데 중요한 점을 시사한다. 어느 사회에서든 혼인과 가족 구성은 사회성원 내부에서 성인으로 인정받는 중요한 의식으로 간주된다. 이런 점에서 본다면, 당시 중등학교 재학생들은 비록 10대 후반이었지만, 이들의 사회적 연령은 이미 성인과 다름없었다.[17] 사실 조선인 학생들은 사회적 연령에서 이미 성숙한 위치에 있었기 때문에, 그들의 문화생활도 상당한 정도로 성인들의 문화적 요소를 보여주고 있었다. 중등학교 학적부 기록을 보면, 학생들이 당시 성인 대상의 유흥주점인 '요리집'을 출입하여 근신 또는 정학 처분을 받은 사례를 어렵지 않게 발견할 수 있다. 비단 이러한 일탈 행위만이 아니라, 당시 학생들은 사회 성원으로 속한 조선 사회와 민족의 현실에 대해서도 성인에 버금가는 정도로 성숙한 책임의식을 보이는 경우도 많았다.

이러한 조선인 학생들의 생물학적 나이와 사회적 연령은 당시 일본인 교사들과의 관계에도 적지 않은 영향을 미치게 된다. 특히 나이 많은 학생들 가운데는 일본인 교사들과 나이 차이가 크지 않은 경우도 많았다. 이미 결혼하고 집안의 가장이기도 했던 상황에서, 일본인 교사들의 민족적 차별행위나 멸시적인 발언에 대해 반항심을 갖고 집단행동을 조직하는 일이 다반사로 일어나고 있었던 것이다.[18] 당시 고등보통학교

---

17 박철희, 2002, 앞의 글, 60쪽.
18 동래고등학교, 1979, 『동래고등학교80년사』, 173쪽.

재학생들의 회고에서도 드러나듯이, 조선인 중등학교 학생들은 일본인 교사들의 노골적인 역사 왜곡이나 황민화 언설에 현혹되기에는 너무나도 성숙한 학생들이었던 것이다.[19]

이처럼 당시 중등학교 학생들이 생물학적 나이만이 아니라 사회적 연령이 높았고, 성인과 다름없었다는 사실은 당시 학생들의 의식과 문화를 형성하는 데 중요한 요인이었다. 이들에 대한 사회적 기대도 단지 나이 어린 학생들로만 취급한 것은 아니었다. 나이 많은 학생들은 경험도 많고 자아의식이 강할 뿐만 아니라, 학생들 사이에서 주도적인 역할과 지도력을 발휘하기도 하였다.[20] 이들은 당시 동맹휴학 등 집단행동을 일으키며 식민지 교육에 저항했던 학생운동에서도 주도적인 위치에 서는 경우가 많았다. 이처럼 당시 중등학교 학생들의 연령적 배경은 이들이 확고한 자아정체감을 갖고, 식민지 교육과 사회현실에 대해서도 진지하게 접근하며 보다 성숙한 학생 문화를 형성한 조건이었다.

(2) 가정 배경

식민지 시기 중등학교에 다니기 위해서는 상당한 비용이 소요되었다. 입학 당시의 입학금은 물론이고, 정기적으로 내야 하는 수업료와 교과서 대금, 각종 공구·실험도구 비용을 비롯하여, 수학여행 적립금이나 의·피복비, 각종 회비 등 학교생활에 필요한 모든 경비를 학생이 부담해야 했기 때문이다. 더구나 당시는 중등학교의 보급률이 높지 않았기 때문에 학교 위치는 학생들의 거주지와 멀리 떨어져 있어 통학할 수 없

---

19 최성원, 1964.11, 「광주학생운동의 주역들」, 『신동아』, 339-340쪽.
20 박철희, 2002, 앞의 글, 61-62쪽.

는 곳이 많았다. 여기에 추가로 소요되는 기숙사비 또는 하숙비 규모도 거의 학비와 맞먹는 수준이었다. 따라서 당시 중등학교에 진학하기 위해서는 치열한 입시경쟁을 통과하는 것도 문제였지만, 높은 수준의 학자금을 지원해줄 수 있는 부모의 경제력이 필수로 요구되었다.

당시의 정확한 학자금 규모는 학교에 따라 시기별로 약간의 차이가 있었다. 1925년도 중등학교들의 신입생 모집 요강을 보면, 학교마다 대체로 월 20원 정도의 학자금 비용을 사전에 공시하고 있었다.[21] 그리고 1934년도에 경성공업학교가 학생들로부터 실제로 받은 학과별 학비 내역에 따르면, 1학년은 응용화학과가 142원 10전으로 가장 적었고, 건축과는 166원 10전으로 가장 많은 학비가 들었다.[22] 여기에 월 평균 하숙비 14원이 추가된다면, 당시 경성에 유학하는 지방 출신의 경성공업학교 학생은 최소 월 30원의 학자금이 필요했을 것이다. 또한, 1940년대 지방 소재 중학교에 다니기 위해서는 월 45원 이상이 소요되었다. 1944년에 전주북중학교(전주고등보통학교)가 신입생을 대상으로 안내한 예상 학자금 내역은 〈표 4〉와 같다.

전주북중학교는 1학년 학생들에게 입학금 160원을 포함하여, 1년치 학비 279원과 기숙사비 254원 등 총 693원의 학자금 소요에 관해 안내하고 있었다. 신입생에게만 해당하는 입학금을 제외하더라도, 전주북중학교 학생들은 대략 월 45원 정도의 학자금이 필요했다. 여기에 교과서 대금으로 약 60원 이상이 추가로 소요되었다. 교과서 대금은 일반적으로 학비에 포함되었으나, 당시는 전황의 악화와 물자 부족으로 교

---

21 「지방 학교 안내」,『동아일보』, 1925.2.10~25.
22 「學費概算表」,『京城工業學校一覽』(1934);「道立工業學校新設計劃」(1936).

<표 4> 중학교 학생의 학자금 내역(1940년대)

구분	금액	항목	금액	항목	금액
입학금	160	수업료(4월)	4	하복대	12
		연맹비(4월)	1	동복대	15
		연맹가입금	2	제복대	5
		후원회비(4월)	1	각반대	5
		후원회가입금	2	배낭대	15
		여행비적립금(4월)	1	목총대	5
		여행비적립금기금	15	밴드대	6
		입학기념사업비	2	검도구대	44
		고사용지 기타	1.5	농구(農具)대	3
				해부구(解剖具)대	4
				주판대	4.5
				보험료(1년)	12
학비 (1학년)	279	* 학년별로 상이함			
기숙사비 (1년)	254	* 하숙하는 경우는 약 300원(월 25원)			
합계	693				

출처: 전주북중학교, 1944, 「신입생 모집요강 및 합격통지서」.
* 표에는 교과서 대금(약 60원) 항목이 생략되어 있음.

과서 수급이 원활하지 않았기 때문에 학생들에게 개별 구입을 종용하고 있었다.

그런데 전주북중학교의 입학금은 1년 치 학비의 절반이 넘는 160원에 이르고 있다. 입학금은 입학식 당일에 전액 일시불로 완납해야 했기에 학부모들에게 상당한 부담이 되었다. 이러한 입학금에 포함된 항목을 보면, 학교 행사나 학교 운영에 드는 경비의 상당 부분을 학생 부담으로 전가하고 있는 점이 주목된다. 입학기념사업비를 비롯하여, 시험지 대금인 고사용지비까지 학생들에게 청구하고 있다. 또한, 농업 실습이나 근로동원에 필요한 농구용품 대금도 학생 부담으로 하고 있다. 특히 군사

훈련 과목인 교련 수업에 필요한 목총, 각반, 배낭, 제복 대금이나 해부 도구 대금도 학생들이 지불하고 있다. 그리고 사실상 군사훈련의 성격이 강한 무도 과목에 필요한 검도 용구 대금은 무려 44원에 이르고 있지만, 그 비용 부담 역시 학생들에게 전가하고 있다.

이처럼 중등학교 학자금은 대체로 1920년대에는 월 20원 정도가 소요되었고, 1930년대에는 월 30원, 그리고 1940년대에는 월 40원 이상이 필요했다. 그렇다면, 이러한 학자금 규모는 당시 조선인 학생들에게 어느 정도로 부담이 되었을까?

1929년도에 선린상업학교에 입학한 학생은 "소위 경성 유학생들은 당시 하숙비, 수업료, 수학여행적립금, 교우회비 외 잡비를 부담하면 1년에 백미 40~50가마에 해당하는 학비가 소요되었다"고 회고하였다.[23] 당시 학자금으로 1년에 쌀 40~50가마가 소요되었다는 회고가 과장된 것만은 아니었다. 조선 사회 농촌 가계의 지출 규모와 학자금 비중을 조사한 결과를 보면, 1년에 쌀 85석을 생산하는 상층농민은 중등학교에 다니는 자녀의 학자금을 위해 33석을 충당하고 있었는데, 그것은 1년 수입의 1/3에 해당하는 규모였다.[24] 이처럼 비교적 부유한 상층농인도 자녀 한 명을 중등학교에 보내는 것은 당시 조선인의 경제력 규모에 비춰 보면 매우 큰 부담이었다.

또한, 당시 조선인 사회에서 매우 안정적인 계층인 공무원을 보더라도 중등학교 자녀의 학자금 부담은 상당한 것이었다. 1930년대 판임관

---

23 선린팔십년사편찬회, 1978, 『선린팔십년사』, 309쪽.
24 이송은, 1923.3, 「수업료 저감 결의에 대한 비판」, 『개벽』.

의 초임은 월 40원이었으며,[25] 보통학교에 재직하는 전체 교원의 급여액을 평균하면 1인당 월 55원 수준이었다.[26] 이처럼 조선인 사회에서 비교적 안정적이며 사회 중류층인 공무원이나 교원이어도, 1930년대에 월 30원이나 되는 중등학교 자녀의 학자금을 대는 것은 큰 부담일 수밖에 없었다. 이러한 학자금 부담은 1940년대에 들어서도 절대 줄어들지 않았다.

> 내가 모교에 입학한 것은 1940년 4월 5일이다. 당시 입학금은 150원이었다. 150원이면 소 한 마리 값으로 기억되는데, 현재의 화폐가치로 볼 때 400~500만원은 되리라고 생각된다. 150원의 입학금을 납부한 데 대해 많은 물품이 지급되었다. 먼저 의복은 교복에 운동복과 작업복이 지급되었으며, 교복은 동복과 하복 두 가지로 국방색이고, 옷깃은 세웠으며 상의의 윗주머니는 오른쪽 가슴에도 있는데 단추로 채우게 되어 있었다. 그러니까 일본군의 군복 그대로인 것이다.[27]

1940년도 춘천농업학교 입학자의 회고에 따르면, 당시 농업학교는 입학금만 해도 '소 한 마리 값'에 해당하는 150원이었다. 의·피복비 등이 포함된 입학금은 특히 상당한 현금으로 한꺼번에 지급해야 했기 때문에 가정 형편이 어려운 학생들에게는 매우 큰 부담이었다. 위 회고자는 1945년 농업학교를 졸업한 후에 강원도청으로 취업하였는데, 그때

---

25 「判任官俸給令」 개정, 『朝鮮總督府官報』, 1920.8.24.
26 「인원은 배 이상인데 봉급 총액은 약 반분」, 『동아일보』, 1935.12.28.
27 원낙희, 2013, 『돈그리마』(자비출판), 285쪽.

받은 초임이 45원이었다.[28] 1940년대 농업학교의 입학금만 하더라도 당시 조선 사회에서 매우 안정적인 직업이었던 도청 직원 급여의 3배가 넘는 수준이었다.

이처럼 중등학교의 입학금과 학비에 대한 부담이 컸기 때문에 이를 충당하기 어려운 학생들은 사실상 중등학교 진학 자체를 생각조차 할 수 없었다. 실제로 학비를 내지 못하고 중도에 학교를 그만두는 일도 많았다. 이러한 상황에서, 당시 식민지 교육 당국은 중등학교 입학 지원서에 학부모와 보증인의 납세증명서를 첨부하게 하여, 학자금 지불이 가능한 소위 '유산계급' 자녀만 입학하도록 독려하기도 하였다.[29] 이때 중등학교 5년 동안 학자금 지출이 가능한 기준으로, 대체로 200원의 재산세를 납부하거나 1만 5천 원 이상의 자산 소유 여부를 제시하고 있었다. 이 정도 자산을 소유한 소위 '중산계급 이상'의 학부모가 아니라면, 자녀의 학자금 지불에 어려움을 겪을 것으로 판단했던 것이다.

실제로 당시 고등보통학교 학생들의 학부모들은 상당수가 자산가였던 것으로 보인다. 학적부 기록을 분석한 연구에 따르면,[30] 1932년도 경성제1고등보통학교 졸업생의 학부모 가운데 1만 5천 원 이상의 자산가 비중은 약 65% 정도였다. 사립학교는 그보다 다소 적었으나, 배재고등보통학교 재학생의 학부모들은 약 50%가 자산가였던 것으로 나타났다. 학적부 자산 기록의 신뢰성에 대한 한계를 고려하더라도, 당시 고등보통학교 학생들의 학부모들은 1만 5천 원 이상의 자산가들이 다수였다고

---

28 원낙희, 2013, 앞의 책, 11쪽.
29 「공립고보 입학은 유산자녀에만 제한?」, 『동아일보』, 1930.2.7.
30 박철희, 2002, 앞의 글, 78-79쪽.

볼 수 있다. 이러한 고등보통학교 학부모의 자산 상황과 비교할 때, 실업학교 학부모들의 자산 상태는 다소 낮게 나타났다. 천안농업학교 재학생 중 학부모의 자산이 1만 5천 원을 넘거나 연소득이 3,000원이 넘는 경우는 약 37% 정도였다.[31] 이리농림학교에서도 학부모의 연소득이 3,000원을 넘는 학생들은 대략 30% 정도였다.[32] 대체로 고등보통학교 학생들이 실업학교 학생들보다는 상대적으로 가정의 경제적 여건이 좋았다.

그렇다면, 학부모의 자산 상황에서 고등보통학교와 실업학교 사이에 차이가 나타나는 이유는 무엇인가? 고등보통학교와 실업학교를 졸업하는 데 필요한 학자금에서 큰 차이가 있는 것도 아니었다. 고등보통학교와 실업학교 재학생의 가정 배경에서 나타나는 차이를 이해하기 위해서는 각 학교의 교육 목적과 학교 선택 동기에 주의를 기울일 필요가 있다. 먼저, 조선 사회에서 고등보통학교는 이미 상급학교 진학을 위한 준비교육으로 이해되었다.[33]

> 현재 조선에 있는 고등보동학교는 사실상 상급학교 입시준비과정의 한 기관같이 되었다. 일반 학부형들이 그렇게 인정하고 학생들이 또한 그것을 당연하게 생각하며 교원이나 당국자들이 이 점에 대하여 별다른 사려와 의념이 없이 의식 무의식 간에 그러한 기관으로 자인

---

31 1940년 입학생 48명 중 보증인의 자산이 기록된 인원 44명이었으며, 혼란스러운 기록을 제외하고 18명이 이에 해당하였다(「천안농업학교 학적부」, 1940년도 입학생).
32 1935년과 1936년도 수의축산과 입학생 가운데 학부모의 연소득이 기록된 23명 중 7명이었다(「이리농림학교 학적부」, 1935·1936년도 수의축산과 입학생).
33 박철희, 2002, 앞의 글, 155쪽.

하고 나아가는 태도를 보이고 있다.[34]

위 잡지 기사에 따르면, 당시에 고등보통학교는 사실상 '상급학교 입시 준비 과정'의 한 기관처럼 인식되고 있었다. 이러한 인식에 대해서 학생이나 학부모는 물론이고 교원이나 교육 당국도 당연하게 생각하는 경향이 있었다는 것이다. 반면에, 실업학교는 '실업에 종사하려는 자'를 양성하는 곳이며, 따라서 졸업자에 대해서는 진학이 아니라 창업 또는 취업이 기대되고 있었다. 즉, 실업학교는 종결교육기관으로서의 성격을 갖는다. 그러나 고등보통학교는 국민다운 성격과 상식의 배양을 목적으로 한다고 규정되어 있지만, 실제로 중등단계 일반교육은 고등교육과의 연락이 더 중요한 의미를 갖게 된다. 그런데 이렇게 고등보통학교의 교육목적이 상급학교 준비교육에 있다는 인식이 확대되면서, 보통학교 졸업생들의 중등학교 선택에서 독특한 경향이 나타나게 된다.

물론 보통학교는 일률로 마치도록 하겠지만은 그다음 중등학교, 즉 고등보통학교에 보낼 때에 가장 주의하지 않으면 장래를 그르치기가 쉽다. 고등보통학교는 장래 전문학교나 대학에 가려는 사람에게 필요한 곳이다. 이렇게 말하면 어찌 생각하는지 모르지만은 고등보통학교만을 마치고 만다면 그야말로 아무 데도 소용이 없다. 그러므로 근래에 고등보통학교는 불량배, 부랑자 양성소라는 악평까지 듣게 되는 것이다. 고등보통학교만을 마칠 사람은 처음부터 입학시키

---

34 저자미상, 1930.9, 「현실에 비쳐 본 중등교육개량 방침문제」, 『별건곤』, 24쪽.

지 않는 것이 좋을 줄로 생각한다.[35]

위 기사는 어느 교사가 자녀의 중등학교 선택을 고민하는 보통학교 학부모를 대상으로 쓴 글이다. 그는 무엇보다 고등보통학교는 전문학교나 대학에 가려는 사람을 위한 준비교육기관이라는 사실을 명확하게 이해하는 것이 중요하다고 역설하고 있다. 즉, 고등보통학교를 졸업하고 고등교육기관으로 진학하지 않으면, 사실상 고등보통학교 교육은 아무 소용이 없다는 것이다. 따라서 고등보통학교만을 졸업하는 데 그칠 생각이라면, 애초부터 고등보통학교에 입학하지 않는 편이 낫다고 주장하고 있다.

이처럼 고등보통학교를 상급학교 진학을 위한 중간과정의 학교로 인식하는 경향이 확산되면, 그것이 중등학교 진학 과정에 미치는 효과도 분명했다. 처음부터 고등보통학교 입학을 선택할 때는 고등보통학교 졸업만을 목표로 하는 것이 아니라 졸업 후 고등교육 진학까지도 선제할 필요가 있다는 사실이다. 그러므로 사녀를 고등보통학교에 입학시키고자 할 때 학부모는 단지 고등보통학교 5년간의 학자금 지급 여력에 대해서만 생각하는 것이 아니라, 졸업 이후 전문학교나 대학 과정의 학자금 비용까지도 고려해야 한다. 이러한 사실은 중등학교 진학을 선택할 때 중요한 고려사항이었다.

학교에 입학시키기 전에 미리 그 학생의 장래를 결정하시기 바랍니다. 그래서 전문학교까지 보낼 자신이 계시면 고보에 입학시켜도

---

35 김도태, 1930.5, 「교원의 입장에서 학부형에게 대한 희망」, 『학생』, 3쪽.

좋으나, 그렇지 못하면 애초에 실업학교로 보내심이 좋겠습니다. 고보에 입학해서 한두 해 공부하다가 중도에 실업학교로 전학을 하거나 하는 일은 학생의 공부에도 방해가 되고 학교 당국으로서도 퍽 괴롭습니다.[36]

이처럼 당시 언론에서도 전문학교나 대학까지 학자금을 지원해줄 수 있을 정도의 경제력이 있는 경우에만 자녀를 고등보통학교에 입학시킬 것을 당부했다. 만약 전문학교까지 보낼 자신이 없으면 애초부터 고등보통학교가 아니라 실업학교에 보내야 한다고 주장했다. 이러한 인식이 널리 확산되면서, 고등보통학교 학생들이 실업학교 학생들보다는 상대적으로 가정의 경제적 여건이 나았을 것으로 이해할 수 있다. 당시에도 고등보통학교는 '돈이 좀 있는 사람이 가는 학교'라는 인식이 널리 퍼져 있었다.

물론 상대적으로 여유로운 형편의 자제들이 중등학교 진학에서 고등보통학교를 주로 선택한다고 해서 실업학교 학생들이 실제로 가난한 집 자제들인 것은 결코 아니었다. 실업학교든 고등보통학교든 당시 중등학교를 다니기 위해서는 상당한 규모의 학자금을 감당할 수 있어야 했기 때문이다. 다만, 상대적으로 고등보통학교는 향후 더 많은 학자금 지출을 감당할 수 있을 때 선택하는 학교였다고 볼 수 있다.

이러한 중등학교 선택의 측면에서 본다면, 당시 보통학교 졸업생들이 실업학교를 선택하는 이유는 경제적 동기에 의한 경우가 많았다. 실업학교 졸업생들의 회고에서는 실업계 학교를 지원한 이유로 졸업 후 취업이 보장되기 때문이었다고 술회하는 경우가 많았다. 1936년도 조

---

36 현상윤, 1933.4, 「재경감독자가 필요」, 『신동아』, 27쪽.

사 자료를 보면, 고등보통학교 졸업생의 37%만이 상급학교에 진학할 수 있었고, 무려 30%에 이르는 졸업생들은 사실상 실직 상태에 머물러 있었다.[37] 반면에, 실업학교 졸업생의 69%는 보장된 취업처로 진출할 수 있었다. 이처럼 고등보통학교 졸업자의 입학난과 실업난이 만성화된 상황에서, 실업학교의 높은 취업률은 보통학교 졸업자들에게 실업학교 입학에 대한 높은 유인으로 작용하였다. 고등보통학교 졸업자들의 상급학교 진학이 매우 제한된 조건이라면, 처음부터 실업학교로 진학하는 것이 합리적 선택으로 부각되는 것이다. 더구나 가정의 경제적 사정이 여유롭지 못해 전문학교나 대학 진학을 기대하기 어려운 보통학교 학생들에게 좋은 조건의 취업이 보장된 실업학교 진학은 상당히 매력적이었다.

2) 진로 현황

(1) 고등보통학교 졸업생 진로

1920~1930년대 고등보통학교 졸업자의 진로 경향을 보면, 상급학교 진학자 비율은 1920년대에 20%대에 머물다가 1930년대 이후에는 30%를 넘어서며 완만한 상승세를 보여주고 있다.[38] 특히 1930년대 이후로 상급학교 진학자 수는 취업자나 가사 종사자 수를 훨씬 상회하여 가장 큰 비중을 차지하고 있는 점이 주목된다. 이러한 고등보통학교 졸업자의 진학률 추이는 해당 학교의 입학을 앞둔 보통학교 졸업생들에게

---

37 『朝鮮總督府調査月報』, 1936.1.
38 『學事參考資料』, 1937.

일종의 신호를 제공하게 된다. 즉, 졸업 후 자기 진로에 대한 예측과 기대가 가능해진다. 따라서 1930년대 이후로 고등보통학교의 기능에 상급학교 진학 준비기관으로서의 사회적 성격이 강화되었다고 볼 수 있다.

고등보통학교 졸업자 진로에서 취업자의 비율은 대체로 20% 전후가 유지되고 있다. 이들은 주로 관공서나 교원, 그리고 은행·회사 등으로 취업하고 있다. 교원으로 취업하는 이들의 수는 연도별 등락이 다소 큰 편이지만, 관공서와 은행·회사의 취업자 수는 완만하게 증가하는 경향을 보여준다. 다만, 1930년을 전후한 시기는 세계적인 경제 대공황의 여파로 전체 취업자 수 규모 자체가 감소하였다.

이와 관련하여, 고등보통학교 진로 경향 가운데 가사 종사자의 비율에도 주목할 필요가 있다. 당시 졸업생의 진로 조사에서 가사는 주로 가업을 계승하는 경우를 말한다. 조선 사회의 산업구조는 농업의 비중이 압도적으로 높았다는 점을 고려한다면, 이들은 주로 농촌에 남아 가업에 종사하는 것으로 이해된다. 다시 말해, 고등보통학교 졸업자 진로에서 가사로 분류된 이들은 상급학교로 진학하거나 취업을 통한 근대적인 산업부문으로의 이동이 좌절된 집단으로 볼 수 있다.[39] 이러한 가사 종사자는 전체적으로 하락 추세에 있지만, 경기 상황에 더 민감하게 영향받는 것으로 보인다. 가사 종사자 비율은 1930년을 전후한 경제 대공황 시기에 많이 증가했으며, 전체적으로 취업자 비율과 완전히 상반된 움직임을 보여주고 있다.

한편, 위에서 제시한 고등보통학교 졸업자의 진로는 공립과 사립을 모두 포함한 자료이다. 공·사립 고등보통학교 졸업자들의 진로 경향은

---

39 박철희, 2002, 앞의 글, 225쪽.

<표 5> 고등보통학교 졸업자의 진로 상황

연도	취업				가사	진학	기타	졸업자 총수
	관공서	교원	은행회사	소계				
1927	54	111	36	**201**	320	260	233	1,014
1928	99	107	74	**280**	409	298	297	1,284
1929	90	64	71	**225**	477	353	261	1,316
1930	92	43	49	**184**	502	296	338	1,320
1931	135	44	77	**256**	407	325	270	1,258
1932	95	103	89	**287**	354	422	256	1,319
1933	115	50	105	**270**	349	483	189	1,291
1934	116	49	93	**258**	522	593	168	1,541
1935	168	100	107	**375**	526	642	200	1,743
1936	158	122	121	**401**	448	819	165	1,833
합계	1,122	793	822	**2,737**	4,314	4,491	2,377	13,919
	8%	6%	6%	**20%**	31%	32%	17%	100%

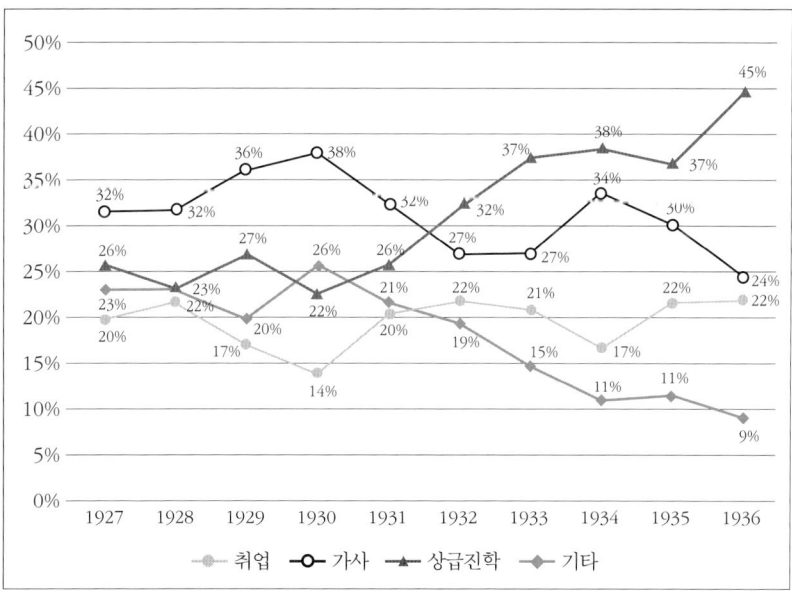

출처: 『學事參考資料』(1937).
* 공립 및 사립의 고등보통학교 졸업자. 기타에는 사망·불명 등이 포함됨.

대체로 유사하지만, 취업 상황에서는 다소 차이가 난다. 조사기간 전체에서 공립학교 졸업자의 취업 비중은 평균 25% 정도이지만, 사립학교 졸업자의 취업 비중은 13%로 큰 차이가 있었다. 반면에, 상급학교 진학자 비중에서는 큰 차이가 없었고, 가사 종사자의 비중은 공립학교보다는 사립학교에서 훨씬 높게 나타났다. 사립학교 졸업자들이 공립학교 졸업자들보다 상대적으로 취업에 실패하여 가사에 종사하는 경우가 많았다. 이렇게 사립학교와 공립학교의 취업자 비중에서 차이가 나는 이유는 관공서와 은행·회사 등에서 사립보다는 공립학교 졸업자를 선호했기 때문으로 이해할 수 있다.

물론 공립과 사립 고등보통학교 졸업자들의 상급학교 진학 비중이 비슷하다고 해서 진학하는 학교 유형이 동일한 것은 아니었다. 공립 고등보통학교 졸업자는 관공립학교로 진학하는 비율이 평균적으로 62%이고 사립학교 진학 비율은 38%지만, 사립 고등보통학교 졸업자는 관공립학교 진학 비율이 평균 25%이고 사립학교 진학 비율이 75%를 차지했다. 공립 고등보통학교 졸업자들은 관공립의 전문대학 또는 대학으로 진학하는 비율이 높고, 사립 고등보통학교를 졸업한 학생들은 사립 전문대학이나 대학으로 진학하는 비중이 압도적으로 높았다.

고등보통학교 졸업자들의 전문학교 및 대학의 입학 경쟁이 매우 치열했을 뿐만 아니라, 학교 간 상급학교 입학자를 배출하기 위한 경쟁도 치열했다. 이러한 조건을 염두에 두고, 각 고등보통학교 졸업자의 상급학교 입학 상황을 비교하는 것도 유의미할 것이다.[40] 앞에서 살펴본 것처럼, 공립과 사립 고등보통학교 졸업생들의 상급학교 진학 경향이 뚜렷

---

40 『朝鮮總督府調査月報』, 1932.11.

<표 6> 공·사립 고등보통학교 졸업자의 상급학교 진학 상황

연도	공립고등보통학교 졸업자의 진학 학교					사립고등보통학교 졸업자의 진학 학교				
	관공립학교		사립학교		합계	관공립학교		사립학교		합계
1926	99	74%	34	26%	133	67	53%	60	47%	127
1927	110	74%	38	26%	148	53	35%	97	65%	150
1928	144	73%	52	27%	196	50	32%	108	68%	158
1931	172	70%	74	30%	246	42	24%	134	76%	176
1932	118	47%	131	53%	249	45	19%	189	81%	234
1933	162	52%	152	48%	314	39	14%	244	86%	283
1934	201	60%	133	40%	334	62	20%	246	80%	308
합계	1,006	62%	614	38%	1,620	358	25%	1,078	75%	1,436

출처: 박철희, 2002, 「식민지기 한국 중등교육 연구」, 230쪽.

하게 나타나고 있다. 공립 고등보통학교 졸업자들은 관공립 전문학교나 대학으로 진학하는 경우가 많고, 사립 고등보통학교 졸업자들은 사립 전문학교나 대학으로 진학하고 있다. 그러나 학교에 따라 졸업자의 상급학교 입학자 상황에서 뚜렷한 특징을 보이는 점에 주목할 필요가 있다.

공립 고등보통학교늘을 살펴보면, 경성제1고등보통학교와 경성제2고등보통학교, 평양고등보통학교가 가장 많은 상급학교 진학자를 배출했다. 특히 경성제1고등보통학교는 다른 학교들과 비교할 때 진학자 현황에서 현격한 차이를 보여주고 있다. 상급학교 진학자 총원을 비교할 때 경성제1고등보통학교의 졸업자 수는 압도적인 규모이다. 더구나 경성제국대학 예과의 공립 고등보통학교 출신 입학자 총원 37명 가운데 경성제1고등보통학교 졸업자는 18명으로 전체의 절반이 넘는 비중을 차지하고 있다. 이처럼 조선 내에 세워진 유일한 대학이면서 제국대학이었던 경성제국대학 예과에서 경성제1고등보통학교가 차지하는 위상은 타의 추종을 불허한다.

반면에, 전북의 전주를 비롯하여 전남의 광주, 부산의 동래, 경남의 진주, 함북의 경성(鏡城) 등 고등보통학교 졸업자들 중 상급학교 진학자 수는 매우 적다. 그 이유는 물론 학교 규모가 작고 졸업자 수가 적었기 때문이기도 하다. 그러나 전국 각 도에 세워진 고등보통학교 가운데 경성제국대학 예과 진학자를 한 명도 배출하지 못하는 학교들도 상당수에 이르고 있었다. 다시 말해, 공립 고등보통학교들 사이에도 상급학교 진학 상황에서 상당한 격차가 나타난 것으로 이해할 수 있다.

한편, 사립 고등보통학교 졸업자들은 사립 전문학교나 대학으로 진학하는 학생들이 압도적으로 많다. 특히 사립 전문학교 진학자는 87명으로 전체 진학자 총원 176명 가운데 절반에 이르고 있다. 물론 사립 고등보통학교 졸업자 가운데 경성제국대학 예과나 경성법학전문학교 등에 상당수가 진학했으나, 대부분의 사립학교 출신자들은 사립의 대학이나 전문학교로 진학하는 경향이 뚜렷하게 나타났다.

(2) 여자고등보통학교 졸업생 진로

여자고등보통학교 졸업자의 진로는 앞에서 살펴본 고등보통학교와 비교할 때 뚜렷한 특징을 보여주고 있다.[41] 상급학교 진학률은 1920년대와 1930년대에 줄곧 20%대가 유지되었다. 조사기간 10년 동안 진학자 수가 3배 정도 증가하고 있지만, 그만큼 여자고등보통학교가 증설되면서 졸업자 수도 함께 증가하고 있기 때문일 것이다.

여자고등보통학교 졸업자의 진로 경향에서 나타나는 가장 큰 특징은 가사 종사자의 비율 증가에 있다. 가사 종사자는 1920년대 40% 전후로

---

41 『學事參考資料』, 1937.

<표 7> 각 고등보통학교 졸업자의 상급학교 입학 현황

	관립학교									공립학교		사립학교						진학총원
	대예	고등	법전	의전	고공	고농	고상	사범	기타	전문	기타	대학	전문	고등	일반	종교	기타	
경성제1	18	1	10	1		3	1	7			2	5	12					60
경성제2	5		7	2	1	4	1	2		1	2	1	13					39
청주	4		1						1				1				1	8
공주			3			1		3					4					11
전주			1										2					3
광주						3		1	1			1	1	1				7
대구	3					1			1		9		3					17
동래	1		1	1								2	1			1		7
진주	1		1			3							1					6
해주	2				1	1	7						4					15
평양	1	1		3	3	1					13	6	4					32
신의주	2		1	2	1			2			1		3					12
춘천							6							2				8
함흥			2				5								1			8
경성(鏡城)				1						2	2	1					1	7
합계(공립)	37	2	27	9	6	11	3	38	2	2	30	16	50	2	2	1	2	240
	167									73								
양정				1								1	14					16
배재			1										18					19
보성	1		3	1		1	2				2	6	13					30
휘문			1	2								7	13					23
중앙	1				1	2						6	16					26
송도	1		1										8			1		11
고창	1		1										2					4
광성	2		2	2		2	6							8	14			36
오산	1						1			2	4	3						11
합계(사립)	7	0	9	5	3	4	8	1	0	4	24	87	0	8	15	0		176
	42									134								

출처: 『朝鮮總督府調査月報』(1932.11).

지속해서 증가하여 1930년대 중반 이후에는 70% 전후에 이르고 있다. 여자고등보통학교 졸업자의 10명 가운데 7명 정도는 졸업 후에 진학이나 취업을 하지 않고 집에 머무르며 집안일을 돕거나, 결혼하여 주부로서 살아가고 있었다.

이렇게 여자고등보통학교 졸업자의 가사 종사자 비율이 증가한 것은 물론 진학할 만한 상급학교가 부족했기 때문이다. 소수의 여자전문학교를 제외하고, 당시 대부분의 전문학교와 경성제국대학은 남자들만 입학할 수 있었다. 그러나 더 큰 이유는 여자고등보통학교 졸업자의 취업처가 부재한 사실에 있을 것이다. 여자고등보통학교 졸업자의 취업 비율은 지속해서 하락하여 1930년대 중반에는 10% 미만이었다.

여자고등보통학교 졸업자 가운데 취업자는 비율만 하락하고 있는 것이 아니라 취업자 수 절대 규모도 감소하고 있는 점도 특징적이다. 여자고등보통학교를 졸업하고 취업한 이들의 절대다수는 교원으로 진출했고, 관공서나 은행 또는 회사 등으로 취직하는 경우는 매우 드물었다. 그런데 이렇게 교원으로 진출하는 여자고등보통학교 졸업자 수가 1930년대 중반에는 오히려 소폭 감소하는 것으로 나타났다.

이처럼 여자고등보통학교는 가사 종사자를 양성하는 사실상 종결교육기관으로서의 성격이 점차 고착화되었다. 당시 언론의 조사에 따르면, 여자고등보통학교 재학생들은 상급학교 진학을 희망하는 이들이 다수를 차지했다.[42] 그러나 이들에게 고등교육 기회는 매우 제한되어 있었으며, 나아가 취업을 통한 사회활동의 길은 지극히 드물었다.

공립과 사립으로 구분하여 여자고등보통학교 졸업자의 진로를 비교

---

42 「가정, 취직보다는 상급 지망이 다수」, 『동아일보』, 1933.3.7.

<표 8> 여자고등보통학교 졸업자의 진로 상황

연도	취업				가사	진학	기타	졸업자 총수
	관공서	교원	은행 회사	소계				
1927	2	112	6	120	140	94	11	365
1928	6	76	2	84	211	120	16	431
1929	-	70	2	72	234	120	24	450
1930	3	80	7	90	286	133	16	525
1931	-	72	11	83	410	147	20	660
1932	17	95	11	123	605	239	13	980
1933	4	72	8	84	770	233	5	1,092
1934	9	60	14	83	576	232	5	896
1935	6	50	19	75	651	221	15	962
1936	6	35	16	57	721	279	10	1,067
합계	53	722	96	871	4,604	1,818	135	7,428
	1%	10%	1%	12%	62%	24%	2%	100%

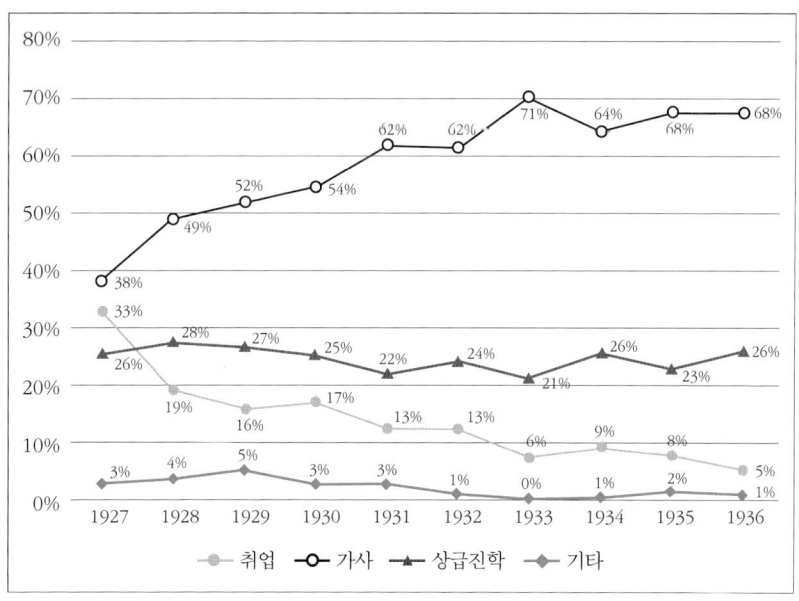

출처: 『學事參考資料』(1937).
* 공립 및 사립의 여자고등보통학교 졸업자. 기타에는 사망·불명 등이 포함됨.

할 때 대체로 유사한 분포를 보였다.[43] 다만, 전체적으로 보았을 때, 공립보다는 사립 여자고등보통학교 졸업자의 상급학교 진학 비율이 다소 높았다. 또한, 취업자 비율에서는 공립 여자고등보통학교 졸업자가 사립학교 졸업자보다는 다소 높게 나타났다.

그러나 〈표 9〉에서 공립과 사립의 여자고등보통학교 졸업자의 진로 상황은 사실 개별 학교의 영향을 크게 받는 점에 주의할 필요가 있다. 먼저, 상급학교에 진학한 공립 여자고등보통학교 졸업자 68명 가운데 절반이 넘는 38명은 사범학교에 진학한 경성여자고등보통학교 졸업자 수에 해당한다. 즉, 경성여자고등보통학교는 해당 연도 졸업자 84명 가운데 사범학교를 포함한 진학자 수가 49명으로 58%에 이르고 있다. 그러나 대구여자고등보통학교에서는 졸업자 71명 가운데 진학자가 불과 4명으로 6%에 지나지 않았다. 평양여자고등보통학교도 졸업자 74명 가운데 진학자는 7명으로 9% 수준이었고, 전주와 광주의 여자고등보통학교 졸업자 가운데 진학자는 각각 2명과 1명에 불과하였다. 다시 말해, 공립 여자고등보통학교 졸업자의 진학 비율은 경성여자고등보통학교를 제외하면 훨씬 낮은 수준이었던 것으로 이해할 수 있다. 또한, 교원에 취업한 공립 여자고등보통학교 졸업자 35명 가운데 절반이 넘는 19명은 평양여자고등보통학교 졸업자들이다. 이를 고려한다면, 공립 여자고등보통학교 졸업자의 취업자 비중이 사립 여자고등보통학교보다 높다고 판단하기는 어렵다.

이처럼 여자고등보통학교는 개별 학교마다, 그리고 연도별로 진학자와 취업자 비중에서 증감이 다소 크게 나타나고 있다. 그러나 공립이든

---

43 『朝鮮總督府調査月報』, 1932.11.

<표 9> 여자고등보통학교 졸업자의 진로 상황

	취업				가사	진학	기타	졸업자 총수
	관공서	교원	은행회사	소계				
공립 (6개교)	12	35	7	54	194	68	1	317
	4%	11%	2%	17%	61%	21%	0%	100%
사립 (10개교)	5	60	4	69	411	171	12	663
	1%	9%	1%	10%	62%	26%	2%	100%

출처: 『朝鮮總督府調査月報』(1932.11).

사립이든 여자고등보통학교 졸업자의 절대다수는 가사에 종사하였으며, 상급학교 진학자나 취업자의 비율이 매우 제한되어 있었다. 상급학교에 진학할 때도 일본으로 유학하는 등 진취적인 성향을 보여주는 사례가 없지 않았으나, 대부분은 이화여자전문학교나 숙명여자전문학교의 가사과에 집중되었다.[44] 이러한 상황은 여자고등보통학교의 증설이 확대되는 식민지 말기까지 대체로 유지되었다. 즉, 일제강점기 여자고등보통학교는 사실상 가사 종사자를 양성하는 종결교육기관의 성격이 강하게 나타나고 있었다.

(3) 실업학교 졸업생 진로

실업학교는 졸업자의 취업 비중이 평균적으로 60%대를 유지하며 고등보통학교보다 훨씬 높게 나타났다. 실업학교 졸업자들의 취업처는 관공서와 은행·회사의 비중이 높았지만, 교원으로 진출하는 사람들의 비중은 낮은 편이었다. 1920년대 중반에는 관공서로 진출하는 사람들이 많았으나, 1930년대에 들어서면서 은행이나 회사로 취업하는 사람들의

---

44 김명숙, 2017, 앞의 글, 293-294쪽.

수가 이를 추월하여 가장 큰 비중을 차지했다.

물론 1930년을 전후한 기간에는 세계 경제 대공황의 여파로 졸업자의 취업 비중이 다소 낮게 나타났다. 반대로, 이 기간에 가사 종사자의 비중이 20%를 넘어서며 다소 높아졌다. 이처럼 취업자와 가사 종사자의 비중 변화가 상반되게 나타나는 것은 고등보통학교 졸업자의 경우와 유사하다.

한편, 실업학교 졸업자들의 상급학교 진학률도 대체로 10% 전후가 유지되고 있다. 취업자 비중과 마찬가지로, 진학자 비중도 1930년을 전후하여 다소 하락하고 있다. 그러나 이후 진학자 비중은 다시 상승하여 대체로 그 이전의 10% 수준을 회복하고 있다.

그런데 실업학교는 취업과 진학 외에 자영의 비율도 중요한 의미가 있다. 여기서 자영은 실업학교에서 전공한 분야의 실업 방면에 직접 종사하는 경우를 말한다. 농업학교 출신자라면 농업에 종사하고, 상업학교 출신자라면 상점 등을 직접 경영하는 경우가 여기에 해당한다. 이렇게 실업학교 졸업자의 자영 비율이 중요한 이유는 당시 교육 당국이 실업학교의 목적을 이러한 자영인 양성에 두고 있었기 때문이다. 즉, 농업학교의 교육 목표는 '농업종사자' 양성에 있었지만, 졸업 후 '봉급에 의식'하려는 경향을 경계해야 한다는 실업교육 방침을 천명하고 있었다.[45] 따라서 식민지 교육 당국은 학생들의 상급학교 진학이나 취업 지향을 통제하고 직접 실업에 종사하는 졸업자를 많이 배출하도록 일선 학교에

45　朝鮮總督府學務局, 1912, 1912年 12月 농업학교장 회동에서 지시사항; 『(朝鮮人敎育)實業學校要覽』, 56쪽.

〈표 10〉 실업학교 졸업자의 진로 상황

연도	취업				가사	진학	기타	졸업자 총수
	관공서	교원	은행 회사	소계				
1927	510	34	304	848	243	123	35	1,249
1928	489	55	392	936	338	138	33	1,445
1929	488	27	436	951	400	106	54	1,511
1930	442	8	499	949	433	129	86	1,597
1931	545	14	513	1,072	431	129	110	1,742
1932	602	14	609	1,225	453	123	92	1,893
1933	702	32	715	1,449	498	127	146	2,220
1934	708	31	768	1,507	477	159	125	2,268
1935	704	98	915	1,717	494	229	99	2,539
1936	796	154	966	1,916	419	271	117	2,723
합계	5,986	467	6,117	12,570	4,186	1,534	897	19,187
	31%	2%	32%	66%	22%	8%	5%	100%

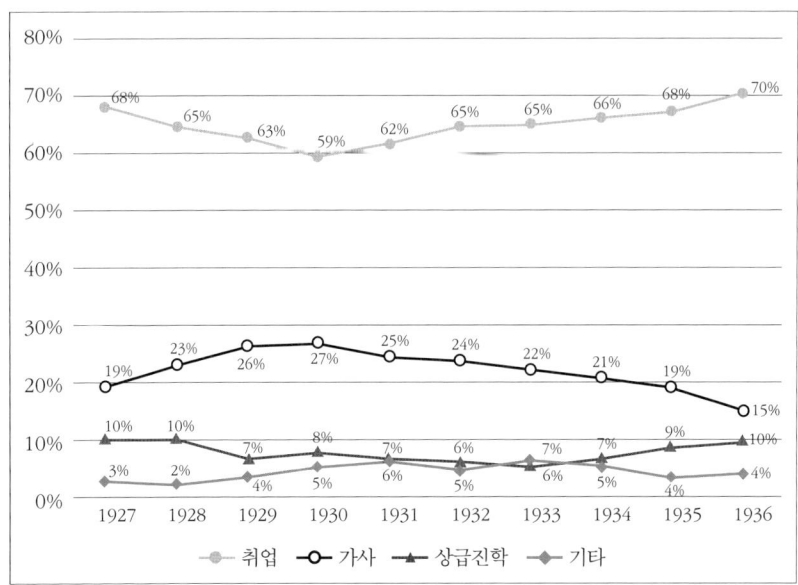

출처: 『學事參考資料』(1937년).
* 공립 및 사립의 실업학교 졸업자 수이며, 실업보습학교는 포함하지 않음. 기타에는 사망·불명 등이 포함됨.

지속해서 진로지도 방침을 하달하고 있었다.[46]

또한, 실업학교는 그 종류에 따라 졸업자의 진로 상황이 뚜렷하게 구분된다. 이하에서는 농업학교, 상업학교, 공업학교, 직업학교 등으로 구분하여, 시대별로 실업학교 졸업자의 진로 상황을 검토하고자 한다.

① 농업학교

1910년대 농업학교 졸업생들의 진로 현황은 〈표 11〉과 같다. 초기에 설립된 대표적인 실업학교인 대구농림학교가 2년제 과정으로 운영된 시기의 졸업생 전체를 대상으로 하고 있다. 1910년대 농업학교 졸업생들은 관공리로 진출한 이들이 58%로 가장 높은 비중을 차지하고 있다. 다음으로 농업에 종사하는 사람이 27% 비중이었으며, 은행이나 회사원으로 취직한 사람이 9% 비중이었다. 반면에, 상급학교 진학자는 1%로 매우 적게 나타나고 있다.

식민지 초기에 농업학교 졸업자들의 진로에서 관공리 비중이 높았던 것은 당시 농업학교가 재학생들에게 학자금을 지급하고 졸업 후 의무 복무를 부과하였기 때문이다. 그러나 이후 학자금 지급 제도가 사라진 뒤에도 농업학교 졸업자들이 지방관청이나 공공기관으로 취업하는 비율은 다소 높은 편이었다. 또한, 농업학교 졸업자의 주요한 진로 조류인 교원 항목이 따로 분류되지 않고 있는데, 여기에서는 관공리 항목에 포함되었을 것으로 추측된다. 한편, 상급학교에 진학한 농업학교 졸업자 수가 매우 적게 나타나는 이유는 당시 농업학교의 수업연한이 2년으로 매우 짧았기 때문이다. 더구나 교육과정도 농업 실습 중심으로 편성

---

46 朝鮮總督府學務局, 1913, 1913年 12月 농업학교장 회동에서 지시사항; 『(朝鮮人敎育)實業學校要覽』, 61-63쪽.

<표 11> 대구농림학교 졸업생의 진로 현황(1910년대)

졸업 연도	관공리	농업	은행 회사원	진학	기타	졸업생 전체
1912	14	8	3		2	27
1913	16	7			2	25
1914	6	10	1	1	2	20
1915	12	10	4	1	1	28
1916	19	12	5		0	36
1917	20	11	9		2	42
1918	24	10	1		1	36
1919	28	6	1	1	1	37
1920	12	6	2		3	23
1921	20	1	1	1	0	23
합계	171	81	27	4	14	297
	(58%)	(27%)	(9%)	(1%)	(5%)	(100%)

출처: 「大邱農林學校徵兵令上認定の件」, 「實業學校徵兵令上認定の件」(1926).

되었고 보통과목의 수업시간이 매우 적었기 때문에, 농업학교 졸업자들은 상급학교로 진학하기에 매우 불리한 조건에 있었다. 다른 농업학교도 1910년대에 상급학교 신학자는 한 명도 없었던 것으로 조사되고 있다.[47] 당시 농업학교는 사실상 상급학교와 연결되지 못하는 학교였다고 볼 수 있다.

1920년대 들어 실업학교의 수업연한이 연장되면서 농업학교의 진로 경향에서도 변화가 나타나기 시작하였다. 초창기에 설립된 농업학교들은 대부분 1910년대 말에 3년제로 수업연한이 연장되었고, 1920년대 중반 이후로는 학교 상황에 따라 순차적으로 5년제 갑종학교로 승격되기 시작하였다. 이렇게 농업학교의 수업연한이 연장되면서 졸업생들의

---

47 춘천농공고등학교총창회, 2010, 『춘천농공고백년사』, 235쪽.

<표 12> 광주농업학교 졸업생의 진로 현황(1940년대)

연도	관청	농회	은행	회사	교육	진학	자영	입영	기타	합계
1938	8	3	3	5	2	6	3		3	33
1939	9	3	3	7	8	5	3		4	42
1940	9	4	4	5	2	4	3		5	36
1941	8	3	4	4	3	4	2		2	30
1941	18	11	12	10	4	10	6		6	77
1942	17	10	11	12	4	9	5		10	78
1943	16	6	7	8	4	8	6		10	65
1944	15	5	5	15	7	7	2	8	11	75
1945	17	3	4	8	8	8	3	5	9	65
합계	117	48	53	74	42	61	33	13	60	501
	23%	10%	11%	15%	8%	12%	7%	3%	12%	100%

출처: 『광주농업고등학교팔십년사』(1989), 315쪽.

진로 조류도 매우 다양해졌다. <표 12>는 식민지 말기 광주농업학교 졸업생들의 진로 현황에 관한 것이다.

식민지 초기와 비교할 때, 식민지 말기에는 농업학교 졸업자들이 관청으로 진출하는 비율이 감소했다. 그러나 농회나 교원 항목을 포함한다면, 여전히 농업학교 졸업자의 공공기관 진출은 매우 높은 편이라 할 수 있다. 특히 농회는 1920년대부터 전국적으로 설립이 확산된 준 행정조직으로서,[48] 농업학교 졸업자들의 주요한 취업처가 되고 있었다. 또한, 1910년대와 비교하면, 농업학교 졸업자의 상급학교 진학 비율이 많이 증가했다. 그것은 물론 농업학교의 수업연한이 5년제로 연장되어 고등보통학교 졸업과 동등한 학력이 인정되었기 때문이다. 또한, 당시 농업

---

[48] 식민지 시기의 농회에 관해서는 『일제의 농업정책과 조선농회』(김용달, 2003, 혜안) 참조.

학교의 성적우수자에게는 학교장의 추천에 따라 무시험으로 동일계열 전문학교로 입학할 기회가 주어지기도 하였다.

농업학교 졸업자들의 진로 상황을 더욱 상세하게 살펴보면 〈표 13〉과 같다. 1935년도 경성농업학교 농업과 및 양잠과 졸업생의 진로 상황에 관한 자료이다. 이들은 면사무소나 농회를 비롯하여, 전매국, 곡물검사소, 농사시험장 등의 행정관청계로 진출하는 비율이 높았다. 금융계 방면에서는 대부분 금융조합으로 진출했으며, 동양척식회사 등의 민간회사로 취업하기도 하였다. 교육계 방면으로는 보통학교의 농업 과목 교

〈표 13〉 경성농업학교 졸업생의 취업 상황(1935년)

진로		학생 수	비율
관청계	군농회	5	
	면사무소	13	
	전매국	2	
	농사시험장	3	
	곡물검사소	1	
	소계	24	40%
회사계	동양척식	3	5%
금융계	식산은행	1	
	금융조합	10	
	소계	11	18%
교육계	보통학교	9	15%
진학	수원고등농업	1	
	(성강·盛岡)고등농업	1	
	소계	2	3%
기타	상업	1	
	가사	9	
	입영	1	
	소계	11	18%
합계		60	100%

출처:『서울시립대학교90년사』(2008), 33쪽.

원으로 진출하는 이들도 상당수에 이르고 있었다. 또한, 상급학교로 진학하는 경우는 농업 계열 전문학교에 한정되어 나타났다.

그런데 농업학교는 물론이고 당시 실업학교 졸업생의 취업은 학교장의 추천으로 이루어지고 있었다. 이들의 취업은 매우 쉬운 편이었기 때문에, 진학 희망자 등 극히 일부를 제외하고 대부분 졸업 전에 취업처가 결정되었다.[49] 그렇다고 해서 모든 취업처가 학생들에게 같은 의미를 갖는 것은 아니었다. 학생들 사이에서는 선호하거나 꺼리는 취업처가 대체로 정해져 있었다. 1936년 이리농림학교에 입학했던 학생은 졸업 당시의 상황을 다음과 같이 술회하고 있다.

> 연기군 농회에 첫 취직이 되었다. 그날이 1941년 5월 31일. 월급은 33원이었고, 임명하여 주신 연기군수는 후일에 농림부장관이 되신 정락훈 씨였다. 졸업 성적이 우수하고 처음부터 취직하려던 친구들은 동양척식회사에, 식산은행, 삼양사, 농검 등 전국 각 유수한 좋은 직장으로 졸업과 동시에 취업이 되어 나갔는데, 나는 그만 땐전을 보다 33원짜리 신세가 되었다.[50]

위 농업학교 졸업생은 전문학교 진학을 희망하였다가 낙방하여 뒤늦게 취업한 경우였다. 그의 회고를 통해 당시 농업학교 학생들 사이에 인기가 있었던 취업처를 가늠해볼 수 있다. 이를테면, 동양척식회사나 조선식

---

49 대구농림자연과학고등학교총동창회, 2010, 『대구 농림·자연과학고등학교 백년사』, 149쪽.
50 이리농림60주년 기념사업 추진위원회, 1982, 『이리농림육십년사』, 72쪽.

산은행, 삼양사, 농검(곡물검사소) 등은 성적 우수자가 진출하는 좋은 직장으로 평가되고 있다. 반면에, 자신이 취업한 농회는 그다지 선호했던 취업처가 아니었던 것으로 술회하고 있다. 물론 그렇다고 해서 당시 조선인 사회에서 농회가 변변치 못한 직장은 아니었으며, 농업학교 졸업자라면 언제든지 취업할 수 있는 최소한의 기대치였던 것으로 이해할 수 있다.

사실 농업학교 졸업자들은 기수(技手) 자격이 인정되어 행정관청이나 농업진흥기관 등으로 배타적인 취업이 보장되어 있었다. 도청이나 군청 또는 면사무소의 농무과, 산림과 등에 취업하거나, 농사시험장, 곡물검사소, 종묘장, 종축장, 전매국, 세무서, 영림서 등으로 취업할 수 있었고, 농회나 금융조합에 취업하는 것은 어려운 일이 아니었다. 이렇게 배타적으로 보장된 특권을 통해서, 농업학교 졸업자들은 당시 조선인 사회에서 비교적 안정적인 생활수준을 확보할 수 있었다.

② 상업학교

1910년대 상업학교 졸업자들의 진로 상황은 〈표 14〉와 같다. 부산상업학교가 5년제 갑종학교로 승격되기 이전까지 3년제 교육과정을 마친 졸업생들의 진로 현황에 관한 것이다. 상업학교 졸업생들은 은행과 금융조합 등 금융계로 진출하는 이들이 가장 많은 40% 비중을 차지하고 있다. 여기에 회사와 상점 항목을 포함한다면, 상업학교 졸업자의 일반기업체 취업은 65%에 이르고 있었다. 반면에, 관리나 교원으로 진출한 이들은 각각 2% 비중으로 매우 적은 편이었다. 당시 농업학교 졸업자들의 절대다수가 관공청에 취업했던 것과 좋은 대조를 이루고 있었다. 상업학교 졸업자의 상급학교 진학자는 9%였는데, 이 또한 농업학교 졸업자들의 상급학교 진학이 거의 없었던 것과 다른 경향을 보여주었다.

〈표 14〉 부산상업학교 졸업생의 진로 현황(1910년대)

졸업연도	은행	금융조합	회사	상점	관리	교원	진학	자영	가사	사망	기타	합계
1912	5	3	3	4	1	1	2	4		2		25
1913	6		4	7			2	3	1	2		25
1914	7	2	3	6	1		1	6	1		1	28
1915	5	1	2	7	2		1	3	1	4	1	27
1916	4	3	4	8			1	4	4		1	29
1917	8	4	2	5	1			7	2	1	1	31
1918	7	4	2	4		1		7	5	1		31
1919	16	6	4	6	1	1	1		1		1	37
1920	20		4	3		1	3	1	1			33
1921	11	7	4	3		3	5	1	2			36
1922	12	2	5	0			6		2	2		30
1923	8	11	2	3		2	11		6			43
합계	109	43	39	56	6	9	33	36	26	12	6	375
	29%	11%	10%	15%	2%	2%	9%	10%	7%	3%	2%	100%

출처: 『부상백년사』(1995), 578쪽.

    1920년대 이후 상업학교들도 대부분 5년제 학교로 재편되면서 졸업자들의 진로 상황에도 약간의 변화가 나타나고 있었다.[51] 회사계 진출 비중과 관공서 진출 비중이 다소 증가하였으나, 전체적으로 큰 변화가 있었던 것은 아니었다. 오히려 상업학교 졸업자의 진로 경향과 관련해서는 조선인과 일본인의 차이에 주목할 필요가 있다. 당시 상업학교는 실업학교 가운데 일본인 재학생의 비율이 매우 높은 편이었다. 〈표 15〉는 상업학교를 졸업한 조선인과 일본인의 진로 상황을 비교한 것이다.

---

51   대구상업고등학교오십년사편찬회, 1973, 『대상오십년사』, 61, 159쪽.

〈표 15〉 조선인과 일본인 상업학교의 졸업생 진로 비교

학교명 (졸업 연도)	은행	금융 조합	회사	상점	관청	자영	진학	기타	합계
인천상업학교 (1912~1930)	102	77	68	41	43	85	2	48	466
	22%	17%	15%	9%	9%	18%	0%	10%	100%
인천남상업학교 (1914~1930)	73	0	90	48	78	107	27	98	521
	14%	0%	17%	9%	15%	21%	5%	19%	100%

출처: 『仁川府史』(1933), 1307~1308, 1331쪽.
* 조선인 학교인 인천상업학교의 기타는 사망을 포함하며, 일본인 학교인 인천남상업학교의 기타는 병역, 교원, 사망을 포함한다.

인천에는 조선인이 다녔던 인천상업학교와 일본인이 다녔던 인천남상업학교가 동시에 운영되고 있었다.[52] 실업학교는 민족 공학을 원칙으로 하였지만, 이들 두 학교는 민족별로 입학 대상을 달리하여 운영했던 매우 예외적인 경우였다. 1933년에 두 학교가 통합되기 이전까지, 동일 지역에서 운영된 상업학교에서 조선인과 일본인 졸업자의 진로 현황을 비교할 수 있다.

두 학교 졸업자의 진로 상황을 보면, 금융조합 취업 비중에서 가장 큰 차이가 나타나고 있다. 조선인이 다닌 인천상업학교에서는 졸업자 가운데 17%가 금융조합에 취업했지만, 인천남상업학교의 일본인 졸업자들은 아무도 금융조합에 취업하지 않았다. 사실 인천상업학교가 5년제로 승격된 이후로 조선인 졸업자의 금융조합 취업 비중은 더욱 높아졌다. 1920년대에는 매년 평균적으로 졸업생 21명 가운데 6명 정도가 금융조합으로 취업했다.[53] 이러한 경향은 인천 이외에 다른 지역의 상업

---

52 인고백년사편찬위원회, 1995, 『인고백년사』, 175-189쪽.
53 仁川府廳 編, 1933, 『仁川府史』, 133쪽.

학교에서도 유사하게 나타나고 있었다. 민족 공학제로 운영된 강경상업학교의 조선인 졸업자들은 금융조합으로 취직한 사람이 50%에 이르고 있었지만, 일본인 졸업자 중에 금융조합으로 취업한 사람은 아무도 없었다.[54]

이처럼 식민지 시기에 조선인 상업학교 졸업자들을 가장 많이 흡수한 곳은 금융조합이었다. 당시 금융조합은 비은행계 금융기관으로서 협동조합과 금융기관이라는 두 가지 성격을 갖고 있었다.[55] 식민지 시기 대표적인 금융기관은 식민지 중앙은행인 조선은행, 산업정책 금융기관인 조선식산은행, 일반은행인 보통은행이 있었고, 이와는 다른 비은행 금융기관으로서 금융조합, 조선금융조합연합회, 동양척식회사 등이 있었다. 금융조합은 조합적 성격에서 점차 금융기관의 성격이 강화된 기관으로, 주로 군 단위 이하에서 농민들을 대상으로 농업자금 대부 업무를 담당하고 있었다. 이러한 금융조합은 조선인 상업학교 졸업생들이 절반 가까이 취업하는 매우 중요한 취직처였다.

조선인 상업학교 입학생들에게 졸업 후 일반적으로 기대되는 미래상은 금융조합 취업이었다. 당시 조선 사회에서 금융조합에 근무하는 것은 사회적 대우도 좋았으며 상대적으로 윤택한 생활수준을 유지할 수 있었다. 금융기관이나 일반회사의 중간 관리직에 해당하는 '화이트칼라'의 삶도 당시 조선인 사회에서는 상당한 정도의 위신과 생활수준이 보장되

---

54 정연태, 2012, 「한·일공학 중등학교 졸업생의 일제하 진로와 해방 후 변화」, 『한국문화』 제60호, 148쪽.

55 금융조합에 관해서는, 『일제하 금융조합연구』(이경란, 2002, 혜안), 『식민지 조선의 사회경제와 금융조합』(최재성, 2006, 경인문화사), 「일제하 도시금융조합의 운영체제와 금융활동(1918-1945)」(문영주, 2005, 고려대 박사학위논문) 등 참조.

어 있었기 때문이었다. 또한, 상업학교 졸업자들이 은행이나 일반 기업에 취업했을 때의 급여 수준도 고등보통학교나 중학교 등 일반계 중등학교 졸업자들보다 높은 수준이었다. 다시 말해, 상업학교 졸업자들은 학교에서 습득한 지식과 기술, 즉 상업교육의 전문 분야인 글씨와 주산을 밑천으로 하여,[56] 이들 직종에서 배타적인 취업의 기회를 누릴 수 있었다.

③ 공업학교

식민지 시기에 조선에 세워진 공업학교는 1939년부터 지방으로 증설이 확대되기까지 경성에 설립된 한 곳만이 유일했다. 경성공업학교는 대한제국 시기에 설립된 농상공학교의 공업과와 이후 재편된 공업전습소에 연원을 두고 있다. 강점 이후 1916년에는 공업전습소가 전문학교인 경성공업전문학교(경성고등공업학교)로 승격되면서 그 부속기관으로 운영되다가, 1922년부터 중등단계 실업학교로서 경성공업학교가 분리되었다.

경성공업학교는 복잡한 학교 이력만큼이나 설치된 학과들도 매우 다양하게 변화되었다. 초기의 공업전습소에는 토목과, 목공과, 금공과, 염직과, 응용화학과, 도기과 등 6개 학과가 설치되었다. 이후 설치 학과와 명칭에서 변화가 있었으나, 공업학교로 개편된 뒤에는 대체로 건축과, 기계과, 기직과, 응용화학과, 요업과 등 5개 학과가 유지되었다. 그리고 1930년대부터 광산업 개발 정책으로 광산과가 신설되었고, 1938년에는 5년제 학교로 재편되는 과정에서 전기과와 토목과가 설치되었다. 또한,

---

56 부상백년사편찬위원회, 1995, 『부상백년사』, 89쪽.

〈표 16〉 공업전습소 졸업생의 진로 현황(1910년대)

관청	학교	자영	회사공장	진학	미상	사망	합계
104	18	54	20	5	14	5	**220**
(47%)	(8%)	(25%)	(9%)	(2%)	(6%)	(2%)	

출처: 『매일신보』(1912.5.1).
* 1909년 4월부터 1911년 12월까지 공업전습소의 총 4회 본과 졸업생.

1940년대에는 항공기과가 설치되기도 하였으나 해방될 때까지 졸업생을 배출하지는 못하였다.

이처럼 경성공업학교는 학교 형태나 수업연한 등에서 큰 변화가 있었고 설치된 학과들도 성격이 각기 상이하였기 때문에 졸업생들의 진로 경향도 매우 다양하게 나타났다. 또한, 경성공업학교는 각 학과에서 배출하는 졸업생 수도 그리 많지 않았으며, 민족 공학제로 운영되었기 때문에 조선인과 일본인 학생이 혼재되어 있었다. 여기에서는 몇 가지 제한적인 자료를 통해 경성공업학교 졸업자들의 진로 경향에 대해 살펴보고자 한다.

〈표 16〉에서 조사한 1910년대 초반의 공업전습소는 아직 일본인이 입학하지 않았기 때문에 졸업자들은 모두 조선인 학생들이다. 이들은 신입생 선발 당시 십여 배가 넘는 매우 치열한 경쟁을 뚫고 입학에 성공한 사람들이었다. 초창기 공업전습소 학생들은 졸업 후 관청으로 진출하는 사람들의 비율이 47%로 매우 높게 나타났다. 당시 공업전습소는 재학생에게 학자금 혜택을 주는 대신에 졸업 후 지정된 곳에서 일정기간 근무해야 하는 의무 복무 규정이 있었기 때문으로 보인다. 물론 학교의 교원으로 진출하는 이들도 포함한다면, 관청이나 공공기관 진출자의 비율은 더 높아질 것이다. 반면에, 경성공업학교 졸업자들이 회사나 공장으로

취업하는 비율은 9%로 비교적 낮은 편이라 할 수 있다. 또한, 소수의 상급학교 진학자들도 있었는데, 이들은 일본으로 유학하거나 공업전습소 내에 설치된 전공과로 진학한 경우였다. 한편, 졸업자 가운데 자영 항목의 비율은 25%로 비교적 높게 나타났다. 여기에서 자영 항목의 내역이 무엇인지 분명하지 않지만, 주로 목공과나 금공과 또는 도기과 졸업자들이 소규모 공장을 운영하는 경우로 추측된다.

〈표 17〉은 1920년대 말 공업학교 시기 졸업 예정자의 진로에 관한 것이다. 비록 조선인과 일본인 학생이 혼재된 자료이지만, 경성공업학교 졸업자들의 진로 경향을 가늠해볼 수 있다. 다만, 졸업을 앞둔 시점에 졸업 예정자를 대상으로 조사했기 때문에, 아직 취업 절차가 진행 중이거나 진로가 미정인 자의 비율이 높게 나타났다. 이를 고려하더라도, 1910년대 공업전습소 시기와 비교할 때, 1920년대 경성공업학교 졸업자들은 상급학교 진학 비율이 23%로 매우 높았던 점이 주목된다. 당시 경성공업학교는 고등소학교나 보통학교 고등과 졸업 또는 고등보통학교 2년 수료 정도의 학력을 입학 자격으로 하여 3년제 갑종학교로 운영되었기 때문에, 졸업자 가운데 전문학교나 대학으로 진학하는 이들이 많이 증가한 것이다. 반면에, 졸업자들이 관청으로 진출하는 비율은 12%

〈표 17〉 경성공업학교 졸업 예정자의 진로 현황(1928, 1929년)

	관청	자영	회사상점	진학	교섭 중	미정	합계
1928년 3월	6	2	6	9	4	15	42
1929년 3월	3	1	8	8	3	9	32
합계	9	3	14	17	7	24	74
	(12%)	(4%)	(19%)	(23%)	(9%)	(32%)	

출처: 『동아일보』(1928.3.22, 1929.3.20)
* 각 연도 졸업을 앞둔 시점의 조사 자료.

로 앞선 시기에 비해 많이 감소했다. 그러나 아직 취업이 미정이거나 교섭 중인 학생들이 많은 점을 고려한다면, 실제로 관청이나 공공기관으로 진출하는 졸업자 수는 다소 증가할 것이다. 실제로 비슷한 시기인 1932년도 조사에 따르면, 관공청 취업자의 비율은 그보다 높은 26%로 나타났다.[57]

한편, 〈표 17〉의 진로 상황에서 취업처가 미정인 비율이 높게 나타나고 있지만, 실제로 경성공업학교 학생들이 취업난을 겪었던 것은 아니었다는 점에 유의할 필요가 있다. 특히 1930년대부터는 중공업 분야 육성정책으로 공업학교 졸업자의 수요도 많이 증가하였다. 심지어 신입생 모집 당시부터 졸업 후 상급학교로 진학하지 않는다는 각서를 전제로 하여 입학을 허가할 정도였다.[58] 물론 당시의 취업 방식은 학교장의 추천에 따른 것이었기 때문에, 사실상 졸업 학년 여름부터 학교에서는 각 학생에게 취직처를 결정해주고 있었다. 다음은 1936년 건축과 입학생이 졸업 당시의 취업 과정에 관해 회고한 내용이다.

> 7월 하순경 야마카타(山形) 학과장은 나와 나카무라(中村) 군에게 취직처를 겸이포 일본제철공장 건설과로 결정해주었다. 당시 일본식민지 정책에는 관리들의 대우차도 기묘하게 정해놓았었다. (중략) 한국인이 일본 관리가 되면 한국과 일본에서는 본봉만을, 대만에서는 6할 5분의 가봉을, 만주에서는 8할 내지 9할 가봉을 받게 되고, (중략) 농촌 중농의 9남매 중 장남인 나는 부모님의 힘을 덜기 위해서라도 월

---

57 서울공업고등학교동창회, 1989, 『서울공고구십년사』, 102쪽.
58 서울공업고등학교동창회, 1989, 위의 책, 124쪽.

봉이 많던 만주에 가서 관리가 되고자 했기 때문에, 야마카타(山形) 학과장의 결정을 거부하여 몹시 섭섭해하시기도 하였다. 2월 초순 야마카타(山形) 학과장은 내 직장을 중국 전지로 결정해 주어서, 배속장교 쓰카모토(塚本) 대좌의 구두질문에 응한 후 조선군사령부에 가서 신체검사를 받았으며 헌병대의 가정조사도 받았다.[59]

위의 경성공업학교 졸업생은 학교의 추천으로 처음에는 겸이포에 있는 일본제철공장으로 취업처가 결정되었다고 회고한다. 당시의 취업 관행은 공공기관이나 민영기업으로부터 필요한 인력의 추천 요청을 받고, 학교에서 그에 해당하는 적당한 학생을 추천하여 채용 의뢰하는 방식이었다. 즉, 학생의 취직처는 사실상 학교에서 '결정'해 주는 것이었다. 위 학생은 처음에 학교에서 정해준 취직처를 고사하고, 본봉 외에 가봉이 추가 지급되는 만주 지역으로 취업을 희망하고 있었다. 이렇게 학교에서 정해준 취직처를 사양하는 경우는 드문 예였지만, 경성공업학교는 새로운 취직처를 알선해주었고, 결국 위 회고자는 내몽골 시역의 일본주차군 시설부대로 취업을 나갔다.

④ 직업학교

직업학교는 새로운 형태의 실업학교로서, 1931년 경성에 처음 설립되어 기존의 실업학교와는 다른 방식으로 운영되었다. 본과는 보통학교 졸업자가 입학하는 을종 실업학교로 운영되었지만, 수업연한 3월~1년

---

59 서울공업고등학교동창회, 1989, 앞의 책, 128쪽.

정도의 다양한 전수과를 설치할 수 있도록 한 것이다.[60] 이러한 단기 교육과정은 일종의 '주문식 교육' 형태로 운영되어 필요에 따라 수시로 설치될 수 있었다. 예를 들어, 전기회사가 자사의 직공에게 직업교육을 시행할 필요가 있는 경우, 5인 이상의 학급을 구성하여 신청하면, 직업학교가 그에 맞는 교육과정을 편성하여 기술훈련을 시행할 수 있도록 하였다.[61] 이처럼 현장과 밀접하게 연계하여 탄력적인 교육과정을 운영하는 실업학교는 당시로서는 매우 획기적인 시도였다. 이러한 직업학교의 설립에 대해 당시 언론도 특별한 관심을 보여주었다.

> 종전과 같이 목공, 철공 등의 전문적 기술을 가르치는 학과를 두는 이외에 따로이 특과를 설치하여 각 방면의 요구를 따라서 전차운전수, 백화점원, 관청급사, 철도국원 등 온갖 방면의 종업원을 양성하여 직업학교로서 지금까지 없던 새로운 특색을 발휘하리라.[62]

위 기사에서는 산업계의 요구에 따라 탄력적인 교육과정 설치가 가능한 직업학교 설립을 세계적으로도 유례를 찾기 힘든 매우 획기적인 시도로 평가하고 있었다. 실제로 경성직업학교는 학과의 설치와 교육과정 편성에서 매우 유연한 형태로 운영되고 있었다.[63] 1931년 개교 당시 전수과로 설치된 전공과, 상업과, 철도공부과는 6개월 과정으로 편성되

---

60 『朝鮮總督府官報』, 1931.4.1.
61 「수업기도 임의 자유로 과목 선택: 최신식 직업학교」, 『동아일보』, 1931.2.22.
62 「직업학교로서 혁신한 계획」, 『매일신보』, 1931.2.26.
63 서울산업대학교100년사편찬위원회 편, 2010, 『서울산업대학교100년사』 1, 17쪽.

어 1회 졸업생을 배출하고 폐지되었다. 그리고 시계과, 이발과, 강습과 등이 신설되었다가 다시 폐지되었다. 1935년에는 토목과가 본과 과정으로 신설되었고, 야간부에는 토목과, 기계과, 건축과 등이 설치되었다. 또한, 1939년에는 전수과 과정으로 기계과와 광산과가 신설되기도 하였다.

경성직업학교는 이처럼 유연한 교육과정을 편성하는 등의 새로운 시도와 더불어 졸업자들의 높은 취업률로 세간의 관심을 모으고 있었다. 특히 당시는 세계적인 경제대공황의 여파로 인해 조선 사회에서도 만성적인 취직난이 더욱 심화되던 시기였다. 경성직업학교는 설립 당시인 1931년에도 전수과 졸업생 76명 가운데 14명을 제외하고 전기회사, 철도국, 백화점 등에 취업하는 데 성공하여 세간의 부러움을 샀다고 한다.[64] 이후로도 경성직업학교의 높은 취직률은 대체로 유지되었다.

이처럼 경성직업학교는 학교기관에서 현업의 직업기술 교육을 시행하려 했던 새로운 시도였다. 직업학교는 상급학교와 연결되는 을종 실업학교이면서도, 단기의 여러 교육과정을 탄력적으로 운영하며 현업에서 필요한 기술훈련을 제공했던 것이다. 당시에도 이러한 경성직업학교의 시도는 매우 성공적인 것으로 평가되고 있었다. 이로 인해, 직업학교는 각 지방으로 설립이 확산되어 매년 1개교씩 증설되기 시작했다. 지방에 설립되는 직업학교는 대체로 기존의 공업보습학교가 직업학교 체제로 개편되는 방식이었다.

경성 이외의 지방에서 처음 설립된 직업학교는 부산직업학교였다. 부산에는 1924년 부산공업보습학교가 설립되었는데, 이후 부산실수학

---

64 서울산업대학교100년사편찬위원회 편, 2010, 앞의 책, 18쪽.

교로 개편되었다가, 1933년에 다시 직업학교 체제로 전환된 것이다.[65] 그 이전의 부산공업보습학교나 부산실수학교로 운영되는 9년 동안 설치된 교육과정은 가구과 단 하나뿐이었다. 직업학교 체제로 개편되면서, 비로소 다양한 학과들이 설치되고 보다 유연한 교육과정 운영이 가능해졌다.

이러한 부산직업학교의 재편 과정은 전국에 증설되기 시작한 직업학교에서 대체로 유사하게 나타나고 있었다. 예를 들어, 대구직업학교는 1937년에 설립되었는데, 기존의 대구공업보습학교를 확대 개편한 것이었다.[66] 직업학교 체제로 개편되면서, 토목과와 가구과가 3년제 본과 과정으로 설치되었고, 1년제 예과 과정으로 목공전수과가 개설되었다. 그리고 1939년에는 2년제인 기계과가 신설되었고, 1940년에는 광산과가 1년 과정으로 신설되었다. 이처럼 대구직업학교는 1944년 대구공업학교로 재편되기까지 모두 4개 학과가 설치되었으며, 각 학과의 수업연한은 각각 1년, 2년, 3년 등으로 모두 다양하였다.

그런데 당시에는 이러한 직업학교에 대해서도 극심한 입학 경쟁이 나타나고 있었던 점에도 주목할 필요가 있다. 그것은 물론 중등학교 교육 기회 자체가 극히 제한되어 있었기 때문이기도 하였지만, 직업학교 졸업 후에도 안정적인 취업이 가능했기 때문이었다. 1940년 대구직업학교의 토목과에 입학한 한 학생은 다음과 같이 회고했다.

나는 전기에 경북중학교에 응시했다가 보기 좋게 낙방되고 2차로 응

---

65 국립부산개방대학학교60년사편찬위원회, 1987, 앞의 책, 154쪽.
66 대구공업중고등학교 총동문회, 2005, 『대구공고80년사』, 136-146쪽.

시한 것이다. 토목, 가구, 기계, 광산 4과 중에서 제1지원으로 토목과를 택한 것인데, 부끄러운 일이긴 하나 토목이란 무엇을 하는 분야인지, 무엇을 공부하는 학과인지 전연 몰랐던 것이다. 후기 지망에는 별로 관심 없이 우연히 원서를 낸 것이다. 토목과 경쟁률 13:1 좁은 문을 통과한 셈이다. (중략) 교장 선생님(일본인 遠藤耕)은 훈화에서 "우리 학교는 산업전선에 종사할 중견 실무기술자를 교육 및 육성하는 곳이지 장차 대신(장관)이나 박사가 될 인재를 교육하는 곳은 아니다. 장래 위대한 인물이 되고 싶은 사람은 우리 학교에 필요 없다. 신입생 중에 그러한 학생이 있다면 학교 선택이 잘못되었으니 지금이라도 돌아가주기 바란다"라고 입학 당일부터 기를 꺾는 것이었다. 어린 소년이라면 누구나 가질 수 있는 꿈이 있고 희망이 있거늘…[67]

위 회고에서 나타나듯이, 직업학교 학생들은 대부분 중등학교 입시에서 여러 차례 낙방한 경험이 있었다. 당시 중등학교 입학시험은 며칠씩 소요되었고, 학교 유형별로 시험 기간을 달리하여 순차적으로 진행되었기 때문이다. 가장 먼저 사범학교의 입학시험이 시작되었고, 뒤를 이어 공립의 일반계 학교와 실업계 학교, 이어서 사립의 중등학교나 직업학교, 실업보습학교 순으로 입학시험이 이어졌다. 이러한 직업학교의 입학에서도 매년 평균적으로 10배가 넘는 치열한 입시경쟁이 계속되었다.

이렇게 직업학교에 대한 조선인 보통학교 졸업생들의 입학 경쟁이 치열했던 것은 물론 졸업 후 안정적인 취업처가 보장되어 있었기 때문이다. 직업학교 학생들은 졸업할 무렵이면 전국의 공공기관이나 민영

---

67 대구공고총동문회, 2005, 앞의 책, 157쪽.

기업으로부터 답지한 취업 요청 가운데 진로를 고르느라 행복한 고민에 빠지기도 했다.[68] 이들은 도청이나 시청을 비롯하여 수리조합이나 철도국 또는 광산업체로 진출하는 경우가 많았고, 멀리는 북한 지역의 군수 공장이나 남만주의 철도 건설 현장 등으로 취업을 나섰다. 이들 직업학교 졸업자들은 비록 갑종학교 졸업자 대우를 받지 못하더라도, 을종 실업학교 졸업자로서 일반 견습공보다는 훨씬 좋은 대우를 받을 수 있었다. 이들은 해방 후에도 중견기술자로 인정받으며 관공청이나 공공기관에서 활약할 수 있었다.

2. 중등교원의 양성과 배치

1) 중등교원의 양성 및 자격

식민지 시기 일본의 교원양성제도는 초등학교 교원을 양성하는 사범학교와 중등학교 교원을 양성하는 고등사범학교를 두고 있었으며, 이러한 목적형 양성체제에 기초한 면허장 제도를 통하여 각급 학교의 교원자격이 엄격하게 관리되고 있었다. 그런데 강점 직후 조선총독부는 중등학교의 교원을 양성하기 위한 어떠한 제도도 마련하지 않았다. 초등교육에서는 비록 대한제국 시기부터 이어져 온 사범학교 제도가 폐지되었지만, 다른 한편으로 임시교원 양성소나 사범과 또는 교원속성과를 설치하

---

68 대전산업대학교칠십년사편찬위원회 편, 1997, 『대전산업대학교칠십년사』, 85쪽.

여 보통학교와 소학교의 교원을 양성할 수 있도록 하였다. 그러나 고등보통학교를 비롯한 중등교육에서는 교원을 양성하기 위한 어떠한 교육기관도 설립하지 않았다. 중등학교 교원이 되기 위해서는 그에 해당하는 교원 면허가 필요했기 때문에 사실상 조선에서는 중등교원을 양성할 수 있는 어떠한 제도적 장치도 마련되지 않은 것이다.

이처럼 일제 강점 초기 조선총독부는 중등교원 양성기관을 설립하는 대신에 중등학교 교원면허장을 소유한 일본인들을 조선으로 초빙하여 채용하는 정책을 채택하고 있었다.[69] 그러나 일본에서 교원을 유입하는 것만으로는 충분한 중등학교 교원을 확보하기 어려워지면서 점차 조선에서 필요한 교원을 양성하는 방안을 연구하지 않을 수 없었다. 중등교원 위탁생 제도를 도입한 것을 비롯하여, 필요한 과목에 대해서 중등교원양성소를 설치하기도 하였고, 특정한 고등교육기관 졸업자에게 교원 자격을 부여하거나, 교원 자격 검정시험이 실시되기도 하였다. 그러나 중등교원 양성을 위한 고등사범학교는 해방을 맞을 때까지 설치되지 않았다.

(1) 중등교원 위탁생 제도

1910년대에는 일본에서 중등교원 면허장을 취득한 교원을 조선으로 초빙하여 채용하였으나, 점차 자격 있는 중등교원을 확보하기가 쉽지 않게 되었다. 중등교육기관이 증설됨에 따라 중등교원 부족사태가 발생하기 시작하였고, 일본으로부터 배당받던 소수의 중등교원 양성기관 졸업자만으로는 이를 충당하기 어려웠다. 당시 일본에서도 중등교원 부족현

---

69 弓削幸太郞, 1923, 앞의 책, 154쪽.

상이 나타나는 상황에서 조선에서 필요한 교원을 배당받기가 더욱 쉽지 않게 된 것이다.[70] 이에 따라 1920년 조선총독부는 중등학교에 필요한 자격 있는 교원을 사전에 확보하기 위하여 「중등교원위탁생규칙」을 제정하였다.[71]

중등교원 위탁생 제도는 일본의 "고등사범학교 기타 조선총독이 적당하다고 인정하는 학교의 생도" 가운데 위탁생을 선정하여 일정한 학자금을 지급하고, 이들이 졸업한 후에 조선의 중등학교로 채용하는 제도였다. 대체로 일본 각지의 고등사범학교나 외국어학교 등 적정한 학교의 재학생 가운데 위탁생을 선정하여 피복비와 학비 등을 지급하고, 졸업 후 조선으로 건너와 지정된 중등학교에서 최소한 학자금을 지급받은 기간 동안 근무하게 하였다. 위탁생이 양성기관을 졸업하지 못하거나 졸업 후 조선의 중등학교에서 복무하지 않으면, 그동안 지급받은 학비와 피복비 등을 상환해야 하는 의무를 부과하여 안정적으로 자격 있는 교원을 확보하고자 했던 것이다.

중등교원 위탁생 현황을 보면, 1925년도에는 도쿄고등사범학교, 히로시마고등사범학교, 도쿄여자고등사범학교, 나라여자고등사범학교, 또는 도쿄나 오사카의 외국어학교 등에 총 29명의 위탁생이 재학하고 있었다.[72] 당시까지 조선의 제 중등학교에 배치된 위탁생 출신 교원은 36명이었던 것으로 조사됐으며, 1930년 중등교원 위탁생 제도가 폐지

---

70 김영우, 1989, 『한국 중등교원 양성교육사』, 교육과학사, 73쪽.
71 「中等教員委託生規則」, 『朝鮮總督府官報』, 1920.6.26.
72 朝鮮總督府學務局, 1926, 『朝鮮教育要覽』, 215-217쪽.

될 때까지 총 69명의 위탁생들이 조선의 각급 중등학교에 배치되었다.[73] 그러나 중등교원 위탁생들은 대부분이 일본인이었으며 조선인의 비중은 그다지 크지 않았다. 1927년 기사에 따르면, 봄에 졸업하고 조선으로 돌아오는 위탁생들은 총 12명이며 그 가운데 5명이 조선인이었다.[74] 또한, 1928년에도 졸업 예정인 위탁생은 15명으로 그중 조선인은 3명에 불과하였다.[75]

이러한 중등교원 위탁생 제도는 1920년대 후반에 이르면 점차 정책적 실효성이 의심되기 시작했다. 당시 언론에서는 중등교원 위탁생 졸업자 15명 가운데 신학기 개학을 앞둔 시점에서 취직처가 정해진 사람은 10명이고 나머지 5명은 일자리를 찾지 못하는 상황이 보도되기도 하였다.[76] 위탁생조차 취직난이 가중되는 상황에서 조선총독부 학무국은 중등교원 위탁생 제도를 유지할 필요가 있는지 재검토하기 시작하였고, 그에 따라 관련 예산이 삭감되기도 하였다.[77] 결국 조선총독부는 일본 유학생 급비제도 폐지와 함께 중등교원 위탁생 제도의 폐지 성명을 발표하였다.[78]

당시 중등교원 위탁생 제도의 폐지는 이처럼 일본 유학생에 대한 급비제도 폐지와 동일한 맥락에서 결정된 것이었다. 대한제국 시기를 비롯하여 강점 이후에도 조선총독부는 관비 또는 급비를 지원하며 일본 유

73　西村綠也·指愼三, 1930, 『朝鮮敎育大觀』, 13쪽.
74　「교원위탁생 배치 상황」, 『중외일보』, 1927.2.2.
75　「총독부의 위탁생 금춘에 졸업 귀래」, 『매일신보』, 1928.2.7.
76　「총독부 위탁생 취직도 극난」, 『동아일보』, 1928.3.17.
77　「총독부 급비생 연부연 감소」, 『동아일보』, 1929.10.25.
78　「일본유학생 급비제 철폐」, 『동아일보』, 1930.3.8.

학생을 파견해오고 있었다. 그리고 조선인 유학생들이 일본의 각급 학교로 입학하기가 수월하도록 특별입학제도도 함께 실시되고 있었다.[79] 고등교육기관 입학에서 일본 현지인들과 경쟁해야 하는 조선인 유학생들에게 특별입학제도는 매우 큰 혜택이었다. 그런데 1929년 일본 유학생들이 해마다 증가하고 있는 상황에서 더는 식민지 학생들에게 특별한 혜택이 필요하지 않다는 이유로 특별입학제도가 폐지된 것이다. 사실 1920년대 일본에 유학한 조선인 수는 많이 증가하여, 1919년 644명이었던 유학생 수가 1926년 이후부터는 5배 수준으로 증가해 연 평균 3천 명을 훨씬 상회하고 있었다.[80] 유학생 대부분은 전문학교 이상의 고등교육기관에 재학하고 있었으며, 1920년대부터는 법률·경제 분야뿐만 아니라 문과나 공업, 예술 분야에 걸쳐 전공 학과도 매우 다양해졌다.[81] 이렇게 유학생이 급증한 조건에서, 그리고 1929년 세계적인 경제공황의 여파로 일본에서도 고등교육기관 졸업자의 취직난과 실업난이 가중되는 상황에서, 조선총독부는 굳이 일부 유학생을 선정하여 관비를 지급할 필요성을 느끼지 못하게 된 것이다. 이와 더불어, 일본인 중등교원 확보를 위해 유지되었던 위탁생 제도 역시 그 실효성에 의문을 품게 되었다.

한편, 중등교원 위탁생 제도와 관련하여, 당시 언론에서 위탁생의 '귀래' 또는 '유학' 등의 용어를 사용하고 있는 점에도 주목할 필요가 있다.

---

79 배대식, 2019, 「1930년대 조선유학생의 일본유학과 사회진출」, 연세대학교 석사학위논문, 44쪽.
80 박찬승, 2004, 「1920년대 도일유학생과 그 사상적 동향」, 『한국근현대사연구』 30, 100-103쪽.
81 정미량, 2012, 『1920년대 재일조선유학생의 문화운동: 개인과 민족, 그 융합과 분열의 경계』, 지식산업사, 78-82쪽.

조선총독부 관료 역시 중등교원 위탁생 제도에 대해 중등교원 위탁생의 "일본 본토 파견" 등으로 설명하고 있다.[82] 즉, 중등교원 위탁생 제도는 형식적으로는 조선에 거주하는 중등학교 졸업생을 위탁생으로 선발하여 일본의 중등교원 양성기관에 유학시키는 제도를 표방했던 것으로 이해할 수 있다. 그러나 위탁생들의 실제 이력을 보면, 조선인 이외의 일본인들은 대부분 일본 현지의 중등학교 졸업자들이었다.[83] 즉, 조선에서 선발하여 일본의 양성기관으로 파견된 유학생들이 아니라 일본 현지 학교 출신자들이 다수를 차지하고 있었다. 이러한 점에서 본다면, 중등교원 위탁생 제도는 중등교원을 희망하는 이들을 일본의 양성기관에 파견하여 위탁 교육하는 제도였다기보다는, 일본에서 온 자격 있는 중등교원을 안정적으로 확보하기 위한 성격이 강했던 제도라 할 수 있다.

(2) 중등교원양성소 제도

1920년대 말부터 조선총독부는 일본에서 교원을 유입해오는 정책과 함께 식민지 교육 방침을 실현하는 데 필요한 일부 과목의 교원만 조선에서 직접 양성하는 방안을 마련하기 시작했다. 중등 실업교육 확대 정책에 따라, 1920년대 후반 수원고등농림학교에 실업보습학교 교원양성소를 설치하였다가 1930년대 후반에는 이를 농업교원양성소로 개편하였다. 그리고 1940년대에는 전시체제하에서 수요가 급증하기 시작한 이과계 중등교원을 양성하기 위하여, 수학과, 물상과, 물리화학과, 지리과,

---

82 「교육시설과 희망」, 『동아일보』, 1922.1.1.
83 박광순, 2018, 「1920년대 일제의 본국과 식민지 조선에서의 중등교원 양성 제도 운영」, 충북대학교 석사학위논문, 36-46쪽.

박물과 교원을 양성하기 위한 교원양성소를 경성고등공업학교, 경성고등농림학교, 경성제국대학 등에 설치하였다.

① 실업계 중등교원양성소

일제의 식민지 중등교육 정책은 언제나 실업교육에 중심을 두고 있었다. 조선인의 중등 일반교육 확대 요구가 매우 높았지만, 조선총독부는 각 도에 1개씩의 고등보통학교를 운영하는 '1도 1교' 원칙을 고수하였다. 그 결과 1920년대 중반부터 1930년대 후반까지 공립 고등보통학교는 단 한 곳도 증설되지 못하고 있었다. 대신에 조선총독부는 실업보습학교와 실업학교를 설립하여 실업교육 중심으로 중등교육을 보급하는 정책을 취하고 있었다. 증설되는 실업학교 종류는 농업계 학교의 비율이 압도적으로 높았으며, 본격적인 전시체제로 돌입하는 1930년대 후반부터 공업계 교육도 확대되기 시작했다. 또한, 증설되는 실업학교는 정규의 5년제 실업학교보다는 비교적 단기적인 실업보습학교를 설립하고자 하였다. 특히 1920년대 중반에는 실업학교의 '1군 1교주의'를 표방하며 200여 개의 실업보습학교를 신설하는 계획을 세우고 있었다.[84] 이러한 중등교육 정책 방침에 따라 실업계 학교에 필요한 교원 수요가 높아지고 있었다.

조선총독부는 실업보습학교 증설에 소요되는 교원을 양성하기 위해 1927년 수원고등농림학교에 실업보습학교 교원양성소를 부설하도록 하였다.[85] 전국에 신설되는 실업보습학교는 주로 농업계 학교였기 때문

---

84 「실업교육시설 1군 1교주의」, 『동아일보』, 1927.7.3.
85 「실업보습 교원양성소 설치」, 『동아일보』, 1927.7.6.

에, 교원양성소의 교육과정은 농업 관련 학과목들로 구성되었으며, 수업연한은 1년으로 하였다. 재학 동안 양성소 학생들에게는 학자금이 지급되었고, 졸업 후 1년간 조선총독이 지정한 학교에 근무함은 물론 2년간 조선 내의 교육 관련 직무에 종사할 의무가 부과되었다. 실업보습학교 교원양성소의 입학자격은 다음과 같았다.

(一) 심상소학교 졸업 정도를 입학자격으로 하는 수업연한 5년 이상의 농업학교 또는 그와 동등한 정도의 농업학교 졸업자로서 사범학교 연습과를 졸업한 자
(二) 사범학교 졸업자(사범학교 특과 졸업자 제외) 또는 그와 동등 이상의 학력이 있고 1년 이상 실업과 교육에 종사한 자
(三) 1항의 농업학교 졸업자로서 1년 이상 소학교 또는 보통학교 훈도직에 있던 자[86]

실업보습학교 교원양성소에 입학할 수 있는 자격은 농업학교를 졸업하고 경성사범학교의 연습과를 졸업한 사람이거나(1항), 사범학교 졸업자 가운데 초등학교에서 실업 과목을 1년 이상 교수한 경력이 있거나(2항), 농업학교를 졸업하고 초등학교에 재직하고 있는 자(3항)로 하였다. 그리고 입학자를 모집할 때는 지원자의 개별적인 자유 지원이 아니라 도지사 등의 추천으로 선발하도록 하였다.[87] 또한, 양성소 입학자들

---

86 「水原高等農林學校付置實業補習學校教員養成所規程」, 『朝鮮總督府官報』, 1927.7.13.
87 水原高等農林學校, 1930, 『水原高等農林學校一覽』, 44쪽.

은 전원 기숙사에 수용되었으며, 교육 기간에 매월 일정한 학자금이 지급되었다. 이렇게 교육을 마친 졸업자들은 전국 농업보습학교의 교유로 임용되었다.

그런데 실업보습학교 교원양성소의 실제 운영에서는 입학자격 규정의 1항보다는 2항과 3항에서 규정한 초등학교의 현직 교원들만을 수용하고 있었다.[88] 그러나 당시는 초등교육에서도 만성적인 교원 공급 부족에 시달리고 있었던 점에 유의할 필요가 있다. 실업보습학교 교원양성소가 입학자격으로 초등학교 교원에 한정하여 운영함으로써 초등교육이 겪고 있던 교원 부족 사태를 더욱 악화하는 결과가 초래되었던 것이다. 이에 따라, 조선총독부는 1935년 수원농림학교의 실업보습학교 교원양성소 규정을 개정하여, 입학자격으로 다음과 같은 조항을 추가하였다.

(四) 고등농림학교 또는 그와 동등 이상의 농업교육을 위한 학교를 졸업한 자[89]

이렇게 실업보습학교 교원양성소가 규정을 개정하여 입학자격으로 고등농림학교 졸업자를 포함한 것은 단순히 입학 대상 하나가 추가되는 의미만을 갖는 것은 아니었다. 기존의 실업보습학교 교원양성소는 사범학교나 농업학교 졸업 정도의 학력을 지닌 초등학교 교원에게 농업에 관한 보습교육을 실시하는 성격이 강했다. 그러나 이번 개정으로 고등농림

---

88 大野謙一, 1936, 앞의 책, 273쪽.
89 「水原高等農林學校付置實業補習學校教員養成所規程」 개정, 『朝鮮總督府官報』, 1935.3.30.

학교 졸업자 등으로 입학자격이 상향되고 있다. 즉, 기존의 실업보습학교 교원양성소는 중등학교 졸업 정도의 학력을 지닌 자가 입학하였다면, 이제는 대학 또는 전문학교 등의 고등교육기관 졸업자를 대상으로 교육하는 중등교원 양성기관으로 승격되었다는 사실을 의미하게 된 것이다.

이에 따라, 그 이듬해인 1936년 수원고등농림학교의 실업보습학교 교원양성소는 농업교원양성소라는 이름으로 변경되고 학교 운영도 크게 변화되었다.[90] 특히, 입학자격과 관련하여, 기존에 초등학교 교원을 대상으로 규정했던 조항들(1, 2, 3항)은 모두 삭제되었고, 대신에 고등농림학교 또는 그와 동등 이상의 학교를 졸업한 자로 규정한 조항(4항)만이 남게 되었다. 농업교원양성소는 현직의 초등학교 교원이 아니라 고등농림학교나 농과대학 졸업자만이 입학 가능한 중등교원 양성기관으로 재편된 것이다. 이에 따라, 기존 실업보습학교 교원양성소 졸업자는 농업보습학교로 임용되었지만, 농업교원양성소 졸업자에게는 정규의 5년제 실업학교인 농업학교의 교유가 될 수 있는 자격이 부여되었다.[91]

실업보습학교 교원양성소가 농업교원양성소로 전환되면서 교육과정에서도 커다란 변화가 있었다. 기존의 실업보습학교 교원양성소는 농업실습과 함께 주당 24시간의 학과 수업을 편성하고 있었다. 주당 1시간씩의 수신, 교육, 법제경제 과목 수업을 제외하고 나머지 대부분의 수업시간은 작물학, 원예학, 임업, 축산학, 양잠학, 병충해론, 농예화학, 농업공학, 농정학, 농업경영학, 농업법규 등에 할당하고 있었다. 즉, 기존 실업보습학교 교원양성소는 초등학교 현직 교원을 대상으로 농업 관련 전

---

90 「水原高等農林學校付置農業教員養成所規程」, 『朝鮮總督府官報』, 1936.7.13.
91 「농업교원양성소 신설」, 『동아일보』, 1936.6.24.

문지식 배양을 위한 보습교육에 초점을 두고 있었던 것이다. 그러나 새롭게 재편된 농업교원양성소, 고등농림학교나 농과대학을 졸업한 자가 입학하였기 때문에 추가적인 농업 관련 수업은 필요하지 않았다. 대신에 중등학교 교원으로서 요구되는 교육학 관련 과목에 5시간을 배정하고, 수신 1시간, 조선어(또는 일본어) 3시간 등 주당 9시간의 학과 수업 외에는 모두 농업 실습 또는 교육 연습 시간으로 편성했다.

그런데 수원고등농림학교에 부설된 실업보습학교 교원양성소가 농업교원양성소로 재편되면서 졸업자의 민족 구성에서도 커다란 변화가 있었던 점에 주의할 필요가 있다. 실업보습학교 교원양성소 시기에는 비록 소수이지만 조선인 졸업자 수가 38명으로 전체 졸업생 122명 가운데 31% 비중을 차지했다. 그러나 농업교원양성소로 재편된 이후에는 조선인 졸업자가 크게 줄었다. 특히 1935년부터 1940년도까지 농업교원양성소는 조선인 졸업자를 단 1명도 배출하지 못했다. 물론 여기에는 입학

〈표 18〉 실업보습학교 교원양성소 및 농업교원양성소 졸업자 현황

실업보습학교 교원양성소 졸업자 수				농업교원양성소 졸업자 수			
연도	조선인	일본인	합계	연도	조선인	일본인	합계
1928	2	14	16	1937	-	22	22
1929	2	9	11	1938	-	19	19
1930	3	11	14	1939	-	14	14
1931	4	7	11	1940	-	2	2
1932	7	9	16	1941	1	2	3
1933	11	4	15	1942	1	3	4
1934	9	8	17				
1935	-	11	11				
1936	-	11	11				
합계	38	84	122	합계	2	62	64

출처: 김영우, 1989, 『한국 중등교원 양성교육사』, 52-55쪽.

자격을 고등교육 이수자로 상향 조정함에 따라 고등교육 보급이 미진한 조선의 현실에서 입학자격을 충족하는 조선인 대상자가 많이 축소된 것에도 원인이 있을 것이다. 그러나 농업교원양성소 졸업자의 민족별 불균형은 입학자 대부분을 일본 각지의 고등농림학교나 농과대학 졸업자들로 채웠기 때문에 나타난 현상이었다.[92] 농업교원양성소가 중등교원 양성기관으로 변모해가면서 일본인 독점 경향이 강화되어 나타난 것이다.

이처럼 농업교원양성소 학생들이 일본인들로 채워지는 경향은 조선인 고등교육 이수자가 증가하는 식민지 말기에도 크게 개선되지 않았다. 1942년도에 이르면 농업교원양성소는 입학자격 규정을 개정하여, 고등농림학교 졸업자가 아니라 다시 초등학교에 재직 중인 교원으로 변경하기도 하였다.[93] 그러나 1943년도 농업교원양성소 입학자의 민족별 분포는 일본인 12명, 조선인 1명으로 민족별 불균형이 지속되었다.[94]

이처럼 농업교원양성소는 고등교육 이수자에게 교원으로서 필요한 교육을 시행하여 자격 있는 중등교원을 양성하기 시작한 교육기관이라는 점에서 의의가 있었다. 수원고등농림학교에 교원양성소를 부설하는 형태로 설립되었지만, 이후 농업교원양성소로 재편되는 등 본격적으로 중등학교 농업 교원을 양성하기 위한 교육기관으로 기능하기 시작하였다. 그러나 농업교원양성소 입학생은 대부분 일본의 고등교육기관 졸업자들로 채워지는 등 실제로는 일본에서 고등인력 및 중등교원을 유입하는 정책적 기조에서 크게 벗어나지 않았다.

92　大野謙一, 1936, 『朝鮮敎育問題管見』, 朝鮮敎育會, 274쪽.
93　「朝鮮總督府官報」, 『水原高等農林學校付置農業敎員養成所規程』 개정, 1942.1.24.
94　『朝鮮諸學校一覽』, 1943.

② 이과계 중등교원양성소

1936년 조선총독부는 제2차 초등교육 확충계획을 수립하였고, 이에 따라 보통학교 졸업자들의 증가와 함께 중등교육에 대한 수요가 급증할 것이 예견되었다. 그동안 억제해왔던 중등교육을 확대 보급하지 않을 수 없게 된 것이다. 조선총독부는 처음에는 실업교육 중심의 중등교육 확대 정책을 계획하였으나, 조선인들은 고등보통교육의 확대를 지속해서 요구하였다.[95] 중등교육 확충안에 대한 논란이 2년여 동안 지속된 끝에, 1937년 조선총독부는 고등보통학교와 실업학교를 동시에 증설한다는 병진주의 원칙을 확인하였다.[96] 그리고 중등교육 확충도 6개년 계획으로 앞당겨, 현재의 중등학교 134개교 수준에서 1942년까지 75개교를 추가로 증설하여 중등교육을 확대 보급한다는 것이 계획안의 주요 골자였다.[97]

이렇게 중등교육 확충안이 마련되면서 필요한 중등교원 수요를 충당하는 것이 당장 시급한 과제가 되었다. 당시에는 중일전쟁이 발발해 일본으로부터 자격 있는 교원을 배정받기가 쉽지 않게 되었다. 1938년 「국가총동원법」과 「학교졸업자사용제한령」 제정으로 공업계 및 이과계 고등교육 졸업자의 국가관리가 시작되어 조선에서 필요한 일본의 고급 인력을 유입해오는 데 많은 제약이 초래되기 시작한 것이다.[98] 1940년대에 들어서면 전황이 더욱 악화되고 일본 사회가 본격적인 전시체제로

---

95 「중등교육 실업화 문제」, 『조선일보』, 1936.2.7.
96 「중등교육확충계획도 6개년으로 단축」, 『조선일보』, 1937.9.4.
97 「중등교육확충계획의 촉진설」, 『조선일보』, 1937.9.6.
98 『日本官報』, 1938.4.1; 『朝鮮總督府官報』, 1938.5.10, 1938.8.31.

돌입하면서 이공계 계통의 인력 수요가 급격히 증가했다. 이러한 상황에서 조선의 중등학교에서는 특히 이과 과목을 담당할 교원을 확보하기가 매우 곤란하였다. 이에 따라 조선총독부는 이과계 중등교원을 조선에서 자체적으로 양성하는 방안을 마련하기 시작하였다. 그것은 수원고등농림학교에 중등교원 양성과정을 부설하여 농업 교원을 배출해왔던 방식을 차용한 것이었다.

먼저, 1941년 경성고등공업학교에 이과교원양성소를 부설하여 중등학교에서 물리 또는 화학 과목을 담당할 교원을 양성하도록 하였다.[99] 이과교원양성소는 중학교 졸업자를 입학자격으로 하여 3년간의 교육을 시행하는 제1부와 초등학교 교원이 입학하는 1년제 과정의 제2부로 구성하였다. 제1부의 교육과정은 전공과목 외에도 교육학이나 심리학 등 교직과목을 포함하고 있으나, 현직 교원이 입학하는 제2부의 교육과정은 교육학 과목이 없이 오직 해당하는 전공과목으로만 편제하였다. 이과교원양성소의 수업료는 무료였으며, 따라서 졸업자에게는 각각 2년 또는 1년 이상 조선에서 조선총독이 지정하는 교육에 관한 직무에 종사할 의무가 부과되었다. 1942년에는 기존의 물리화학과 외에 수학과를 개설할 수 있도록 교육과정을 개정하였다.[100] 그리고 1943년부터는 수업료 무료 혜택에 더하여 별도의 학자금도 지급하도록 하였다.[101] 이러한 이과교원양성소의 물리화학과 입학생 정원은 30명, 수학과는 35명 정도였다. 그러나 경성고등공업학교의 이과교원양성소는 1944년에 폐지되

---

99 「京城高等工業學校附置理科教員養成所規程」, 『朝鮮總督府官報』, 1941.4.11.
100 「京城高等工業學校附置理科教員養成所規程」 개정, 『朝鮮總督府官報』, 1942.4.1.
101 「京城高等工業學校附置理科教員養成所規程」 개정, 『朝鮮總督府官報』, 1943.5.27.

고, 재학생들은 새로 설립되는 경성제국대학의 이과교원양성소로 이관되었다.

다음으로, 조선총독부는 1942년 수원고등농림학교에 지리박물교원양성소를 부설하여 지리 과목과 박물 과목을 담당할 교원을 양성하기 시작하였다.[102] 설치된 두 학과는 모두 중학교 졸업자를 입학자격으로 하는 수업연한 3년제 과정이었다. 지리박물교원양성소 역시 수업료가 무료였기 때문에, 졸업자들은 조선총독이 지정하는 조선 내 교육 관련 직무에 2년간 의무적으로 복무해야 했으며, 1943년부터는 재학생에게 학자금을 지급하였다.[103] 지리과 정원은 15명, 박물과는 20명 정도였으나, 수원고등농림학교의 지리박물교원양성소 역시 1944년 경성제국대학의 이과교원양성소가 신설되면서 지리과를 폐지하고 박물과만 존치하여 박물교원양성소로 명칭이 변경되었다.[104]

끝으로, 1944년 경성제국대학에 이과교원양성소를 부설하여, 수학, 물상, 지리 과목의 중등학교 교원을 양성하도록 하였다.[105] 중학교 졸업자를 입학자격으로 하는 3년제 과정이었으며, 설치된 세 학과의 교육과정은 전공에 따라 각기 상이하였다. 재학 중에는 수업료가 면제되고 학자금이 지급되었기 때문에, 졸업자들은 조선총독이 지정하는 조선 내 교육 관련 직무에 2년간 의무적으로 복무해야 했다. 만일 특별한 이유 없이 복무하지 않거나 중간에 퇴학하는 경우 등은 그동안 지급받은 수업

---

102 「水原高等農林學校附置地理博物敎員養成所規程」,『朝鮮總督府官報』, 1942.4.1.

103 「水原高等農林學校附置地理博物敎員養成所規程」 개정,『朝鮮總督府官報』, 1943.5.27.

104 「水原高等農林學校附置博物敎員養成所規程」,『朝鮮總督府官報』, 1944.7.14.

105 「京城帝國大學附屬理科敎員養成所規程」,『朝鮮總督府官報』, 1944.7.14.

료와 학자금 등을 모두 반환하도록 하였다. 이러한 경성제국대학 이과교원양성소의 입학 정원은 수학과 50명, 물상과 50명, 지리과 20명 규모였으나, 설립 시기가 늦었기 때문에 해방을 맞을 때까지 졸업자를 배출하지는 못하였다.

이처럼 1940년대 들어 조선총독부는 경성고등공업학교, 수원고등농림학교, 경성제국대학 등의 고등교육기관에 이과계 교원양성소를 설치하여 필요한 과목의 중등학교 교원을 양성하기 시작하였다. 그러나 실업계 교원양성소와 마찬가지로 입학생 대부분은 일본인으로 채워졌다. 1943년 현재 경성고등공업학교와 수원고등농림학교에 부설된 이과계 교원양성소의 재학생 총원 183명 가운데 조선인은 30명으로 16% 비중에 지나지 않았다.[106] 더구나 이과계 교원양성소는 전황의 악화로 교육기간이 단축되는 등 파행적으로 운영되기도 하였으며, 식민지 말기에 설치되었기 때문에 해방을 맞을 때까지 매우 짧은 기간만 유지될 수 있었다.

(3) 중등교원 자격검정제도

조선총독부는 중등학교에서 필요로 하는 교원 대부분을 일본의 중등교원 양성기관 졸업자를 초빙하여 충당하였고, 비록 소수였지만 조선의 고등교육기관에 교원양성소를 부설하여 중등교원 부족 사태에 대처하려 하였다. 그러나 이러한 일련의 중등교원 공급 정책은 그나마 관공립학교에 해당하는 것이었고, 사립 중등학교의 교원 수요에 대해서는 어떠한 정책도 마련되지 않고 있었다.

---

106 『朝鮮諸學校一覽』, 1943.

이러한 상황에서도 조선총독부는 사립학교의 설립과 운영에 대해서 매우 통제적이었다. 1915년 「사립학교규칙」을 개정하여, 교원 변경 사항에 대해서 당국의 인가를 얻도록 하였고, 교원 자격에서도 "국어에 통달하고 해당 학교에 상응하는 학력이 있는 자"로 제한하도록 규정하였다.[107] 그리고 1922년에는 「사립학교 교원의 자격 및 원수에 관한 규정」을 따로 제정하여 학교 규모에 따라 필요한 교원 정원을 규정하였고, 무자격 교원으로 대용할 때도 총 정원의 1/2을 넘지 못하도록 하였다.[108] 이러한 통제적인 조치들로 인해 사립학교들은 자격 있는 교원을 얻지 못해 존폐 위기에 놓일 수밖에 없었다. 조선에서 중등교원을 양성할 수 있는 제도적 장치가 미비한 조건에서 사립학교에 적용된 엄격한 교원에 대한 자격 규정은 사실상 일본인 교원의 채용을 강제하는 것이었기 때문이었다. 이처럼 사립학교에 대한 통제 조치가 취해질 때마다 조선인들은 강한 반발을 일으키기도 하였다.[109] 사립학교의 교원 자격에 대한 강화 조치는 결국 "조선인 중등교원 폐지령"과 다름없다며 강하게 반발했다.[110]

당시 중등학교 교원의 자격정책은 일본의 「교원면허령」과 「교원검정에 관한 규정」을 따르고 있었다.[111] 「교원면허령」에서는 "면허장이 있지 않은 자는 교원이 될 수 없다"고 명시하고 있으며, 교원면허장은 "교원양

---

107 「私立學校規則」 개정, 『朝鮮總督府官報』, 1915.3.24.
108 「私立學校敎員ノ資格及員數ニ關スル規程」, 『朝鮮總督府官報』, 1922.3.28.
109 「수신, 일어, 지리, 역사에 일본인 교원을 채용하라」, 『동아일보』, 1926.4.21; 「학과와 일인 교원 한정 문제(상·하)」, 『동아일보』, 1926.4.22~23.
110 「조선인 중등교원 폐지령」, 『조선일보』, 1926.4.22.
111 「敎員免許令」, 『日本官報』, 1900.3.30; 「敎員檢定ニ關スル規程」, 『日本官報』, 1900.6.1.

성을 목적으로 하여 설치된 관립학교의 졸업자 또는 교원검정에 합격한 자"에게 부여하도록 하였다. 그리고 교원검정에 관해서는 교원양성을 목적으로 하거나 문부대신이 지정한 학교의 졸업자에 부여하는 무시험 검정과 이들 학교의 졸업증서를 갖지 못한 자에게 면허를 부여할 수 있는 시험 검정으로 구분하였다. 즉, 중등학교 교원의 면허제도는 고등사범학교와 지정된 고등교육기관의 졸업자에게 중등학교 교원 자격을 부여하는 무시험 검정 방법과 일정한 시험에 합격했을 때 자격을 부여하는 시험 검정 방법으로 운영되었다.

① 고등교육기관 졸업자의 교원 자격 지정

조선총독부는 관공립 중등학교의 교원 공급 문제를 해결하는 것과 함께 사립학교의 교원 채용에 관해서도 규율하고자 하였다. 사립학교의 교원 자격을 더욱 엄격하게 규정하고, 무시험 검정을 통해 중등학교의 교원 자격이 인정되는 고등교육기관을 지정하는 방안이었다. 이를 위해, 1915년 「사립학교규칙」을 개정한 데 이어, 1922년 조선총독부령으로 「사립학교 교원의 자격 및 원수에 관한 규정」을 제정하였다.[112] 여기에서 사립의 중학교와 고등보통학교 또는 고등여학교와 여자고등보통학교의 교원 자격은 "1) 사범학교, 중학교, 고등여학교, 고등학교 고등과의 교원면허장이 있는 자, 2) 조선총독이 지정하는 자"로 규정되었으며, 실업학교도 대체로 유사하였다. 1)항에서 규정한 교원면허장은 일본의 고등사범학교 등 관립의 중등교원 양성기관 졸업자 또는 중등교원 검정시험에 합격한 자에게 부여되는 것이므로, 이들이 사립 중등학교의 교원이 될

---

112 「私立學校敎員ノ資格及員數ニ關スル規程」, 『朝鮮總督府官報』, 1922.3.28.

수 있는 것은 당연하였다. 그렇다면, 이러한 조선총독부령이 갖는 의의는 2)항에서 조선총독이 고등교육기관 졸업자 가운데 사립 중등학교의 교원이 될 자격이 있는 자를 지정할 수 있도록 한 것에 있을 것이다. 즉, 무시험 검정을 통해 특정한 고등교육기관 졸업자에게 사립 중등학교의 교원이 될 자격과 학과목을 지정하는 방안이라 할 수 있다.

이에 따라, 조선총독은 「사립학교 교원이 될 자격이 있는 자」라는 고시를 통하여, 대학 및 전문학교의 각 학과에 전공과 연관이 있는 중등학교의 학과목을 지정하여, 그 졸업자는 사립 중등학교의 교원이 될 자격을 부여하였다.[113] 이후 중등학교의 교육과정이 개정되거나 각 대학에 설치된 학과의 변동 상황에 따라 이 고시는 수시로 변경하여 공포되었다. 그런데 이 고시에서 중등학교 교원 자격을 주는 학교들에는 조선에 세워진 고등교육기관만이 아니라 일본을 비롯하여 대만과 만주에 설립된 대학 대부분과 전문학교들이 망라되어 있었다. 관립과 사립을 구별하지 않았고, 제국대학부터 전문학교까지 각 고등교육기관에 설치되어 있는 학부 또는 학과마다 중등 사립학교에서 가르칠 수 있는 과목명을 지정하고 있었다.

당시 조선에 설립된 전문학교들로는 법학계, 의학계, 농업계, 공업계, 상업계 학교들이 있었다. 법학계 학교인 경성전수학교와 개칭된 경성법학전문학교 그리고 보성전문학교의 법과 졸업생에게는 법제경제 과목을 가르칠 수 있는 자격이 부여되었다. 의학계 학교인 경성의학전문학교와 세브란스의학전문학교에는 생리·위생 과목이 지정되었다. 그리고 농업계와 공업계 전문학교들은 각각의 전공학과에 맞는 이과계 및 실업계

---

113 『朝鮮總督府官報』, 1922.4.14.

과목들이 지정되었으며, 교육과정에 따라서는 수학이나 화학, 물리 과목들을 가르칠 수 있는 자격이 함께 인정되는 학과들도 있었다. 예를 들어, 경성고등공업학교의 토목학과 졸업생에게는 수학과 물리 과목의 자격이 지정되었으며, 수원고등농림학교의 임학과 졸업생에게는 동물, 식물 과목 외에 수학 과목 자격도 인정되었다. 그리고 상업계 전문학교 졸업자들에게는 상업, 부기 과목 외에 영어 과목 자격이 부여되기도 하였다. 즉, 경성고등상업학교 본과 졸업생과 연희전문학교 본과의 상과 졸업생에게 상업, 부기, 영어 과목을 가르칠 수 있는 자격이 부여되었다. 그러나 같은 상과에 해당하는 보성전문학교 본과의 상과 졸업생에게 영어 과목 자격이 인정되지 않고 부기, 상업 과목만 지정되었다. 한편, 여자전문학교인 이화여자전문학교는 본과 문과 졸업생에게 영어 과목이 지정되었고, 본과 음악과 졸업생에게는 음악 과목, 가사과 졸업생에게는 가사 과의 중등학교 교원이 될 자격이 인정되었다.

    그런데 조선에 설립된 고등교육기관 가운데 경성제국대학의 위치는 매우 독보적이었다. 일본 제국주의 시기에 최고 학부를 설치할 수 있는 제국대학이라는 위상을 갖는 것과 더불어, 경성제국대학은 학부 과정으로 직접 연결되는 예과 과정을 설치한 학교였다. 즉, 경성제국대학의 예과는 당시 학교 체제에서 일본의 고등학교나 일반적인 전문학교 수준에 해당하는 과정이었다. 이에 따라, 조선총독부는 경성제국대학 예과 수료자와 학부 졸업자를 구별하고, 다시 각각의 전공에 따라 사립 중등학교 교원이 될 수 있는 과목을 다르게 지정했다.

    1920년 후반 경성제국대학의 예과 및 학부 졸업자가 배출되면서, 조선총독부는 고시「사립학교 교원이 될 자격이 있는 자」를 개정하여, 경성제국대학 졸업자에 대한 중등학교 교원 자격과 과목명을 지정하기 시

<표 19> 사립 중등학교 교원 자격이 인정되는 학과와 과목 지정

학교	학과	인정 과목
경성전수학교		법제경제
경성법학전문학교	본과, 특과	법제경제
경성공업전문학교	광산과 응용화학과, 요업과 염직과 토목학과 건축학과	광물 화학 화학, 염색, 기직 수학 연필화, 용기화
경성고등공업학교	본과 방직학과 본과 응용화학과 본과 토목학과 본과 건축학과 본과 광산학과 특과 방직과 특과 응용화학과 특과 토목학과 특과 건축학과 특과 광산학과	염색, 기직, 화학, 수학 화학, 염색 수학, 물리 연필화, 용기화 광물, 화학 기직, 염색 화학, 염색 수학 연필화, 용기화 광물
수원농림전문학교		농업
수원고등농림학교	본과 농학과 본과 임학과 특과 농학과 특과 임학과	동물, 식물, 화학, 농업 수학, 동물, 식물 농업 동물, 식물
경성고등상업학교	본과	영어, 상업, 부기
경성의학전문학교	본과 특과	생리및위생, 화학 생리및위생
세브란스연합의학전문학교	본과, 별과	생리및위생
연희전문학교	농업과 상과 본과 상과 별과 상과 본과 문과 본과 수물과	농업 상업, 부기 영어, 상업, 부기 상업, 부기 영어 수학, 물리, 화학
보성전문학교	본과 법과 본과 상과 별과 법과 별과 상과	법제경제 상업, 부기 법제경제 상업, 부기
이화여자전문학교	본과 문과 본과 음악과 본과 가사과	영어 음악 가사

출처: 『朝鮮總督府官報』(1922.4.14, 1922.11.13, 1923.7.6, 1924.5.13, 1926.3.18, 1926.7.1, 1928.2.22, 1938.1.12).

작했다.[114] 먼저, 예과 수료자에 대한 것으로 당시 경성제국대학 예과는 문과와 이과로 편제되어 있었다. 문과 수료자에게는 영어, 국어, 한문, 동양사, 서양사 과목의 교원 자격이 인정되었고, 이과 수료자에 대해서도 수학, 화학, 물리, 동물, 식물 과목 등이 지정되었다. 이처럼 경성제국대학 예과 수료자에게는, 특히 문과의 경우 전문학교 졸업자보다 더 많은 과목에서 중등학교 교원이 될 자격이 인정되었다. 이어서 조선총독부는 경성제국대학의 법문학부 졸업자에 대해서도 교원 자격이 인정되는 과목과 그 조건을 다음과 같이 지정하였다.

수신: 윤리학개론 1단위, 윤리학(동양 및 서양) 2단위, 철학 1단위, 사회학 또는 심리학 1단위, 교육학 2단위를 수험 합격한 자에 한한다.

교육: 교육학개론 1단위, 교육사개설 1단위, 각 과 교수론 1단위, 교육행정 1단위, 철학개론 1단위, 사회학 1단위, 심리학개론 1단위, 윤리학개론 1단위를 수험 합격한 자에 한한다.

역사: 국사하개설, 조선사하개설, 동양사하개설, 서양사하개설, 국사학, 조선사학, 동양사학, 서양사학 13단위, 교육학 2단위를 수험 합격한 자에 한한다.

국어및한문(갑): 국어학, 국문학 7단위, 지나철학, 지나문학 3단위, 교육학 2단위를 수험 합격한 자에 한한다.

국어및한문(을): 지나철학, 지나문학 7단위, 국어학 1단위, 국문학 2단위, 교육학 2단위를 수험 합격한 자에 한한다.

국어및한문(병): 조선어학 2단위, 조선문학 3단위, 지나문학, 지나철학

---

114 『朝鮮總督府官報』, 1926.2.10.

3단위, 국어학 1단위, 국문학 2단위, 교육학 2단위를 수험 합격한 자
영어(갑): 영어학, 영문학 7단위, 언어학개론 1단위, 교육학 2단위를 수험 합격한 자
영어(을): 대학 예과 또는 고등학교에서 제1외국어로 영어를 이수하고, 본 학부에서 외국어 과정에서 영어를 수료하고, 교육학 2단위를 수험 합격한 자
법제경제: 헌법 1단위, 행정법총론 1단위, 민법 5단위, 형법총론 1단위, 경제학 1단위, 행정법각론, 상법, 형법각론, 민사소송법, 형사소송법, 국제공법, 정치학, 법리학, 재정학, 경제정책, 사회학개론, 교육학개론, 철학개론, 윤리학개론, 심리학개론 중 2단위를 수험 합격한 자에 한한다.
조선어및한문: 조선어학, 조선문학을 전공하고, 조선식 한문 1단위를 수험 합격한 자에 한한다.[115]

    경성제국대학의 법문학부를 졸업하면, 수신, 교육, 역사, 국어및한문, 영어, 법제경제, 조선어및한문 등의 과목을 가르칠 수 있는 중등학교 교원 자격이 인정되었다. 그런데 과목마다 자격을 인정받기 위해 이수가 필요한 과목들을 열거하여 함께 지시했다. 당시 경성제국대학의 법문학부는 법학부와 문학부가 하나의 학부로 통합되어 있는 체제였기 때문이다. 법문학부 안에는 법학과, 철학과, 문학과, 사학과 등이 개설되었고, 이들 학과도 다시 더 세부적인 다양한 전공들로 구분되어 운영되었다. 예를 들어, 문과 계통만 보더라도, 국어학·국문학, 지나어·지나문학, 조

---

115 『朝鮮總督府官報』, 1928.10.3.

선어·조선문학, 영어·영문학, 국사학, 동양사학, 조선사학, 철학·철학사, 윤리학, 종교학·종교사, 미학·미술사, 교육학, 중국철학 등의 세부 전공이 존재했다. 따라서 경성제국대학의 법문학부 졸업자들은 학과와 전공에 따라 이수과정이 매우 다양할 수밖에 없었다. 이들에게 중등학교 교원 자격을 부여하기 위해서는 이수과목에서 제한 조건을 설정할 필요가 있었던 것이다.

한편, 경성제국대학 법문학부 졸업자 가운데 조선어및한문 과목에 대한 중등학교 교원 자격을 부여하고 있는 점에도 주목할 필요가 있다. 당시 조선인이 다니는 고등보통학교, 고등여학교, 실업학교, 그리고 사범학교 등의 중등학교에는 조선어및한문 과목이 설치되어 있었다. 그러나 조선어및한문 과목에서 교원 면허를 얻는 방법은 사실상 경성제국대학 졸업자로서 해당 과목에 대한 교원 자격을 인정받는 것 외에는 다른 경로가 존재하지 않았다. 1928년도만 하더라도 조선총독부는 경성제국대학의 학부 졸업자 가운데 조선어및한분을 전공한 이들에게만 한정하여 중등학교 교원 자격을 인정하고 있었다. 그러니 경성제국대학에 입학하는 조선인 학생 수도 매우 드물었으며, 이들 가운데 조선어및한문을 세부 전공으로 선택하는 사람들도 그리 많지는 않았을 것이다. 다시 말해, 조선어및한문 전공자에게만 교원 자격을 인정하는 규정은 당시 사립학교는 물론이고 관공립 중등학교에서 필요로 하는 조선어및한문 과목의 자격 있는 교원을 충당하기에는 한계가 있을 수밖에 없었다. 1935년에 이르면, 조선총독부는 「사립학교 교원이 될 자격이 있는 자」를 다시 개정 고시하여, 경성제국대학 졸업자 가운데 조선어및한문 과목에 대해 교원 자격을 인정받을 수 있는 보다 다양한 이수과정을 제시하고 있다.

조선어및한문(갑): 조선어학, 조선문학 7단위(조선식 한문 1단위 포함), 지나철학, 지나문학 3단위, 교육학 2단위를 수험 합격한 자에 한한다.

조선어및한문(을):

(1) 국어학, 국문학 7단위, 지나철학, 지나문학 3단위, 조선어학, 조선문학 3단위(조선식 한문 1단위 포함), 교육학 2단위를 수험하여 합격한 자에 한한다.

(2) 지나철학 7단위, 조선어학, 조선문학 3단위(조선식 한문 1단위 포함), 교육학 2단위를 수험 합격한 자에 한한다.

(3) 지나어학, 지나문학 7단위, 조선어학, 조선문학 3단위(조선식 한문 1단위 포함), 교육학 2단위를 수험 합격한 자에 한한다.

조선어및한문(병):

(1) 조선사학 7단위, 지나철학, 지나문학 2단위(연습 1단위 포함), 조선어학, 조선문학 3단위(조선식 한문 1단위 포함), 교육학 2단위를 수험 합격한 자에 한한다.

(2) 동양사학 7단위, 지나철학, 지나문학 2단위(연습 1단위 포함), 조선어학, 조선문학 3단위(조선식 한문 1단위 포함), 교육학 2단위를 수험 합격한 자에 한한다.[116]

위와 같이, 1935년 조선총독부 고시「사립학교 교원이 될 자격이 있는 자」가 개정되어, 그동안 경성제국대학 졸업자 가운데 조선어및한문을 전공한 이들에게만 한정하여 중등학교 교원 자격을 인정하던 조항이 삭제되었다. 대신에 조선어및한문 과목의 교원 자격을 인정받을 수 있

---

[116] 『朝鮮總督府官報』, 1935.6.13.

는 보다 다양한 이수과정들이 제시되었다. 예를 들어, 학부 과정에서 중국철학(지나철학)을 전공으로 선택한 경우라면, 전공과 관련된 지나철학 7단위를 이수하는 것 외에 조선어학·조선문학 3단위, 교육학 2단위 정도를 추가적으로 이수하면 조선어및한문 과목의 교원 자격을 인정받을 수 있게 되었다. 그동안 전공자로만 제한했던 인정 조건을 완화한 조치라 할 수 있다. 물론 경성제국대학 재학생 가운데 조선어및한문 과목의 교원 자격을 얻으려는 이들은 대부분 조선인 학생이었을 것이다. 따라서 경성제국대학의 조선인 학부생들은 굳이 조선어및한문을 세부 전공으로 선택하지 않더라도 비교적 용이한 방법으로 해당 과목에 대한 중등학교 교원 자격을 인정받을 수 있게 된 것이다.

이처럼 조선총독부는 비단 조선만이 아니라 일본, 대만, 만주 등에 설립된 고등교육기관의 각 학과마다 중등학교 과목을 지정하여 그 졸업자들이 사립 중등학교의 교원이 될 수 있도록 하였다. 무시험 검정으로 중등교원의 자격을 인정하는 이러한 제도는 고등사범학교 등 중등교원 양성기관이 설립되지 않은 조선의 현실에서 자격 있는 중등교원을 배출하기 위한 고육책이라 할 수 있다. 이러한 정책은 자격을 갖춘 교원을 확보하는 데 어려움을 겪고 있던 사립 중등학교의 교원 수급에 상당한 도움이 되었을 것이다. 물론 해당 고등교육기관 졸업자들로서도 중등학교 교원 자격을 인정해주는 무시험 검정 제도는 중등학교로의 취업의 길을 열어주는 매우 큰 의미가 있는 것이었다.

〈표 20〉을 통해 알 수 있듯이, 1927~1936년까지 10년간 관공사립 전문학교와 경성제국대학 졸업자 7,117명 가운데 학교기관에 교원으로 취직한 이들은 636명으로 평균 9% 비중이었다. 특히 문과 계통의 졸업자들이 많았던 경성제국대학 법문학부와 사립 전문학교 졸업자들이

<표 20> 전문학교와 경성제국대학 졸업자들의 진로 현황

구분	관공서	학교기관	은행회사	가사	진학	기타	사망	합계
전문학교 (관공립)	1,790 (53%)	139 (4%)	834 (24%)	196 (6%)	58 (2%)	370 (11%)	22 (1%)	3,409 (100%)
전문학교 (사립)	397 (15%)	351 (14%)	435 (17%)	804 (31%)	189 (7%)	390 (15%)	20 (1%)	2,586 (100%)
경성제대 (법문학부)	169 (28%)	146 (24%)	74 (12%)	- (0%)	31 (5%)	188 (31%)	- (0%)	608 (100%)
경성제대 (의학부)	306 (60%)	- (0%)	- (0%)	3 (1%)	114 (22%)	89 (17%)	2 (0%)	514 (100%)
합계	2,662 (37%)	636 (9%)	1,343 (19%)	1,003 (14%)	392 (6%)	1,037 (15%)	44 (1%)	7,117 (100%)

출처: 『學事參考資料』(1937).
* 1927~1936년 관공립전문학교, 사립전문학교, 경성제국대학의 전체 졸업자.

학교기관에 취업하는 비율이 각각 24%와 14%로 보다 큰 비중을 차지했다. 가사 또는 진학 등을 제외하고 순수한 취업자만을 비교한다면, 사립 전문학교와 경성제국대학 법문학부 졸업자 가운데 학교기관의 교원으로 진출하는 비중이 1/3 수준을 넘어섰다. 관공서, 은행회사와 비슷한 정도로 학교기관이 고등교육기관 졸업자들의 중요한 취업처가 되고 있는 것이다. 그만큼 중등학교 교원 자격을 인정해주는 무시험 검정 제도는 고등교육기관 졸업자들에게는 중등학교로의 취업을 가능하게 해주는 매우 큰 의미를 갖는 제도였다.

고등교육기관 졸업자의 진로 가운데 중등학교 교원으로의 진출이 상당한 비중을 차지하게 되면서, 전문학교를 운영하는 처지에서도 졸업자들에게 중등학교 교원 자격이 인정되는지는 매우 중요한 의미를 갖게 되었다. 특히 당시는 여성의 사회 진출이 극히 제한되어 있었기 때문에, 여자 전문학교 졸업생의 중등학교 교원 자격 인정 문제는 학교 존립의 사활이 걸린 문제로 이해되기도 하였다. 예를 들어, 이화학당은 일찍부터 대학과를 설치하고 대학으로의 발전을 목표로 운영해오다가, 1925년 설치 학과와 교육과정을 재편하여 이화여자전문학교라는 이름으로 설립 인가를 받았다.[117] 이처럼 이화학당 운영자들이 대학과를 폐지하고 여자전문학교라는 낮은 수준으로 학과 편제를 재편한 이유는 무엇보다도 식민당국으로부터 졸업생들의 중등학교 교원 자격을 인정받기 위함이었다.[118] 또한 무시험 검정 지정학교로 인정받기 위해서는 전공과목 외에도 교육학, 교육사, 교육심리학 등의 교직과목 강좌를 개설하고 교수법이나 교육실습 등의 교육과정도 편성할 필요가 있었다. 이화여자전문학교는 이러한 노력을 통해 문과 졸업생은 영어 과목, 음악과 졸업생은 음악 과목, 가사과 졸업생은 가사 과목의 중등학교 교원 자격을 인정받을 수 있었다.

② 중등학교 경력자의 교원 자격 인정

조선총독부는 고등교육기관을 시설하여 그 졸업자에게 중등학교 교원 자격을 인정하는 것과 더불어 현직에 면허가 없는 상태에서 재직 중인 경력자에 대해서 교원 자격을 인정하는 방안도 함께 시행하였다. 1922년 조선총독부는 고시「사립학교 교원자격 인정에 관한 건」을 통해, 전문학교와 사범학교를 비롯하여 중학교와 고등보통학교 또는 고등여학교나 여자고등보통학교에서 5년 이상 담임한 학과목에 대해 중등학

117　이화팔십년사편찬위원회, 1967,『이화팔십년사』, 이대출판부, 146쪽.
118　이화팔십년사편찬위원회, 1967, 위의 책, 151쪽.

교의 교원으로 인정할 수 있도록 규정했다.[119] 즉, 중등학교에서 5년 이상 재직한 무면허 경력자에 대해 일정한 심사를 거쳐 해당 과목의 교원 자격을 부여할 수 있도록 한 것이다.

중등학교 재직자의 교원 자격 인정 기준은 출원자의 학력, 성행, 신체에 기초하여 심사하도록 규정하였다.[120] 이러한 자격 인정 기준 가운데 성행이 포함되어 있으며, 특히 출원자의 성행에 대해서는 관할 지방장관이 심사하도록 한 점에 주목할 필요가 있다. 규정에 따르면, 출원자는 지원서류와 함께 신체검사서, 학력에 관한 재직 학교장의 증명서 등을 첨부하고, 해당 서류들을 관할 지방장관을 경유하여 조선총독에게 제출하도록 되어 있다. 이때 지방장관이 출원자가 「사립학교규칙」이 적시한 교원이 될 수 없는 사유에 해당되는지 조사하고, 이에 기초하여 별도로 출원자의 성행에 관한 의견을 첨부하여 조선총독에게 보고하도록 규정한다.

그렇다면 「사립학교규칙」이 규정하고 있는 교원이 될 수 없는 사유가 무엇인지 살펴볼 필요가 있다. 「사립학교규칙」에는 교원이 될 수 없는 결격사항으로 1) 금고 이상의 형사처벌, 2) 파산 선고, 3) 징계에 의한 면직, 4) 교원면허장 박탈, 5) 성행불량으로 인정되는 자 등이 제시되어 있었다.[121] 이러한 교원의 결격사유 가운데 1)~4)번 항목들은 여타 다른 공무원 직종의 임용에서도 적용되는 일반적인 사유에 해당되는 것으로 볼 수 있으며, 일본의 「교원면허령」에도 이와 유사한 결격사항들이

---

119 「私立學校敎員資格認定ニ關スル件」, 『朝鮮總督府官報』, 1922.4.14.
120 「私立學校敎員資格認定ニ關スル件」 개정, 『朝鮮總督府官報』, 1923.11.23.
121 「私立學校規則」, 『朝鮮總督府官報』, 1911.10.20.

열거되어 있다.[122] 그러나 결격사유 5)번의 "성행불량으로 인정되는 자"라는 항목은 일본의 「교원면허령」에는 존재하지 않고 오직 조선의 「사립학교규칙」에만 추가로 규정된 항목이었다. 즉, 조선의 사립학교에 대해서만 교원이 될 수 없는 결격사유로 "성행불량"이라는 매우 주관적인 항목이 적용되고 있다. 결국 사립학교 교원의 자격 인정 심사 절차는 관할 지역 지방장관의 출원자에 대한 "성행불량" 여부 판단 및 그 의견서에 따라 결정되는 것으로 이해할 수 있다.

이와 같은 성행 평가 중심의 교원 자격 인정 기준은 사립학교 교원의 자격 취소 규정에서도 나타나고 있다. 「사립학교 교원자격 인정에 관한 건」에서는 교원 자격을 인정받은 자가 "부정한 소행 기타 교원다운 체면을 오욕하는 소행이 있고 그 정황이 중하다고 인정되는 때는 조선총독이 그 인정을 취소하고 인정증서를 박탈한다"고 규정하고 있다.[123] "교원다운 체면"을 해친다는 이유로 언제든지 교원 자격을 박탈할 수 있도록 규정하고 있으며, 그 기준은 교원의 결격사유로 제시된 "성행불량"만큼이나 매우 모호한 기준이라 할 수 있다. 이러한 규정들로 인해 사립학교의 조선인 교원에 대한 사상적 통제가 강화될 개연성 또한 매우 높았다고 볼 수 있다. 결국 사립학교 교원의 자격 인정 및 자격 박탈 기준은 교원의 성행에 관한 매우 주관적이며 모호한 기준을 적용하고 있었으며, 그 판단 권한은 오로지 식민지 관료 및 교육 당국에 독점되어 있었다.

사립학교 교원의 자격 검정은 사립학교 교원자격 인정위원회를 구성

---

122 「敎員免許令」, 『日本官報』, 1900.3.30.

123 「私立學校敎員資格認定ニ關スル件」, 『朝鮮總督府官報』, 1923.11.23.

하여 실시하도록 규정되었다.[124] 위원회는 조선총독의 감독하에 두었으며, 조직 구성에서도 조선총독부 학무국장을 위원장으로 하고 관계 관청의 직원 가운데 조선총독이 임명하는 수 명의 위원으로 구성되었다. 이처럼 교원자격 인정위원회는 식민지 교육 당국과 독립된 별도의 조직이 아니었으며, 수시로 행해지는 사립학교 교원의 자격 인정 업무를 원활하게 진행하기 위한 행정조직에 불과했다. 결국 사립학교 교원의 자격 검정은 출원자의 결격사유 여부를 조사하고 그에 관한 의견서를 제출하는 지방장관의 성행 판단이 가장 중요한 심사 기준으로 작용하게 되었다.

이처럼 사립학교 교원의 자격 인정 제도는 적절한 학력과 경력이 있는 현직의 무자격 교원들을 심사하여 교원 자격을 부여하는 일종의 무시험 검정이었다. 당시 사립 중등학교의 무자격 교원 비율을 낮추고 자격 있는 교원 수요를 충족하기 위해 도입된 방안으로 볼 수도 있다. 그러나 중등학교의 무자격 교원에 대한 성행 중심의 심사를 통한 자격 인정 방법은 사실상 사립학교 교원에 대한 식민당국의 통제를 강화하는 수단으로 작동할 개연성이 매우 높았다. 실제로 중등학교 무자격 교원 가운데 검정을 통해 교원 자격을 인정받은 사람은 그다지 많지 않았다. 1925년부터 1936년까지 수십 차례에 걸쳐 사립 중등학교의 교원 자격 인정자가 공고되고 있었는데, 해당하는 12년 동안 교원 자격 증서를 받은 사람은 총 40여 명에 불과하였다.[125]

---

124 「私立學校敎員資格認定委員會規程」, 『朝鮮總督府官報』, 1923.7.17.
125 김영우, 1989, 『한국 중등교원 양성교육사』, 교육과학사, 95쪽.

③ 교원 자격의 시험 검정

중등학교의 교원이 되는 경로로서, 교원양성기관으로 인정되는 고등사범학교 또는 그에 준하는 것으로 지정된 학교를 졸업한 경우가 아니라면, 별도의 교원 검정시험에 합격하여 해당 학과의 교원 면허장을 취득할 수 있었다. 이러한 중등학교 교원 검정시험은 '문부성 사범학교·중학교·고등여학교 교원 검정시험'이라는 이름으로 시행되었으며, 당시에는 일반적으로 '문검(文檢)'으로 약칭되고 있었다. 이와 유사한 문부성 관할의 검정시험으로 실업학교 교원 검정시험과 고등학교 교원 검정시험도 실시되었지만, 당시에 교원 검정시험이라고 하면 중등학교 교원 검정시험인 '문검'을 의미하는 말이었다.

중등학교 교원 검정시험은 예비시험과 본시험으로 구분하여 진행되었으며, 학과목 시험에 해당하는 예비시험에 합격한 자만이 본시험에 응시할 수 있었다. 시험 검정에 응시할 수 있는 자격은 「교원검정에 관한 규정」이 개정되면서 여러 차례 변화되고 있지만, 대체로 중학교·고등여학교 졸업자, 전문학교 입학검성시험 합격자, 소학교 교원 등이었다. 즉, 중등학교 교원 검정시험은 고등사범학교나 대학 등 고등교육기관을 이수하지 못한 중등교육 이수자에게도 중학교·고등여학교·사범학교에서 가르칠 수 있는 교원 면허를 부여하기 위한 시험이라 할 수 있다.

그런데 중등학교 교원 검정시험의 응시 자격 가운데 소학교 교원의 응시 대상이 점차 확대되고 있는 점에 주목할 필요가 있다. 처음에는 소학교 본과 정교원에게만 응시 자격이 부여되었으나, 1908년에는 심상소학교 본과 정교원으로 확대되었고, 1921년에는 소학교의 전과교원과 준

교원 등 초등교원의 모든 자격으로까지 확대되었다.[126] 이 즈음, 일본에서 중등학교 교원 검정시험의 응시자 수는 많이 증가하게 된다. 1920년 대를 거치며 응시자 수가 4천 명 규모에서 1만 2천 명 규모로 많이 증가하였으며, 물론 이들 응시자 대부분은 초등학교 교원들이 차지했다.[127] 중등학교 교원 검정시험에 도전하는 초등학교 교원들의 수험 열기가 매우 높았던 것이다. 이러한 경향은 조선에서도 크게 다르지 않았다.

그렇다면 당시 초등학교 교원이 중등학교 교원 검정시험에 도전한 이유는 무엇이었는가. 먼저, 당시의 학교체제와 교원의 면허체제를 살펴볼 필요가 있다. 기준이 되는 일본의 소학교는 심상소학교와 고등소학교가 구분되어 설치될 수 있었으나(4+4 또는 6+2), 두 단계 소학교에서 모두 가르칠 수 있는 사범학교 출신의 정규 교원은 전체의 30% 정도에 지나지 않았다.[128] 나머지 소학교 교원은 사범학교 졸업 이외의 다양한 방법으로 충원되어야 했으며, 이들이 이수한 학력 및 이수과정에 따라 매우 다양한 면허 자격이 부여되었다. 고등소학교까지 가르칠 수 있는 소학교 면허와 심상소학교까지만 가르칠 수 있는 심상소학교 면허 등 학교별로 구분되었다. 그리고 해당 학교에서 모든 과목을 가르칠 수 있는 본과 면허와 일부 과목만 교수 가능한 전과 면허 등 과목별로 구분되었으며, 다시 이들 면허는 각각 정교원 자격과 준교원 자격으로 구분되는 등 소학교 교원에게 부여되는 면허 자격은 총 8가지나 되는 매우 복잡한

---

126 「敎員檢定ニ關スル規程」 개정, 『日本官報』, 1908.11.26; 1921.3.4.

127 小田義隆·土屋基規, 1999, 「戰前中等敎員養成制度の硏究: '文檢' 歷史科を中心に」, 『神戶大學發達科學部硏究紀要』 7(1), 25쪽.

128 笠間賢二, 2005, 「小學校敎員檢定に關する基礎的硏究: 宮城縣を事例として」, 『宮城敎育大學紀要』 40, 229쪽.

위계적인 체계를 갖고 있었다.[129] 각각의 자격을 소유한 교원들은 일정한 강습이나 보수교육을 받으면 상급 자격의 면허가 부여되거나 시험 검정에 응시할 기회가 부여되었다. 이처럼 당시 초등학교 면허 체계가 학력과 이수과정에 따라 위계적으로 구성되면서, 초등학교 교원들 사이에서 무시험 검정은 물론이고 시험 검정을 통해서 상위 자격을 취득하려는 문화가 정착되었다.

다음으로, 당시에는 초등교원과 중등교원의 대우에 큰 차이가 있었다. 초등교원과 중등교원은 무엇보다도 임용되기까지 이수한 학력에서 뚜렷한 차이가 있었기 때문이었다. 예를 들면, 1921년에 중등교원은 대학이나 고등사범학교를 졸업하여 수학연한이 총 15~17년에 이를 수 있었다.[130] 그러나 일본에서 사범학교를 졸업한 초등교원은 소학교 6년 - 고등소학교 3년 - 사범학교 4년으로 총 13년 정도의 수학연한을 갖게 된다. 초등교원은 중등교원과 비교해 이수한 최종 학력이 더 낮았다. 물론 조선의 초등교원들의 학력을 본다면, 연습과를 설치하여 최고 자격이 주어지는 경성사범학교를 졸업한 이들은 12년 또는 13년이 최종 수학연한을 갖게 되지만, 심상과만을 설치한 대구나 평양의 사범학교를 졸업한 이들은 그보다 짧은 11년의 수학연한에 머무르고 있었다. 이러한 학력의 차이로 인해, 초등교원과 중등교원은 같은 교사이면서도 부르는 명칭도 상이하여, 각각 훈도와 교유로 분류되었다. 그리고 관등에서도 훈도는 판임관이지만 교유는 주임관이었으며, 그에 따라 봉급 체

---

129   釜田史, 2008, 「明治後期秋田縣における小學校教員檢定試驗制度に關する硏究」, 『神戸大學大學院人間發達環境學硏究科硏究紀要』 1(2), 50쪽.

130   文部省, 1992, 『學制百二十年史』, 767쪽.

계에서도 차이가 있었다. 초등학교 교원과 중등학교 교원에 대한 사회적 인식이 같을 수는 없었던 것이다, 이는 다음과 같은 당시 보통학교 교원의 자기 인식 속에서도 드러나고 있다.

> 그동안 길러낸 아이들의 수효는 매년 오십 명씩만 치더라도 오백 명은 될 것입니다…. 그중에는 박소제라고 지금 일본 나라고등사범학교 삼학년에 통학하는 사람도 있습니다. 생각을 하면 우스운 일입니다. 선생 잡아먹는다는 말이 이것을 두고 한 말이겠지요. 박소제가 명년 봄에 졸업을 하면 그는 중학 정도 학교의 교원이 될 것입니다만, 나는 역시 소학교 교원으로 있을 것입니다. 그때는 옛날의 제자는 선생이 되고 옛날의 선생은 제자가 되어야만 될 것입니다.[131]

위 기사는 보통학교에서 10년 동안 훈도로 근무하고 있던 김기용의 담화에 관한 것이다. 그는 자신이 가르쳤던 제자 가운데 일본의 나라고등사범학교 재학생을 소개하고 있다. 그런데 그의 언급 속에서 초등교원과 중등교원에 대한 인식상의 뚜렷한 격차가 나타나고 있다. 초등학교 교원인 현재의 자신과 비교할 때, 제자가 고등사범학교를 졸업하면 중등학교 교원이 될 것이고, 그것은 마치 스승과 제자의 관계가 역전될 만한 일이라는 것이다. 당시 초등교원에게 중등교원은 그만큼 높은 위신을 갖는 존재로 인식되었던 것으로 이해할 수 있다.

이처럼 초등학교 교원과 중등학교 교원은 이수한 학력에서 큰 차이가 있었다. 그에 따라 관등과 급여 수준도 차이가 있었으며, 이러한 조건

---

[131] 김기용, 「십년을 하루갓치(1): 임지는 수원공보」, 『동아일보』, 1926.1.1.

들은 당시 초등학교 교원들에게 중등학교 교원들과 비교하여 뚜렷한 열등감을 느끼게 했다. 그러나 시험을 통해 중등학교 교원이 될 수 있는 길이 열리면서 초등학교 교원들 사이에서 중등학교 교원 검정시험 준비 열기가 크게 고양되었다. 이미 복잡하고 위계적인 초등학교 교원 면허체제 안에서 시험을 통해 상급 자격을 취득하려는 문화는 상당한 정도로 정착되어 있었다. 여기에 당시 청년들 사이에 널리 퍼져 있던 '열혈극기'와 같은 정신주의적 풍조도 영향을 미쳤던 것으로 평가되기도 한다.[132] 부유하지 않은 집안 출신이면서도 초인적인 노력을 통해 학력을 배양하여 입신출세를 이루려는 시험 문화가 상대적으로 열패감을 느끼고 있던 초등교원들 사이에 널리 확산되었던 것이다.

그러나 당시 문부성의 중등학교 교원 검정시험은 합격하기가 매우 어려운 시험이었다. 전문학교 정도를 졸업한 일본인 수험자들이 몇 년씩 준비해도 합격하기 어려울 정도로 '최난관의 난이도'를 자랑하고 있었다.[133] 평균적으로 응시자 가운데 대체로 1/10 정도만이 합격할 수 있었으며, 수험생들이 평일 6시간 이상 공부하며 3~5년 동안 수험 준비를 하고도 합격하기까지는 수차례 실패를 거듭하는 시험이었다.[134] 이러한 문부성의 중등학교 교원 검정시험에 응시하는 조선 거주자를 위한 몇 가지 편의적인 조치가 취해지기도 하였다. 즉, 예비시험은 조선에서 시행하고, 여기에 합격한 사람이 일본의 고등교육기관에서 시행되는 본시험에 응시할 수 있도록 한 것이다. 그러나 식민지 시기 동안에 중등학교·교원

---

132 佐藤由子, 1988, 「戰前の文檢制度と地理の受驗者たち」, 『地理學評論』 61(7), 529쪽.
133 小田義隆·土屋基規, 1999, 「戰前中等教員養成制度の硏究: '文檢' 歷史科を中心に」, 『神戶大學發達科學部硏究紀要』 7(1), 33쪽.
134 佐藤由子, 1988, 앞의 글, 532-535쪽.

〈표 21〉 중등학교 교원 검정시험의 과목별 합격자 수(1913~1942년)

과목	합격자 수	과목	합격자 수	과목	합격자 수
수신	13	일본사동양사	5	광물	1
국어	25	서양사	1	생리및위생	2
한문	11	수학	3	수공	2
습자	20	서양화용기화	6	체조	8
영어	6	교육	37	교련	3
농업	1	지리	11	검도	1
상업	1	법제경제	2	공민	10
부기	1	이과	2	작업	3
음악	4	동물	6	합계	185

출처: 김광규, 2019, 「조선의 '문검' 합격자들」, 11쪽.
* 민족 구별이 가능한 1941년도까지는 조선인 27명, 일본인 126명 등 총 153명.

검정시험에 최종 합격한 조선인들은 그다지 많지 않았다.

문부성의 중등학교 교원 검정시험에서 1910~1945년까지 최종 합격자 가운데 조선에 거주하는 사람은 185명인 것으로 조사되고 있다.[135] 민족 구별이 가능한 1941년도까지 합격자는 153명이었으며, 이 가운데 조선인 합격자는 겨우 27명으로 일본인 126명에 비해 매우 적은 18% 비중을 차지하고 있었다.

또한, 합격자들이 응시한 과목에서도 민족별로 차이가 있었다. 조선인이 가장 많이 합격한 과목은 교육 과목으로 전체 25명 가운데 절반이 넘는 13명이었으며, 그 뒤를 이어서 영어 3명, 공민 3명 등이었다. 반면에, 일본인 합격자들은 국어 과목이 24명으로 가장 많았고, 다음으로 교육 18명, 수신 12명 등이었다. 사실 국어 과목은 일본 본토에서도 응시자 수가 많았으며, 일본인으로서 상대적으로 접근하기 쉬운 과목일 수

---

135 김광규, 2019, 「조선의 '문검' 합격자들」, 『한국교육사학』 제41권 제2호, 6쪽.

있었지만, 합격률은 대체로 10% 전후로 그렇게 높은 편이 아니었다.[136] 더구나 국어 과목의 시험 문제가 일본의 고전에 대한 해석 및 고문법, 문학사적 지식 및 국어 교육론, 소주제 작문 등으로 출제되는 점을 고려한다면, 조선인들이 국어 과목 시험을 준비하기에는 매우 큰 부담이 되었을 것이다. 반면에, 조선인들은 압도적으로 교육 과목에서 합격자 수가 많았고, 일본인들도 교육 과목의 합격자 수가 많은 편이었다. 그 이유는 물론 교원 검정시험에 응시한 이들이 대부분 초등교원이라는 점에서 찾을 수 있을 것이다. 교육 과목에 응시하는 경우는 모든 과목 응시자들에게 필수적으로 부과된 '교육 대의' 시험이 면제될 뿐만 아니라, 교육 과목의 시험 내용이 대부분 사범학교에서 배웠거나 관련된 과목들이었다.[137] 따라서 사범학교를 졸업한 초등교원이라면, 다른 과목보다 상대적으로 교육 과목에 응시하는 것이 수험 준비에 부담이 적었을 것이다.

사실 〈표 21〉에서도 합격자 가운데 압도적으로 많은 다수가 초등학교 교원들이었다. 복수 과목 합격자를 제외한 전체 합격자 172명 가운데 86%에 이르는 148명 이상이 초등학교 교원이었던 것으로 조사되었다.[138] 특히 조선인 합격자 25명 가운데 합격 이전의 경력이 확인되는 20명은 전원 초등학교 교원이었다. 이들은 초등학교 훈도 신분으로 중등학교 교원 검정시험에 응시한 것이었고, 합격한 후에는 조선 각지의 고등보통학교, 여자고등보통학교, 실업학교, 또는 사범학교 등의 중등학교 교유로 임용될 수 있었다.

---

136 小笠原拓, 2014, 「'文檢國語科'の硏究(2) : 筆記試驗の構成と全體像」, 『地域學論集』 10(3), 49-50쪽.
137 김광규, 2019, 앞의 글, 11-12쪽.
138 김광규, 2019, 위의 글, 7쪽.

2) 중등학교 교원 배치 현황

식민지 시기 중등학교의 교원 정원은 학급 수를 기준으로 적정한 인원이 확보되도록 규정되어 있었다.[139] 중학교, 고등보통학교, 고등여학교, 여자고등보통학교 등의 교원 정원은 5학급 이하 학교에서는 1학급당 2명 이상으로 하고 1학급이 증가할 때마다 1.5명을 추가로 배치하도록 규정하고 있다. 그리고 행정 전임으로 서기 2인을 둘 수 있었다. 사립학교도 물론 공립학교와 같은 교원 정원을 유지하도록 하였다.[140]

중등학교 교원의 정원 규정을 준수하기 위해서는 적절한 수급 정책이 필수적으로 요구되었다. 그러나 조선총독부는 중등학교 교원을 양성하기 위한 고등사범학교 등은 설립하지 않고, 대신에 필요한 교원을 일본으로부터 초빙해오는 정책을 채택하고 있었다. 식민지 말기에 이르러서야 고등교육기관에 중등학교 교원양성소를 부설하여 필요한 과목에 한정하여 소수의 교원을 양성하기도 하였다. 이와 더불어, 조선총독부는 필요한 교원 수요를 맞추기 위하여 중등학교 교원의 자격 검정제도를 적극적으로 활용하였다. 교원 검정시험에 합격한 이들을 중등학교 교원으로 임용하기도 하였고, 고등교육기관을 지정하여 그 졸업자들에게 전공과 관련된 중등학교 과목의 교원 자격을 부여하기도 하였다. 그리고 중등학교에서 무자격 교원 신분으로 일정 기간 근무한 경력자를 심사하여 교원 자격을 부여하는 정책을 도입하기도 하였다.

그러나 조선총독부의 교원 수급 정책들이 당시 급격하게 증가하는

---

139 「朝鮮公立學校職員定員規程」, 『朝鮮總督府官報』, 1922.4.1.
140 「私立學校敎員ノ資格及員數ニ關スル規程」, 『朝鮮總督府官報』, 1922.3.28.

중등학교의 교원 수요에 적절하게 대응한 것은 아니었다. 중등교육 억제 정책으로 인해 중등학교의 확대 보급이 매우 더디게 진행되는 상황에서도, 증설되는 학교 수에 비해 필요한 교원의 확충 속도는 그것을 따라가지 못하고 있었다. 1922년도와 1937년도의 학교 현황 통계를 비교하여 이를 확인할 수 있을 것이다. 1922년도는 조선인 대상 학교인 고등보통학교와 여자고등보통학교의 수업연한이 연장되어 일본인 대상의 중학교, 고등여학교와 같은 교육과정이 운용되기 바로 직전 연도에 해당한다. 그리고 1937년도는 초등교육 확충계획에 이어 중등교육 확대 방안이 마련된 해이며, 조선인과 일본인 대상의 학교 명칭이 구분되었던 마지막 연도이기도 하다.

1922년과 1937년 일반계 중등학교의 학생 현황을 비교하면, 전체 재학생 수는 13,960명에서 41,823명으로 3배 증가하고 있다. 해당 기간에는 특히 공·사립의 여자고등보통학교 학생 수 증가가 두드러지게 나타나고 있다. 이는 그동안 극히 미진했던 조선인 여자 중등교육이 상대적으로 크게 확대되었기 때문이다. 마찬가지로, 일본인 대상 학교인 고등여학교 학생 수 증가도 규모 면에서 큰 특징을 보여주고 있다. 반면에, 같은 기간의 교원 현황을 보면, 전체 중등학교의 재직 교원 수는 760명에서 1,713명으로 2.3배 증가에 머무르고 있다. 학교 증설에 따른 학생 수 증가에 비해 교원 공급이 원활하게 이루어지지 못하고 있었던 것이다.

이러한 중등학교 교원의 공급 부족 현상은 교사 1인당 학생 수 지표의 악화로 나타난다. 1922년과 1937년을 비교할 때, 중등학교 전체적으로 교사 1인당 학생 수는 18.37명에서 24.42명으로 크게 증가하였다. 이는 물론 중등학교가 증설되고 학생 수가 증가함에도 그만큼 적절한 교원 공급이 이루어지지 않았기 때문에 초래된 결과였다. 교원의 공급

<표 22> 중등학교의 학생과 교원 현황(1922, 1937년)

연도	구분	학급수	교원수 일본인	교원수 조선인	교원수 합계	조선인 교원 비율	학생수 일본인	학생수 조선인	학생수 합계	교사당 학생수
1922	공립중학	69	172		172	0%	2,850	73	2,923	16.99
	공립고보	77	171	31	202	15%		2,996	2,996	14.83
	사립고보	71		130	130	100%		3,546	3,546	27.28
	공립고녀	83	159		159	0%	3,566	9	3,575	22.48
	공립여고보	13	34	11	45	24%		479	479	10.64
	사립여고보	18		52	52	100%		441	441	8.48
	합계	331	536	224	760	29%	6,416	7,544	13,960	18.37
1937	공립중학	154	333	3	336	1%	7,313	465	7,778	23.15
	공립고보	180	333	56	389	14%	175	8,747	8,922	22.94
	사립고보	119	34	201	235	86%		6,707	6,707	28.54
	공립고녀	222	432	4	436	1%	10,702	566	11,268	25.84
	공립여고보	57	95	36	131	27%	1	2,947	2,948	22.50
	사립여고보	80	34	152	186	82%		4,200	4,200	22.58
	합계	812	1,261	452	1,713	26%	18,191	23,632	41,823	24.42

출처: 『朝鮮總督府統計年報』(1922, 1937).

부족 현상은 특히 사립의 고등보통학교에서 가장 두드러지게 나타나고 있다. 1920년대와 1930년대에 걸쳐 사립 고등보통학교는 줄곧 교원 수급이 원활하지 못했던 것으로 보인다.

그러나 중등학교의 교원 현황에서 더욱 주목해야 할 사실은 민족별 구성 비율에 있다. 1937년도만 보더라도, 일반계 중등학교 전체 교원 1,713명 가운데 조선인 교원은 452명으로 26% 비중에 지나지 않았다. 일본인 대상 학교였던 중학교와 고등여학교를 논외로 하더라도, 조선인 학생들이 다녔던 고등보통학교와 여자고등보통학교에서 공립과 사립의 민족별 교원 구성은 뚜렷한 대조를 보인다. 여자고등보통학교에서 사립학교의 조선인 교원은 82% 비중이었지만, 공립학교 교원 중에는 27% 정도만이 조선인이었다. 이와 마찬가지로, 사립 고등보통학교에서 조선인 교원은 86% 비중이지만, 공립 고등보통학교 교원 가운데 조선인은 겨우 14%에 지나지 않았다. 조선어및한문 과목을 담당하는 한두 사람의 조선인 교원을 채용하는 경우 이외에는 대부분 일본인 교원들로 채워진 것이다.

이처럼 중등학교 교원 가운데 조선인이 차지하는 비중은 매우 작았으며, 그마저도 점차 감소해오고 있었다는 사실도 확인해둘 필요가 있다. 1922년과 1937년을 비교할 때, 조선인 교원의 비율은 29%에서 26%로 오히려 감소하고 있다. 이는 사립의 고등보통학교와 여자고등보통학교에서 일본인 교원 수가 많이 증가하였기 때문에 나타난 결과였다. 1922년에는 사립의 고등보통학교와 여자고등보통학교에 재직하는 일본인 교원은 아무도 없었다. 그러나 1937년에 이르면, 해당 학교에서 일본인 교원은 각각 14%와 18% 비중으로 많이 증가했다. 그동안 조선총독부가 사립 중등학교의 교원 부족 현상을 해소하기 위해 도입했던 일련의 정책들이 결국에는 일본인 교원이 사립학교로 진출하는 결과를 낳았다.

한편, 1937년 조선총독부는 중등교육 확충안을 마련하여 1942년도까지 75개교를 추가로 증설한다는 계획을 발표한 바 있었다.[141] 그리고 1943년에는 이러한 중등교육 확대계획이 일단락되면서 그 이후 추가적인 중등교원 확충계획을 수립하고 있었다. 중등학교 증설에 따른 교원의 수요를 예측하고, 그에 따른 공급 계획안을 마련할 필요가 있었던 것

---

141 「중등교육 확충계획의 촉진설」, 『조선일보』, 1937.9.6.

<표 23> 중등학교 교원 수요 예측 및 공급 계획(1943년)

		1943	1944	1945	1946	합계	비율
교원 신규 수요 예측	퇴직교원 보충	314	323	366	522	1,525	55%
	학급증가에 따른 신규 필요	367	345	275	272	1,259	45%
	합계(수요)	681	668	641	794	2,784	100%
교원 신규 공급 계획	조선에서 공급 / 교원검정 합격자	16	16	16	16	64	2%
	조선에서 공급 / 고등교육기관 졸업자	41	41	41	41	164	6%
	조선에서 공급 / 교원양성소 졸업자	35	74	99	123	331	12%
	조선에서 공급 / 소계	92	131	156	180	559	(20%)
	일본에서 유입 / 현직 교원	412	360	308	437	1,517	54%
	일본에서 유입 / 고등교육기관 졸업자	137	137	137	137	548	20%
	일본에서 유입 / 교원양성기관 졸업자	40	40	40	40	160	6%
	일본에서 유입 / 소계	589	537	485	614	2,225	(80%)
	합계(공급)	681	668	641	794	2,784	100%

출처: 『參考資料』(朝鮮總督府學務局, 1943, 39쪽).

이다. 1943년 조선총독부 학무국이 마련한 중등학교 교원 수급 계획은 <표 23>과 같다.

조선총독부 학무국은 1943년도부터 향후 4년간 중등교육기관에서 매년 600여 명 규모의 신규 교원 수요가 발생할 것으로 예측했다. 그중에는 퇴직교원 등 자연 감소 보충을 위한 수요가 약 55% 비중이었고, 학교 및 학급 증설에 따른 신규 교원 수요가 45% 비중이었다. 그리고 이러한 수요를 충당하기 위한 신규 교원의 공급 계획을 수립하면서, 조선에서 약 20%를 자체 공급하고 나머지 80%는 일본으로부터 유입하는 방

안을 마련하였다.[142]

먼저, 일본으로부터 교원을 유입해오는 방안을 보면, 현직 중등학교의 교원을 초빙하는 방법이 54%로 가장 큰 비중을 차지했다. 이어서 고등사범학교 등 중등교원 양성기관 졸업자를 채용하는 방법이 20%, 그리고 대학 및 전문학교의 각 학과 졸업자를 채용하는 방법이 6%를 차지했다. 다음으로, 필요한 중등학교 교원을 조선에서 자체적으로 공급하는 경로를 보면, 경성고등공업학교와 수원고등농림학교에 부설된 교원양성소 졸업자를 임용하는 방법이 12%, 관사립 전문학교와 경성제국대학 등 고등교육기관의 각 학과 졸업자를 채용하는 방법이 6%, 교원 검정시험 합격자 가운데 일부를 채용하는 방법이 2% 등으로 계획되고 있었다.

이러한 조선총독부의 중등학교 교원 수급 방안은 식민지 말기인 1943년도를 기준으로 한 계획 단계에 있는 것이었다. 그러나 그동안 중등학교 교원이 충원됐던 방식도 이러한 내용에서 크게 벗어나지 않았을 것이다. 조선총독부가 필요한 교원을 일본으로부터 유입해오는 정책을 고수하면서, 고등보통학교와 여자고등보통학교 등 조선인 학생들이 다니는 중등교육기관에서 일본인 교원들이 절대다수를 차지하는 현상이 오랫동안 지속되었다. 이러한 상황에서 일본인 교사들과 조선인 학생들의 갈등과 충돌은 필연적이었다.

---

142 朝鮮總督府學務局, 1943, 『參考資料』, 39쪽.

제4장
중등학교의 교육 경험과 학생운동

식민지 시기 중등학교를 다녔다고 해서 모두가 유사한 경험을 하는 것은 아니었다. 그것은 물론 중등학교 유형이 고등보통학교, 여자고등보통학교, 실업학교 등으로 구분되어 전혀 다른 교육 목적과 교육과정으로 운영되었기 때문일 것이다. 그러나 이러한 사실 외에도 각각의 중등학교들은 학교 운영과 관련하여 매우 다양한 조건에 있었다는 점에도 주목할 필요가 있다. 식민지적 상황하에서도 학생들의 교육 경험은 각 학교가 처한 조건에 따라 매우 다양한 계기들이 응축되어 구성되고 있었기 때문이다. 서양 선교사들이 운영하는 기독교계 사립학교의 교육 경험과 식민당국의 직접적인 행정체계로 관리되는 관공립학교의 교육 경험이 같을 수 없었다. 또한, 조선인 학생과 일본인 학생이 같은 교실에서 공부하는 민족 공학제 학교의 교육 경험은 조선인 학생들만 다니는 학교의 교육 경험과 같은 양상을 보이는 것도 아니었다. 따라서 여기에서는 기독교계 사립학교 비중이 높았던 점에 주목하여 여자고등보통학교의 교육을 살펴볼 것이다. 그리고 실업학교는 조선인과 일본인이 공학했던 점에 초점을 두어 민족 공학제도의 운영 실태를 분석할 것이다. 또한, 고등보통학교 교육을 검토하면서는 학생들에 대한 엄격한 감시와 통제가 이뤄졌던 학교 규율에 관해 살펴볼 것이다. 한편, 식민지 시기 학생들의 학교교육 경험 가운데 식민지 교육에 저항했던 학생운동을 빼놓고 생각할 수는 없을 것이다. 학생들 대부분은 재학 중에 크고 작은 방식으로 학교나 식민당국과 대립했던 경험이 있었다. 가장 극단적인 형태의 집단행동이었던 동맹휴학을 비롯하여, 비밀결사운동이나 문화계몽운동 등에 관해서도 함께 검토하고자 한다.

1. 식민지 중등교육 경험

1) 고등보통학교의 규율

고등보통학교의 교원은 대부분이 일본인 교사들로 채워졌기 때문에 조선인 학생들과 갈등을 빚을 개연성이 매우 높았다. 일본인 교사들은 지배민족으로서 식민지에 부임하고, 조선인 학생들은 피지배민족으로서 이들로부터 가르침을 받아야 하는 조건이었기 때문이다. 실제로 조선의 학교에 부임한 일본인 교사들은 조선인 학생들에 대해 매우 고압적인 태도와 함께 민족차별적인 인식을 드러내는 경우가 많았다. 일본에서 중학교를 다니다가 조선의 고등보통학교로 전학 온 학생은 일본과 비교할 때 조선에 부임한 일본인 교사들의 차별적인 태도가 매우 심하다는 사실을 지적했다.[1] 일본인 교사들의 불친절하고 학생의 인격을 무시하는 태도에 불만을 느끼지 않을 수 없다는 것이다. 당시 일본인 교사 중에는 자민족 중심의 우월감에 싸여 조선인에 대해 멸시감을 주는 등의 거친 언행을 보이는 경우도 적지 않았다. 이로 인해, 조선인 학생들과 일본인 교사들은 크고 작은 갈등을 빚고 있었다.

하야시 교사가 우리나라 사람을 멸시해서 '센진'이라고 말을 했다. 이 말을 전해들은 전교생은 분개하여 직접 쓰다 교장에 항의를 하였다. 그랬더니 그 일인 교사더러 자기가 실언을 한 학급에 들어가서 사과

---

[1] 「학생의 인격을 전적으로 무시」, 『동아일보』, 1931.12.13.

하게 하여 간신히 해결을 보았다. 또 한 예는, 서 모라는 학생이 급해서 화장실에 갔더니 어떤 일본인 교사가 이것을 보고 조선인은 더럽고 화장실도 쓸 줄 모른다고 하여, 이로 인하여 한동안 학교가 소란했는데, 교장이 선처를 해서 무사히 넘겼다.[2]

위 동래고등보통학교의 사례에서 나타나듯이, 당시에 '센진'이라는 용어는 일본인들이 조선인에 대한 멸시감을 드러내기 위해 사용하는 말이었다. 일본인의 입에서 이러한 용어가 사용되는 경우, 그것은 조선인에 대한 일본인의 강한 경멸 의식을 드러내는 것으로 이해되었다. 또한, 일본인 교사들은 조선인의 특정한 행위에 대해 그것이 마치 조선 민족 전체가 갖는 근본적인 속성인 것처럼 비하하는 경향도 있었다. 위의 두 번째 사례에서와 같이, 화장실이 급한 개인적 상황에서도 "조선인은 더럽고 화장실을 쓸 줄 모른다"는 식으로 함부로 조선 민족 전체를 멸시하는 태도를 보였다. 사실 같은 학교의 또 다른 일본인 교사도 "조선인은 걸인 근성이 많다"며 조선 민족 전체를 모욕하는 발언을 서슴지 않았다.[3] 이처럼 민족적 편견이 심한 일본인 교사들의 태도는 조선인 학생들이 그동안 억눌렀던 민족적 감정을 폭발시키는 계기로 작용하였다.[4]

더구나 일본인 교사들의 민족적 차별의식은 조선인 학생들에 대해 고압적이고 때로는 폭력적인 태도로 나타나기도 하였다. 당시 교사의 체벌은 일상적인 훈육 수단으로 이해되었으나, 때로는 구타에 가까운 폭력

---

2   동래고등학교동창회·동래고등학교, 1979, 『동래고등학교팔십년사』, 166쪽.
3   동래고등학교동창회·동래고등학교, 1979, 위의 책, 169쪽.
4   경북중고등학교동창회·경북고등학교, 1976, 『경북중고등학교육십년사』, 122-123쪽.

으로 이어져 학내 갈등도 자주 발생하고 있었다. 일본인 교사의 구타 사건이 사회적으로 확대되어 언론에 보도된 예만 보더라도, 진주고등보통학교에서는 일본인 교사가 운동장의 풀뽑기 작업 중이던 학생이 지시를 따르지 않았다는 이유로 가위로 머리를 내리쳐 "때리는 곳마다 유혈이 낭자하여" 전치 2주의 상처를 입히기도 하였다.[5] 신의주고등보통학교에서는 박물학을 가르치던 일본인 교사가 기하 문제를 잘 풀지 못했다는 이유로 학생을 "끌고 나가 난타하고 교문 밖으로 축출"하는 사건이 일어나기도 하였다.[6]

이처럼 일본인 교사들이 자민족 우월감에 빠져 조선 민족에 대해 차별적이고 경멸적인 태도를 드러낼 때마다 조선인 학생들은 집단행동으로 대응하며 강하게 반발하고 있었다. 학생들은 일본인 교사의 사과와 해임을 요구하며 전교생이 집단적으로 수업을 거부하고 항의 시위를 벌이는 등 동맹휴학을 일으키는 때도 많았다. 그러나 조선인 학생들의 집단적 항의가 쉽게 받아들여진 것은 아니었다. 학생들의 요구가 관철되지 못한 것은 물론이고, 동맹휴학 등의 집단행동 이후에는 학생들에 대한 퇴학이나 정학 처분 등 무더기 징계가 뒤를 이었다. 이처럼 학생들에 대해 매우 권위적이며 억압적인 학교 운영은 식민지 교육의 중요한 특징이기도 하였다.

학생들에 대한 권위적이며 억압적인 학교 운영의 모습은 특히 매우 통제적인 학교 규율을 통해 유지되고 있었다. 해주고등보통학교의 학생 생활 검사 및 단속 규정에서 알 수 있는 것처럼, 당시 중등학교의 학교

---

5 「호령에 불복한다고 학생을 구타 치상」, 『동아일보』, 1934.9.14.
6 「생도를 난타 교문 외 축출」, 『동아일보』, 1930.2.15.

〈표 1〉 고등보통학교의 학생 생활 검사·단속 규정

복장검사	- 복장은 매일 학급주임이 검열하도록 한다. - 특별검사는 매 학기 2회 이상 행하고, 불합격한 경우에는 다음 날 또는 날짜를 정하여 재검사를 받도록 한다. - 특별검사는 모자, 셔츠, 상의, 바지, 신발에 대하여 행하고, 감독계는 학급주임과 함께 검열한다. - 특별검사는 그 성적을 조사하여 감독주임이 강평하고, 반성을 촉구한다.
교과서 검사, 독서물 조사	- 제1학기 초에 전 학과의 교과서 검사를 행하고, 그 외에 임시로 행한다. - 교과서는 형제에 한하여 중고본 사용을 허가하고, 그 외는 전부 새 교과서를 사용하고 기명한다. - 교과서 이외의 독서물에 대해서도 정기 및 임시 조사를 행한다. - 검사일, 계원 등은 그때마다 감독계에서 정한다. - 학급별로 검사표를 사용하여 그 상황을 기록한다.
우편물 취급	- 생도의 등기우편은 감독계에서 우편물 장부에 기입하고, 외환권에는 증명의 도장을 찍고 본인에게 전달한다. - 각 생도, 교우회, 각 부, 각 학급의 우편물은 일단 각계에서 검열한 후 교부한다.
생도의 가정·숙소	- 매 학기 학급주임은 정시에 가정 및 숙소를 방문하고, 감독계는 수시로 가정 및 숙소를 방문하여 가정 및 숙소 책임자와의 연락을 취하고, 생도 일상의 생활상태·독서물 상황 등을 관찰한다. - 제1학년생 중 가정 이외로부터 통학하는 이에게는 입학 당초 숙소를 학교에서 정하고, 학교생활에 익숙한 이후에는 본인 및 부형의 희망에 따라 변경하는 것을 허락한다. - 숙소 변경은 학급주임과 감독계의 합의로 허락한다. - 매 학년 초 생도의 신상조사부를 만들어 학급주임·감독계 각각 1부씩 보관하며, 숙소 변경을 허가한 경우는 수정하고 이를 정리 보관한다.
야간 외출 단속	- 특별한 일이 없는 한 야간 외출을 하지 않도록 한다. - 평상시 야간 외출은 오후 10시까지를 한도로 한다. - 평상시 야간 외출 단속은 학급주임·감독계에서 한다. - 매월 1회 내지 2회 전 직원이 야간 순시를 하여 그 상황을 조사한다. - 특별한 경우는 연속하여 매일 밤 순시 단속한다.
흥업물 관람 단속	- 교육상 참고로 되는 것에 대해서는 수시·특별 허가하여 관람하도록 하고, 그 경우에는 감독계에서 출장 감독한다. - 허가 없이 흥업물을 관람하는 것은 엄금하고, 수시로 감독계에서 극장에 가서 생도 출입의 유무를 조사하고, 입장자는 퇴장하게 한 후에 처분한다.
생도의 집회 단속	- 생도가 집회를 하고자 할 경우에는 미리 학급주임 및 감독계에 신고하여, 학교장의 허가를 받아야 한다. - 생도회 또는 단체를 만들고자 할 경우에도 위와 마찬가지로 취급한다. - 교외에서 모든 종류의 모임·사회단체에 생도가 가입하는 것을 엄금한다. - 교외에서 어떠한 종류의 회합이 있는 경우 감독계는 생도의 출입에 대하여 특별히 주의하고 단속한다.

기고 및 투서 단속	- 신문잡지 등에 기고·투서하는 것은 학교를 대표하는 것과 같이 인식되기 쉽기 때문에 미리 학교주임에 신고하고 학교장의 허가를 받아야 한다.
생도심득	- 기타 생도심득 중에 기재된 사항에 대하여 상세하게 감독 지도한다.

출처: 「海州公立高等普通學校學校經營竝學校概覽」(1932); 박철희(2003), 98쪽.

규율은 매우 광범위하고 세밀한 영역에서 일상적인 감시가 이루어졌다. 복장검사, 교과서와 독서물 조사, 우편물 검열, 학생의 주거지 단속, 야간 외출 단속, 영화 등 흥업물 관람 단속, 학생의 집회 및 단체 가입 단속, 기고·투고 단속, 그리고 기타 학교생활에서 지켜야 할 다양한 행동 수칙인 생도심득 준수 등 다양한 영역에서 통제가 이루어지고 있었다. 학교 안에서는 물론이고 학교 밖의 생활 영역에까지 매우 세밀한 감시와 통제가 이루어지고 있었던 것이다. 이러한 일상적이고 통제적인 학교 규율들로 인해, 당시 고등보통학교 교육을 경험한 학생들은 학교생활에 대해 '제2감옥'이라는 말로 술회할 정도였다.[7]

학생들에 대한 감시와 통제는 특히 1920년대 중등학교에서 동맹휴학 등 학생운동이 급증하면서 더욱 강화되기 시작하였다. 조선총독부는 전국의 공립 중학교장과 고등보통학교장이 모인 회의 자리에서 당면한 학생운동의 확산 경향에 대처하기 위한 세세한 지시사항들을 하달하고 있었다.[8] 그리고 일선학교에서 학생들의 사상 선도와 훈육을 강화하기 위하여 실시하고 있는 대응책들에 관해 보고받고 있었다. 학교마다 학생들을 감시하고 통제하기 위해 도입한 방안들은 대체로 앞에서 언급한 해주고등학교의 학교 규율과 유사한 것들이었다.

---

7 경복55년사편찬위원회, 1976, 『경복55년사(1921-1975)』, 82쪽.
8 朝鮮總督府, 1928, 「公立中學校長·公立高等普通學校長會議事項」.

먼저, 대부분 학교들이 훈육을 강화하기 위해 도입한 방안은 훈화를 강화하는 조치였다. 훈화는 주로 한일강점의 정당성이나 조선인과 일본인의 공동 번영 또는 당면한 교육 시책 등에 관한 훈시를 통해 학생들의 사상을 교화하는 것이 목적이었다. 기존에도 각 학교에는 매주 월요일 아침 학교장이 전교생을 대상으로 시행하는 조례 훈화나 매일 아침 담임교사가 실시하는 조회 훈화가 있었다. 이에 더하여, 매일 점심시간마다 전교생이 집합하여 실시하는 주회 훈화를 시행하거나, 일주일에 수차례 강당에 모여 실시하는 강당 훈화, 또는 지역사회 주요 인사들을 초청하여 실시하는 명사 훈화, 그리고 학생 감독계 교사들이 수시로 시행하는 훈화 등을 추가로 규정하고 있었다.

물론 당시 고등보통학교에서 훈화를 강화한 조치는 학생 사회에서 널리 확산되어 가는 민족의식이나 좌경사상에 대해 직접적으로 대응하기 위한 것이었다. 공주고등보통학교장의 보고처럼, 식민당국은 당시 급격히 증가하고 있는 동맹휴학 등의 학생운동을 마치 사상적 '전염병'처럼 이해하고 있었고, 이에 대처하기 위하여 일종의 '예방주사'와 같이 일본 제국주의 지배 이데올로기를 직접적으로 주입하는 훈화의 강화 방법이 제안되었다.[9] 조선총독부 역시 일선 학교들에 지시사항을 전달하여 특별한 행사만이 아니라 모든 학과목의 수업시간에도 시행할 수 있는 주도면밀한 훈화 방법이 개발되어야 한다고 주문하고 있었다.

또한, 전국의 고등보통학교들은 학생들을 사상적으로 선도하고 훈육을 강화하는 방법으로 훈화와 같이 직접적으로 제국주의 이데올로기를 주입하는 방법 외에도 매우 다양한 수단을 동원하고 있었다. 예를 들어,

---

9   朝鮮總督府, 1928, 앞의 글, 36쪽.

경성제2고등보통학교장은 학생들이 불온한 사상에 노출되는 것을 막기 위해 숙제를 부과하는 방법을 제안하기도 하였다.[10] 학생들이 가정에서 한가한 시간을 보내면 그만큼 불건전한 서적이나 불량한 흥행물을 쉽게 접하게 된다는 것이다. 이를 막기 위해서라도 방과 후 학생들이 다른 생각을 할 수 없도록 충분한 학습과제를 부과하는 방법을 제안했다. 마찬가지 맥락에서, 광주고등보통학교장은 학생들의 운동부 활동을 활성화하거나 크고 작은 운동회를 개최하는 등 다양한 과외활동의 강화 방안을 제안하기도 하였다.[11] 그는 특히 기존의 소수 정예 선수제도를 폐지하고 모든 학생을 운동부로 편성하여 방과 후 체육활동을 강화하는 방안에 주목했다. 이처럼 학생들의 스포츠 활동을 장려했던 배경에는 건전한 사상은 건전한 신체를 통해 기를 수 있다는 믿음이 전제되었다.

당시 각 학교에서 학생들의 훈육과 사상 선도를 위해 직·간접적인 다양한 방안들이 실시되고 있었지만, 무엇보다 중심에 놓여 있는 것은 학교 규율의 강화였다. 학교 규율은 학생생활 모든 영역에 걸쳐 매우 조밀한 감시와 통제를 특징으로 하며, 학내만이 아니라 학교 밖 생활에까지 세세하게 명문화하여 규정되어 있었다. 당시 학생들이 지켜야 하는 사항들은 "생도심득"이라는 이름으로 규정되며, 이것은 다시 보다 상세하게 "복장에서의 심득", "교실에서의 심득", "청소에서의 심득", "학용품 심득" 등 무수히 많은 규칙으로 이루어져 있었다.[12]

학교 규율에서 학생들의 일상생활에 대한 가장 기본적인 통제는 용

---

10 朝鮮總督府, 1928, 앞의 글, 33쪽.
11 朝鮮總督府, 1928, 위의 글, 41쪽.
12 박철희, 2003, 앞의 글, 90-95쪽.

의복장 검사라 할 수 있다. 용의복장 검사는 담당교사와 상급생들이 줄지어 감시하는 등굣길 교문에서 시작된다. 상·하의 교복이 정해져 있는 것은 물론이고 단추 하나, 장식 하나 흐트러지더라도 곧바로 제재 대상이 되었다. 모자와 신발도 모두 정해져 있는 것은 물론이고, 안경 착용 여부도 학교의 허가를 받아야 했다. 두발과 손톱의 길이도 엄격하게 정해져 있었다. 용의와 복장 상태는 담임교사에 의한 일상적인 검열의 대상이었고, 학교 전체적으로 학기마다 수차례 특별검사가 실시되었다. 이렇게 학교에서 용의복장에 대한 규율이 엄격했던 이유는 학생의 겉모습과 훈육의 효과를 곧바로 연결시키고 있었기 때문이었다.

학교와 교실의 모든 행동거지에 대해서도 상황에 맞게 세세하게 규정되어 있었다. 예를 들어, 교사가 입실 또는 퇴실할 때는 급장의 호령으로 기립 경례하고, 수업 중 질문을 할 때는 손을 들어 허락을 구해야 하고, 호명을 받았을 때는 '하이(예)'라고 대답해야 하며, 발언할 때는 책상의 우측으로 기립해야 했다. 또한 수업 중에는 기지개·하품·대화·옆을 보는 행위는 금지되며, 교실 커튼의 개폐는 교사의 지도에 따라야 하고, 허가 없이 교단과 흑판을 사용해서는 안 된다는 식으로 교실 안팎에서 지켜야 하는 학생의 행동들 하나하나가 모두 명문화된 규칙으로 정해져 있었다.

또한, 학생들의 단체활동과 관련된 통제는 더욱 엄격하였다. 학생들이 학내에서 집회를 할 때는 사전에 담임교사나 감독계에 신고하여 학교장의 허가를 받아야 했다. 학생들이 어떠한 단체를 만들고자 할 때도 허가가 필요함은 물론이었다. 학생들이 신문이나 잡지에 기고하는 것 역시 사전에 학교에 신고하여 학교장의 허가를 받아야 했다. 사실상 학생들의 집회, 결사, 표현의 자유는 모두 제한되었다고 볼 수 있다. 나아가 학교 밖에서는 학생들이 그 어떠한 형태의 모임이나 사회단체에 가입하는 것도 모두 금지되었다.

이처럼 학생들에 대한 규율은 교내 생활만이 아니라 학교 밖 생활에 대한 통제로도 이어졌다. 학생들은 학교의 허가 없이 영화나 연극 등 흥업물을 관람하는 것이 금지되었다. 학교 교사들은 수시로 극장에 가서 학생의 출입 여부를 단속하고 적발된 학생에 대해서는 교칙에 따라 징계하였다. 또한, 학생들이 야간에 외출하거나 통행하는 것도 금지되었다. 학교는 평상시에도 야간에 순시 활동을 하며, 매월 수차례 학교의 모든 직원이 출동하여 학생의 야간 활동을 단속하고 그 상황을 조사하도록 하였다.

이러한 학생의 교외 생활 규율과 관련하여, 특히 학생의 숙소에 대한 감시와 통제가 매우 심했던 사실에 주목할 필요가 있다. 각 학교에서는 별도로 '숙소부' 등을 작성하여 학생들의 거주지에 관한 사항을 엄격하게 관리하고 있었다.[13] 학생의 거주지 변경 시에는 학교로부터 허가를 받도록 하였고, 하숙할 때는 학생들을 엄격하게 단속하고 학교와 연락할 수 있는 관리자가 없으면 허가하지 않도록 하였다. 이러한 숙소부 작성 목적은 단순히 학생의 주소지를 파악하는 것이 아니라, 학생들의 사상 활동에 대한 감시와 단속을 위한 수단이라는 점에 주의할 필요가 있다. 당시 하숙집은 학생들이 사상학습을 하거나 동맹휴학을 준비하는 등 회합 장소로 활용되고 있었기 때문이었다. 따라서 각 학교는 교사들의 숙소 방문 활동을 강조하고 있었다. 담임교사는 학기에 1회 이상 정기적으로 숙소를 방문하고, 학교주임은 수시로 방문하여, 학생의 생활환경을 비

---

13 朝鮮總督府, 1928, 앞의 글, 34쪽.

롯하여 독서 상황 등에 관해 면밀하게 관찰하여 기록하도록 한 것이다.

그러나 교사들이 숙소를 방문하는 것만으로는 학생들의 동정을 파악하기에 한계가 있었다. 각 학교는 일부 학생들을 별도로 조직하여 학생들을 감시하는 데 활용하기도 하였다. 예를 들어, 공주고등보통학교는 적선회라는 일종의 학생 자치체를 조직하여 학생들의 교외 활동 감시에 활용하고 있었다.[14] 적선회는 학교 소재지를 3구역으로 나누어 편성하고, 각 구역에 거주하는 학생들의 동태를 감시하도록 하였다. 적선회 학생들은 학생들 사이에서 떠도는 얘기나 학생들의 이동 상황 등에 관하여 1주일 단위로 학교주임에게 보고하는 방식으로 운영되었다. 또한, 춘천고등보통학교는 처음부터 학생들의 사상 선도를 위해서 관할 경찰서와 긴밀한 협조 체제를 구축하기도 하였다.[15] 그리고 학생들의 회합과 이동 상황을 파악하기 용이하도록 학생들의 하숙집 문 앞에 별도의 문표를 달게 하는 방법이 동원되기도 하였다.

학생들의 사상 경향에 대한 감시와 통제는 학내에서 더욱 노골적인 방법으로 실시되었다. 각 학교는 학생들에게 정해진 형식의 일지를 쓰게 하고 일주일마다 검사하는 방법을 도입하고 있었다. 일지는 생활 전반을 반성할 수 있도록 서술 항목들이 정해져 있는 것으로, 학생들의 내면을 들여다보려는 목적을 갖는 것이었다. 또한, 학생들의 모든 우편물은 검열을 거친 후에야 학생들에게 전해질 수 있었다. 교과서 검열이 수시로 행해졌고, 특히 교과서 이외의 독서물에 대해서도 정기적으로 또 수시로 조사가 이루어지고 있었다. 이러한 모든 조사 및 관찰 결과는 학생의 개

14　朝鮮總督府, 1928, 앞의 글, 37쪽.
15　朝鮮總督府, 1928, 위의 글, 48쪽.

인별 훈육과 사상 선도를 위한 자료로 활용되었으며, 나아가 학생에 대한 성행 평가로 이어졌다.

학생의 성행 평가는 학업성적표에서 조행 점수로 반영되거나 학적부의 인물 평가 항목에 서술되는 것이 일반적이었다. 그러나 학교에 따라서는 별도의 기록 양식을 갖추기도 하였다. 공주고등보통학교는 학생 개인별로 구체적인 행적에 대한 기록인 생도요록을 작성하고 있었다.[16] 각 학급의 담임교사가 매년 교체되기 때문에 생도의 성행에 대한 기록이 구체적이거나 일관되지 못한 점을 보완하기 위해 고안된 것이었다. 즉, 학생 개인별로 양식을 만들어, 해당 학생의 선행이나 악행 등 기타 참고할 만한 행적에 대해서, 그러한 사건이 일어난 장소, 날짜, 기록자 등을 구체적인 누적 방식으로 작성하도록 하였다. 이렇게 작성된 생도요록을 토대로 하여, 만일 학교에서 동맹휴학 등이 발생할 때 특별히 주의 경계할 대상을 명확하게 식별해내고, 주모자를 색출할 때도 유용하게 활용될 것으로 기대하고 있었다.

이처럼 식민지 시기 고등보통학교 교원들은 민족적 차별의식이 강하고 권위적인 태도를 보여주고 있었다. 학사 운영 방식도 매우 억압적이었다. 더구나 당시 학교 규율은 학생들의 학내 생활은 물론이고 학교 밖의 생활 모두를 규제할 수 있도록 매우 광범위한 영역에까지 미쳤다. 조선인 학생들이 동맹휴학과 같은 집단행동을 일으키며 학교와 식민당국에 대한 저항이 거세질수록 학교 규율은 더욱 엄격하고 통제적인 성격으로 강화되어 갔다.

그러나 이러한 조건에서 고등보통학교 교육을 통해 체제 내로 포섭

---

16 朝鮮總督府, 1928, 앞의 글, 36쪽.

된 조선인 중견인물을 양성하겠다는 식민당국의 의도가 그대로 효과를 보기는 어려웠다. 당시 고등보통학교의 조선인 학생들은 유산층에 속했으며, 사회적 연령으로는 성인이었고, 치열한 선발 과정을 거쳐 당시로서는 매우 희소한 교육 기회를 획득한 엘리트 집단이었다.[17] 이들은 선택받은 존재이면서도, 자신의 행복만이 아니라 사회적 책임감을 지닐 것을 강하게 요구받고 있었다. 이러한 자기인식과 사회적 기대 속에서, 고등보통학교 학생들은 일본인 교사의 인격적 모욕과 민족적 경멸에 대해서 민감하게 반응하고 있었다. 조선인 학생들이 일본인 교사와 갈등을 빚는 것은 필연적이었으며, 이를 계기로 식민지 교육에 대한 강한 반감과 저항을 드러내는 것으로 이어지고 있었다.

2) 여자고등보통학교의 선교사

여자고등보통학교는 일반계 중등교육으로서 남자의 고등보통학교에 해당한다. 그러나 여자고등보통학교는 상급학교 진학을 목적으로 하는 고등보통학교와는 전혀 다른 목적이 있었다. 고등보통학교는 남자에게 국민다운 성격을 길러주기 위해 주로 '상식'을 배양하는 곳이라면, 여자고등보통교육은 여자에게 국민다운 성격을 길러주기 위해 주로 '부덕'을 배양하는 곳으로 정의되었다.[18] 또한, 여자고등보통학교는 수업연한이 1년 짧았고, 교육과정 편성에서도 부덕을 배양하기 위한 과목으로 가

---

17 박철희, 2004, 「1920~30년대 고등보통학생 집단의 사회적 특성에 관한 연구」, 『한국교육사학』 26(2), 117쪽.
18 「朝鮮敎育令」 개정, 『朝鮮總督府官報』, 1922.2.6.

사, 수예, 재봉 등을 수업한다는 점에서 차이가 있었다. 이로 인해 여자고등보통학교에서 일반 상식을 배양하는 과목들은 상대적으로 수업시간도 적고 낮은 수준에서 교수될 수밖에 없었다. 이처럼 식민지 시기 중등단계 일반교육은 교육 목표와 내용이 성별화되어 있었으며, 일반 과목에서도 위계화된 지식 체계 속에서 여성에게는 상대적으로 초보적인 수준만이 부여되었다.[19]

여자고등보통학교의 교육 목적이 상식이 아니라 부덕을 기르기 위한 것으로 정의되면서, 교육과정에서도 여성의 역할에 필요한 지식과 기능 및 덕목을 기르기 위한 내용을 중심으로 편성되었다. 여기에 전제된 여성의 역할은 개화기 또는 대한제국 시기부터 부각되었던 근대적인 여성의 역할과 크게 다르지 않았다.[20] 가정에서 어머니로서 해야 할 역할, 아내로서 해야 할 역할, 가정의 운영자로서 해야 할 역할에 초점이 놓여 있었다. 여자고등보통학교 교육은 이른바 근대적인 '현모양처'를 지향하는 여성교육론에 기초한 것이라 할 수 있다.

그런데 1920년대 이후로 조선인 사회에서 여성해방교육론이 급속하게 확대되었다. 이는 서구여성주의와 사회주의 사상의 수용을 배경으로 하는 것이었다.[21] 여성 억압의 원인은 전통적 가치관과 제도, 여성 자신의 인간으로서의 각성 부족, 정치·경제·법률 등 사회제도 면에서의 불평등 조건, 자본주의적 사회경제 구조 등의 관점에서 인식하고 있었다. 따라서 당시 여성해방교육론은 무엇보다 여성교육의 후진성과 문제점

---

19 이희경, 2006, 앞의 글, 173-174쪽.
20 이송희, 2005, 「한말, 일제 하의 여성교육론과 여성교육정책」, 『여성연구논집』 16, 9쪽.
21 이송희, 2005, 위의 글, 21-23쪽.

을 지적하고, 여성교육은 여성해방 사상에 기초한 자아확립교육과 여권동등교육으로 나아가야 한다는 주장들이 제시되고 있었다.

한편, 여자고등보통학교의 교육 경험과 관련하여, 당시에는 공립학교보다는 사립학교의 비율이 매우 높았던 점에 주목할 필요가 있다. 1930년대에 들어서도 공립 여자고등보통학교는 6개교만이 설립되어 있었지만, 사립의 여자고등보통학교는 10개교에 이르고 있었다.[22] 여자고등보통교육의 확대 보급에 대한 식민당국의 정책적 의지가 매우 미약하였기 때문에, 여자교육 보급은 민간에서 설립한 사립학교에 대한 의존율이 매우 높았던 것이다. 이로 인해 식민지 시기 여자고등보통학교의 교육 경험은 공립학교보다는 사립학교의 교육 경험이 매우 큰 비중을 차지하게 된다. 그렇다면, 사립학교에 초점을 두고 중등학교의 교육 경험을 검토해볼 필요가 있다.

당시 사립학교는 설립 주체에 따라 서양의 선교회 재단이 세운 기독교계 사립학교와 조선인들이 주축이 되어 설립한 민족주의계 사립학교로 구분할 수 있다. 경성의 이화, 배화, 개성의 호수돈, 평양의 정의, 원산의 루씨, 함흥의 영생 등이 기독교계 여자고등보통학교였다. 그리고 경성의 숙명, 진명, 동덕, 일신은 조선의 왕실이나 자산가의 기부로 세워진 여자고등보통학교들이었다. 이들 사립학교는 식민당국의 교육정책에 종속되어 있으면서도, 학교가 표방하는 건학이념이나 학사 운영 원리, 교원 구성 등에서 학교마다 차이를 보이고 있었다.

먼저, 사립학교에서 큰 비중을 차지하던 기독교계 여학교의 교육 경험을 살펴볼 필요가 있다. 조선총독부는 사립학교들에 대해서도 일정한

---

22 『朝鮮諸學校一覽』, 1937.

재정 규모와 교육과정을 갖추면 정식 중등학교로 인가하거나 전문학교나 대학 등 고등교육기관으로 진학할 수 있는 학력을 인정받을 수 있도록 하였다. 그러나 반대로 중등학교로 인정받지 못하는 학교는 각종학교로서, 그 졸업자들은 중등학교 졸업 자격을 인정받지 못하게 되는 것이다. 이렇게 각종학교가 되면, 학생들은 졸업한 후에도 취업과 진학에서 매우 큰 불이익이 있었으며, 학교당국으로서도 고등보통학교나 여자고등보통학교 등의 이름을 교명에 붙이지 못하고 입학생 모집에서도 커다란 어려움을 겪을 수 있었다. 따라서 당시 기독교계 사립학교들로서는 학교의 승격 문제가 당면한 가장 큰 과제로 대두되었다.[23]

기독교 선교회로서는 소속 학교가 중등학교로 승격되지 못한다면 학생 수 감소로 인해 사실상 폐교를 의미할 수 있는 점을 크게 우려하고 있었다. 그러나 조선총독부가 요구하는 인가 기준을 충족하기 위해서는 일정한 재정을 확보하여 재단 설립 요건을 갖추어야 했고, 자격 있는 교사를 채용하고, 일본어 과목을 개설해야 했으며, 특히 수업시간에 예배 등 종교의식을 행할 수 없었다. 이러한 상황에서 선교회마다 조선총독부의 교육방침에 대응하는 방식이 다소 상이하였다. 감리회는 조선총독부가 요구한 기준을 충족하여 중등학교로의 승격을 추진하였지만, 장로회는 다소 소극적이었다.[24] 이들은 수업시간에 성경공부와 예배를 금지한 조선총독부의 교육정책은 기독교 정책을 말살하려는 의도로 간주하고, 소속학교의 중등학교 승격을 거부하기도 하였다. 예를 들어, 평양의

---

23 숭의팔십년사편찬위원회, 1983, 『숭의팔십년사』, 90-92쪽.
24 김성은, 2011, 「1920년대 동맹휴학의 실태와 성격: 선교회 여학교를 중심으로」, 『여성과 역사』 제14집, 89쪽.

정의여학교는 감리회와 장로회가 합동으로 운영하고 있었는데, 감리회의 여학교 부문만 따로 분리하여 정의여자고등보통학교로 설립 인가를 받았다. 반면에, 장로회 여학교 부문은 숭의여학교라는 각종학교 형태를 그대로 유지하는 상황이 벌어지기도 하였다.

중등학교 승격을 거부한 선교회의 소속학교에 재학하는 학생들로서는 학교 측의 결정에 대해 크게 불만을 느끼지 않을 수 없었다. 중등 여학교 보급이 극히 미진한 상황에서, 선택의 여지 없이 지역의 선교회 학교를 선택한 학생들은 졸업 후 학력을 인정받지 못하는 각종학교로는 만족할 수 없었던 것이다. 이들 학교 학생들은 학교 측의 결정에 크게 반발하여, 수업연한 연장, 학교시설 개선, 교사 충원 등 교육과정 개선과 학교 승격을 요구하며 동맹휴학을 일으키는 일이 빈번하게 발생하고 있었다. 숭의여학교 학생들이 학교 승격을 요구하며 동맹휴학을 일으킨 데 이어, 공주의 영명여학교, 전주의 기전여학교, 대구의 신명여학교 등도 동일한 갈등 상황에 놓이게 되었다.

그런데 학교의 승격 문제는 물론이고 학생들의 집단적 요구에 대처하는 방식에서 서양인 선교사들의 학교 운영에서 독특한 특징이 나타나고 있었다. 먼저, 서양의 선교사들은 교육문제에 접근하면서도 지나치게 기독교 원리주의에 기초한 태도를 보이고 있었다. 일부 선교회에서 소속학교의 중등학교 승격을 거부한 이유도 수업시간에 성경공부와 예배를 금지하는 교육 당국의 요구를 수용하지 않았기 때문이었다. 그러나 중등학교로 승격하더라도, 수업시간 이외에 특별활동 시간을 이용한다면 얼마든지 학교에서 종교의식을 행할 수 있었다. 선교회는 조선총독부의 교육정책에 지나치게 원리원칙적인 입장을 고수했던 것이다. 이러한 입장은 식민지 말기 조선총독부가 신사참배를 강요했을 때, 일부 기독교계 학교들이 재학생들의 학습권에 대한 고려 없이 무책임하게 학교 폐쇄를 결정하는 데서 다시 한번 반복되어 나타나기도 한다.

서양인 선교사들이 기독교 원리를 중심에 두고 교육에 접근하는 경향은 학교 운영에서 학생들과 크고 작은 마찰을 일으키고 있었다. 예를 들어, 평양의 숭의여학교에서는 추석을 맞아 먼저 세상을 등진 친구의 묘에 성묘 가려는 학생들에 대해 불신자의 관습이라며 외출을 허가하지 않기도 하였다.[25] 또한, 동래의 일신여학교에서는 일요일에 멀리 지방에서 면회 오는 일이 있어도 종교학교라는 이유로 면회를 허락하지 않는 일도 있었다.[26] 당시 서양의 선교사들은 기독교 원리만 고집한 채 조선의 관습을 무시하거나 조선의 문화에 대한 몰이해를 드러냈던 것이다.

이렇게 기독교계 학교들이 종교적 교리에 지나치게 집착하면서, 학교 운영은 학생들에 대해 가혹한 규칙을 적용하여 일상생활을 구속하는 경향이 크게 불거지고 있었다. 여학생들을 수용하여 대부분 기숙사 제도를 운영하는 조건에서 학교당국으로서는 다소의 엄격한 규칙을 적용해야 하는 부담도 있었을 것이다. 그러나 서양인 선교사들의 학교 운영은 여전히 구시대적인 낡은 규칙들에 집착하고 있었다. 반면에, 조선인 여학생들은 새로운 시대를 준비하며 자유와 민주의 확대를 갈구하고 있었다. 결국 개성의 호수돈여자고등보통학교 학생들은 서양인 교장의 교육활동에 대해 다음과 같이 지적하며 강하게 반발했다.

1. (서양인) 교장 선생은 교장의 자격이 무하니 사직할 것

---

25 숭의팔십년사편찬위원회, 1983, 『숭의팔십년사』, 124-125쪽.
26 「면회 자유와 학교 승격 문제로」, 『조선일보』, 1929.7.3.

2. 종교자로서 민족적 차별이 극심함.

3. 19세기의 썩은 뇌로써 20세기의 여자해방선상에 선 우리 학생에게 불철저하고 몰상식한 명령에 맹종시키는 일

4. 독단 전제적으로 몰상식한 지도를 함.

5. 학생의 심리를 이해하지 못하고 인격을 무시함.[27]

그런데 서양의 선교사들이 조선인 학생들의 집단적 요구에 대응하는 방식은 대체로 지나치게 강경한 것이었다. 예를 들어, 1922년 경성의 정신여학교는 일부 교사들의 비인격적 대우에 반발하고 무자격 교원을 배척하며 동맹휴학을 일으켰다. 학무모와 사회단체가 나서 중재하기 위해 노력하였으나, 선교사 교장은 이를 끝내 받아들이지 않고 학생들의 징계에 대해 강경한 입장을 보였다. 결국 정신여학교는 학생 30명에 대해 퇴학 조치를 내렸다. 학생의 집단적 요구에 대해 강경한 징계 조치로 대응하는 것은 사립의 기독교계 학교도 마찬가지였던 것이다.

이러한 기독교계 학교들의 과도한 징계나 강경 대응에 대해 당시 조선인 언론은 매우 비판적이었다.[28] 특히 양주동은 정신여학교 사태에 즈음하여 여성교육에 관한 일련의 논설을 기고하고 있었다.[29] 그는 조선의 여자교육 방침은 기존과 같은 '현모양처' 교육방침에 반대하며, "여성의 절대자유 절대해방"을 위한 교육이 되어야 한다고 주장했다. 다시 '규중부녀'로 돌아가는 것이 아니라, 여성의 실질적인 해방을 절규한다는 것

---

27 「호수돈여고보 학생 돌연 맹휴」, 『조선일보』, 1927.12.11.

28 「정신여학교 당국자에게」, 『조선일보』, 1922.12.23.

29 양주동, 「여자교육을 개량하라(1~6)」, 『동아일보』, 1922.11.13~19.

이다. 그러한 가운데 양주동은 동맹휴학을 일으킨 정신여학교 학생들에게서 자유를 실현해가는 선구자적인 모습을 발견하고 있었다. 정신여학교의 학생운동은 여성의 자유와 해방을 실현하고자 하는 "여학생 자유운동의 봉화"라며 그 의의를 추켜세우고 있었다.

그러나 기독교계 학교들은 학생들의 집단행동에 대해 강경하게 대처하는 것에서 더 나아가 학교를 폐쇄하는 방식으로 맞대응하기도 하였다. 마치 노동자들의 파업에 대해 직장 폐쇄로 맞서 대응하듯이 학생들의 동맹휴학에 대해 학교 폐쇄로 대응하는 것은 식민당국의 공립학교에서도 좀처럼 발견하기 어려운 방식이었다. 1923년 평양의 숭의여학교 학생들이 동맹휴학을 일으켰을 때, 학교 이사회는 학교 폐쇄를 결정하였다.[30] 기숙사 학생들에게 퇴거 통보한 후에도 여전히 100여 명이 남아 있었지만, 학교 측은 이들에 대해 전등과 수도를 끊고 식기류를 몰수하여 밥도 지어 먹지 못하게 하였다. 이처럼 가혹한 학교 측의 태도에 대해 조선인 사회의 여론은 비판의 목소리가 매우 높았다. "마치 공장주가 직공을 대하는" 태도와 다름이 없으며, 이러한 결정을 내린 숭의여학교 교장과 교사들은 교육자로서의 정신적 자격이 없는 것이라고 강하게 비판했다.[31]

학생들의 동맹휴학에 대해 학교 폐쇄로 대응한 것은 1925년 목포의 정명여학교도 마찬가지였다. 학생들은 여학생에 대한 폭행과 부당한 처벌을 이유로 교원을 배척하며 동맹휴학을 일으켰다. 그런데 선교사 교장은 처음의 약속과는 다르게 해당 교원을 유임시키는 것은 물론이고, 학교를 폐쇄하고 기숙사 학생 50여 명을 폭력적으로 추방하기에 이르

---

30 「가혹한 학교의 처치에 사회 각 방면의 여론 비등」, 『동아일보』, 1923.10.28.
31 「숭의여교 사건」, 『동아일보』, 1923.10.29.

렀다.³² 그런데 동맹휴학 사태가 진행되는 과정에서 정명여학교의 서양인 교장과 선교사에게서 매우 독특한 인식이 드러나고 있는 점에 주목할 필요가 있다.

> 서양 사람 명목사(明牧師)가 "우리 돈으로 설립한 학교는 우리 마음대로 할 터이니 공부하기 싫거든 다 가거라. 지금도 돈이 이만 원이 있으니, 그 돈으로 생도 오십 명만 있으면 넉넉히 학교는 유지할 수 있다" 하면서, 어느 학생의 머리를 잡아 밀고 '뽀뿌라' 나무로 때려 쫓아냄으로, 그 학생들은 더욱 흥분되어 울며불며 교실에서 나오려 할 때, 학교 당국자들은 시험을 보라고 붙잡거니 학생들은 뛰어나오거니 하여 일시 교실이 수라장으로 변하였다.³³

위 기사는 정명여학교의 동맹휴학 과정에서 선교사, 교장, 목사와 학생들 사이에 벌어졌던 사건을 묘사하고 있다. 여기에서 주목할 점은 당시 서양인 선교사가 조선의 교육활동에 대해 갖고 있던 시혜적인 인식이 여과 없이 드러나고 있다는 사실이다. 그들은 조선에 교육시설이 전혀 없던 수십여 년 전의 상황에서 고아들을 대상으로 의식주를 제공하며 교육을 베풀었던 때와 여전히 같은 인식을 하고 있었던 것이다. 그러므로 서양의 선교사들은 학교의 자산에 대한 권리와 폐쇄 여부 등에 관한 권한은 전적으로 본인들에게 있다는 매우 독선적인 태도를 보이고 있었다. 이러한 독선적이고 시혜적인 인식으로 조선인에 대한 매우 모욕

---

32 「목포 정명여학교 당국자에게」, 『조선일보』, 1925.6.20.
33 「구타 축출, 교실에 살풍경」, 『동아일보』, 1925.6.18.

적인 언행이 여과 없이 표출되었다. 사실 서양인 선교사들이 조선의 교육에 대해 갖고 있던 시대착오적이며 시혜적인 관점에 대해서는 조선인 사회에서도 일찍부터 강한 비판이 이어지고 있었다.

> 그 학교를 주관하는 서양 사람들은 삼십 년 전이나 사십 년 전에 조선을 보던 그 눈으로 오늘까지 조선 사람을 보니까 그와 같이 시대에 합당치 아니한 교육을 시키는 것이외다.[34]

위 기사는 1922년에 정신여학교가 집단행동에 참여한 학생들을 대규모로 징계 조치한 사태에 대한 신문 사설의 일부이다. 당시 언론은 서양인 선교사들이 조선의 교육활동을 이해하는 방식에 대해 강하게 비판하고 있었다. 당시로부터 수십여 년 전인 구한말 시기와 같이 선교사들의 교육 원조에 전적으로 의존할 수밖에 없었던 때에나 가질 법한 인식이 '오늘날 선교사들의 교육적 관행과 언행에서도 여과 없이 드러나고 있다.'는 것이다. 당시 조선인 언론들은 서양인 선교사들의 인식 속에는 조선인들의 기본적인 인권과 조선인 학생들의 학습권에 대한 근본적인 이해가 부재하다는 점을 지적했다.

물론 여자교육에서 차지하는 기독교 선교회의 영향력과 기여도는 부정하기 어려운 것이었다. 그러나 교육에 대한 서양인 선교사들의 이해와 조선인 학생들의 교육 요구 사이에는 상당한 차이가 있었다. 기독교계 사립학교이기 때문에 겉으로 보면 학생의 자유가 보장된 것 같았지만,

---

34 「30명에 출학 처분」, 『동아일보』, 1922.11.3.

오히려 관공립학교보다 구속과 통제가 많다는 불평도 적지 않았다.[35] 조선인 여학생들은 종교에 치중한 수업이나 엄격한 학교 규율, 서양인 교사들의 차별의식, 그리고 이를 묵인하는 조선인 교사들의 태도 등에 크게 불만을 표출하고 있었다.

다음으로, 이러한 기독교계 사립학교들과는 다르게 조선인의 재원으로 설립된 여학교들을 검토하고자 한다. 이러한 학교 가운데 가장 긴 설립 역사를 갖는 숙명여자고등보통학교가 대표적인 사례이다. 숙명여자고등보통학교는 대한제국 시기에 황실 자산으로 설립된 명신여학교를 모태로 하고 있다. 명신여학교 시기에는 양반집 규수만을 입학자격으로 하여 '귀족여학교'로 불리기도 하였으나, 1911년 숙명여자고등보통학교로 개칭하면서 일반인 여학생에게도 입학 기회가 개방되었다.[36] 그리고 설립 초기부터 일본 측과 긴밀한 관계가 있었기 때문에, 숙명여자고등보통학교는 사립학교임에도 일본인 교원의 비율이 상당히 높은 편이었다.[37]

1920년대 들어 숙명여자고등보통학교에서는 일본인 사감 및 교원들과 조선인 학생들이 크게 마찰을 빚기 시작하였다.[38] 새로 채용된 일본인 사감은 무자격자로 이미 동덕여학교에서 사퇴하였으나, 학교의 정실 인사로 인해 사감으로 부임하여 학급 담임까지 담당하였다. 재봉 교사는 기존의 조선인 교사를 사임하게 하고 일본인 교사로 채용했는데, 그

---

35 저자미상, 1926.4, 「모교에 대한 불평과 희망」, 『신여성』, 45-49쪽.
36 숙명여자중·고등학교, 1976, 『숙명칠십년사』, 21-23쪽.
37 강혜경, 2010, 「숙명여고보 맹휴사건으로 본 식민지 여성교육」, 『한국독립운동사연구』 제37집, 281쪽.
38 「숙명여고보생 총 동맹휴교 단행」, 『조선일보』, 1927.5.27.

는 조선의 사정에 밝지 못하였다. 더구나 재봉 교사는 요리 과목도 함께 담당하면서 조선인의 생활과 무관한 일본식 요리와 일본식 재봉만 가르쳤다. 또한, 그는 조선인 여학생들에게 조선인 남자보다는 "일본인에게 시집가기를 권고"하는 등 평소 언행에서 민족적 차별의식이 심했다고 한다.[39] 이로 인해, 조선인 학생들은 일본인 교사 배척과 조선인 교사의 채용 등을 요구하며 동맹휴학을 일으키게 된 것이다.

그러나 학교당국과 학생들이 서로 완강하게 대립하면서 숙명여자고등보통학교의 동맹휴학 사태는 장기화되고 점차 사회문제로 확대되었다.[40] 학부모들의 진상조사 발표가 이어지기도 하였고, 신간회를 비롯한 다양한 사회단체들이 개입하여 중재를 시도하기도 하였다. 그러나 학교당국은 점차 사회 여론으로부터 고립되었고, 결국 배척 대상 교원의 사직과 학생들에 대한 최소한의 징계로 마무리되기에 이르렀다.[41] 3개월이 넘게 지속된 숙명여자고등보통학교의 동맹휴학 사태는 학생들의 요구가 상당 부분 관철되는 것으로 일단락된 것이다.[42]

숙명여자고등보통학교 학생들은 이처럼 오랜 기간의 동맹휴학 과정에서 자유와 해방을 경험할 수 있었다. 여자고등보통학교 학생들에게 학교는 훈육과 규율의 공간이면서도 저항과 욕망을 분출하는 해방의 공간이 되기도 하였다.[43] 숙명여자고등보통학교 학생들은 학교에서 배운 근

---

39 「숙명교 맹휴 진상(1)」, 『조선일보』, 1927.6.26.
40 「숙명 문제」, 『조선일보』, 1927.6.11.
41 「숙명 맹휴도 서광」, 『조선일보』, 1927.9.3.
42 「숙명여고 해결」, 『동아일보』, 1927.9.6.
43 엄미옥, 2011, 『여학생, 근대를 만나다: 한국 근대소설의 형성과 여학생』, 역락, 25쪽.

대적인 지식을 통해 자신의 권리를 인식하고, 그것을 당당하게 요구하였으며, 결국 오랜 투쟁 끝에 승리를 누릴 수 있었던 것이다. 이러한 여학생들의 모습은 과거에 강요되었던 순종적 여성상과는 사뭇 다른 것이었다. 이들은 기존에 없던 '신여성'으로서 학교교육을 통해서 가정을 벗어나 사회 속에서 독립적으로 살아갈 수 있는 지식, 능력과 그에 대한 기대를 키워갈 수 있었다.

그러나 당시 여성교육의 현실은 여자고등보통학교 학생들이 기대했던 것들과는 상당한 차이가 있었다. 무엇보다도 여자를 대상으로 하는 교육기관의 보급률이 매우 낮았다. 1930년대에 들어서도 강원도나 충청북도와 같이 여자고등보통학교가 단 한 곳도 설립되지 않은 지방들이 존재했다. 더구나 매우 희소한 기회로 여자고등보통학교를 졸업하더라도 상급학교 진학의 길은 사실상 차단된 것과 마찬가지였다. 경성제국대학을 비롯한 관립 및 사립의 전문학교들은 모두 남자들만을 입학 대상으로 하는 고등교육기관이었기 때문이다. 1930년대까지도 여자고등보통학교 졸업생들이 조선에서 진학할 수 있는 학교는 이화여자전문학교나 경성사범학교 연습과 정도만이 존재할 뿐이었다. 따라서 여자고등보통학교 졸업자들의 상급학교 진학률은 줄곧 20% 수준이 유지되었고, 취업자는 더 적은 10% 전후에 머물러 있었으며, 가사에 종사하는 비율은 점차 증가하여 60%대가 유지되고 있었다.[44] 여자고등보통학교는 상급학교 준비교육이나 취업 준비교육이 아니라 사실상 종결교육기관으로서의 성격이 강화되고 있었던 것이다.

---

[44] 박철희, 2006, 「일제강점기 여자고등보통학교 교육기회분배와 졸업생 진로에 관한 연구」, 『한국교육사학』 28(2), 64-67쪽.

숙명여자고등보통학교 학생들도 이러한 현실에서 벗어날 수 없었다. 예를 들어, 1925년 졸업생 가운데 상급학교 진학을 원했던 학생들은 89%에 이르고 있었다.[45] 그러나 1931년도 졸업생 96명 가운데 상급학교 진학자는 19명으로 20%에 불과하였고, 진학이나 취업하지 않고 가사에 종사하는 이들은 74명으로 77% 비중에 이르고 있었다.[46] 숙명여자고등보통학교 학생들의 기대와 의지와는 다르게, 이들은 졸업 후에 대부분 가정에 머물러야 했다. 교육을 통해 남성과 대등한 존재로서 사회에 진출하여 역량을 발휘하고자 하여도, 이들을 수용할 수 있는 공간이 부족했기 때문에 결국 현모양처로 회귀할 수밖에 없었다.[47]

이처럼 상급학교 진학과 취업의 길이 모두 제한되어 있던 객관적 조건과 더불어, 숙명여자고등보통학교 학생들은 여성의 역할을 전통적인 가정 안으로 한정하려는 교육자들과도 직접 마주해야 했다. 숙명여자고등보통학교 교육을 대표하는 사람인 이정숙을 살펴보자. 그는 초대 교장으로 부임하여 1935년도까지 줄곧 30년 동안 재임했던 인물로 숙명여자고등보통학교 교육의 상징과도 같은 존재였다. 그런데 그는 여학생들이 졸업 후에 취업하거나 상급학교로 진학하는 일에 대해 극히 부정적인 견해를 갖고 있었다.

여자는 모든 학문을 닦는 것을 가정 살림에 이용하고 응용하여 한 가정의 행복을 이끌어서 참된 살림살이꾼이 되는 것이 큰 의미에 있어

---

45 숙명여자중·고등학교, 1976, 『숙명칠십년사』, 115-117쪽.
46 『朝鮮總督府調査月報』, 1932.11.
47 홍양희, 2001, 「일제시기 조선의 여성교육: 현모양처교육을 중심으로」, 『한국학논집』 35, 247쪽.

서 큰 덕목이며 새로운 자랑거리이겠습니다. 나는 이러한 생각으로 고등보통학교를 마치고 직업을 구한다는 것은 그렇게 반갑지 않습니다. 더구나 현 조선 사회 상태에 있어서 과연 시원치 못한 짓으로 여깁니다. 그리고 또 상급학교에 간다는 것에도 찬성할 수 없습니다. 공부만 많이 한다고 인격양성이 되는 것이 아니니까요.[48]

숙명여자고등보통학교의 교장인 이정숙조차 여학생들이 졸업한 후에 직업여성으로서 취업하거나 상급학교에 진학하는 것보다는 가정에서 주부의 삶을 권장하고 있었다. 이러한 관점은 당시 사회에서 여학생을 바라보는 시선과 크게 다르지 않았다. 이들이 생활하고 부딪히는 일상의 장에서는 여전히 여성에 대한 고정적 역할과 태도를 기대하고 있었다. 여자고등보통학교 학생들이 학교교육을 통해 경험한 근대적 지식과 신문화는 조선의 현실과는 크게 유리된 것이었다.[49] 다시 말해, 학교교육을 통해 얻은 지식은 그들의 사회적 경험과 크게 모순되어 있었다.

사실 교육받은 신여성들조차 좋은 배우자를 만나 안정적인 가정을 꾸리고, 그 속에서 현모양처가 되는 것을 이상으로 여기는 경우도 많았다.[50] 사회 일각에서는 이러한 여자고등보통학교나 여성교육에 대해서 '신부양성소'라는 비아냥이 있을 정도였다.[51] 결국 여자고등보통학교 학생들은 이기적인 존재라는 사회적 비난과 만인의 희망인 참여성이라

---

48 이정숙, 「졸업하는 여학생에게」, 『동아일보』, 1929.3.11.
49 강혜경, 2010, 앞의 글, 296-297쪽.
50 주요섭, 1933.1, 「신여성과 구여성의 행로」, 『신여성』, 32-34쪽.
51 저자미상, 1924.5, 「여학생의 결혼관」, 『신여성』, 42쪽.

는 사회적 찬미 가운데 끊임없이 자기분열과 갈등을 경험할 수밖에 없는 위치에 놓여 있었다고 이해할 수 있다.[52]

3) 실업학교의 민족공학

실업학교의 교육 경험이 고등보통학교 또는 여자고등보통학교와 다른 가장 큰 특징은 민족 공학제로 운영되었다는 점에 있다. 고등보통학교와 여자고등보통학교는 조선인 학생이 다니는 학교였고, 중학교와 고등여학교는 일본인 대상의 학교였다. 고등보통학교와 중학교, 여자고등보통학교와 고등여학교에 조선인과 일본인이 교차 입학하는 것이 불가능한 것은 아니었지만, 실제로 그 수는 매우 적었다. 그러나 실업학교는 1920년대 이후부터 민족 공학제를 원칙으로 하여, 조선인과 일본인 학생을 같은 학급에 배치하여 함께 교육을 받도록 했다.

조선인과 일본인 학생의 공학제 실시 문제는 「조선교육령」 개정 과정에서 중요한 쟁점으로 부각되었다.[53] 특히 추밀원 의원 가운데 일부가 일본인·조선인·대만인 등의 민족을 구분하지 말고 전면적인 공학 시행을 주장하였다. 그런데 이러한 식민지의 민족 공학제 도입에 대하여 대만총독은 대체로 찬성하였지만, 조선총독은 이에 반대했다. 조선총독이 민족 공학제의 전면 도입을 반대한 이유를 보면, 대만 상황과 비교할 때 조선인들을 위한 학교가 상당히 발전하였으며, 조선인들은 민족 공학에

---

52 요한, 1924.9, 「신여자송」, 『신여성』, 116-118쪽.
53 「일선인(日鮮人) 공학이 문제」, 『동아일보』, 1921.10.14.

대한 요구가 높지 않다며 조선과 대만의 상황은 다르다고 주장하였다.[54] 이러한 논란 끝에, 결국 대만에서는 중등교육 이상에서 민족 공학제를 실시하기로 하였으나, 조선에서는 전문교육 이상에서 도입하기로 하였다. 즉, 초등교육과 중등단계 일반교육은 기존과 같이 조선인과 일본인 대상의 학교를 각각 구분하고, 그 외의 사범학교, 실업학교, 전문학교 및 대학 등에서는 민족 공학을 시행하도록 한 것이다. 이로 인해, 중등단계 실업계 학교에서는 조선인과 일본인 학생이 공학하는 제도가 전면적으로 도입되었다.

그러나 1921년 말에 민족 공학 결정이 내려지기 이전에도 조선인이 다니는 실업학교에 일본인 학생들이 입학하고 있었다. 가장 먼저 민족 공학이 시작된 학교는 사립의 선린상업학교였다. 1913년도 본과 신입생 모집부터 조선인 학급 외에 일본인 대상의 1학급을 증설하여 선발하기 시작했다.[55] 공립의 상업학교는 이보다 늦었지만 1918년도에 진남포상공학교에서, 그리고 1919년도에는 개성상업학교에서 조선인과 일본인의 공학이 시작되었다. 경성공업학교의 경우는 공업전습소 시기였던 1915년도부터 일본인 학생을 선발하기 시작하였다. 당시에는 조선인 57명과 일본인 39명을 선발하였으나, 이후부터는 일본인 입학생 비중이 훨씬 높게 유지되었다.[56] 또한, 실업학교 대부분을 차지했던 농업학교도 1910년대 중반부터 일본인들이 입학하기 시작하였다. 1914년 전주농업학교에서 일본인 학생을 선발한 데 이어, 1915년 공주, 1916년 대구,

---

54 「교육령 개정안과 명년도 교육시설」, 『동아일보』, 1921.12.26.
55 선린팔십년사편찬회, 1978, 『선린팔십년사』, 131쪽.
56 서울공업고등학교동창회, 1989, 『서울공고구십년사』, 72쪽.

1917년에는 군산의 농업학교에도 일본인 학생들이 입학하고 있었다.[57] 이처럼 학교마다 일본인이 입학하기 시작한 시기는 조금씩 다르지만, 실업교육에서 본격적인 민족 공학제가 도입된 것은 1920년대 이후부터였다.

실업학교 중에는 민족 공학제를 실시하지 않은 예외적인 학교들도 있었다. 대도시에 있는 일부 상업학교들은 조선인 또는 일본인 대상의 학교로만 운영되기도 하였다. 특히 경성, 부산, 인천에는 일본인 거주민들이 많았기 때문에 비교적 일찍부터 일본인 자제를 위한 상업학교들이 세워졌다. 그런데 이들 지역에 조선인 대상의 상업학교가 별도로 세워지면서, 동일 지역에 민족별로 입학자격이 구분되는 복수의 상업학교들이 운영되기 시작했다. 예를 들어, 인천에 설립된 인천상업학교는 조선인 대상의 학교이지만 인천남상업학교는 일본인 대상의 학교였으며, 부산에 설립된 부산제2상업학교는 조선인이 다니는 학교이지만 부산제1상업학교는 일본인 대상의 학교였다. 그리고 경성에 설립된 경기상업학교는 민족 공학으로 운영되었지만, 경성상업학교는 일본인 대상의 학교로 운영되었다. 그러나 이들 몇몇 학교를 제외한 대부분의 실업학교는 원칙적으로 민족 공학제가 적용되었다.

이렇게 민족 공학제가 실시되면서 실업학교 학생들의 교육 경험은 매우 독특한 양상을 보이게 된다. 고등보통학교나 여자고등보통학교는 주로 조선인 학생들과 일본인 교사들 사이에 갈등을 빚는 경우가 많았다. 그러나 실업학교는 민족 공학제가 실시되면서 조선인 학생과 일본인 학생이 같은 학급으로 편제되는 경우가 많았다. 이러한 조건에서는

57　朝鮮總督府, 1921, 「實業學校長會議諮問事項答申書」, 「附 實業學校諸統計表」, 3-10쪽.

학생들 사이에서도 민족적 갈등과 다툼이 벌어질 개연성이 높아진다. 더구나 조선인 학생들은 일본인 학생들이 보는 앞에서 일본인 교사의 차별적인 언행을 감내해야 하는 상황에 놓이게 된다. 이러한 점에 주목하여, 이하에서는 민족 공학제하에서 실업학교 운영과 조선인 학생들의 교육 경험에 관해 살펴보고자 한다.

먼저, 민족 공학을 시행한 학사 운영에서 모든 실업학교가 조선인 학생과 일본인 학생을 하나의 교실에 배치한 것은 아니었다. 가장 먼저 민족 공학제를 도입한 선린상업학교는 조선인과 일본인 학급을 각기 다르게 편성하여 운영한 사례라 할 수 있다. 선린상업학교는 사립학교였지만, 그 기원은 대한제국의 관립 농상공학교에 두고 있었다. 1907년 농상공학교가 폐지되면서, 상업과 학생들을 인계하고 해당 학교의 시설과 건물을 지원받아 사립으로 운영하기 시작한 학교였다.[58] 선린상업학교는 1910년부터 3년제 본과를 운영하였는데, 1913년도 신입생 모집부터 일본인 학생의 입학을 허용하여 일본인 과정을 본과 1부라 칭하였고 조선인 과정을 본과 2부라 하였다.

그런데 1910년대 식민당국이 고안한 학교제도는 민족별로 매우 차별적인 규정이 적용되고 있었다. 선린상업학교에서도 일본인은 총 8년의 학력을 갖는 고등소학교 졸업자를 입학 대상으로 하였지만, 조선인은 총 4년의 학력에 불과한 보통학교 졸업자가 입학하고 있었다. 같은 학교에서 조선인과 일본인 입학생 사이에 4년의 학력 차이가 발생하게 된 것이다. 이로 인해, 일본인 본과와 조선인 본과의 교육과정이 다르게 편성

---

58 「선린상업학교」, 『황성신문』, 1907.3.22.

되었으며, 교수 내용의 수준에서도 매우 큰 차이가 있었다.[59] 이렇게 선린상업학교는 민족 공학을 시행하면서도, 조선인 학생과 일본인 학생을 구별하여 이원적인 교육과정을 운영하였다. 이처럼 민족별로 차별적인 이원 체제하에서, 조선인 학생들은 일본인 학생에 비해 열등한 위치에 놓일 수밖에 없었다.

> 두 가지 다른 교육제도에 의한 교육을 동일한 학교에서 실시함으로 인하여 여러 가지 문제가 파생하였다. 한국인 학생은 열등의식을 가지게 되는 데 반하여 일본인 학생에게는 우월감을 조장하는 결과를 초래하였다. 따라서 한국인 학생과 일본인 학생 사이에는 항상 무언가 모르게 암류(暗流)가 흐르고 있었다.[60]

위 1918년도 선린상업학교 입학생의 회고에는 당시 민족별로 이원적인 학사 운영에 대한 조선인 학생들의 불만이 나타나고 있다. 민족 공학제는 결국 조선인 학생에게 공연한 '열등의식'을 갖게 하고 일본인 학생에게 '우월감'을 조장하는 제도였다는 것이다. 이러한 차별적인 학사 운영으로 인해, 당시 선린상업학교의 조선인 학생과 일본인 학생 사이에는 언제나 마치 '암류'와도 같은 감정적 대립이 흐르고 있었다고 회고한다.

또한, 선린상업학교는 본과 과정을 민족별로 구분하여, 일본인을 위한 과정은 '본과 1부'라 칭하였고, 조선인을 위한 과정은 '본과 2부'라

---

59 선린팔십년사편찬회, 1978, 앞의 책, 154쪽.
60 선린팔십년사편찬회, 1978, 위의 책, 192쪽.

고 하였다. 이러한 조치는 당시 조선인 학생들에게 매우 불쾌하게 여겨졌다. 학교에서 민족적으로 차별적인 교육과정이 운영되는 것에 더하여, 일본인 학급을 '1부'라 칭하고 조선인 학급을 '2부'라 칭한 것은 민족 간에 '서열'을 매기는 처사로 이해되었기 때문이었다. "나중 난 뿔이 우뚝하다"는 식으로 조선인 학교가 점차 일본인 본위로 변해가는 것을 보면서, 조선인 학생들은 차별적인 학교 운영에 대해 불만이 쌓여가고 있었던 것이다. 당시 선린상업학교 재학생은 다음과 같이 회고하고 있다.

> 일본인부를 제1부로 조선인부를 제2부로 서열을 만들었다. 이야말로 나중 난 뿔이 우뚝하다는 격이었다. 우리는 이 조치에 매우 불쾌했었다. 그러나 식민지민의 처지에 있는 주제라 불쾌는 하지만 구태여 탄하지는 못하고 내심 쾌쾌하고 있었다.[61]

선린상업학교의 민족 공학제 운영은 조선인 학생들에게 매우 차별적인 것으로 이해되었다. 이로 인해, 조선인 학생들과 일본인 학생들 사이에 감정적 대립이 남아 있었고, 때로는 학생들 간의 물리적인 충돌로 비화되는 경우도 많았다. 선린상업학교에서는 민족 공학이 도입되는 1913년도 첫해부터 학생들이 서로 충돌하였다.[62] 당시 선린상업학교에는 정구장 코트가 2개 있었는데, 조선인 3학급과 일본인 1학급으로 편성된 재학생들 사이에 자리다툼이 치열했다. 그러던 어느 날인가 일본인 학생은 조선인과 일본인이 코트 하나씩을 나누어 쓰자고 주장하였고, 이

---

61 선린팔십년사편찬회, 1978, 앞의 책, 165쪽.
62 선린팔십년사편찬회, 1978, 위의 책, 132-133쪽.

에 대해 조선인 학생은 학생 수에서 차이가 있는데 민족별로 하나씩 나누어 쓰자는 제안은 이치에 맞지 않는다고 주장하며 언쟁이 벌어졌다. 두 학생 사이의 말다툼은 급기야 주먹다짐이 되었고, 이에 대해 일본인 교사가 가세하여 일본인 학생을 두둔하고 나섰다. 이러한 학교의 처사에 분개한 조선인 학생들이 며칠씩 수업을 거부하며 동맹휴학 사태가 벌어지게 된 것이다.

그 이후에도 선린상업학교에서는 조선인 학생과 일본인 학생이 갈등을 빚는 일이 빈번하게 발생하고 있었다. 이듬해인 1914년에도 조선인과 일본인 학생 사이에 주먹다짐이 벌어졌고, 이에 대한 일본인 교사의 편파적인 조치로 인해 다시 한번 조선인 학생들이 일제히 퇴학원을 제출하는 사태가 발생하기도 하였다. 당시 언론도 이 사건을 비중 있게 다루며, 민족 공학을 시작한 것은 '일선동화(日鮮同化)'를 위한 획기적인 일이라고 보았지만 일본인 교사들의 편파적인 태도에 우려를 나타내고 있었다.[63]

실제로 선린상업학교에서는 애초에 교육 당국이 민족 공학을 도입하며 의도했던 '일선동화'의 취지와는 전혀 상반된 결과가 나타나고 있었다. 조선인 학생들과 일본인 학생들 사이의 민족별 대립과 반목은 이후에도 줄곧 이어졌다. 특히 1920년도에는 일본 수학여행 도중에 학생들이 민족별로 갈라져 패싸움을 벌이기도 하였다.

> 현해탄을 건너자 일본인 학생들은 모국 방문의 자랑과 텃세를 노골적으로 나타내었다. 주로 각지의 신사·불각을 참배했는데 한국 학생

---

63 「선린상교의 풍파」, 『매일신보』, 1914.7.12; 「선린교 풍정 소식」, 『매일신보』, 1914.7.22.

은 그저 끌려다니는 형편이었다. 일본인 학생은 의기양양한 데 반해서 한국인 학생은 기분이 좋지 못하였다. … 여행 중에 쌓이고 쌓였던 울분이 일시에 폭발하고 말았다. 서로 어울려 난투극을 벌인 까닭에 식당은 수라장이 되고 말았으며 구석구석에서 입씨름과 주먹다짐이 그칠 줄을 몰랐다.[64]

이처럼 민족 공학제로 운영된 선린상업학교에서는 조선인과 일본인 학생 사이에 대립과 갈등이 지속되었다. 대개는 일본인 학생들의 우월의식과 조선인 학생들의 열패감을 조장하는 학사 운영과 학교 행사로 촉발된 것이었다. 여기에 더해, 일본인 교사의 노골적인 민족 차별적 언행을 규탄하기 위한 조선인 학생들의 집단행동도 속출하였다. 특히 1919년 3·1운동 이후부터는 학생들의 요구 수준도 높아지며 더욱 분명하게 민족의식을 드러내기 시작했다. 예를 들어, 1921년에는 학교 전반의 민족 차별적인 교육에 반대하는 선언문을 내걸고 동맹휴학에 들어갔다.[65] 그 이전까지 학생들은 학교의 명예가 실추될까 우려하여 수업 거부를 자진하여 중단하기도 하였지만, 1921년의 동맹휴학에서는 학내·외로 분명한 민족의식을 표출했다. 당시 선린상업학교 학생들이 제기한 일본인 교사에 대한 규탄과 민족 차별적인 교육제도 폐지 요구는 이후 민족 공학을 도입한 다른 실업학교들에서도 조선인 학생들이 동맹휴학을 일으키며 요구했던 공통된 주장이기도 했다.

민족별로 차별적인 선린상업학교의 교육과정 편성 문제는 1922년

---

[64] 선린팔십년사편찬회, 1978, 앞의 책, 194-195쪽.
[65] 선린팔십년사편찬회, 1978, 위의 책, 157쪽.

「조선교육령」의 개정으로 조선인 학교제도의 수업연한이 연장되면서 자연스럽게 해소되었다. 그러나 선린상업학교는 민족에 따른 이원적인 형태의 학교 운영 방식을 그대로 유지하였다. 여전히 조선인 학생과 일본인 학생을 구별하여 민족별로 학급을 편성하였다.[66] 교실 배치 방식은 물론이고 학교 행사의 학생 정렬 방식에서도 학년 단위가 아니라 민족 단위로 구분하여 운영하였다. 이렇다 보니 학생들은 과외활동 참여에서도 민족별로 서로 거리를 두는 경향이 나타났다. 예를 들어, 정구부나 배구부 또는 음악부 등은 전원 조선인 학생들로만 구성되었고, 반면에 빙상부, 검도부, 유도부 등은 일본인 학생만이 참여하는 식이었다. 이처럼 선린상업학교는 민족별로 이원적인 형태의 학사 운영이 유지되면서, 학교제도에서 형식적인 차별이 사라진 1930년대까지도 학생들 사이의 민족별 대립과 반목이 계속되었다.[67]

그러나 선린상업학교와 같은 이원적인 형태의 민족 공학제 운영은 실업학교 가운데 예외적인 경우라 할 수 있다. 오히려 대부분의 실업학교들은 민족 간의 소위 '무차별 원칙'을 표방하며 조선인과 일본인 학생에 대한 노골적인 차별을 피하려 하였다. 조선인과 일본인 학생을 어떠한 형태로든 구별하지 않고, "내선(內鮮) 간에 하등한 차별이 없는 교육을 실시하는 것"을 원칙으로 한다는 것이다.[68] 이러한 '무차별 원칙'은 조선인 학생과 일본인 학생을 섞어서 민족별 혼합 학급을 편성하는 것으로 나타났다. 대구상업학교는 이러한 '무차별 원칙'의 교육방침에 대해

---

66 선린팔십년사편찬회, 1978, 앞의 책, 273쪽.
67 선린팔십년사편찬회, 1978, 위의 책, 259쪽.
68 「鎭南浦公立商工學校徵兵令上認定ノ件」, 『實業學校徵兵令上認定ノ件』, 1926.

다음과 같이 선전하고 있었다.

> 실업교육은 내지인(內地人)과 선인(鮮人)을 구별하지 않는 것을 원칙으로 한다. 본교 역시 이러한 주지에 따라, [학생들을] 전연 혼동하여 동일한 교실에 수용하여 동일한 교사 밑에서 동일한 교수훈련을 받게 하여, 생도들이 보다 양해융합(諒解融合)하여 공학의 실을 올리고 있다.[69]

1923년부터 민족 공학제를 도입한 대구상업학교는 소위 '무차별 원칙'을 표방하며, 조선인 학생과 일본인 학생을 구분하지 않고 "동일한 교실에 수용하여 동일한 교사 밑에서 동일한 교수훈련"을 받게 한다는 점을 선전하고 있었다. 대체로 조선인 학생과 일본인 학생을 동일 비율로 혼합하여 학급을 편성하였다. 또한, 급장과 교우회장 등의 학생 대표 선출에서도 항상 동수가 되도록 조정하였다. 한 학급의 급장으로 조선인이 임명되면 부급장은 반드시 일본인으로 하고, 다음 학기에는 그 반대가 되도록 운영하였다. 이렇게 조선인과 일본인의 혼합 학급을 편성하거나, 민족을 교차하여 학생 대표를 선출하는 방식은 비교적 이른 시기인 1915년부터 민족 공학제가 도입된 경성공업학교에서 시도되었던 방법이었다.[70] 그 이후 경기상업학교나 대구상업학교 또는 이리농림학교 등의 실업학교로 확산되어, 조선인 학생과 일본인 학생을 동수로 선발하여

---

69 「大邱公立商業學校視察復命書」,『實業學校徵兵令上認定の件』, 1927.
70 서울공업고등학교동창회, 1989,『서울공고구십년사』, 139쪽.

혼합 학급을 편성하고 있었다.[71]

이처럼 대부분의 실업학교에서는 민족 공학을 시행하면서 노골적인 차별은 피하려고 하였다. 적어도 학급 편성이나 학생 대표 선발 등의 학사 행정에서 '무차별 원칙'을 적용하며 의식적으로 민족적 차별을 낳는 요소를 제거하려 했던 것이다. 사실 이러한 학사 운영으로 인해, 이들 학교에 재학하고 있던 대부분의 조선인 학생들은 별다른 차별의식을 느끼지 않았던 것으로 술회하기도 한다.

> 오월동주인 그와 나 나와 그는 우선 수적으로 반반이었으며, 반장이 한국인이면 부반장이 일본인이라는 식으로 편성되었다. 그리고 가장 기막힌 규칙은 한·일인 학생 간의 충돌이 있으면 그 이유는 불문하고 양측은 모두 퇴학 처분이라는 것이었다. … 그 목적이 융화인지 동화인지, 과연 우리의 성격 형성에 실로 만만치 않은 영향을 부지불식간에 미쳤을 것이다. … 광주학생사건 때는 전국 유일의 불참 학교로 남았나.[72]

위 경기상업학교 졸업생은 재학 당시 본인의 학교가 광주학생운동에 불참한 유일한 학교였던 사실을 매우 부끄럽게 기억하고 있다. 그 이유에 대해서는, 조선인과 일본인의 동수 선발과 학생 대표 교차 선출 등 소위 민족별 '무차별 원칙'으로 인해 자신들의 민족의식이 무뎌진 것은 아

71　경기상업고등학교동창회, 1973, 『경기상고오십년』, 28쪽; 이리농림60주년 기념사업 추진위원회, 1982, 『이리농림육십년사』, 28쪽.
72　경기상업고등학교동창회, 1973, 위의 책, 29쪽.

니었을까 추측하고 있다. 또한, 민족 간의 학생 충돌에 대해 매우 엄격한 규칙을 적용하는 등 학교 측의 예방적 조치를 지적하기도 한다. 그러나 조선인과 일본인의 혼합 학급을 편성했던 대부분의 실업학교에서는 선린상업학교에서와 같이 학생들 사이에 노골적인 민족 갈등이 크게 불거지지는 않았다. 학생들끼리는 굳이 민족적으로 반목할 이유가 없었으며, 오히려 서로 배울 것도 있고 원만하게 지냈던 것으로 회고하는 때도 적지 않다.[73]

그러나 제국과 식민지 관계가 존재하는 한 조선인 학생들과 일본인 학생들 사이에 감정적인 갈등의 소지는 늘 남아 있었다. 학생들의 관계가 비교적 평온한 것처럼 보였던 경기상업학교에서조차, 조선인 학생과 일본인 학생의 관계는 "오월(吳越)은 영원히 오나라와 월나라"일 수밖에 없었다는 비유로 회고되었다.[74] 소위 '무차별 원칙'을 표방하고 있었지만, 조선인 학생과 일본인 학생의 입장이 똑같을 수는 없었던 것이다. 더구나 기숙사 생활에서 조선인과 일본인을 같은 방에 배치하였기 때문에 오히려 민족 간에 갈등이 발생하는 때도 많았다.

> 한일(韓日) 간 학생에게는 급격한 변화이어서, 일반 관습이 서로 다르고 식사, 침구, 경비, 사상 등의 차이가 너무 심해서 한일 공학에 대한 낙관을 둔화시키는 일이 허다하였고, 한·일인 기숙사 경영에서 야기된 문제는 헤아릴 수 없이 많았다. 김치 냄새, 마늘 냄새 때문에

---

73 광주농업고등학교동창회, 1989, 『광주농업고등학교팔십년사』, 195-196쪽: 서울공업고등학교동창회, 1989, 앞의 책, 146쪽.
74 경기상업고등학교동창회, 1973, 앞의 책, 31쪽.

일어나는 옥신각신은 늘 있었고, 안으로 안으로 도도히 흐르는 민족
의식은 빼앗고 빼앗긴 절박한 상황을 초월하여 한 나라의 젊은이로
서의 팽팽한 대결로 바뀌어, 자칫하면 폭발할 위험한 고비가 여러 번
있었다.[75]

위는 재학생 전원의 기숙사 수용을 원칙으로 했던 이리농림학교 졸
업생이 당시 기숙사 생활에 대해 회고한 것이다. 실업학교가 민족 공학
제로 운영되면서, 생활습관과 문화가 달랐던 두 민족의 학생들은 공동생
활을 하는 중에 크고 작은 일로 자주 부딪칠 수밖에 없었다. 그것은 물론
피지배 민족이라는 이유로 지배 민족으로부터 당하는 일상적인 차별이
었다. 조선인 학생에 대한 일본인 학생의 멸시적인 태도로부터 민족적인
분쟁이 촉발되는 경우가 많았던 것이다.

그런데 민족 간의 갈등을 해결하는 방식으로서, 당시 학생들 세계에
는 일종의 합의된 자치 원리가 작동하기도 하였다. 상급생과 하급생 간
에는 군대식 위계질서와 같은 매우 엄격한 규율이 존재했기 때문이다.
대부분의 중등학교 문화에서 학년별 상하관계는 매우 엄격하여 '상급생
은 신적 존재'나 다름없을 정도였다.[76] 상급생이 하급생에게 얼차려와 같
이 물리력을 동반한 사적인 통제를 가하는 것이 일상적으로 통용되었다.
당시 학생들 사이의 통제행위는 '설교', '제재', '처분' 등으로 불렸으며,
이런 관계에서는 조선인과 일본인을 구별하지 않았다.[77] 따라서 학생들

---

75 이리농림60주년 기념사업 추진위원회, 1982, 『이리농림육십년사』, 29쪽.
76 선린팔십년사편찬회, 1978, 앞의 책, 344쪽.
77 강경상업고등학교, 1990, 『강상칠십년사』, 78쪽; 이리농림60주년 기념사업 추진위
   원회, 1982, 위의 책, 81쪽.

사이에 민족적인 갈등이 발생하는 경우, 조선인 상급생이 일본인 하급생에 대해 또는 일본인 상급생이 조선인 하급생에 대해 '제재'를 가하는 방식으로 해결되기도 하였다.[78] 즉, 학생들 사이에 존재했던 엄격한 학년별 위계질서는 민족 간의 갈등이 크게 비화되지 않도록 일종의 상호견제 원리로 작동되기도 하였다.

이처럼 대부분의 실업학교에서는 민족 공학제가 실시되면서 조선인 학생들에 대한 민족적 차별은 상당히 약화되어 있었다. 학사 운영에서는 소위 '무차별 원칙'이 강조되며 형식적인 차별이 사라졌다. 학생들 사이에서도 민족적 반목으로 인해 민족 갈등이 격화되는 일이 매우 드물었다. 그러나 실업학교에 재학했던 조선인 학생들은 실제 학사 운영에 대해서는 매우 차별적인 것으로 인식하고 있었다. 사실 '무차별 원칙'을 적용하여 신입생 모집에서 민족별로 동수로 선발한다는 것 자체가 조선인 학생들에게는 매우 불공평한 제도였다. 입학 지원자 규모에서 일본인과 비교해 조선인이 압도적으로 많았기 때문에 민족별 동수 선발 원칙은 조선인 학생들에게 매우 불리한 것이었다. 이리농림학교 사례를 통해 '무차별 원칙'이 갖는 차별적인 성격을 확인할 수 있다.

이리농림학교는 1922년 설립 당시부터 입학 정원을 민족별로 절반씩 할당하여 조선인과 일본인을 동수로 모집한 학교였다. 이리농림학교는 관립학교로서 출범하였고 향후 고등농림학교로의 승격을 목표로 했을 정도로 교육 당국의 지원도 많고 학교시설도 매우 양호한 편이었다.[79]

---

78 선린팔십년사편찬회, 1978, 앞의 책, 254쪽.
79 「관립농림학교설립취지서」(1921); 이리농림60주년 기념사업 추진위원회, 1982, 앞의 책, 19-20쪽.

따라서 이리농림학교에 대한 사회적 평판은 매우 높았고, 초등학교 졸업 예정자들에게는 선망의 대상이었다. 더구나 이리농림학교는 다른 중등학교들보다 이른 시기에 신입생을 모집하였기 때문에 줄곧 높은 입학 경쟁률이 유지되었다.[80] 1934학년도 신입생 모집 결과를 보면, 조선인의 입학 경쟁률은 15.4 : 1이었으며, 일본인의 입학 경쟁률은 2.7 : 1이었다. 일본인의 이리농림학교 선호가 높아 다른 학교들보다 다소 높은 입학 경쟁률을 보이고 있지만, 조선인들의 입학 경쟁률은 일본인과는 비교할 수 없을 정도로 매우 높게 나타나고 있다.

이처럼 민족별로 입학 경쟁률이 다르게 나타나는 것은 이리농림학교가 입학 정원을 민족별로 절반씩 할당하여 사실상 민족별로 구분된 입시경쟁이 치러졌기 때문이었다. 이로 인해 이리농림학교 입학자의 학업성적에서도 민족별로 큰 차이가 있었다. 1936년도 수의축산과 입학생 자료를 보면,[81] 조선인 입학생들은 보통학교 6학년 때의 백분비 누적석차가 평균적으로 상위 12%였다. 반면에, 일본인 입학생들은 소학교 6학년의 백분비 누적석차가 평균 30% 정도였다. 조선인과 일본인 학생들은 입학 당시부터 학업성적에서 민족별로 큰 격차가 있었던 것이다.

이리농림학교의 신입생 선발 방식은 이처럼 매우 차별적이었지만, 극심한 경쟁을 뚫고 입학에 성공한 조선인 학생들은 스스로에 대해 큰 자부심을 가질 수 있었다. 특히 조선인 학생들은 일본인 학생들에 대해서 상대적인 우월감을 느끼고 있었다.[82] 민족별로 입학 경쟁률에서 큰

---

80 『朝鮮總督府調査月報』, 1932, 1934.
81 「이리공립농림학교 학적부」(1936년 입학).
82 이리농림50년사편찬회, 1972, 앞의 책, 53-54쪽.

차이가 있었기 때문에 조선인 학생들은 입학자들이 학업성적에서도 민족별로 차이가 있을 것으로 충분히 짐작할 수 있었기 때문이었다. 그만큼 조선인 학생들은 일본인 학생들보다 비교적 우수한 성적으로 졸업할 수 있을 것으로 기대하고 있었다.

그러나 이리농림학교 졸업생의 최종 학년 학업성적을 비교하면, 조선인과 일본인 학생 사이에 그다지 큰 차이가 나타나지 않고 있다. 1939~1941년도 3년간 졸업생의 졸업학년도 성적을 보면,[83] 조선인 학생들이 일본인 학생들보다 다소 우수하기는 하지만, 평균 점수와 석차에서 그렇게 큰 차이가 있었던 것은 아니었다. 1학년 때에는 민족별로 큰 차이가 있었으나, 학년이 올라갈수록 그 격차가 줄어드는 것으로 나타났다. 조선인 학생들은 입학 당시부터 학업성적 면에서 일본인 학생들에 대해 상대적 우월감을 느끼고 있었기 때문에, 이러한 결과는 그다지 만족스러운 것은 아니었다. 그렇다면, 이리농림학교에서 학년이 올라갈수록 학업성적에서 민족별 격차가 감소하였던 이유는 무엇인가?

〈표 2〉는 조선인 학생과 일본인 학생의 학년별 학업성적 변화를 보여주고 있다. 수의축산과 학생들의 학적부 기록에서 입학 당시 출신학교의 학업성적 석차로부터 각 학년의 학업성적 석차를 민족별로 평균하여 비교한 것이다. 당시 이리농림학교는 학과목 시험 점수와 실습 점수를 합산하여 학년 말 최종성적을 산출하고 있었다. 먼저, 입학 당시 조선인 학생들은 출신학교의 학업성적이 일본인 학생들에 비해 월등히 좋게 나타나고 있다. 이러한 차이는 1학년의 학과목 시험 점수에 그대로 반영되고 있었다. 조선인 학생들의 1학년 학과목 시험 점수는 평균 76.0점이었

---

[83] 「이리공립농림학교 학적부」(1939~1942년 졸업).

〈표 2〉 이리농림학교 재학생의 민족별 성적 변화

학년	구분	조선인	일본인
(입학 당시)	출신 학교 백분비 석차 평균	0.12	0.30
1학년	학과목 시험 평균	76.00	71.60
1학년	실습 점수 평균	86.40	83.00
1학년	학년 말 최종성적 평균	81.00	78.10
1학년	학년 말 백분비 석차 평균	0.39	0.67
2학년	학과목 시험 평균	77.00	73.00
2학년	실습 점수 평균	85.50	83.00
2학년	학년 말 최종성적 평균	81.50	79.40
2학년	학년 말 백분비 석차 평균	0.44	0.64
3학년	학과목 시험 평균	74.80	71.90
3학년	실습 점수 평균	82.10	84.50
3학년	학년 말 최종성적 평균	80.00	79.70
3학년	학년 말 백분비 석차 평균	0.48	0.58
4학년	학과목 시험 평균	74.50	73.50
4학년	실습 점수 평균	81.50	83.90
4학년	학년 말 최종성적 평균	78.00	78.70
4학년	학년 말 백분비 석차 평균	0.55	0.45
5학년	학과목 시험 평균	75.90	75.20
5학년	실습 점수 평균	84.60	84.80
5학년	학년 말 최종성적 평균	80.50	80.20
5학년	학년 말 백분비 석차 평균	0.50	0.50

출처: 「이리공립농림학교 수의축산과 학적부」(1941년 졸업생).

지만, 일본인 학생들은 평균 71.6점에 지나지 않았다. 이러한 학과목 성적과 실습 점수를 합산한 학년 말 최종성적에서도 조선인 학생들이 일본인 학생들보다 높았다. 1학년 학업성적에서 민족별 백분위 누적석차를 비교하면, 조선인 학생들은 평균 39%였으나 일본인 학생들은 67%였다. 그만큼 조선인 학생들은 일본인들에 비해 학업성적이 매우 높게 나타났다. 그러나 조선인과 일본인 학생의 학년 말 최종성적과 석차는 학년이 올라갈수록 점차 그 격차가 줄어들고 있으며, 이들이 졸업하는 5학년이 되면 거의 비슷해지고 있다.

이처럼 이리농림학교 학생들의 민족별 학업성적 격차가 학년이 올라가면서 축소되는 원인은 실습 점수에서 찾을 수 있다. 학과목 시험 점수에서도 격차가 줄어들고 있지만, 실습 점수의 변화가 학년 말 최종성적에 더 큰 영향을 미치고 있다. 고학년으로 올라가면서 일본인 학생들이 조선인 학생들에 비해 더 높은 점수 점수를 받고 있었다. 이러한 영향으로 4학년부터는 조선인 학생들이 학과목 시험 점수가 높지만, 최종성적에서는 오히려 일본인 학생들이 더 높게 나타나고 있다. 그런데 실습 점수는 평가자의 주관적인 판단이 개입될 소지가 크다는 점에 주목할 필요가 있다. 당시 이리농림학교의 교원은 대부분 일본인이었다는 사실을 고려한다면, 이들이 조선인 학생들에게 차별적인 점수를 부여했을 개연성이 매우 크다. 다시 말하면, 일본인 교사들이 조선인 학생들에 차별적인 실습 점수를 부여하면서 조선인 학생들과 일본인 학생들의 최종성적이 역전되었던 것이다.

민족 공학제가 운영된 실업학교에서 조선인 학생에 대한 일본인 교사들의 차별적인 평가 관행은 조행 점수 항목에서도 나타났다. 조행 점수는 학교의 규정 준수나 성실성, 태도 등 학생의 인물됨에 관한 평가로서, 이 역시 평가자의 주관적 판단이 개입될 개연성이 매우 컸다. 조행 점수 항목이 학업성적에 반영되는 비율은 학교마다, 그리고 시기마다 달랐지만, 실업학교에서는 대체로 그 비율이 매우 높은 편이었다. 예를 들어, 1930년대 이리농림학교와 대구농림학교에서는 조행 항목에 대해 학과목 시험 점수와 동등한 가중치를 적용하여 학년 말 학업성적에 반영하기도 하였다.[84] 즉, 조행 점수 하나가 모든 학과목의 시험 결과와 동등한 비중을 갖고 있었다. 그러나 조선인 학생과 일본인 학생이 공학하는 실업학교에서 일본인 교사들은 조선인 학생의 조행 항목에서 차별적인 시선으로 평가하는 경향이 나타나고 있었다. 당시 조선인 학생들도 이러한 일본인 교사들의 차별적인 평가 관행을 분명하게 인식하고 있었다.

> 한국인 학생들의 뛰어난 재질과 월등한 실력을 누르려고 기상천외한 성적평가방법을 만들어 하위에 있던 일인학생을 끌어 올리고 상위에 있던 한인학생들을 깎아내렸던 것이다. 이런 지독한 편파적이며 차별적인 성적평가는 한인학생들에게 너무나 커다란 반발을 사서 끝내 태극단 사건의 직접적인 원인이 되었다 해도 과언은 아닐 것이다.[85]

위 회고와 같이, 대구상업학교 학생들은 일본인 교사들의 '기상천외한 성적평가 방법'에 대해 커다란 불만을 품고 있었다. 특히 식민지 말기에 조행 점수가 학업성적에 포함되면서 학생들의 불만은 더욱 고조되고 있었다. 대구상업학교 역시 조선인과 일본인이 공학하는 조건에서 조선인 학생들에 대해서 편파적이고 차별적으로 점수가 부여된다고 생각했기 때문이었다. 이러한 일본인 교사들의 민족 차별적인 학사 행정은 대구상업학교에서 조선인 학생들의 민족의식을 자극하게 되고, 급기야 1943년에는 학생들의 비밀결사조직인 태극단 사건으로 이어지기도 하였다.[86]

---

84 「대구농림학교 학적부」(1913, 1914년 졸업); 「이리농림학교 학적부」(1936년 졸업).
85 대구상업고등학교 오십년사 편찬회, 1973, 『대상오십년사』, 228쪽.
86 조춘호, 2001, 『태극단학생독립운동』, 대구상업정보고등학교 총동창회. 무려 26명의 학생들이 체포되었던 태극단 사건은 사상통제가 극심했던 1940년대에 일어난

이처럼, 실업학교가 민족 공학제로 운영되면서 조선인 학생들은 일본인 교사들의 민족 차별적인 학사 운영에 대해 불만을 느끼지 않을 수 없었다. 더구나 조선인 학생과 일본인 학생이 같은 교실에서 생활하고 있었기 때문에 일본인 교사들의 비신사적 폭력이나 노골적인 민족 차별적 언행은 더욱 모욕적으로 느껴질 수밖에 없었다. 당시 민족 공학제는 '내선일체(內鮮一體)' 또는 '내선융합(內鮮融合)'의 상징적인 정책으로 선전하고 있었으나, 조선인 학생들로서는 오히려 식민지 교육의 민족 차별적 속성을 일상적으로 경험하는 계기가 되었던 것이다. 이로 인해, 실업학교에서는 차별적인 식민지 교육 폐지를 요구하는 조선인 학생들의 동맹휴학이나 집단적 저항운동이 끊이지 않았다.

실업학교에서 일어난 동맹휴학 사건 가운데 특히 진주농업학교와 광주농업학교 학생들이 일찍부터 민족 공학제의 전면 폐지를 주장하고 나선 것은 매우 큰 의미를 갖는다. 진주농업학교는 진주고등보통학교와 연대하여 전교생이 동맹휴학을 일으켰는데, 이들은 요구사항 가운데 첫 번째로 "공학제도 폐지"를 내세우며 공학 정책에 대해 명확한 반대를 표시했다.[87] 또한, 같은 해 광주농업학교도 동맹휴학을 일으키고 격문을 발표하였는데, 가장 먼저 내세운 요구조건이 "식민지 노예교육 철폐"와 "조·일인 공학제 반대"였다.[88] 마찬가지로 민족 공학제로 운영된 목포상업학교에서도 조선인 학생들은 "조선인과 일본인의 생도 차별 철폐", "조선

대표적인 학생운동이었다.
87 「진주 양 공립교 연맹하여 휴학」, 『동아일보』, 1928.7.7.
88 광주농업고등학교동창회, 1989, 『광주농업고등학교팔십년사』, 168쪽.

인과 일본인의 공학제 폐지" 등을 요구하며 동맹휴학을 일으켰다.[89] 이처럼 민족 공학제가 도입된 실업학교들에서 차별적인 공학제 폐지를 주장하며 시위에 나선 것은 식민당국의 정책적 기대와는 정면으로 배치되는 것이라 할 수 있다.

사실 조선총독부는 애초에 초등교육과 중등단계 일반교육에서는 민족 공학제를 유보하기로 하였지만, 그 이후에도 기회가 있을 때마다 공학제를 확대하기 위한 공론화를 시도해왔다.[90] 조선인들의 반감이 심했던 초등교육 단계의 민족 공학은 뒤로 미루더라도, 일반계 중등학교에서 실업학교와 유사한 형태의 민족 공학제를 도입하려 했던 것으로 보인다. 그러나 이미 민족 공학이 시행되고 있던 실업학교에서 조선인과 일본인 학생이 공학하는 제도에 대한 저항이 매우 컸다. 조선인 언론에서도 민족 공학제를 확대하는 방안에 대해서는 분명하게 반대하고 있었다.[91]

특히 오천석은 초등교육은 물론이고 중등교육 단계의 민족 공학제 도입에 관해서 정치적 입장만이 아니라 교육학적 견지에서도 그 효과를 재검토할 필요가 있다고 주장했다.[92] 그는 민족 공학으로 발생하게 되는 교수용어 문제, 교수재료 문제, 교원 문제, 민족 감정 문제 등을 하나씩 열거하며 그것의 부당성을 지적했다. 즉, 민족 공학제는 민족 정서상으로도 도저히 받아들이기 어려운 문제이지만, 교육학적 관점에서도 그 효과는

---

89 「차별대우와 공학제의 철폐」, 『동아일보』, 1929.6.10.
90 「중등정도 학교에 조일인 공학 문제」, 『조선일보』, 1928.4.14; 「학무국의 투한 일석: 고보중학 합병 시비」, 『조선일보』, 1933.10.22.
91 「공학문제에 대하야」, 『동아일보』, 1928.4.16; 「공학제도 문제: 불가한 점 두 가지」, 『조선일보』, 1935.10.10.
92 오천석, 「일본인·조선인 공학 문제(1~5)」, 『동아일보』, 1933.10.28~11.3.

매우 부정적이라는 것이다. 그는 특히 미국이 필리핀을 지배하면서 모국어가 아닌 영어를 교수용어로 채택하여 나타난 폐해들을 지적했다.[93]

이처럼 민족 공학제 도입에 대해 조선인들의 반대 여론이 높았지만, 1937년 중일전쟁이 일어나면서 중등단계 일반교육에서도 소위 '내선일체'를 주장하며 학교의 명칭이 통일되는 등 민족 공학제가 전격적으로 추진되기에 이른다. 고등보통학교와 여자고등보통학교를 중학교와 고등여학교로 개칭하고, 각 학교의 입학에서 출신민족별로 제한을 두지 않기로 한 것이다. 그러나 실제로는 기존과 같이 조선인이 다니는 학교와 일본인이 다니는 학교는 대체로 구분되고 있었다. 물론 일반계 중등학교에서 민족 공학제가 전면적으로 실시된다고 해서 식민당국이 의도했던 '내선융합'의 효과를 기대하기는 어려웠을 것이다. 이보다 앞서 민족 공학제가 도입되었던 실업학교에서 민족 공학 폐지 요구가 지속해서 분출되었던 사실은 식민당국이 기대했던 공학 정책의 효과가 그렇게 낙관적이지만은 않다는 것을 예증해주는 것이라 할 수 있다.

2. 학생운동의 양상

식민지 시기 조선인 학생들은 스스로 민족운동의 주체로서 자각하고 민족의 현실에 적극적으로 참여하였다. 학생운동은 대개 학교 행정이나 일본인 교사들에 대한 불만에서 촉발되는 경우가 많았지만, 식민지 교육에 대한 반대, 나아가 식민통치에 대한 거부와 민족의 독립을 요구하는

---

[93] 오천석, 「일본인·조선인 공학 문제(5)」, 『동아일보』, 1933.11.3.

항일민족운동으로 확산되는 경향이 두드러지게 나타나고 있었다. 특히 1919년 3·1운동과 1926년의 6·10만세운동 그리고 1929년 말의 광주학생운동 등 식민지 시기 중요한 항일민족운동에서 주도적인 역할을 담당했던 계층은 학생들이었다. 1920년대는 학생 중심의 민족운동 기간이라고 부를 수 있을 정도로 학생운동은 조선 사회에서 전국적으로 고르게 확산되어 나타나고 있었다.[94]

이렇게 학생운동이 민족운동에서 매우 중요한 세력으로 등장하자, 조선총독부는 학생운동에 대한 각종 통계와 자료를 분석하여 대처 방안을 모색하기 위한 보고서를 작성하고 있었다. 당시 조선총독부 경무국은 학생운동의 성격에 대해 사상 경향에 초점을 두어 크게 세 시기로 파악하고 있었다.[95] 특히 1920년대 중·후반 조선 사회에 널리 확산된 좌익 사회주의운동과의 관계 속에서 이해하고 있었다.

조선총독부 경무국은 1920년대 초반까지 학생운동 사상적 경향이 뚜렷하지 않은 채 3·1운동의 여파로 민족의식이 각성되어 일어나는 것으로 이해하였다. 학교 밖의 세력과 연대하는 경향도 나타나지 않았고, 학생들 내부의 조직적 실체도 미약했던 것으로 파악한다. 학생들이 동맹휴학을 일으키는 계기도 학교의 시설 개선이나 무자격 교원에 대한 배척 등 실력양성 또는 향학열이 고양되어 나타나는 경우가 많았다는 것이다. 물론 이러한 동맹휴학 사건의 저류에는 배일 감정이나 민족의식이 흐르고 있는 점에도 특별한 주의를 기울이고 있었다.

---

94   김기주, 2010, 「광주학생운동 이전 동맹휴학의 성격」, 『한국독립운동사연구』 제35집, 27쪽.

95   朝鮮總督府警務局, 1936, 『高等警察報』 5, 38-47쪽.

<표 3> 학생운동의 성격과 사상적 경향

연도	성격	사상 경향
1919	배일 맹휴 시대	독립운동 시대
1920		
1921		실력양성운동과 향학열 발흥 시대
1922		
1923		
1924	주의적 맹휴 시련 시대	좌경화 시대
1925		
1926	주의적 맹휴 시대	민족공산 합류 시대
1927		
1928		
1929		
1930		반전운동 시대
1931	단순한 맹휴 시대	
1932		전향 시대 주의사상 침쇠 시대
1933		
1934		
1935		

출처: 『高等警察報』 5(1936), 37-38쪽.

1920년 중반부터는 점차 학생운동이 학교 밖의 사회단체나 사회주의 세력과 연계되면서, 동맹휴학 등도 계획적으로 조직되고 더욱 과격해지기 시작한 것으로 이해하고 있었다. 이른바 '주의적 맹휴' 시기로 학생운동이 급진적으로 좌경화되는 시기라는 것이다. 학생들의 요구 조건도 해당 학교의 설비 개선이나 특정 교원의 배척을 넘어, 식민교육·노예교육의 폐지, 조선 역사 교육, 조선어 사용 허용 등을 주장하거나, 학생회의 자치나 집회의 자유 등을 내거는 경우가 많았다. 그러나 1930년대 들어서면서 이러한 학생운동의 사상적 경향이 퇴조한 것으로 분석하고 있었다. 이념적 색채가 약화되고 동맹휴학 등의 발생 건수도 감소하는 등 학생운동의 성격이 크게 변화했다는 것이다.

그러나 당시 학생운동이 조선총독부가 조사 분석한 동맹휴학만으로 파악될 수 있는 성질의 것은 아니었다. 무엇보다 학생운동은 식민당국과 저항세력의 동학에 따라 다양한 방식으로 전개되고 있었기 때문이다. 때로는 수업거부 등 집단적 투쟁 형태로 표출되기도 하지만, 조선총독부의 탄압으로 공개적인 활동이 어려운 조건에서는 비밀결사 등 지하조직을 중심으로 이어지기도 하였다. 그리고 식민당국이 검거해 발각된 경우가 아니라도, 학생들은 다양한 서클활동 등을 통해 일상적으로 민족의식을 키우고 조직력을 확산해가고 있었다. 따라서 학생운동의 형태를 동맹휴학, 비밀결사, 학생단체활동 등으로 구분하여 그 전개 양상과 특징에 관해 더 자세히 살펴볼 필요가 있다.

1) 동맹휴학

(1) 발생 현황

동맹휴학은 학생들이 요구 조건을 내걸고 수업을 거부하며 시위를 벌이거나 등교 자체를 거부하는 등의 집단적 행위를 말하며, 당시는 일반적으로 '맹휴'로 약칭되었다. 동맹휴학은 다수의 학생이 보조를 맞춰 일치된 목소리와 단결된 행동을 보여준다는 점에서 매우 효과적인 투쟁방식이 될 수 있었다. 그러나 동맹휴학이 가능하기 위해서는 다수의 일관된 행동을 이끌어낼 수 있는 조직력이 요구되었다. 더구나 동맹휴학 이후 어김없이 뒤따르는 퇴학·정학·근신 등의 징계 조치를 각오해야 했고, 때에 따라서는 경찰에 검거되어 형사 재판을 받는 상황도 감수할 수 있어야 했다. 그런 만큼 동맹휴학은 학생 신분으로서 집단적 의사를 표시하기 위해 선택할 수 있는 가장 효과적이고 극단적인 투쟁방식이라 할 수 있다.

학생들의 집단적 투쟁 형태인 동맹휴학의 발생 빈도는 3·1운동 이후 전국적으로 급격히 증가하였다. 조선총독부 조사에 의하면,[96] 1921년부터 1928년까지 8년간 동맹휴학을 일으킨 학교는 총 404개교로 연평균 50건에 이르렀으며, 1920년대 중반에 다소 소강 국면을 보이다가 이후에 다시 급격히 증가했다. 1919년 3·1운동의 영향으로 1920년대 초반에 동맹휴학이 증가한 것과 유사한 맥락에서 1926년 6·10만세운동의 여진으로 1927년과 1928년 동맹휴학이 증가한 경향을 이해할 수 있다. 즉, 1920년대 학생운동은 3·1운동의 경험을 이어가며 1926년 6·10만세운동을 주도하게 되고, 이렇게 축적된 항일민족운동의 에너지는 1929년 광주학생운동을 계기로 전국적으로 폭발하게 되었던 것으로 이해할 수 있다.

동맹휴학을 일으킨 학교들에 대한 통계를 조금 더 자세히 살펴보면 몇 가지 특징을 발견할 수 있다. 우선, 높은 초등학교 비율에 주목할 수 있다. 〈표 4〉에서 전체 404건 가운데 전문학교 12건을 제외하면, 초등학교에서 일어난 동맹휴학 건수는 192건으로 중등학교 200건과 거의 유사한 수준이었다. 그러나 이러한 상황을 이해하기 위해서는 각 학교급에 해당하는 전체 학교 수를 고려할 필요가 있다. 식민교육 정책이 중등교육과 고등교육에 대해서는 매우 억압적이었기 때문에 중등학교와 전문학교 수가 적었고, 이에 비해 상대적으로 초등학교 수가 압도적으로 많았기 때문이다. 따라서 학교급을 구분하여 동맹휴학이 일어난 학교의 비율을 보면, 초등학교는 전체 학교의 1% 수준이었지만, 중등학교는 관공

---

[96] 朝鮮總督府警務局, 1929, 『朝鮮に於ける同盟休校の考察』, 6-9쪽.

<표 4> 동맹휴학 발생 학교 수 추이(1920년대)

	연도	1921	1922	1923	1924	1925	1926	1927	1928	합계
전체	관공립	8	24	23	11	32	41	50	53	242
	사립	15	28	34	3	16	14	22	30	162
	합계	23	52	57	14	48	55	72	83	404
중등학교	관공립	3	5	7	6	2	12	20	24	79
	사립	12	26	25	3	6	8	16	25	121
	합계	15	31	32	9	8	20	36	49	200

출처: 『朝鮮に於ける同盟休校の考察』(1929년) 6-9쪽.

립학교 가운데 9%에서, 사립학교 중에는 68% 학교에서 동맹휴학이 발생하고 있었다.[97] 즉, 중등학교에서 동맹휴학이 발생하는 비율이 매우 높았으며, 특히 사립 중등학교의 경우는 전체의 7할에 가까운 학교들에서 1920년대에 적어도 한 번 이상 동맹휴학이 발생하고 있었다.

이처럼 1920년대에 중등학교에 다녔던 학생들은 매우 높은 비율로 동맹휴학이라는 극단적인 투쟁을 경험할 수 있었다. 특히 관공립학교보다는 사립학교에서 동맹휴학이 발생하는 학교들이 매우 높게 나타나고 있었다. 당시 사립학교는 관공립학교에 비해 대체로 학교 여건이 열악하였고, 그만큼 학생들의 불만이 높았을 것으로 추측할 수 있다. 그러나 다른 한편으로, 당시 사립학교는 기독교계 재단이나 민족지사가 설립한 경우가 많았기 때문에, 상대적으로 식민당국의 간섭이 약화되어 학생들의 투쟁활동이 자유로운 조건이 되었던 것으로 이해할 수 있다.

또한, 1926년 이후에는 중등학교에서 동맹휴학이 발생하는 관공립학교 수가 많이 증가하고 있는 점에도 주목할 필요가 있다. 사립학교의

---

97   朝鮮總督府警務局, 1929, 앞의 책, 15쪽.

경우는 1920년대 후반 동맹휴학이 발생한 학교 수가 1920대 초반과 대체로 유사한 수준을 회복하는 데 머물고 있지만, 관공립학교는 1920년대 초반 수준을 훨씬 넘어서고 있다. 물론 여기에는 관공립학교를 중심으로 당시 사회주의 단체들과 청년단체들이 학생들에 대한 지원을 강화하고 동맹휴학을 지도한 영향도 적지 않았을 것이다.[98] 이러한 이유로, 조선총독부는 1920년대 후반기 동맹휴학의 성격을 좌익 사회주의 세력과 연계한 주의적 맹휴 시대로 파악하고 있었다. 이러한 동맹휴학의 발생 원인에 관해서는 조금 더 자세하게 살펴볼 필요가 있다.

〈표 5〉는 조선총독부 경무국이 1920년대에 발생한 동맹휴학의 원인에 대하여 조사 분석한 자료 가운데 중등학교에 해당하는 내용만을 재구성한 것이다.[99] 당시 경무국은 동맹휴학의 발생 원인에 대해 다음과 같이 6가지로 분류했다. ① 학교의 시설 및 운영 개선을 요구하는 맹휴, ② 교원 배척 맹휴, ③ 학교 내부 사건에서 기인한 맹휴, ④ 학생 간의 사건에서 기인한 맹휴, ⑤ 지방 문제와 관계된 맹휴, ⑥ 민족의식 및 좌익사상이 반영된 맹휴 등이었다. 이러한 동맹휴학 원인 가운데 교원 배척을 요구하는 경우가 전체의 54% 비중을 차지하며 압도적으로 높게 나타나고 있다. 다음으로, 학교의 시설 및 운영 등의 개선을 요구하는 동맹휴학이 28%로 그 뒤를 이었고, 민족의식 및 좌익사상의 영향에 의한 동맹휴학도 14% 정도로 중요한 비중을 차지하고 있다. 반면에, 학교 내부 사건에서 기인한 맹휴, 학생 간의 사건에서 기인한 맹휴, 지방 문제와 관

---

[98] 김기주, 2010, 「광주학생운동 이전 동맹휴학의 성격」, 『한국독립운동사연구』 제35집, 30쪽.

[99] 朝鮮總督府警務局, 1929, 앞의 책.

〈표 5〉 중등학교의 동맹휴학 발생 원인(1920년대)

원인 분류	학교 구분	전체 기간		1920년대 전반기 (1921~1925)		1920년대 후반기 (1926~1928)	
		건수	비율	건수	비율	건수	비율
① 학교의 시설 및 운영 개선	관공립	55	26%	14	40%	41	24%
	사립	73	29%	41	32%	32	26%
	계	128	28%	55	34%	73	25%
② 교원 배척	관공립	111	53%	15	43%	96	55%
	사립	138	55%	73	57%	65	53%
	계	249	54%	88	54%	161	55%
③ 학교 내부 사건	관공립	1	0%	1	3%	0	0%
	사립	14	6%	8	6%	6	5%
	계	15	3%	9	6%	6	2%
④ 학생 간의 사건	관공립	0	0%	0	0%	0	0%
	사립	0	0%	0	0%	0	0%
	계	0	0%	0	0%	0	0%
⑤ 지방 문제	관공립	1	0%	1	3%	0	0%
	사립	0	0%	0	0%	0	0%
	계	1	0%	1	1%	0	0%
⑥ 민족의식 및 좌익사상 반영	관공립	40	19%	4	11%	36	21%
	사립	25	10%	6	5%	19	16%
	계	65	14%	10	6%	55	19%
합계	관공립	208	100%	35	100%	173	100%
	사립	250	100%	128	100%	122	100%
	계	458	100%	163	100%	295	100%

출처: 『朝鮮に於ける同盟休校の考察』(1929).
* 중등학교 부분 재구성. 건수는 복수 원인을 집계함.

계된 맹휴 등은 그 수가 매우 적었다. 물론 조선총독부 경무국에서 동맹휴학의 원인을 분류하는 방식에서 명확한 기준이 있었던 것은 아니었으며, 사건 대부분은 하나 이상의 여러 원인이 중첩되어 나타난 것이었다. 이러한 동맹휴학의 원인 분석 자료는 당시 동맹휴학의 성격을 이해하는 데 중요한 참고가 될 것이다.

그런데 1920년대 전반과 1920년대 후반의 시기를 비교할 때, 동맹휴학의 발생 원인 분포에서 몇 가지 측면에 차이가 나타나는 점도 확인해둘 필요가 있다. ①학교의 시설 및 운영 개선을 요구하는 맹휴는 전반기에 34%였으나 후반기에는 25%로 많이 감소하고 있다. 반면에, ⑥민족의식 및 좌익사상이 반영된 맹휴는 전반기 6%에서 후반기에는 19%로 큰 폭으로 증가하고 있다. 이는 1920년대 중반 이후 학생운동이 사회단체와 연계되거나 좌익 사회주의 사상의 확산으로 인해 동맹휴학의 요구 조건 등에서 성격이 크게 변화한 것으로 이해된다. 동맹휴학의 목적이 개별 학교 문제 해결에 주목하기보다는 식민지 교육정책 일반 또는 식민통치에 대한 저항의 성격이 강화되고 있다. 또한, ②교원 배척 맹휴는 전체 발생 원인 가운데 높은 비중을 차지하는 점에서 큰 변화는 없었다. 그러나 관공립과 사립이라는 학교의 설립 유형에 따라 다소 엇갈린 변화 방향을 보여주고 있는 점이 특징적이다. 관공립학교에서 교원 배척 맹휴 비중은 증가하고 있지만 사립학교에서는 오히려 그 비중이 감소하고 있는 것이다. 이하에서는 발생 빈도가 높았던 ①, ②, ⑥에 해당하는 동맹휴학을 중심으로 당시 중등학교의 학생운동 양상에 대해서도 조금 더 자세하게 검토하고자 한다.

먼저, ①학교의 시설 및 교육과정 개선을 요구하는 맹휴의 문제에 주목해볼 필요가 있다. 당시 조선총독부는 이를 다시 세 가지 유형으로 더욱 상세하게 분류하여 분석했다. 첫 번째 유형은 학교 설비 및 학사 운영과 관련된 맹휴이며, 두 번째 유형은 수업연한 연장 또는 학과수업 개설 등 향학심과 관련된 맹휴로 분류하였고, 세 번째 유형은 훈육 및 교칙과 관련된 맹휴였다.

첫 번째 학교 설비 및 학사 운영과 관련된 맹휴는 학교 승격 요구, 졸업생 자격 인정 요구, 졸업생 취직 알선 요구, 제복과 관련한 요구, 교사 신·개축 요구, 운동장 확장 요구, 교구 및 표구 확충 요구, 우수 교원 보충 요구 등을 포함하는 것이었다. 이와 관련하여 중등학교에서는 학교의 승격과 졸업생의 자격 인정 요구가 많았으며, 교사의 신·개축 요구나 교구 및 우수 교원의 확충을 요구하는 일도 많은 편이었다. 두 번째 수업 연한 연장 또는 학과수업 증가 등 향학과 관련된 맹휴는 특정 과목의 수업 개설 또는 수업시수 증가 요구, 학년 연장 요구, 실업 과목 반대, 2부제 수업 폐지 요구, 수업시간 준수 요구, 모집 정원 증가 요구 등을 포함하고 있었다. 특히 『조선교육령』의 개정으로 중등교육의 교육과정이 재편되면서 그에 맞는 교육과정 운영에 대한 요구들이 많았다. 세 번째 훈육 및 교칙과 관련된 맹휴는 교칙 적용에 대한 불평, 실습시간 단축 요구, 실과 수업 방법에 대한 불평, 교사의 태도에 대한 반항, 불량학생 처벌에 대한 동정, 수업료 인하 요구, 청년회 가입 금지에 대한 반발, 타교의 맹휴로부터 자극받은 경우 등 다양한 원인을 포함하고 있었다. 중등학교에서는 특히 교사의 태도나 학생 처벌에서 차별적 조치에 반발하는 경우 등이 많았다. 이처럼 ① 학교의 시설 및 교육과정 개선을 요구하는 맹휴로 분류되었더라도, 동맹휴학이 발생한 원인의 근저에는 식민지 교육의 민족 차별적인 성격이 내재해 있는 경우가 많았다.

다음으로, 동맹휴학의 원인 가운데 절반 이상을 차지할 정도로 발생 빈도가 가장 높았던 ②교원 배척 맹휴를 살펴볼 필요가 있다. 당시 조선총독부 경무국은 학생들이 특정 교원과 갈등을 일으키며 수업을 거부하거나 사임을 요구하는 동맹휴학에 특히 주목하고 있었다. 교원 배척을 주장하는 동맹휴학이 발생한 원인에 대해서는 〈표 6〉과 같이 세부적인 유형들로 구분하여 조사되고 있었다.

〈표 6〉 중등학교 교원 배척 동맹휴학의 세부 원인

세부 유형	학교 구분	배척 대상 교원			합계	비율
		일본인	조선인	외국인		
인격·언행에 대한 배척	관공립	26	4		30	27%
	사립	6	19	5	30	22%
교수법 불만에 기초한 배척	관공립	29	6		35	32%
	사립	17	30		47	34%
교원 자격에 기초한 배척	관공립	10	1		11	10%
	사립	4	23		27	20%
훈육·처벌 불만에 기초한 배척	관공립	9	1		10	9%
	사립	2	5	1	8	6%
민족의식에 기초한 배척	관공립	4			4	4%
	사립	1	2		3	2%
교원 불화에 기초한 배척	관공립	1			1	1%
	사립		3		3	2%
기타	관공립	17	3		20	18%
	사립	7	12	1	20	14%
합계	관공립	96	15		111	100%
	사립	37	94	7	138	100%
	합계	133	109	7	249	

출처: 『朝鮮に於ける同盟休校の考察』(1929), 27쪽.
* 중등학교 부분 재구성. 건수는 복수 원인을 집계함.

〈표 6〉을 살펴보면 교원 배척을 요구했던 동맹휴학에서 배척의 대상이 되는 교원은 조선인과 일본인을 크게 구분하지 않고 발생했던 것처럼 보인다. 전체 249건 가운데 조선인 교원 배척이 109건으로 44%이며, 일본인 교원 배척은 133건으로 53% 비중이었다. 물론 일본인 교원에 대한 배척 건수가 다소 많았던 것은 당시 중등학교에서 조선인 교원과 일본인 교원의 구성비에서 차이가 있었기 때문이었다.[100] 학교의 설

---

100 『朝鮮總督府統計年報』, 1922, 1937.

립 주체별로 구분해본다면, 조선인 교원 비율이 높았던 사립학교에서는 조선인 교원에 대한 배척 건이 많고, 일본인 교원 비율이 높았던 관공립학교에서는 일본인 교원에 대한 배척 건이 많았다. 그러나 학생들이 교원 배척을 주장하며 동맹휴학을 일으키게 된 세부적인 원인에서는 그 대상에 따라 다소 차이가 있었다.

교원 배척 동맹휴학의 발생 원인을 분석하기 위해, 당시 조선총독부 경무국은 더 상세한 원인별로 분류하여 조사하고 있었다. 교사의 인격·언행·소행에 대한 배척, 교수법 불만에 기초한 배척, 교원 자격 문제에 기초한 배척, 학생에 대한 훈육·처벌 불만에 기초한 배척, 민족의식에 기초한 배척, 교원 사이의 불화에 기초한 배척, 기타 등 학생들이 동일하게 교원의 배척을 주장할 때도 그 세부적인 원인은 매우 다양하였다. 이 가운데 교수법 불만에 기초한 유형이 상당히 높은 비중을 차지했는데, 이는 교원의 자격에 기초한 배척 유형 등과 함께 학생들이 교사의 능력을 문제 삼아 일으킨 동맹휴학이었던 것으로 이해할 수 있다. 이처럼 교사의 자격이나 능력에 대한 불만으로부터 발생된 동맹휴학은 관공립학교보다는 사립학교에서 더 큰 비중을 차지하고 있었다. 이와 관련해서도, 당시 사립 중등학교에서 자격을 갖춘 교원 수급에 어려움을 겪고 있었던 배경이 지적될 수 있을 것이다. 이와 반대로, 관공공립학교는 교사의 인격·언행에 대한 배척 유형과 훈육·처벌 불만에 기초한 배척 유형에서 사립학교보다 다소 높게 나타나고 있다. 이는 당시 관공립학교 일본인 교사들의 조선인에 대한 멸시적인 언행이나 민족차별적인 대우로 인해 조선인 학생들의 불만과 반감이 널리 퍼져 있었던 사실로부터 이해할 수 있다.

한편, 조선총독부 경무국은 교원 배척을 요구했던 동맹휴학 가운데 민족의식에 기초한 맹휴를 별도 유형으로 분류하여 조사하고 있다. 이러한 유형에는 특정한 교원의 자질이나 행위에 대한 배척이 아니라, 조선인 교원의 채용을 요구하며 일본인 교원의 배치 철회 및 배척 등을 요구한 경우가 해당할 것으로 추측된다. 그러나 경무국 자료만으로는 교원 배척 동맹휴학 가운데 다른 원인과 구별되는 민족의식에 기초한 맹휴 유형이 무엇인지는 분명하지 않다. 이와 관련해서는, 오히려 더 큰 범주로 분류되었던 동맹 유형의 ⑥번째 원인에 대해 논의하는 것이 유용할 것이다.

조선총독부 경무국이 분류한 동맹휴학의 원인으로 ⑥ 민족의식 및 좌익사상이 반영된 맹휴도 발생 빈도가 상당히 높은 편이었다. 경무국 조사에서 민족의식 또는 좌익사상이 반영된 것으로 분류된 동맹휴학의 목적 또는 요구 조건들은 무려 29가지로 다시 구분되고 있었다. 그 가운데 특히 중등학교의 동맹휴학에서 발생한 빈도가 높았던 경우들만 보더라도, 조선인과 일본인의 차별 철폐 요구, 조선인 교원의 채용 확대 요구, 조선인 본위의 교육 실시 요구, 일본인 학생의 입학 제한 요구, 조선인과 일본인의 공학 폐지 요구, 조선어나 조선역사 등의 과목 설치 요구, 학우회와 교우회의 자치 요구, 학교 내 집합·언론·출판의 자유 요구, 경찰 횡포 탄핵 등 매우 다양한 주장들이 포함되어 있었다. 그런데 앞의 〈표 5〉에서 살펴본 것처럼, 경무국은 1926년도 이후로 전체적인 동맹휴학 발생 건수가 증가했을 뿐만 아니라, 민족의식이 현저하게 드러나거나, 특히 좌경사상이 반영된 경우가 많이 증가한 것으로 분석했다. 그렇다면, 식민당국은 이렇게 학생운동의 성격이 변화된 원인을 어디에서 찾고 있었는가.

조선총독부 경무국 보고서에서는 1920년대 후반 동맹휴학의 증가와 학생운동의 좌경화와 관련하여 6·10만세운동과 고려공산당청년회에 주목하고 있었다.[101] 6·10만세운동은 1926년 순종의 인산일을 계기로 일어난 학생운동 중심의 항일민족운동이었다. 경무국은 당시 학생운동 주도 세력이 1919년의 3·1운동을 기억하며 6·10만세운동을 전국적 항일운동으로 확산시키기 위해 조직적으로 활동했던 것으로 분석했다. 그리고 경무국은 이러한 학생운동의 배경에 고려공산당청년회와 같은 좌익사상 단체가 암약하고 있었던 것으로 분석한다. 이를테면, 조선총독부는 고려공산당청년회가 작성했던 "조선인 교육은 조선인 본위로!!! 보통교육은 의무교육으로! 보통학교 용어는 조선어로! 보통학교장은 조선인으로! 중등 이상 학생의 집회의 자유를! 대학은 조선인을 중심으로!"라는 슬로건에 주목한다. 1920년대 후반 학생운동은 학교 외부 단체의 지도를 받고 있었기 때문에 동맹휴학 등의 요구에서도 이러한 슬로건과 요구사항들이 등장하게 되었다는 것이다.

물론 이러한 조선총독부의 동맹휴학과 학생운동에 대한 분석이 크게 잘못된 것만은 아니었다. 고려공산청년회는 당시 사회주의 청년운동을 주도한 핵심적인 지하단체로서, 외곽단체에 학생부를 설치하고 중등학교 학생들을 훈련시키며 학생운동을 조직적으로 지도해오고 있었다.[102] 이들 외에도 조선공산당이나 신간회 등 사회주의 단체들은 당시 학생운동에 큰 영향을 미치고 있었다. 3·1운동을 경험하여 운동 역량을 키워왔던 학생운동은 학교 외부의 사회단체들과 연계하며 6·10만세운동을 주도하는 등 항일민족운동에서 핵심적인 역할을 담당하고 있었던 것이다.

---

101 朝鮮總督府警務局, 1929, 앞의 책, 46-48쪽.
102 박철하, 1995, 「고려공산청년회의 조직과 활동(1920-28)」, 『한국 근현대 청년운동사』, 풀빛, 156쪽.

(2) 결과

조선총독부 학무국에 의하면, 1920년대 동맹휴학이 발생했던 404개 학교 가운데 학생들의 요구 조건이 수용되거나 일부가 받아들여진 경우는 33곳으로 전체의 8%에 불과하였다. 반면에, 학생들이 요구 조건을 완화하거나 자진 철회하였을 때 등은 180건으로 전체의 45% 비율이었으며, 주모자가 검거되거나 처벌받은 경우는 92건으로 전체의 23%에 이르고 있었다.[103] 조선총독부 경무국은 이러한 통계를 기초로 하여, 동맹휴학이 발생하였을 때 해결 방책과 주의사항도 함께 제시했다.

첫 번째는 학교 측의 설득 방법이다. 대부분 학교에서 동맹휴학이 발생하면 학교 측의 설득으로 시작하지만, 이 방법은 그다지 효과가 없는 것으로 파악했다. 특히 중등학교에서는 학생들의 요구 조건이 수용 가능한 경우 또는 학교장이 존경받는 대단한 인격자가 아닌 이상 그다지 실효성이 없었다는 것이다.

두 번째는 지역사회 단체의 중재에 의지하는 방법이다. 먼저, 학부모회의 알선에 기대할 수 있지만, 학부모와 학교의 관계가 긴밀하지 않은 조선의 현실에서 그다지 효과를 기대할 수 없는 것으로 판단했다. 더구나 지역에 따라서는 학부모들도 민족의식이나 좌익사상이 강하여 문제 해결을 어렵게 만들 수 있으므로 오히려 주의해야 한다고 주문한다. 이러한 맥락에서, 좌경단체의 개입 배제가 필요하다고 강조한다. 좌경단체는 표면적으로 지역사회 단체로서 중재 역할을 위해 개입하는 것으로 보이지만, 오히려 사태를 악화할 우려가 있다는 것이다. 그리고 동창회에 의지하는 방법이 있는데, 동창회는 학교 측이 요청하지 않아도 먼저

---

[103] 朝鮮總督府警務局, 1929, 앞의 책, 128-137쪽.

중재를 제안해오는 경우가 많으며, 대체로 어느 한쪽에 치우치기보다는 쌍방의 타협을 유도하는 경우가 많다고 조언한다.

세 번째는 결속 해체 방법이다. 동맹휴학은 2, 3명의 주모자가 있고 다수가 부화뇌동하여 참여하는 경우가 많아서, 등교를 희망하거나 확고한 의지가 약한 학생을 설득하여 분열시키는 방법이 쉬웠고, 또 상당한 효과도 있었다고 한다. 그러나 점차 학생들은 이를 예비하여 다양한 수단을 마련하고 있으며, 최근에는 분열을 막기 위해 폭행협박 등의 범죄행위도 서슴지 않고 있다고 분석한다.

네 번째는 주모자의 처벌 방법이다. 주모자에 대한 처벌은 교칙의 유지, 문란을 일으킨 자에 대한 제재, 다른 학생들에 대한 반성의 계기, 불량분자의 배제라는 4가지 의의가 있는 것으로 평가한다. 즉, 주모자에 대한 처벌은 학교에 부여된 최대의 특권이자 최후의 수단이며, 거듭되는 처벌은 결국 확실한 해결로 나아가는 유일한 수단이라고 강조했다.

다섯 번째는 폭행자의 검거 방법이다. 학교가 위에서 예시된 모든 수단을 동원하더라도 해결하지 못할 때에는 주모자 검거를 통한 해결 방법을 모색해왔다. 그러나 이로 인해, 동맹휴학 문제에서 학교와 경찰이 야합했다는 지적도 감수할 수밖에 없었다고 한다.

여섯 번째는 학교 폐쇄의 방법이다. 지금까지 관공립학교에서 학교 폐쇄에 이른 적은 없었으며, 사립학교는 한두 차례 단행한 적이 있다고 한다. 그러나 학교는 학생을 징계하거나 지도하여 교풍을 유지하고 훈육하는 기관이라는 점에 주목한다면, 학생들의 동맹휴학에 대하여 학교가 직장폐쇄로 대응하는 것은 주객전도 상황이라고 지적하고 있다.

이처럼 동맹휴학이 발생했을 때의 대처 방법과 주의사항을 안내하면서, 조선총독부 경무국이 가장 중요하게 강조하는 것은 학교의 징계권

<표 7> 동맹휴학 참가 학생에 대한 처분 결과 (단위: 명)

〈경찰의 처분 결과〉						
연도	동맹휴학 건수	검찰 송치	훈계 방면	검속	설유	합계
1921	23	3	1		152	156
1922	52	8			70	78
1923	57					0
1924	14				5	5
1925	48				12	12
1926	55	18		7		25
1927	72	22		132	88	242
1928	83	121	46	180		347
합계	404	172	47	319	327	865

〈학교의 처분 결과〉						
연도	동맹휴학 건수	퇴학	정학	근신	기타	합계
1921	23	70	477			547
1922	52	130	376	64		570
1923	57	64	336	200		600
1924	14	52	470	37	1	560
1925	48	159	343			502
1926	55	136	35	12	3	186
1927	72	409	1,304	82	2	1,797
1928	83	540	1,417	90		2,047
합계	404	1,560	4,758	485	6	6,809

출처: 『朝鮮に於ける同盟休校の考察』(1929), 130쪽.

활용에 관한 것이었다. 학생들의 동맹휴학이 예방도 어렵고, 일단 발생하면 해결도 어려운 상황에서, 학교 측이 선택할 수 있는 최선의, 그리고 최후의 수단은 징계라는 것이다. 더구나 징계는 단순한 처벌만을 의미하는 것이 아니라, 훈육의 목적도 갖는 것처럼 정당화되기도 하였다. 조선총독부 경무국은 지속적인 징계와 처벌만이 동맹휴학을 해결할 수 있는 유일한 수단이라며 강경한 대처를 주문했다.

동맹휴학에 대한 조선총독부의 강경 대처 입장은 결국 학생들에 대한 가혹한 처분을 낳았다.[104] 1921년부터 1928년까지 8년 동안 동맹휴학에 참여한 이유로 경찰 처분을 학생들은 865명이었으며, 학교로부터 징계 처분을 받은 학생들도 6,809명에 이르고 있었다.

경찰의 처분 결과를 보면, 1927년부터 동맹휴학에 대한 경찰의 개입으로 처벌받은 학생 수가 많이 증가하고 있다. 구속당한 학생들이 급격하게 증가하고 있으며, 특히 검찰에 송치되어 재판을 받은 학생 수는 1928년 한 해에만 121명에 이르고 있다. 이들의 재판 결과는 51명의 학생들에 대한 징역형 선고였다. 식민당국의 사법부 역시 학생운동에 대해 매우 가혹한 처벌을 내리고 있는 것이다.

동맹휴학에 참여한 학생들에 대한 학교의 처분 결과도 매우 가혹한 것이었다. 1927년도부터 처벌 건수가 급격하게 증가하여, 1927년도에 1,797명, 1928년도에 2,047명의 학생들이 무더기 징계 처분을 받았다. 특히 학교의 징계 조치 가운데 가장 높은 처벌에 해당하는 퇴학만 보더라도, 1927년에 409명, 1928년에는 540명에 이르고 있었다. 이는 동맹휴학이 발생한 학교마다 평균 5~6명의 학생에게 퇴학 조치를 내린 것으로, 그 이전까지 평균 2~3명 수준이었던 것에 비해 많이 증가한 것이다. 각급 학교들은 1920년대 후반부터 퇴학 및 정학 처분을 확대하는 등 동맹휴학에 참여한 학생들에 대해 강경하게 대응하고 있었던 것이다.

---

104 朝鮮總督府警務局, 1929, 앞의 책, 130-131쪽.

2) 비밀결사

조선총독부 경무국은 1936년 조사 보고서를 통해 학생운동의 성격이 다시 크게 변화한 것으로 분석하고 있었다.[105] 1920년대 후반에 민족의식과 좌익사상이 크게 반영되었던 것과 비교할 때, 1930년대 학생운동은 사상적 색채가 약화되고 배후의 연계단체나 지도세력들도 찾아보기 어렵다는 것이다. 이른바 사상적 전향의 시대, 주의사상 침쇠의 시대에 학생운동은 특별한 사상적 배경이 없는 단순한 맹휴의 시기로 접어들었다고 평가하고 있었다. 그러나 당시 학생운동은 동맹휴학 등 공개적인 투쟁 방법보다는 비밀결사 형태로 변화하고 있었다. 식민당국의 학생운동에 대한 분석 결과를 검토하면서, 특히 비밀결사를 중심으로 두고 1930년대 학생운동에 대해 살펴보고자 한다.

먼저, 조선총독부 경무국의 조사에 의하면,[106] 1930년대 학생운동은 민족의식과 좌경사상의 영향 약화와 함께 동맹휴학 발생 건수도 많이 감소하고 있었다. 광주학생운동의 여파로 인해 1930년과 1931년에 동맹휴학 건수가 일시적으로 많이 증가하였지만, 이듬해부터 다시 급격하게 감소한 이후 안정화된 추세가 이어졌다. 그 결과 1920년대에는 동맹휴학 발생 빈도가 한 해 평균 50건 정도였지만, 1932년 이후 4년 동안은 한 해 평균 36건 수준에 머물렀다. 그러나 동맹휴학 발생 건수가 감소했다고 해서 당시 학생운동이 침체하였다고 보기는 어렵다. 경무국 조사에서도 기술하고 있는 것처럼, 1930년대에는 동맹휴학 발생이 감소하

---

105 朝鮮總督府警務局, 1936, 앞의 책, 37-38쪽.
106 朝鮮總督府警務局, 1936, 위의 책, 38-44쪽.

<표 8> 동맹휴학 발생 학교 수 추이(1930년대)

연도	1929	1930	1931	1932	1933	1934	1935	합계
관공립	58		74	24	24	33	18	
사립	20		28	9	14	6	18	
합계	78	107	102	33	38	39	36	433

출처: 『高等警察報』 5(1936), 38-44쪽.

고 있었지만, 반대로 학생들의 비밀결사 조직이 확산하고 있었다.

다음으로, 조선총독부 경무국은 1930년대 학생운동의 성격 변화를 동맹휴학이 발생한 원인으로 설명하고 있다.[107] 1930년대 동맹휴학의 발생 원인 중 하나가 1920년대에 민족의식 및 좌익사상이 반영된 맹휴 등과 같이 사상적 색채가 뚜렷한 경우가 그다지 많지 않기 때문이라는 것이다. 오히려 실습 기피나 수업료 인하 요구와 같이 학내 문제에 대한 불만에서 비롯된 경우가 많은 것으로 파악하고 있었다. 그러나 1920년대 자료와 1930년대 자료는 동맹휴학의 발생 원인을 분류하는 방법이 각기 달라서 단순 비교하기에는 무리가 따른다. 예를 들어, 1930년대 불량학생의 선동에 의한 맹휴로 분류한 항목의 경우, 당시 식민당국은 민족의식과 좌익사상이 과도했던 조선인 학생을 불량학생으로 부르고 있었던 점에 주의할 필요가 있다. 만일 어떤 동맹휴학의 원인을 불량학생의 선동에 의한 맹휴로 분류하였다면, 그것은 주동자가 사상적 색채가 농후한 주장을 한다거나 학교 외부 단체와 깊게 연계되어 있었을 가능성을 배제하기 어렵다. 그렇다면, 조선총독부 경무국이 설명하는 것처럼, 1920년대와 다르게 1930년대 동맹휴학에서 민족의식이나 좌익사상

---

107 朝鮮總督府警務局, 1936, 앞의 책, 46쪽.

〈표 9〉 동맹휴학의 발생 원인(1930년대)

원인 \ 연도	1931	1932	1933	1934	1935	합계
교사의 처분에 대한 불만	21	13	11	12	15	72
실습 기피	8	2	4	11	5	30
불량학생의 선동	15	5	1	6	3	30
수업·시험 방법에 대한 불만	6	4	2	4	4	20
품행 불량 교사의 배척	15	4	10	4	2	35
수업료 인하 요구	7	1				8
기타	30	4	10	2	7	53
합계	102	33	38	39	36	248

출처: 『高等警察報』 5(1936), 46쪽.

의 영향이 약화되었다는 주장은 재고할 여지가 크다.

또한, 1930년대 동맹휴학이 발생한 원인 가운데 교사의 처분에 대한 불만 72건, 수업·시험 방법에 대한 불만 20건, 품행 불량 교사의 배척 35건을 교원 배척 맹휴로 분류한다면, 전체 248건 가운데 약 51% 비중에 해당한다. 이는 1920년대 동맹휴학 발생 원인에서 교원 배척 맹휴가 434건으로 전체 802건 가운데 54%였던 점과 매우 유사한 분포를 보이고 있다. 1920년대와 마찬가지로, 1930년대 동맹휴학도 주로 교사의 능력과 자질 등에 대한 불만으로부터 발생하고 있는 것이다. 그러나 교원 배척 맹휴는 관공립학교와 사립학교에 따라 배척 대상이 되는 교원의 출신 민족이 상이하다는 사실을 간과해서는 안 된다. 특히 관공립학교에서 배척의 대상이 되는 교원은 대부분 일본인이었으며, 이러한 목적을 갖는 동맹휴학에서 학생들은 단순히 해당 교사 개인에 대한 문제보다는 일본인 교원 전체의 문제로 인식하는 경우가 많았다. 다시 말해, 동맹휴학의 원인을 교원 배척으로 분류하더라도, 그것은 오히려 조선인 학생들의 고양된 민족의식으로부터 촉발되는 경우가 많았다.

한편, 조선총독부 경무국은 1930년대 들어 학생운동의 성격이 급격하게 변화된 것으로 파악하고, 그 원인을 사회주의운동 세력의 노선 변화와 신간회 해체 등에서 찾고 있었다.[108] 사실 신간회 해산은 학생운동에 중요한 영향을 미치고 있었다. 신간회는 항일민족운동을 목적으로 하여 민족주의 세력과 사회주의 세력의 연합으로 결성된 사회단체였다. 당시 민족운동 진영은 크게 이념적 지향에 따라 민족주의 세력과 사회주의 세력으로 나뉘어 있었고, 민족주의 세력은 다시 자치론을 주장하는 민족주의 우파와 비타협적인 민족주의 좌파로 구분될 수 있었다. 신간회는 자치운동을 반대하는 비타협적 민족주의 좌파와 사회주의 세력의 연합으로 결성된 좌우합작 민족운동단체라 할 수 있다. 신간회는 일제강점기에 존재했던 최대 규모의 민족운동단체로서 전국적 조직을 갖추고 당시 항일민족운동을 주도해나갔다. 그러나 신간회는 외부적으로 식민당국의 지속적인 탄압과 지도부 검거가 이어졌으며, 내부적으로는 민족주의 세력이 자치론으로 기울고 사회주의 세력은 계급투쟁 중심으로 옮아가는 등 노선 갈등을 겪고 있었다.[109] 결국 신간회는 1931년 자진 해산을 결정하기에 이르렀다.

좌우합작의 민족통일전선이었던 신간회의 해산은 학생운동에도 중요한 영향을 미치게 되었다. 신간회 해산 과정에서 산하의 전국적 학생운동 조직인 신간회학생부도 해체된 것이다. 이는 통일적인 학생운동이 와해되었음을 의미하며, 이에 따라 학생운동은 다시 민족주의 세력과 사

---

108 朝鮮總督府警務局, 1936, 앞의 책, 44쪽.
109 박찬승, 1993, 「1920년대 중반~1930년대 초 민족주의 좌파의 신간회 운동론」, 『한국사연구』 80, 81-87쪽.

회주의 세력으로 분화해 전개되는 것으로 변모하였다.[110] 물론 학생운동이 항일민족운동을 목표로 하는 것에는 크게 다르지 않았지만, 그 투쟁형태에 있어서 합법적인가 비합법적인가에 따라, 보다 강경한 경향과 온건한 경향으로 분화되어 나타나게 되었다. 이러한 배경에 비밀결사운동과 브나로드운동이 있는 것으로 이해할 수 있다.

식민지 시기 학생운동 조직은 3·1운동 이후 본격적으로 등장하기 시작하였다. 그 이전까지 학생조직은 학교 단위의 독서회였으나, 1920년대 들어 학교 차원을 넘어 학생들을 포괄할 수 있는 조직들이 생겨났다. 1920년에 결성된 조선학생대회는 1923년에 조선학생회로 재편하여 발족하였다. 그리고 사회주의 계열에서는 경성학생연맹, 서울학생구락부, 조선학생과학연구회 등이 결성되었으나, 실질적으로 활발한 활동을 전개한 곳은 조선학생과학연구회였다. 이렇게 민족주의 계열의 조선학생회와 사회주의 계열의 조선학생과학연구회로 양분되었던 학생운동 조직은 신간회의 학생부가 결성되면서 좌우 연합전선을 형성하기도 하였다. 그러나 신간회 해산과 함께 학생운동 조직은 다시 분립하여 독자적인 활동을 이어가게 되었다.

1930년대는 사회운동에 대한 탄압이 강화되면서 공개적인 학생운동 역시 위축될 수밖에 없었다. 당시 가장 활발하게 활동하던 사회주의 계열의 조선학생과학연구회는 집중된 탄압을 견디지 못하고 조선학생회로 합류를 결정하였다. 대신에 조직적이고 합법적인 단체에 의한 활동이 어려운 조건에서 학생운동은 소수의 정예화된 학생들을 중심으로 한 비합법

---

110 김호일, 1989, 「1930년대 항일학생운동의 연구」, 『한국독립운동사연구』 제3집, 27쪽.

지하조직 형태인 비밀결사에 의존하게 된 것이다. 이러한 비밀결사 활동은 해방을 맞을 때까지 학생운동의 중요한 투쟁 형태로 자리 잡게 되었다.

〈표 10〉 학생 비밀결사 결성 현황

단체명	장소	해산 시기 및 경위
5인독서회	중앙중학교	1941.8(피검)
BKC단	소화공과학원	1941.6.4(피검)
L회	밀양농업학교	1932.6.22(피검)
M.L.M.	신의주중등학교	1932.9.28(피검)
S당	고창고보	1930.2.13(피검)
TK단	진주농업학교	1931.12(피검)
갑신동맹	중앙중,양정중	1944.8(발각)
강릉농업 독서회	강릉	1933.11.28(발각)
강서친목회	함흥농업학교	1941.12.28(발각)
건국위원회	마산중, 김해농림학교	1944.6(발각)
결사회	의성보통학교	1933.8.18(피검)
경농생의 민족운동	경성농업학교	1941.8(피검)
경성R.S.협의회	서울 각 학교(동덕, 휘문, 중앙, 제2, 법정, 중동, 중등야학교)	1931.12.25(피검)
경성약학전문 비밀결사	경성약학전문	1941.9(피검)
경성여자상업학교 독서회	경성여자상업학교	1933.10.4(피검)
경성유학5인조	서울	1942.1(피검)
경성제국대학 독서회	경성제대	(1929)
경성제국대학 반제부	관훈동·내자동	(1931)
경성제대예과 윤독회	돈암동 김봉호집	1944.10(발각)
경성제이고보 독서회	경성제이고보	1933.9.9(피검)
경제연구회	연희전문	1938.3.10(발각)
경희	원산상업학교	1941.1.16(발각)
고려회	경기중학교	1940(발각)
고성동지회	서울(?)	1941.6.30(피검)
공주고보 반전비밀결사	공주고보	1932.3.11(피검)
괴회	경기중학교	1945
권대	대구사범학교	1930.3.31(피검)
권독회	해주고보	1930(?)

근목당(화랑당)	경복중학교	1941.1(피검)
다혁당	대구사범학교	1941.7(발각)
대구고보 사회과학연구회	대구고보	1931
대구사범학교 윤독회	대구사범학교	1941.2.15 다혁당으로발전
대한독립회복연구단	안동농림학교	1945.3(발각)
독서회 반제반	진남포상공학교	1932.12.30(피검)
동광사	함남중학교	(1940)
동덕여고보 독서회	동덕여고보	1933.1.14(피검)
동래반제전위동맹	동래고보	1932.1(피검)
동래중학교 독서회	동래중학교	1941 겨울(조선독립당으로발전)
동모회	진주농업학교	1931.3.24(피검)
명랑크럽	공주고보	1942.6
목포상업학교 독서회	목포상업학교	1941.6(피검)
무궁단	부산제이상업학교	1944.6(발각)
무등회	광주서중	1942.1(일부발각) 1943.6(전원피검)
무우단	대구사범학교	1943.6(발각)
문예부	대구사범학교	(1940)
반제경성도시학생협의회	관훈동·내자동	1931.9.27(피검)
백망회(흥무회)	대구고보	1930.1.13(발각)
백의동맹	춘천사범학교	1945.3(발각)
백청단	수피아여학교	1933.1.9(피검)
보성고보 독서회	보성고보	1933.1.7(피검)
사리원농업학교 독서회	사리원농업학교	1932.6(피검)
사회과학연구회	부산제이상업학교	1933.7.17(피검)
사회과학연구회	세브란스의전	1933.9.9(피검)
상록회	춘천고보	1938 가을(발각)
서울·계공산당 재건계획	이화여고보, 고학당	1931.6.25(피검)
서중독서회	광주서중학교	1941.3(발각)
석류회	전주사범학교	1945.2(발각)
소년공산당	부산진보통학교	1931.2.22(피검)
소척대(소태회)	경성농업학교	1932.4.9(피검)
송정리공업실습학교 독서회	송정리공업실습학교	1933.1.19(피검)
수원고농상록수운동독서회	수원고농	1935.7(발각)
순국당	부산진보통학교 출신 중학생	1944.7(발각)
스포츠단	동래고보	1932.1(피검)

신의주동중 독서회	신의주동중학교	1938.4.7(발각)
여수수산학교 독서회	여수수산학교	1931(피검)
연구회	대구사범학교	(1941)
열혈회	평양숭인학교동창회, 일본	(1937)
영변농업학교 독서회	영변농업학교	1933.6.21(피검)
예산농업학교 독서회	예산농업학교	1932.12(발각)
우리학교	경성공업학교	1938.5.5(발각)
우리회	전주사범학교	1943(일부발각)1945.1(발각)
원산 각 학교 독서회	원산(원산상업·원산중학·루씨여고보)	1932.6.17(피검)
이리농림학교 독서회	이리농림학교	1932.8.10(피검)
이화여고보 독서회	이화여고보	1933.9.3(피검)
인상친목회	인천상업학교	1944.4(발각)
일맥회	평양숭일상업학교	1936(?)
일편단심회	평양숭의여학교	(1936)
자일회		1944(?)
쟁의단	함흥고보	1931(?)
적광회	전주여고보	1930.1(발각)
적기회	동래고보	(1931)
적색돌격대	대구농업학교	1933.12.2(발각)
적우회	관훈동·내자동	1931.9.27(피검)
전주신흥학교 독서회	전주신흥학교	1932.4.15(피검)
전주중등학교 독서회	전주중등학교	1932.6.10(피검)
정읍농업학교 독서회	정읍농업학교	1933.9.24(피검)
제이고보R.S.회	경성제이고보	1932.3.1(피검)
제일고보R.S.회	경성제일고보	1932.2.26(피검)
제주농업학교 독서회	제주농업학교	1932.3.11(피검)
조선공산청년학생회	평양사범학교	1932.11.24(피검)
조선독립당	동래중학교	1944.8(피검)
조선학생동지회	서울 사직동(연희전문 중심)	(1939)
주서친목회	함흥 각 학교	1941.12.28(발각)
중앙고보 반제동맹	중앙고보	1935.2(발각)
지경친목회	함흥농업학교	1941.12.28(발각)
진주고보학생 비밀결사	진주고보	1932.11.14(피검)
진주고보 독서회	진주고보	1933.11.25(피검)

출처: 윤선자, 2010, 「광주학생운동 이후 학생운동의 변화」, 75~90쪽.

학생들의 비밀결사는 민족주의 계열도 존재하였으나 대체로 사회주의 계열의 조직들이 우세하였다.[111] 사회주의 계열 조직들은 적광회·적기단·적우회·적색돌격대 등과 같이 '적'자를 붙이거나, R.S.(Red Society)·M(마르크스)·L(레닌) 등의 약어를 사용하거나, 사회과학연구회·반제동맹 등의 이름을 붙여 그 성격을 분명히 나타내기도 하였다. 또한, '독서회'는 사회주의 이론 학습을 위한 준비 조직이었고, '반제동맹'은 일본의 만주침략 이후 반전운동을 목적으로 하는 실천 조직을 표방하고 있었다. 그러나 사회주의 계열의 비밀결사들도 1930년대 후반부터는 식민당국의 탄압을 피하기 위하여 그 성격이 직접적으로 드러나는 명칭을 사용하지 않게 된다.

학생들의 비밀결사가 결성된 지역을 보면, 학교들이 밀집되어 있는 경성 지역이 다소 많은 편이기는 하지만 대체로 전국에 고르게 퍼져 있었다. 그리고 비밀결사가 조직되어 활동한 학교들도 고등보통학교는 물론이고 여자고등보통학교와 실업학교 및 사범학교 등 전국의 중등학교들에서 고르게 발견되고 있다. 특히 학생에 대한 통제가 심했던 사범학교나 이화·동덕·숭의·루씨·수피아·영생 등 여학교에서도 비밀결사 활동이 활발했던 점도 확인해둘 필요가 있을 것이다. 또한, 2개 이상의 학교들이 연합한 비밀결사 조직도 다수가 존재하고 있었다. 원산과 함흥에서는 해당 지역 대부분의 학교들로 결성된 비밀결사 조직이 활동하고 있었다. 경성의 경우에도 경성R.S.협의회와 같이 7개가 넘는 중등학교 학생들이 참여하는 비밀결사가 조직되거나, 제국대학·전문학교·중등학

---

111 윤선자, 2010, 「광주학생운동 이후 학생운동의 변화」, 『한국독립운동사연구』 35, 78-79쪽.

교 등 학교급을 달리하는 학생들이 함께 조직된 비밀결사도 존재했다.

이러한 학생 비밀결사 조직의 활동 내용은 광범위한 영역을 포괄하고 있었다. 조선 역사와 문학을 공부하거나, 정치·경제 서적을 윤독하며 토론하기도 하고, 신문·격문을 제작 살포하거나, 기관지·소식지를 발행하기도 하고, 일본인 교사 배척 등 동맹휴학을 주도하기도 하였다. 특히 반제동맹은 1930년대 조선공산당 재건운동과 관련을 맺으며 결성된 것으로, 학생 사회에서는 경성제국대학을 비롯하여 동래·중앙·해주의 고등보통학교와 원주와 진남포 지역 학교들에 조직되어 있었다. 기존 독서회가 이론학습 준비 조직이었다면, 반제동맹은 반전운동을 벌이고 학생투쟁과 노동자·농민투쟁을 연결시키는 등 보다 적극적인 실천운동을 지향하고 있었다. 이러한 활동들을 사회주의 계열의 비밀결사가 주도했다면, 민족주의 계열에서는 농촌계몽운동이나 야학 등을 운영하기도 하였다. 그리고 1930년대 후반이 되면 사회주의 계열의 활동들이 다소 약화되고, 조선어·한글 연구, 민족의식 고취, 경제 갱생 활동 등 민족주의 계열의 활동들이 크게 부각되기노 하였다.

1940년대가 되면 학생 비밀결사 활동에서 또 다른 변화가 나타나고 있었다. 당시 학생들 사이에 일본이 패전하고 민족해방의 결정적 시기가 도래한다는 인식이 광범위하게 유포되기 시작하였다.[112] 일본의 패전과 사회혼란으로 초래될 결정적 시기에 무장투쟁과 봉기를 통해 민족해방을 달성해야 한다는 생각을 갖게 된 것이다. 따라서 학생운동 조직은 식민통치 반대, 차별 교육 반대 등의 활동 목적은 여전히 이어가고 있었지만, 군용열차 폭파, 탄약고 탈취, 총독 처단, 일본인 고관 습격, 무력 봉

---

112 윤선자, 2010, 앞의 글, 103-106쪽.

기, 유격대 조직 등 보다 구체적인 행동 계획을 수립하기도 하였다. 이리 농림학교의 화랑회나 동래중학교 등 부산지역의 조선독립당·순국당 등은 철로 폭파나 요인 암살 등을 계획하였고, 춘천사범학교의 백의동맹이나 경성제대·연희전문 등 경성 시내 학생들을 중심으로 한 조선민족해방협동단 등은 소규모 무장 유격대를 조직하기도 하였으며, 경복중·중앙중·경성사범 등의 흑백당은 무기고를 습격하여 소총 등을 탈취하고 일본인 관료와 친일파 처단을 계획하다가 발각되기도 하였다. 이처럼 식민지 말기의 학생운동은 그동안 학교 내 모임을 통한 의식 함양 활동에 머무르지 않고 무장투쟁과 봉기 등 보다 구체적이고 극단적인 행동 전략을 취하는 조직들이 나타났다.

　이러한 학생들의 비밀결사 조직은 대부분 식민당국의 적발로 알려진 단체들이다. 이들의 활동 내용과 참여 인원 등도 경찰 조사나 재판 과정에서 세상에 알려진 것들이다. 비밀결사 조직이 비밀리에 결성된 비공개 지하단체였다는 점을 고려한다면, 식민당국에 발각되지 않고 활동을 이어나갔던 단체들이 보다 많았을 것으로 추측할 수 있다. 비밀결사 조직을 통해 운동 역량을 축적한 학생들은 식민지 시기에는 물론이고 해방 이후에도 사회운동의 주체로서 활동 이력을 계속해서 이어가게 된다.[113]

　이처럼 학생들의 비합법 비밀결사 활동은 당시 학생운동의 중심체였고 항일민족운동의 활력소가 되었던 것은 부정하기 어려울 것이다.[114] 그러나 비밀결사 조직이 소수 정예에 의한 비합법 지하단체였기 때문

---

[113] 김정화, 1999, 「1920년대 중반 이후 학생운동 연구: '광주학생운동'을 중심으로」, 『한국독립운동사연구』 제13집, 34-36쪽.

[114] 김호일, 1989, 앞의 글, 31쪽.

에, 합법적으로 보다 많은 학생층이 참여하는 대중적 학생운동으로 발전하기에는 어려움이 따를 수밖에 없었다. 이러한 비밀결사 활동과 함께, 보다 많은 학생들이 참여하는 대중운동으로서 문화계몽운동이 당시 학생운동에서 중요한 한 축을 담당하고 있었다.

3) 문화계몽운동

학생들은 학내에서 동맹휴학 등 집단적 저항운동을 일으키거나 비밀결사 등을 조직하며 역량을 확대해가는 한편으로 농민·노동자 대상의 야학 활동과 같은 문화계몽운동에도 활발하게 참여하였다. 야학은 제도교육의 혜택을 받지 못한 무산대중의 자제나 노동자·농민을 대상으로 개인 또는 단체가 설립한 민중교육기관이라 할 수 있다. 이러한 야학은 일본의 침략이 노골화되고 조선의 자주권이 침탈되는 과정에서 교육구국운동의 일환으로 전개되기 시작했다. 이러한 측면에서 본다면, 야학은 일본의 식민지 교육제도가 형성되는 시기에 조선인이 만들어낸 특수한 형태의 교육기관으로서, 일본 제국주의 침략에 맞서는 저항운동의 성격을 갖는 것이었다.[115]

야학은 시간이 지나면서 시대에 따라 그 성격에서도 조금씩 변화가 있었다. 초기의 야학이 무산대중의 계몽을 목적으로 시작되었다면, 1919년 3·1운동 이후에는 사회운동적인 성격을 지니게 된다. 야학 활동가들은 노동자·농민을 단순한 계몽의 대상으로 바라보는 것이 아니라

---

115 渡部學, 1975, 앞의 책, 264쪽.

점차 사회적인 존재로 인식하기 시작하였다.[116] 노동자·농민은 계몽의 대상이면서 동시에 민족운동의 동반자로 이해하기 시작한 것이다. 이후 야학은 사회운동과 밀접한 관련을 맺게 되었고, 노동쟁의와 소작쟁의 등이 질적으로나 양적으로 괄목할 만한 성장을 이루게 된다.[117] 노동자·농민 야학에서 강사 역할을 담당한 이들이 지역의 청년회나 학생층이었다.

한편, 야학이 대중운동으로서 상설교육기관을 통한 민족운동의 성격을 갖는다면, 하기방학을 이용한 학생들의 문자보급운동은 문맹퇴치를 위한 문화운동으로서 연례행사 형태로 전개된 대중운동이었다.[118] 당시 조선 사회의 높은 문맹률 문제는 운동의 방향과 주도권을 둘러싸고 갈등을 빚던 민족주의 세력과 사회주의 세력 모두 시급한 현안으로 보고 있었다. 그런데 사회주의 계열의 학생운동이 소수정예 비밀결사 형태로 전환한 것에 비해서, 민족주의 계열 학생운동은 보다 대중적인 계몽운동에 참여하는 경우가 많았다. 특히 문맹퇴치 문제가 조선 사회에서 중요한 과제로 인식되어 언론계와 종교계의 후원이 이어지면서 보다 많은 학생들이 이 운동에 참여할 수 있게 되었다.

조선일보사는 1929년 새해 벽두부터 문맹퇴치 사업의 의의를 강조하며 학생 청년들에게 문자보급운동의 실천을 강조하고 있었다.[119] 그리고 방학을 맞는 학생들을 대상으로 특별히 귀농운동의 의의와 실천을

---

116 김형목, 2018, 「3·1운동 직후 야학운동의 전개양상과 역사적 성격」, 『역사와 담론』 86, 78-79쪽.
117 심상훈, 2017, 「일제강점기 민족교육운동의 전개양상과 성격: 경북북부지역 야학운동을 중심으로」, 『조선사연구회』 26, 102-103쪽.
118 김호일, 1989, 앞의 글, 12쪽.
119 「문맹퇴치와 신년 3계획(1~6)」, 『조선일보』, 1929.1.3~11.

대대적으로 홍보하기도 하였다.[120] 7월에는 '제1회 귀향학생 문자보급반' 사업에 참여할 학생을 모집하며 본격적으로 문자보급운동을 전개하기 시작했다.[121] 문자보급운동은 조선일보사가 교재를 준비하고, 중등학교 학생들 가운데 자원봉사를 모집하여 여름방학 기간에 전국의 농촌에 들어가 한글과 산수를 가르치는 방식으로 전개되었다.[122]

이렇게 "아는 것이 힘!" "배워야 산다!"를 표어로 시작된 조선일보사의 문자보급운동에 대한 학생들의 호응은 매우 높았다. 사업 계획이 발표되었을 때는 이미 방학이 시작되어 귀향한 학생들도 많은 상황이었지만, 문자보급운동에 참여를 희망하는 학생들의 지원이 쇄도하였다.[123] 1929년도에만 409명의 학생들이 문자보급운동에 참여하였으며, 그 가운데 91명이 보고한 결과로도 2,849명이 글자를 해득할 수 있게 되었다. 이후 문자보급운동은 해를 거듭하면서 참여하는 학생 수가 2배 이상으로 증가하였다.[124] 1930년에는 46개 학교에서 900명의 학생들이 참여하여 10,567명에게 글자를 가르쳤고, 1931년에는 1,800명의 학생들이 참여하여 20,800명에게 문자를 보급하였다. 그리고 1934년에는 무려 125개 학교에서 5,078명에 이르는 학생들이 참여하여 전국의 농촌에서 계몽활동을 전개하였다.

이렇게 문자보급운동과 문맹퇴치운동은 애초에 조선일보사에서 제

---

120 「'귀농운동'의 의의(1~8)」, 『조선일보』, 1929.5.26.~6.8.
121 「제1회 귀향 남녀학생 문자보급반」, 『조선일보』, 1929.7.14.
122 신용하, 2005, 앞의 글, 111쪽.
123 「귀향학생 봉사의 결정」, 『조선일보』, 1929.10.4.
124 정진석 편, 1999, 『문자보급운동 교재(조선일보, 동아일보): 1925~1935』, LG상남언론재단, 120쪽.

안한 것이었지만, 1931년 동아일보사에서 전개한 브나로드운동으로 더 큰 전기를 맞게 된다. 동아일보사는 그동안 전개해온 문맹퇴치운동이었던 '글장님 없애기 운동'이 1928년 식민당국의 탄압으로 금지된 후 조선어학회 및 한글맞춤법 통일운동에 보조를 맞추어 1931년부터 '브나로드운동'을 대대적으로 홍보하기 시작하였다. "인민 속으로"라는 표어로 제정 러시아 말기에 전개되었던 지식인들의 문화운동을 차용하여 조선 사회에서 더 폭넓은 민중계몽운동의 전개를 주창한 것이다.

조선일보사의 문자보급운동과 마찬가지로, 브나로드운동에서도 동아일보사의 역할은 홍보 및 교재 제공이었고, 주된 활동은 학생들의 자기 부담으로 진행되었다. 동아일보사는 1931년 하기 방학을 즈음하여 "휴가는 봉사적으로"라는 표어로써 '제1회 학생 하기 브나로드운동'에 참여할 학생 대원을 모집하고 있었다.

제1 학생 계몽대

대상: 중학 4, 5년생에 한함

종목: 一. 조선문 강습(주간 1주 이상 수의)

　　　二. 숫자 강습(주간 1주 이상 수의)

  1. 교수: 교재와 대본 등은 본사에서 인쇄 제공함

  2. 처소: 강습지는 각자의 향리나 인근으로 함

  3. 강사: 일처에 2인 이상의 협력 교수함도 무방함

  4. 시상: 성적을 고사하여 적당한 사례를 표함

  5. 통신: 강습회 소식은 수시 본지에 게재함

제2 학생 강연대

대상: 전문학교 학생에 한함

종목: 一. 위생 강연(민족 보건, 공중 위생에 치중)

　　　二. 학술 강연(자연과학 및 실과에 치중함)

1. 위생: 강연에 환등이나 활동사진 등도 무방
2. 학술: 강연에 음악이나 무용 등도 무방
3. 처소: 강습지는 각자의 향리나 인근에 한정함
4. 연사: 일처에 2인 이상의 협동함도 무방함
5. 후원: 본사 지국 소재지면 지국에서 알선함

제3 학생 기자대

대상: 전문 및 중학 상급생에 한함

종목: 一. 기행, 일기(등산, 여행, 탐험 등에 관한 것)

　　　二. 피서 풍경(피서지, 수욕장, 캠프촌의 실경 등)

　　　三. 고향 통신(하기의 연중행사, 기타 특별한 소식)

　　　四. 생활 체험(휴가를 이용한 실생활의 체험기. 양잠, 목축, 행상 등)

1. 원고: 우수한 기사는 지면에 발표하고 사례를 증정함
2. 사진: 특수한 사신에는 그 실비를 본사에서 부담함
3. 비용: 목적지 여하를 불구하고 일절 비용은 자담[125]

이처럼 동아일보사는 브나로드 학생 대원을 계몽대, 강연대, 기자대로 구분하여 모집하였다. 계몽대는 중등학교 학생들로 구성하여 문자 및 산술 강습을 진행하는 역할이었고, 강연대는 전문학교 학생들에게 위생 및 학술 강연을 담당하게 하였고, 기자대는 각 지역의 브나로드활동 소식을 전하는 역할로 구분하고 있었다. 그 이전까지 문자보급운동과 달리

---

125 「제1회 학생 하기 브나로드운동」, 『동아일보』, 1931.7.16.

〈표 11〉 동아일보사의 브나로드운동 현황

	1회(1931)년	2회(1932)년	3회(1933)년	4회(1934)년	합계
기간	7.21~9.20 62일	7.11~9.30 82일	7.12~9.30 81일	7.2~9.12 73일	298일
대원	423	2,724	1,506	1,098	5,751
강습지	142	592	315	271	1,320
수강생	9,492	41,153	27,352	20,601	98,598
교재	30만 부	60만 부	60만 부	60만 부	210만 부
금지	11	69	67	33	180
중지		10	17	26	53

출처: 정진석 편, 1999, 『문자보급운동 교재』, 32쪽.

보다 다양한 활동을 계획하고 있었다. 이로 인해, 브나로드운동은 중요한 참여 대상을 학생층으로 설정하였지만, 실제로 운동이 전개되는 과정에서는 지역의 유지들과 종교단체들도 광범위하게 참여하고 있었다.

동아일보사의 브나로드운동은 1934년도까지 4년 동안 진행되었다. 그동안 학생들은 총 5,751명이 참여하였고, 총 98,598명에게 문자와 산수를 강습하였다.[126] 강습지는 전국의 1,340곳에서 진행되었고, 1934년도에는 만주와 일본 등 국외 지역으로도 확산되었다. 연도별로 보면, 1931년 브나로드운동이 시작된 이듬해인 1932년도에 참여한 학생 수 및 강습생 수가 가장 많게 나타나고 있으며, 1933년과 1934년에는 점차 감소하고 있다. 사실 사업이 진행되는 기간에도 당국으로부터 금지 또는 중지당한 곳도 상당한 정도였다. 결국 4년 동안 대대적인 사회운동으로 전개되었던 브나로드운동은 1934년도를 끝으로 사업 자체가 중단되었다.

이처럼 브나로드운동은 당시 민중 교육에 대한 현실적 수요로 인해

---

126 「참가대원의 활동상황 일람」, 『동아일보』, 1934.9.19.

조선 사회에서 커다란 반향을 일으키며 도시와 농촌을 아우르는 전국적 사회운동으로 확산된 것이었다.[127] 운동을 제안한 동아일보사는 교재 제공과 홍보 외에 별다른 지원을 제공하지 않았기 때문에 운동의 주도권은 사실상 현장의 참여 세력들에게로 옮겨졌다. 브나로드운동이라는 틀 안에서 학생, 지역유지, 종교단체들이 문자보급이라는 공동의 목표를 달성하기 위해 협력하는 방식으로 전개되었다. 그러나 동아일보사의 영향력이 약하여 일부 계몽대원들의 개별 행동을 막을 수 없었고, 지역사회의 분위기도 우호적인 곳만 있는 것은 아니었기 때문에 지속적이고 일관된 지원도 보장될 수 없었다. 더구나 식민당국은 브나로드운동과 같은 사설 강습을 사회적 동요가 초래될 수 있는 주의·사상이 전파되는 경로로 간주하고 있었다. 식민당국의 탄압으로 금지되는 곳이 증가하였고, 이러한 외부적 압력으로 내재된 문제들이 표면화되면서 참여 세력들의 분열도 가속화되었다. 결국 동아일보사는 1935년부터 브나로드운동의 전면 중단을 선언하고, 대신에 고등상식 순회강좌 형태로 전환하였다.[128]

이러한 조선일보사의 문자보급운동과 동아일보사의 브나로드운동은 조선 사회의 당면 과제였던 높은 문맹률 감소를 목적으로 전개되었던 문화계몽운동이었으며 대대적인 사회운동이었다. 또한, 무엇보다도 조선어 보급에 노력하면서, 당시 조선어학회의 한글맞춤법을 민중들 사이에 널리 확산시키는 데 크게 기여하기도 하였다.[129] 조선일보사는 그동안의 농민독본류와는 다르게 문자보급운동을 위한 교재로 『한글원본』을

---

[127] 정준희, 2018, 「1930년대 브나로드운동의 사회적 기반과 전개과정」, 연세대학교 석사학위논문, 55-57쪽.
[128] 「제1회 하기 순회강좌」, 『동아일보』, 1935.6.23.
[129] 신용하, 2005, 앞의 글, 129-132쪽.

처음으로 개발하여 수십만 부를 보급하였으며, 동아일보사 역시 새로운 한글맞춤법에 기초한 조선어 교재를 무려 210만 부나 간행하여 배포하였다. 이러한 조선어 보급운동을 통하여 당시 식민당국이 추진했던 조선어 철자법 체제를 폐지시키고, 문화운동과 민족주의 차원에서 한글의 불규칙한 철자법을 통일하는 데 크게 기여하였다.[130]

그러나 이러한 문화계몽운동이 갖는 한계도 분명한 것이었다. 브나로드운동을 비롯한 당시 농촌계몽운동은 조선총독부가 추진했던 '농촌진흥운동'이라는 관제 농민운동이 강조했던 것들과 그 내용이 정확히 일치하고 있다.[131] 농민적 삶의 현실적 조건이나 식민지 농촌경제의 구조적 모순을 설명하기보다는 '근검절약', '자력갱생' 등의 덕목을 가르치는 데 치중하고 있었던 것이다. 더구나 동아일보사는 브나로드운동을 전개하면서, 이 운동이 조선총독부의 시정 방침에 부합한다는 점을 적극적으로 해명했다.[132] 즉, 동아일보사는 청년들의 고양된 열정을 계몽운동으로 인도하는 것이 최선의 길이며, 그렇지 않으면 학생들은 비밀운동이나 지하운동에서 그 분화구를 찾고 말 것이라며, 브나로드운동이 조선총독부에게도 유용한 운동임을 강조했다. 이처럼 브나로드운동을 비롯한 당시 문화계몽운동은 농민의 계몽만이 아니라 학생들의 사상선도를 의도한 측면에도 주의를 기울일 필요가 있을 것이다.

---

130 허재영, 2017, 「일제강점기 한글운동과 문맹퇴치(문자보급) 운동 연구」, 『독서연구』 44, 152쪽.
131 지수걸, 1990, 「일제시기 브나로드운동, 재평가해야」, 『역사비평』 11, 260쪽.
132 정준희, 2018, 앞의 글, 22쪽.

맺음말

지금까지 일제강점기 시기별로 중등교육 정책의 변화를 검토하며 중등교육의 보급 현황과 교육기회의 분배 구조가 갖는 특징에 관해 분석하였다. 그리고 중등교육의 교육과정 정책을 중심으로 각 학교의 교육 목적과 교육내용을 비교 분석하였고, 아울러 일본인 교원들이 행한 조선인 학생들에 대한 평가 방식을 주제로 살펴보았다. 또한, 중등단계 각 학교의 재학생 특성을 비교 분석하였고, 중등학교 교사들의 양성제도 및 자격인정제도를 검토하였다. 그리고 중등단계 각 학교의 교육 경험이 갖는 특징을 비교 분석하였고, 조선인 학생들의 집단적 저항운동이 갖는 특징을 검토하였다.

이러한 연구 결과에 기초하여, 여기서는 식민지 시기의 중등교육 정책에 대해 종합적인 분석을 시도하고자 한다. 먼저, 식민지적 조건에서 형성된 중등교육 체제가 고등보통학교 교육, 여자고등보통학교 교육, 실업학교 교육에 미친 영향과 관련하여 식민지 교육의 유산이라는 측면에서 살펴보고자 한다. 그리고 해방 이후 교육 개혁 시기에 식민지 시기의 중등교육에 대한 청산과 극복의 과제는 어떻게 전개되고 있었는지 검토하고자 한다.

1. 식민지 중등교육 체제의 유산

식민지 시기 중등교육 체제는 일반교육과 실업교육 그리고 남자교육과 여자교육으로 각기 분화되어 형성되는 특징을 갖는다. 이러한 중등교육 체제는 일본의 근대적인 학교교육 모델이 조선에 이식되어 형성된 것이라 할 수 있다. 물론 이러한 근대적인 중등교육은 20세기 전후에 유럽에서 형성되어 전 세계에 퍼져나간 것으로 이해된다. 그러나 누구를 어떻게 중등학교의 각 계통으로 나아가게 하는가에 있어서는 각각의 사회가 처한 조건에 따라 다른 형태로 나타나게 된다. 대체로 근대적인 중등교육 형성 과정은 '유럽형' 모델과 '일본형' 모델로 구분하여 비교되고 있다.

먼저, 근대적인 중등교육은 독일, 프랑스, 영국 등 유럽에서 선구적인 발전을 이루어 점차 세계 전역으로 확산되었다.[1] 이들 국가에서 중등교육은 양적인 측면에서 비약적인 성장을 가져왔으나, 노동계급 자녀들이 다니는 학교와 부르주아 계급의 자녀들이 다니는 학교가 구분되는 복선형 중등교육 체제가 형성된 것으로 평가된다.[2] 즉, '유럽형' 중등교육 모델은 하층계급이 다니는 직업 준비교육과 상층계급이 다니는 대학 진학 교육이 위계적인 형태로 분화되는 성격을 특징으로 한다.[3] 한편, 이들 선진 국가들보다 뒤늦게 산업화가 진행된 일본은 서구의 교육제도를 수용하여 근대적인 중등학교 제도를 발전시켰다.[4] 그러나 일본의 학교는 원칙적으로 모든 계급·계층에 개방되어 사·농·공·상 사민의 평등과 기

---

[1] James Bowen, 1981, *A history of western education(v. III): The modern West Europe and the New World*, Methuen&Co.Ltd; Unesco, 1961, *World survey of education III: Secondary education*, Unesco; 日本コネスコ國內委員會 譯, 1963, 『世界の中等敎育』, 民主敎育協會; 世界敎育史硏究會 編, 1974, 『世界敎育史大系 24·25: 中等敎育史 Ⅰ·Ⅱ』, 講談社 등.

[2] Aaron Benavot, 1983, "The rise and decline of vocational education", *Sociology of Education* 56(2), 63-65쪽.

[3] Fritz Ringer, 1987, "On segmentation in modern European educational systems", in Müller, D., Ringer, K. & Simon, B.(eds.), 1987, *The rise of the modern educational system: structural change and social reproduction 1870~1920*, Cambridge University Press, 53쪽.

[4] 世界敎育史硏究會 編, 1974, 『世界敎育史大系 25: 中等敎育史Ⅱ』, 講談社, 171-178쪽.

회균등을 이념으로 하였다.[5] 특히 중등학교 입학은 무엇보다 학생의 지적인 능력을 측정하는 시험 방식으로 이루어졌다.[6] 따라서 '일본형' 중등교육 체제는 업적주의에 기초한 일반교육과 실업교육의 위계적인 기능 분화를 특징으로 한다.

그렇다면, '일본형' 모델이 이식되어 조선에서 형성된 중등교육은 어떤 특징을 갖는가? 식민지 시기에 형성된 한국의 근대 중등교육 체제는 '유럽형' 모델과도 다르고, '일본형' 모델과도 차이가 있었다. 먼저, 조선에서 실업학교를 포함한 중등교육을 이수하기 위해서는 상당한 정도의 재정적 뒷받침이 전제되어야 했다. 중등학교 입학금은 당시 안정적인 지위에 있었던 은행원이나 군청 직원 혹은 보통학교 훈도 월급의 수 배에 달했고, 매월 소요되는 기숙사비와 학자금은 부유한 상농으로서도 가계에 큰 부담이 되는 수준이었다. 따라서 부유한 중산계층의 자제가 아니고서는 애초에 중등학교 진학은 생각할 수조차 없는 일이었다. 이런 점에서 볼 때, 식민지 시기 조선의 중등교육 제도는 계층적 성격이 강한 '유럽형' 모델에 더 가까운 것으로 볼 수 있다. 반면에, 식민지 시기 조선의 중등교육은 '일본형' 모델과 유사하게 업적주의적 성격이 강한 측면도 있었다. 실업학교에 입학하기 위해서는 평균 6 : 1이 넘고 때에 따라서는 20 : 1에 이르는 극단적인 입학 경쟁을 통과해야 했다. 입학시험에 합격하기 위해서는 무엇보다도 일본어와 수학 등에서 뛰어난 실력이 요구되었다. 물론 입학 전형에서는 학부모의 경제력 여부를 참작하였고, 출신학교의 소견서를 통해 품행과 사상적 검열을 강화하기도 하였으나, 합격

---

5 尾形裕康 외, 1993, 앞의 책, 160-162쪽.
6 天野郁夫, 1992, 『學歷の社會史: 教育と日本の近代』, 新潮社, 170쪽.

여부를 결정하는 것은 역시 입학시험 성적이었다. 이처럼 조선에서 형성된 중등교육 체제는 높은 교육비 지불능력이 요구되는 계층적 성격이 강했다는 점에서 '유럽형'과 가깝고, 학생 개인의 학업성적이 중등교육 진학에서 핵심적인 요소로 작용했다는 점에서는 '일본형'에 가까웠다.

그러나 조선의 중등교육 체제는 일반계 학교와 실업계 학교의 위계적인 분화가 느슨하게 진행되었다는 점에서 전통적인 두 모델과 큰 차이가 있었다. 식민당국의 억압적인 교육정책으로 인해 중등교육 기회 자체가 제한되어 있었기 때문에, 중등 실업학교 졸업자의 사회적 위신과 대우 수준은 일반계 학교 졸업자와 비교해 전혀 낮지 않았다. 중등교육을 이수하는 것만으로도 근대적 산업부문으로의 진출과 사회이동이 가능했던 것이다. 이러한 조건에서 조선인 학생들의 일반계 중등학교에 대한 선호도는 상대적으로 약화되었고, 반대로 실업계 중등학교에 대한 기대와 욕구는 더욱 높아졌다. 이러한 학생들의 중등학교 선호도는 당시 사회에 널리 퍼져 있던 각 학교에 대한 '서열적' 인식을 반영하고 있었다. 그것은 일반계와 실업계 학교로 구분되기보다는 소위 '명문 실업학교'가 존재하는 등 개별 학교의 역사와 조건에 기초한 것이었다. 다시 말해, 식민지 시기 조선의 중등교육 체제는 일반계 학교와 실업계 학교의 위계적인 분화가 지연된 채 다소 느슨한 형태의 복선 구조가 유지된 것으로 볼 수 있다.

이처럼 식민지 시기 형성된 중등교육 체제가 유럽이나 일본의 중등교육제도와 다른 특징을 갖게 된 이유는 바로 식민지적 조건에 있었다. 이러한 조건은 중등교육을 구성하는 고등보통학교 교육과 여자고등보통학교 교육, 그리고 실업학교 교육에도 매우 큰 영향을 미치는 것이었다.

1) 고등보통학교의 입시준비교육 문화

고등보통학교는 상급학교 진학을 목적으로 하는 만큼 재학생 가운데 졸업 후 진학 희망자 비율이 높은 것은 당연한 일일 것이다. 지방에 설립된 고등보통학교 재학생들도 약 70% 정도가 졸업 후 상급학교 진학을 희망하고 있었다.[7] 경성제국대학 예과를 희망하는 학생들도 매년 상당수 존재하였으며, 사범계 학교나 법학전문학교 또는 고등상업학교 등 관립의 전문학교에 대한 진학 선호도가 높았다. 그러나 일본인 학생에 비해 조선인 학생들에게 매우 차별적인 입시정책으로 인해, 고등보통학교에서는 '시험지옥'이라는 말이 널리 통용될 정도로 극심한 학력 경쟁 문화가 나타나고 있었다.[8]

그런데 고등보통학교의 학력 경쟁 문화는 단순히 학생들의 진로 희망에 따른 개인적인 학습 전략을 지칭하는 것만이 아니라는 점에 유의할 필요가 있다. 학생들의 입시 경쟁이 치열해지면서, 학교로서도 학생들의 진학 준비를 지원하지 않을 수 없었기 때문이다. 이로 인해, 1920년대 이후로 고등보통학교는 사실상 상급학교 입학준비기관으로 변모해가기 시작하였다. 대부분의 고등보통학교에서 입시과목 위주의 교육과정 운영이나 과외공부 또는 수험용 공부법 등이 공통으로 나타나고 있었다.[9] 학력 신장을 최우선으로 하는 입시준비교육이라 부를 만한 중요한 특징들이 고등보통학교의 교육활동에서 지배적인 문화를 형성

---

7 김동환, 2009, 앞의 글, 37-44쪽.
8 이경숙, 2006, 「일제시대 시험의 사회사」, 경북대학교 박사학위논문, 39쪽.
9 박철희, 2003, 「식민지 학력경쟁과 입학시험준비교육의 등장」, 『아시아교육연구』 4(1), 73-82쪽.

하게 된 것이다.

먼저, 고등보통학교에서 입시과목을 중심으로 한 파행적인 교육과정 운영이 나타나기 시작했다. 상급학교 진학을 위해 가장 효율적으로 대비하는 방법은 공부하는 시간과 노력을 입학시험 과목에 집중하여 투입하는 전략일 것이다. 당시 경성제국대학 예과나 전문학교의 입학시험 과목은 대체로 국어, 영어, 수학은 공통이었고, 전공에 따라 이과나 역사 등이 추가되었다. 즉, 입시과목의 구성과 배점은 학교나 전공마다 차이가 있었지만, 국어·영어·수학 과목의 점수 비중이 압도적으로 높았다. 예를 들어, 1931년과 1933년 경성제국대학 예과의 경우, 문과는 국어 250점, 영어 200점, 수학 200점, 국사 100점이고, 이과는 국어 250점, 영어 200점, 수학 250점, 동물·생리·위생 100점 등의 비중이었다.[10] 따라서 학생들은 당연히 입시에서 배점 비중이 높은 국·영·수 과목을 중심으로 공부하지 않을 수 없었을 것이다.

이러한 입시과목에 중심을 둔 전략적 공부 방법은 진학을 희망하는 학생들 개인에만 해당하는 것이 아니라, 고등보통학교의 교육활동에도 영향을 미치고 있었던 점에 주목할 필요가 있다. 예를 들어, 1926년 한 보성고등보통학교 졸업생은 정규 교육과정을 전반기로 앞당겨 모두 마치고, 후반기에는 오로지 과외교재로 입시를 준비하는 것이 학교의 운영 방침이었던 것으로 기억하고 있다.[11] 이러한 교육과정을 운영한 결과 졸업자들의 상급학교 진학률은 '센세이션'을 불러일으킬 만큼 매우 좋

---

10 「금춘 각 학교 입학시험문제」, 『동아일보』, 1931.3.25~26; 「전문 정도 각 학교 입학시험문제」, 『동아일보』, 1933.3.21~25.

11 원용석, 1956, 「회상」, 『보성』 50주년기념호, 29쪽; 보성중고등학교, 1986, 『보성 80년사』, 306쪽.

았다. 그 이후부터 보성고등보통학교에서는 입시과목 위주로 교육과정을 운영하는 것이 마치 학교의 '전통'처럼 자리 잡았다는 것이다. 다른 학교들도 사정은 이와 크게 다르지 않았으며, 1920년대를 지나면서 고등보통학교는 입시를 준비하기 위한 교육과정을 운영할 수밖에 없었다.

이렇게 고등보통학교가 '사실상 상급학교 준비기관'처럼 운영되면서, 이미 1930년에도 보성, 중동, 배재, 휘문 등 당시 대표적인 고등보통학교 학교장들은 일제히 작금의 교육 현실을 개탄하고 있었다.[12] 배재고등보통학교에서는 학생들이 "상급학교 입학에 직접 필요 없는 과정을 제외"하고 대신에 입시에 도움이 되는 과목의 수업시간을 늘려달라는 요구도 많았다고 한다. 중동고등보통학교장 최규동은 학생들 사이에 만연한 "부질없이 고등교육만을 동경하는 일종의 학업적 허영심"을 지적하기도 하였다. 그러나 보성고등보통학교장 정대현이 지적하듯이, 당시의 사회제도하에서는 어떠한 개선 방책을 세운다고 하더라도 아무런 효과를 기대할 수 없을 정도로 이미 고등보통학교는 입시준비 교육과정을 운영할 수밖에 없는 조건에 있었다고 할 수 있다.

그리고 고등보통학교에서는 입시 위주 교육방법들이 등장하기 시작하였다. 우선, 당시에는 학생들을 진학반과 취학반으로 나누어 편성하는 것이 일반적이었다. 상급학교 진학을 희망하는 학생들은 목전에 임박한 입학시험에 대비하기 위해 학교 수업도 입시과목 중심으로 배우기를 원하고 있었다. 그러나 당시 고등교육 기회는 극히 제한되어 있었기 때문에 모든 학생이 상급학교에 진학할 수 있었던 것은 아니었다. 1920~1930년대 고등보통학교 졸업생 가운데 진학자의 비율은 겨우 30% 정도에 머물

---

12 저자미상, 1930.10, 「현실에서 비쳐본 중등학교 개량 방침 문제」, 『별건곤』, 24-33쪽.

러 있었다.¹³ 다시 말해, 졸업자 가운데 절대다수는 상급학교 진학에 실패할 수밖에 없었다. 더구나 고등보통학교 재학생 중에는 애초에 진학이 아니라 취업을 준비하는 학생들도 상당한 비중을 차지하고 있었다.¹⁴ 따라서 학교로서는 적어도 진학을 희망하지 않는 학생들에 대한 수업도 고려하지 않을 수 없었다. 결국 고등보통학교는 고학년에서 진학반과 취업반을 나누어 각기 다른 교육과정을 운영하기 시작한 것이다.

그런데 고등보통학교에서 진학반과 취업반 등으로 구분하여 서로 다른 교육과정을 운영하는 것이 당시 법규정에 어긋나는 것은 아니었다. 「고등보통학교규정」은 매 학년 학과목 편제와 교수시수표를 상세히 정하여 제시한 뒤, 비고에서 "제4학년 및 제5학년에서는 조선총독의 인가를 얻어 생도의 전부 또는 일부에 대해 수신, 국어및한문, 체조를 제외하고, 앞의 표 각 학과목의 매주 교수시수를 증감하여 그것을 과할 수 있다. 단, 1과목의 매주 교수시수는 2시간 이상을 증가할 수 없다"고 규정하고 있었다.¹⁵ 즉, 고학년 과정에서 학생들을 분반하여 교육과정을 서로 다르게 편성할 수 있었으며, 과목에 따라서는 주당 수업시간을 2시간 범위 안에서 증감할 수 있도록 한 것이다.

이러한 규정에 따라, 고등보통학교는 고학년 학생들을 대상으로 진학이나 취업 등 학생의 진로 조류에 맞게 분반할 수 있었다. 진학반은 주로 입시과목인 수학이나 영어 과목의 교수시수를 늘려 편성하였고, 취업반은 직업 생활에 필요한 과목을 확대하여 운영할 수 있었다. 예를 들면,

---

13 박철희, 2002, 앞의 글, 227쪽.
14 김동환, 2009, 앞의 글, 37쪽.
15 「高等普通學校規程」, 『朝鮮總督府官報』, 1922.2.20.

광주고등보통학교는 진학반과 취업반을 갑·을조로 구분하였고, 진학반에서는 주로 의과와 법과의 입시과목에 치중한 수업이 이루어졌다.[16] 공주고등보통학교도 4, 5학년을 취직조와 수험조로 나누었고, 취직조에서는 주산이나 습자 과목을 교수하였으며, 수험조에서는 수학 과목과 영어 과목의 수업시간을 확대하였다.[17]

고등보통학교의 분반별 수업의 특징에 관해서는 청주고등보통학교의 예를 통해 확인할 수 있다. 청주고등보통학교의 학습지도 강령을 보면, 4학년과 5학년 학생들은 '수험조'와 '실무조'로 구분하여 편성하고, 각 분반에 대해서 교육과정은 물론이고 교수 방침이나 교수 방법 등에서 다르게 운영하고 있었다. 특히 영어 과목의 지도요령에서는 분반마다 수업 방식에서 확연한 차이가 나타나고 있었다.[18] 우선, 영어 과목의 주당 수업시간은 실무조보다 수험조에 4시간 정도 많게 할당하고 있었다. 물론 실무조라고 해서 영어 과목을 교수하지 않은 것은 아니었다. 이들에 대해서는 장차 취업할 직장에 필요한 레터문이나 광고문 등 실용적인 교재를 택하여 교수하고 있었다. 한편, 수험조에 대한 영어 과목의 지도방법은 당시 고등보통학교 입시준비교육의 특징을 전형적으로 보여준다. 매주 정해진 수업시간 외에 별도로 과외수업을 시행하고 있었으며, 여름방학 중에는 10일 동안 보충수업도 실시하고 있었다. 그리고 때때로 인쇄물을 통해 학생들에게 상급학교의 각종 수험 정보를 제공했다. 또한, 정규 교과서 외에 별도의 입시용 교재를 사용하였고, 별도의 수험 참고서를 지정하

---

16 광주제일고등학교·광주제일고등학교동창회, 1986, 『광주고보·서중·일고65년사』, 471쪽.

17 공주교육60년사편찬위원회, 1982, 『공주교육60년사』, 165쪽.

18 淸州公立高等普通學校, 1937, 『各科敎授ノ方針並學習指導綱領』, 51-59쪽.

여 자습하는 숙제를 부과하였다. 그리고 입학시험 경향에 맞춘 모의고사도 학기마다 2차례씩 실시하고, 그 결과를 공표하기도 하였다.

이와 같은 청주고등보통학교 수험조의 지도방법은 오늘날에도 자주 목격되는 입시 위주 교육의 전형적인 모습이라 할 수 있다. 특히 대부분의 고등보통학교에서 실시된 모의고사는 기계적인 문제풀이 훈련에 초점을 둔 입시준비교육의 대표적인 사례라는 점에서 주목된다. 청주고등보통학교와 마찬가지로, 대부분의 고등보통학교는 정해진 학기 말고사와 학년 말고사 외에도 입시 경향에 따른 모의고사를 따로 실시하고 있었다. 모의고사는 상급학교의 입학시험에 대비하기 위한 것이기 때문에, 학년을 구분하지 않고 통합하여 치르는 경향이 있었다. 예를 들어, 경성제1고등보통학교는 4학년과 5학년, 보습과 학생들이 함께 모의고사를 치른 뒤 성적의 분포도와 함께 성적 우량자의 명단과 점수를 공개했다.[19] 이를 통해 고등보통학교는 학생들이 자기 성적의 위치를 가늠할 수 있도록 하고, 학생들의 성적 경쟁을 유발하는 효과를 기대했을 것이다.

또한, 당시 고등보통학교들은 상급학교 합격자를 얼마나 배출하는가를 두고 학교 간에 경쟁하는 문화가 널리 확산되어 있었던 점에도 주목할 필요가 있다. 졸업생들의 상급학교 진학은 개인적 성취의 문제를 넘어서 학교의 명예가 걸린 문제로 이해되고 있었기 때문이다. 사실 고등보통학교 졸업생의 상급학교 진학 상황은 공립과 사립의 학교 설립 유형에 따라 큰 차이가 나타나고 있었다.[20] 공립의 고등보통학교는 경성제국대학 예과 또는 관립의 사범학교나 관공립 전문학교 진학자 배출 규

---

19 박철희, 2002, 앞의 글, 163-164쪽.
20 『朝鮮總督府調査月報』, 1932.11.

모에서 사립의 고등보통학교를 압도하고 있었다. 반면에, 사립의 고등보통학교 졸업생들은 사립의 전문학교로 진학하는 경우가 상대적으로 많았다. 공립의 고등보통학교 중에서도 특히 경성제1고등보통학교와 경성제2고등보통학교, 평양고등보통학교가 가장 많은 상급학교 합격자를 배출하고 있었다.

고등보통학교 가운데 특히 경성제2고등보통학교는 경성제1고등보통학교에 대해 매우 큰 경쟁의식을 갖고 있었다. 경성제2고등보통학교는 1921년에 새롭게 세워진 학교이며, 당시 경성에는 설립 역사가 대한제국 시기까지 이어지는 경성고등보통학교가 이미 운영되고 있었다. 새로운 학교가 세워지면서 기존의 경성고등보통학교는 학교명에 번호를 붙여 제1고등보통학교가 되었고, 새롭게 설립된 학교는 제2고등보통학교가 된 것이다. 이들 두 학교는 일반적으로 '1고', '2고'라는 이름으로 불렸으며, 경성에 세워진 중등학교로서 당시 조선인 학생들이 가장 선망하는 학교였다. 1938년도부터는 각각 경기중학교와 경복중학교로 교명이 변경되었으나, 이들 두 학교의 경쟁 관계는 식민지 시기는 물론 해방 이후까지 계속되었다. 이처럼 '1고'와 '2고'라는 학교 명칭은 설립 이력에 따라 다소 편의적으로 붙은 것에 지나지 않았지만, 당사자들에게는 결코 그렇게 단순한 것이 아니었다.[21] 학생들이 회고하는 바와 같이, 경성제2고등보통학교는 '2고'로서 항상 '1고'에 대해 콤플렉스라고 할 만큼의 강한 경쟁의식을 갖고 있었다. 운동경기라면 경쟁의 승패는 운동장에서 결정이 나겠지만, 공부에서 학교 간의 경쟁은 "윗학교의 합격률로 판가름"이 나는 것으로 술회하고 있다. 상급학교 입학시험 결과는 학생

---

21 경복55년사편찬위원회, 1976, 앞의 책, 81-82쪽.

개인으로서는 성취의 표지이면서, 동시에 학교의 우열을 판별해주는 지표로 이해되고 있었던 것이다.

고등보통학교 졸업생이 상급학교 입학시험에서 합격하는 것이 해당 학교의 명예를 높이는 행위로 인식되면, 이는 입시를 둘러싸고 매우 독특한 사회 문화가 형성되기에 이른다. 입시가 더는 고등보통학교 졸업을 앞둔 학생의 개인적 진로를 결정하는 문제가 아니게 되는 것이다. 해당 학교의 교육활동을 지배하는 교육 목적이 되는 것은 물론이고, 이미 그 학교를 졸업한 동창생들도 모교 후배들의 입학시험 준비를 지원하기 위한 활동에 적극적으로 나선다. 또한, 입시 준비생의 부모나 가족 또는 친척들까지도 해당 학생의 합격 여부에 큰 관심을 갖게 된다. 심지어 학교가 위치한 지역의 출신자들조차도 해당 학교 졸업자의 상급학교 합격을 자신들의 영예인 것처럼 여기고 있었다. 이렇게 상급학교 합격이 출신학교 또는 지역 집단의 명예를 높이는 것으로 간주되면, 해당 학생이 입시준비에 매달리는 행위는 더는 개인적 영달을 추구하는 행위로 이해되지 않게 된다. 오히려 학생들의 입시경생은 집안과 지역과 출신학교의 명예를 높이기 위한 행위로 정당화되고 더욱 부추겨지는 결과를 낳게 되는 것이다.

물론 당시에 고등보통학교의 이러한 입시경쟁 문화에 대해서는 비판의 목소리도 적지 않았다. 학교의 우열은 결코 경성제국대학이나 전문학교 입학자 수로 결정되는 것이 아니라, 학교장의 덕망이나 교사들의 학식이 얼마나 훌륭한지가 더욱 중요하다는 주장들이었다.[22] 그러나 교육적 이상을 논하는 담론들과 실제 학교 운영은 늘 괴리가 나타나고 있었다. 특히 고등보통학교들은 입시 위주 교육을 시행하면서도, 각 학교

---

22 이동원, 1934.12, 「학창만화」, 『개벽』, 34쪽.

의 공식적인 교수 방침이나 지도 방법 등에서는 결코 그러한 사실을 인정하지 않고 있었다는 점에 유의할 필요가 있다. 앞에서 입시 위주 교육의 사례로 예시된 청주고등보통학교도 학교의 교수 방침에 관한 학습지도 강령에서는 입시준비교육의 폐해를 지적하며 '예비교적 풍조'를 배격하기 위한 교육을 표방하고 있었다.[23] 즉, 학교의 교육과정 편성이나 모든 교육활동이 사실상 입시준비에 맞춰져 있었지만, 대부분의 고등보통학교는 공식적으로는 그와 같은 입시위주 교육에 대해서 비판하고 경계하는 이중적인 모습을 보이고 있었다.

2) 여자고등보통학교의 현모양처 교육

근대적인 학교제도가 도입된 이래로 여자 대상의 중등교육 보급 상황은 매우 열악했다. 여자교육은 식민당국의 정책으로부터 사실상 방치된 것이나 다름없었다. 1925년도까지 전국에 설립된 공립의 여자고등보통학교는 경성과 평양에 단 2개 학교뿐이었으며, 오히려 민간의 여학교 설립이 더욱 활발한 편이었다. 이후 식민당국은 여자 대상 중등학교의 보급을 확대하기 시작하였으나, 1937년도가 되어도 전국에 겨우 11개의 공립 여자고등보통학교가 설립될 수 있었다. 즉, 학교 설립의 '1도 1교주의' 원칙에도 미치지 못하여, 충청북도나 강원도와 같이 단 한 곳의 여자고등보통학교도 설립되지 못한 지역이 남아있는 실정이었.

이처럼 식민지 시기에 학교교육이 확대되어 학생 수가 급증하는 상황

---

23 淸州公立高等普通學校, 1937, 『各科敎授ノ方針並學習指導綱領』, 88쪽.

에서도 여자들은 오히려 '불취학'이 일반적인 현상이었다.[24] 식민지 시기 말기인 1939년도에 이르러서도, 남자의 보통학교 취학률이 50%를 상회하고 있는 데 비해, 여자는 학령인구 가운데 겨우 19%만이 보통학교에 재학하는 수준이었다.[25] 이마저도 도시 지역은 학교 보급 여건이 상대적으로 나은 편이었으나, 전국 대부분의 읍면 지역에서는 여자의 보통학교 취학률이 10%를 밑돌고 있었다. 더구나 어렵게 초등교육 기회를 얻었더라도, 보통학교를 졸업한 여자들이 진학할 수 있는 중등학교는 극히 드물었다. 당시에는 남녀를 불문하고 중등교육 보급이 매우 억제되어 있었지만, 여자의 중등학교 취학률은 1%에 미치지 못하는 극히 낮은 수준에 머물러 있었다.[26] 이렇게 여자 대상 교육이 사실상 방치 상태가 지속되었던 점을 고려한다면, 여학생이라는 존재는 당시 조선 사회에서 일상적으로 목격하는 일조차 드물 정도로 매우 희소한 집단이었다고 할 수 있다.

여학생이라는 존재가 매우 예외적이며, 이들의 등장 자체가 여전히 새로운 현상이라는 조건은 당시 조선 사회에서 독특한 효과를 낳고 있었다. 소수의 교육받은 여성, 즉 '신여성'의 출현에 대해 사회적으로 높은 관심과 주목의 대상이 되었던 것이다. 새롭게 등장한 신여성을 독자로 하면서 동시에 이들을 주된 소재로 삼는 잡지들이 간행되었고, 이들에 관한 기사와 사진, 논설들이 연일 신문지상을 장식하였으며, 이들이 주인공으로 등장하는 소설들도 큰 인기를 끌었다. 그런데 이들 매체에서 다루는 신여성의 삶의 방식은 사적인 것으로 이해되기보다는 공적 논의

---

24 김부자, 2009, 앞의 책, 128쪽.
25 오성철, 2000, 앞의 책, 133쪽.
26 박철희, 2002, 앞의 글, 44-45쪽.

의 대상으로 간주되었다.[27] 무엇보다도 신여성은 선택받은 소수로서 특권적 관점에서 이해되었고, 그에 따라 이들에 대해서는 높은 사회적 책임이 부여되고 있었다. 다시 말해, 새롭게 등장하기 시작한 '교육받은 여성'이란 무엇이고 또한 무엇이어야 하는지에 대한 담론의 형태로서 신여성에 대한 관심이 집중되었다.

근대적인 교육제도가 도입되면서, 학교교육을 받은 여성들은 성 역할이나 사회적 위상에서 전통적인 여성들과 다를 것으로 기대되었다. 이렇게 기존의 여성상과 구분되는 의미로서 이들을 '신여성'이라 부르기 시작한 것이다. 애초에 신여성은 남성 중심 사회의 종속적 위치로부터 해방을 추구하고 사회 개량을 지향하는 사회적 실천가로 이해되는 경향이 강했다.[28] 이러한 신여성의 이미지를 창출하고 널리 대중화한 것은 1920~1930년대 발행된 신문이나 잡지 등의 대중매체들이었다. 특히 『신여자』, 『부인』, 『신여성』, 『별건곤』 등은 문인들과 일반인이 참여하는 대표적인 여성 잡지로서, 당시 신여성의 개념을 형성하고 대중의 의식을 주조하는 데 지대한 역할을 하였다. 그런데 이들 매체를 통해 대중화된 신여성 개념은 애초에 갖고 있던 해방적이고 실천적인 의미가 점차 약화되고, 대신에 학교 공부를 마쳤거나 현재 재학 중인 여학생을 지칭하는 의미를 획득하게 되었다. 신여성의 자각과 해방의 이미지는 축소되고, 이들의 겉모양, 즉 신발, 치마, 저고리, 허리띠, 머리 모양이나 일상사

---

27 이윤미, 2001, 「근대 여성교육과 '교육받은 여성'에 대한 사회적 규범화 담론」, 『한국교육』 28(2), 12쪽.
28 윤영옥, 2005, 「1920~30년대 여성잡지에 나타난 신여성 개념의 의미 변화와 사회문적 의의: 『신여성』을 중심으로」, 『국어문학』 40, 209쪽.

들이 관찰되고 소비되기 시작한 것이다.[29] 그러면서 사회적인 문제로 지목되기 시작한 것은 신여성의 자유연애와 자유결혼을 추구하는 삶의 태도에 관한 것이었다. 이들 대중매체를 통해, 신여성은 사치스럽고, 게으르며, 성적으로 방종하다는 이미지가 지속해서 창출되고 있었다.

그렇다면, 이처럼 성적으로 방종하며 풍기문란한 신여성의 이미지는 무엇에 기초한 것이었을까? 당시 조선 사회에서 신여성으로 부를 만한 고학력 여성들은 극소수에 지나지 않았고, 중등교육을 이수하였거나 재학 중인 여학생조차 매우 희소한 존재들이었다. 더구나 당시 조선 사회는 여학생들이 졸업 후 직업 세계에 진출하여 활발한 사회 활동이 가능한 경제적 조건을 갖추고 있는 것도 아니었다. 다시 말해, 당시 조선 사회에서는 거리를 활보하는 교육받은 신여성들을 목격하기조차 매우 어려운 조건에 있었다.

이와 관련하여, 당시 '신여성'이라는 말과 함께 쓰였던 '모던걸'의 이미지에 대해서도 주목할 필요가 있다. 1920년대부터 도시적 소비문화의 중심에는 신여성이 있었고, 이들의 소비행태는 신문이나 잡지와 같은 대중매체와 상호작용하면서 점차 세련되고 서구적인 취향으로 변해갔다.[30] 당시 확산되기 시작한 카페, 영화관, 공연장이나 백화점과 같은 도시의 소비 공간은 화려한 의상과 장신구로 치장한 신여성들의 주된 활동무대였다. 이렇게 1920년대부터 새롭게 소비 주체로 등장한 서구적인 차림의 여성들을 당시에는 '모던걸'이라고 불렀다.

---

29   윤영옥, 2005, 앞의 글, 213쪽.
30   이행화·이경규, 2016, 「일제강점기의 조선 신여성 인식에 관한 일고찰: 여성잡지 『신여성』을 중심으로」, 『일본근대학연구』 51, 206쪽.

그런데 '모던걸'이라는 용어의 사용과 관련하여, 일본에서는 경제적 성장으로 급증하는 화이트칼라와 서비스직을 포함한 신중간층 여성을 배경으로 하는 것에 비해, 조선에서는 이러한 새로운 여성 계층의 형성이 미미한 상태에 있었다.[31] 물론 조선 사회에서 여성들이 경제적으로 독립적인 생활을 하는 게 가능했던 직업군이 전혀 없었던 것은 아니었다. 당시 신여성들의 대표적인 직업생활을 취재한 잡지 기사를 보면, '버스걸', '엘레베타걸', '할로걸(전화교환원)', '숍걸(백화점원)', '타이피스트', '부인기자' 등의 직업군을 선택하여 소개하고 있었다.[32] 그러나 높은 수준의 경제적 자립이 가능한 직업여성으로서 도시를 활보했던 모던걸 차림의 교육받은 조선인 여성은 일상에서 쉽게 마주칠 수 있을 만큼 그렇게 흔한 존재가 아니었다. 오히려 당시 대중매체들이 주조했던 모던걸의 이미지와 관련해서는 조선에 거주하는 일본인 여성에 대해 주목할 필요가 있다. 특히 식민지 조선으로 건너온 일본인 여성의 직업 분포에서 예기(藝妓)와 창기(娼妓)의 비중이 28.6%로 매우 높았던 점은 시사하는 바가 적지 않다.[33] 당시 잡지 기사에서도 모던걸의 범주로 일본 사회에서 유입된 특수한 서비스직에 종사하는 '마네킹 걸', '스텍키 걸', '스픽킹 걸', '킷스 걸' 등을 소개하고 있었다.[34] 다시 말해, 당시 조선 사회의 대중매체에서 창출된 풍기문란한 신여성과 모던걸의 이미지는 일본인 여성에 대한 것이거나, 이를 부분적으로 차용한 조선인 유녀 또는 여학생

---

31 김수진, 2009, 『신여성, 근대의 과잉: 식민지 조선의 신여성 담론과 젠더정치, 1920~1934』, 소명출판, 287쪽.
32 저자미상, 1933.12, 「제일선상의 신여성」, 『신여성』, 56-64쪽.
33 廣瀨玲子, 2014, 「植民地支配とジェンダ: 朝鮮における女性植民者」, 『ジェンダ史學』 10, 20쪽.
34 저자미상, 1931.1, 「모던 신어사전」, 『신여성』, 26쪽.

들로부터 추출되었다고 할 수 있다.[35]

새롭게 출현하기 시작한 신여성과 모던걸의 이미지는 유녀와 여학생의 이미지가 중첩되면서 사회적으로 높은 관심을 모았다. 애초에 남성에게 종속적인 지위였던 여성의 해방과 독립적인 존재로서 여성의 사회적 역할을 강조했던 신여성 담론은 특히 여성의 자유연애 주장에 주목하여 민감한 쟁점이 형성되고 있었다.[36] 조혼 풍습이나 당사자의 의사가 무시되는 구시대의 혼인제도에 관한 비판에 대해서, 새로운 신여성은 풍기문란하며 성적으로 방종하다는 부정적인 이미지가 덧대어지기 시작한 것이다. 당시 지식인들은 근대 사회에 대한 신여성들의 지향과 삶의 양식을 성적인 방종이나 풍기문란으로 진단하고, 이에 대해 극도의 혐오감을 표출하며 직설적인 비난과 조소를 쏟아내고 있었다.[37]

신여성 담론에서 크게 제기되었던 문제는 '풍기문란'한 신여성으로부터 순수한 여학생을 분리·구별해내는 것이었다.[38] 당시 신여성과 빈번하게 비교된 여성 계층은 '기생'이었다. 전통적인 구여성의 모습과 비교할 때, 신여성과 기생은 겉모습이나 삶의 방식 등에서 매우 유사하게 이해되고 있었다. 특히 당시 잡지 기사에서는 기생들이 여학생의 거동과 옷차림을 따라 하면서 "탕녀와 여학생을 구별하는 경계선"이 허물어진 사태에 대해 크게 경계하고 있었다.[39] 기생과 여학생이 구별되지 않으면,

---

35　이행화·이경규, 2016, 앞의 글, 213쪽.

36　윤영옥, 2005, 앞의 글, 40, 203쪽.

37　송명희, 2010, 「근대소설에 나타난 신여성 모티프」, 『인문사회과학연구』 11(2), 7-13쪽.

38　이희경, 2004, 「1920년대 '여학생'의 사회적 표상: 잡지 『신여성』을 중심으로」, 『한국교육연구』 10(1), 58쪽.

39　저자미상, 1923.11, 「여학생 제복과 교표 문제」, 『신여성』, 19쪽.

탕녀의 불미한 거동이 여학생의 행실인 것처럼 오해될 소지가 있고, 또한 여학생들이 탕녀들과 가까이 지내며 그들의 풍기문란한 행동을 따라 할 위험성도 크다는 것이다. 이렇게 외양적으로 여학생과 기생을 구별할 필요성이 제기되면서, 1926년이 되면 대부분의 학교는 교복을 제정하고 가슴마다 교표를 달기에 이르렀다.[40]

그런데 당시 신여성과 기생을 비유하는 담론을 살펴보면, 한편으로 구별의 필요성을 주장하면서도, 다른 한편으로 동질화의 성격도 함께 취하고 있는 점에 주의할 필요가 있다.[41] 즉, 신여성과 기생과의 유사성 담론은 교육받은 여성이 사회적 기대와 다르게 행동하는 것을 비판하기 위해 활용되고 있었기 때문이다. 당시 대중매체에서 여학생의 잘못된 행태를 지적하는 대표적인 방법은 "기생이나 다름없다"는 식으로 조롱하는 것이었다.[42] 여학생들의 허식이나 사치를 비판할 때도, 상투적으로 여학생들은 "기생이나 다른 장사치 여자와 다를 것이 없다"는 비아냥을 쏟아내고 있었다.[43] 즉, 새롭게 등장하는 교육받은 신여성에 대한 부정적 이미지를 확대·증폭시키기 위한 방법으로 기생과의 유사성 담론이 동원되고 있었다.

'신여성'의 개념이 '기생'의 이미지가 덧씌워져 부정적으로 비판되어 가는 가운데 교육받은 여성의 이미지는 '현모양처'로서 자기정립될 필요가 있었다. 당시 여성의 성별 역할에 기초하여 널리 통용되었던 '현모양

---

40 저자미상, 1926.7, 「각 여학교 마크 이야기」, 『신여성』, 54쪽.
41 이윤미, 2001, 앞의 글, 15쪽.
42 저자미상, 1924.9, 「소위 신여성의 내음새」, 『신여성』, 18쪽.
43 저자미상, 1924.7, 「여학생 잘못, 남학생 잘못」, 『신여성』, 42-53쪽.

처' 개념은 사실 매우 모호한 것이기도 했다. 일본에서는 '양처현모'라는 용어가 더 일반적이었으며 그만큼 '양처'로서의 역할을 강조하지만, 조선에서는 '현모'의 역할을 보다 중시하는 의미로 재해석되어 '현모양처'라는 개념이 널리 통용된 것으로 이해되기도 한다.[44] 그러나 '현모'에 중심을 두든지 '양처'를 강조하든지, '현모양처'라는 규범에서 볼 때 여성의 천직은 가정을 지키는 데 있으며, 그 이상적인 모습은 직업생활과 양립할 수 없는 점에서 공통되는 것이었다. 다시 말해, 당시 '현모양처론'은 적극적으로 경제활동에 나서는 '직업부인'을 염두에 둔 것이 아니었으며, 여성해방이나 자유연애를 지향하는 '신여성'과도 대립하는 것이었다. 그렇다고 해서 당시 주창된 '현모양처론'이 전통사회의 전근대적인 여성상을 그대로 재현하려 했던 것은 아니었다.[45] 조선 시대의 이상적인 여성상은 '열녀'나 '효부'였으며, 이러한 '며느리'로서의 역할 앞에서 '현모'나 '양처'로서의 역할은 극도로 위축된 것이었기 때문이다.

여자교육이 '현모양처' 양성을 지향하면서, 무엇보다 '풍기문란'한 문화를 일소하고 '순수한' 여학생 문화를 창출하는 문제가 불거지고 있었다.[46] 기생이나 탕녀로부터 여학생을 분별하는 문제와 함께, 당시 사회에서는 여학생 세계에 만연한 풍기문란한 문화에 대해서도 크게 우려하고 있었다. 그 원인으로 여학생들에게서 확산되는 정조관념 쇠퇴를 지적

---

44 윤소영, 2005, 「근대국가 형성기 한·일의 '현모양처'론: 그 공통점과 차이점을 중심으로」, 『한국민족운사연구』 44, 115쪽.
45 홍양희, 2001, 「일제시기 조선의 여성교육: 현모양처교육을 중심으로」, 『한국학논집』 35, 224쪽.
46 이희경, 2004, 앞의 글, 58-61쪽.

하는 일도 많았다.⁴⁷ 남녀 학생 간의 교제 증가를 중요한 풍기문란 현상으로 진단하였고, 전통적인 도덕의 권위가 실추된 상황에서 '천박한 남녀평등론, 연애자유론' 사상이 여학생들의 정조관념을 크게 약화시킨 점에 주목하고 있었다. 여학생들이 요조숙녀답지 않게 "남자와 교제하고 길가에서 뻔뻔하게 인사하고 웃고 편지질"하는 등의 풍기문란한 문화는 당시 여자교육의 중대한 결함으로 지적되어, 여학생 당사자를 비롯하여 학부형과 학교 당국이 해결해야 할 시급한 과제로 제시되고 있었다.⁴⁸

풍기문란으로부터 여학생들을 보호하기 위하여, 각 학교는 훈육과 감시를 강화하는 등 섹슈얼리티 통제에 집중하고 있었다.⁴⁹ 풍기문란한 '불량' 학생의 문제는 남녀 학생에게 공통된 것이었지만, 여학생은 특히 외양과 태도에서 드러나는 '정조관념' 부재에 대한 비판이 주를 이루고 있었다.⁵⁰ '불량소녀'의 표상으로서, '치마를 짧게 입는 것, 굽이 높고 볼이 좁은 구두를 신는 것, 다리꼭지를 드리는 것' 등 당시 여학생 사이에서 유행하는 문화들이 일소되어야 하는 3대 폐풍으로 지적되고 있었다.⁵¹ 그런 만큼, 여학교의 학교생활과 일상생활은 매우 엄격한 규율로 통제될 필요가 있었다. 특히 여학생들의 풍기문란한 문화의 진원지로 지목된 것은 하숙생활이었다. 하숙생활은 학교나 가정의 감시와 훈육에서 벗어나 있어서 타락한 문화에 빠지기 쉬운 '유혹의 구렁'이라고 진단하

---

47 「남녀학생의 풍기문제」, 『동아일보』, 1924.3.24.
48 저자미상, 1925.6, 「금일의 여성과 현대의 교육」, 『신여성』, 62쪽.
49 소현숙, 2019, 「일제하 중등학교 여학생의 일상에 대한 규율과 통제」, 『여성과역사』 31, 268-270쪽.
50 「불량소녀」, 『동아일보』, 1929.11.12.
51 저자미상, 1926.4, 「여성평론」, 『신여성』, 17쪽.

고 있었다.[52] 여학생들이 풍기문란에 빠지는 문제를 방지하기 위한 방책으로서, 여학생의 하숙을 금지해야 하고, 나아가 처음부터 기숙사에 수용할 수 있는 정도만 입학시켜야 한다는 주장이 제기되는 형편이었다.[53]

여학생 기숙사는 애초부터 지방 학생이거나 또는 원거리 통학생의 학업 편의만을 위해 고안된 것은 아니었다. 여학생 기숙사는 처음부터 '타락'으로부터 보호하기 위한 장치로서 매우 엄격한 규율을 특징으로 하였다. 외부와의 서신 왕래는 모두 금지되었고, 부형이 면회를 와도 지정된 날짜와 시간이 아니면 허가되지 않았으며, 면회하더라도 교사가 입회하여 진행될 정도였다.[54] 학생들은 일거수일투족에 자유가 없는 생활에 갑갑함을 호소하며, 마치 '감옥소'와 같이 엄격한 규율로 구속하는 기숙사 운영에 대해서 불만이 높을 수밖에 없었다.[55] 당시 여학교에서 일어난 동맹휴학 등 학생과 학교의 갈등은 엄격한 기숙사 운영이나 학교 규칙들부터 촉발된 때가 많았다.

그러나 현모양처 교육론이 단지 '순수한' 여학생 문화를 창출하는 것에만 그치는 것은 아니었다. '현모양처'는 당시 식민낭국이 중등단계 여자교육에서 지향하는 궁극적인 교육 목적을 의미하고 있었다. 여학생들은 미래의 '가정의 주부이자 어머니'가 될 것으로 상정되고 있으며, 여자교육의 책무는 현모양처로서의 역할 수행을 준비시키는 것으로 정의되었다. 물론 '현모양처'라는 용어는 1938년 법규정에 명시적으로 드러나

---

52 저자미상, 1925.6, 「남녀학생 풍기문제와 그 선도책」, 『신여성』, 55쪽.
53 주요섭, 1933.10, 「조선 여자교육 개선안」, 『신여성』, 17쪽.
54 저자미상, 1926.4, 「모교에 대한 불평과 희망」, 『신여성』, 48쪽.
55 저자미상, 1926.4, 위의 글, 34쪽.

기 시작하였으나, 그 이전까지 여자교육의 목적으로 규정되었던 '부덕(婦德)의 함양'도 이와 크게 다른 개념은 아니었다.

현모양처 교육론에 기초한 중등단계 여자교육정책은 위계적으로 성별화되어 규정되는 특징을 갖는다.[56] 여자교육이 남자교육과 구별되어 정의되는 한, '충량한 국민'을 양성하기 위해 '상식'을 배양한다는 남자교육의 목적을 여자교육에 그대로 적용할 수는 없었다. 여자교육은 '충량한 국민'을 양성하기 위해 '부덕'을 배양한다는 목적으로 구별하여 정의되었고, 그에 따라 교육과정도 다르게 편성될 필요가 있었다. 여자 대상의 교육과정은 수업연한이 짧았으며, 그에 따라 동등한 중등교육을 이수하더라도 학력에서 남녀 간에 큰 차이가 있었다. 더구나 여자교육은 '부덕'을 함양하기 위한 교육과정으로 가사, 수예, 재봉 등이 설치되면서, 일반 '상식'을 배양하는 과목들은 생략되거나 상대적으로 수업시간 배당도 적고 낮은 수준에서 교수될 수밖에 없었다. 이처럼 차별적인 교육과정 편성이 정당화되었던 것은 여자교육은 장차 주부로서의 역할 수행에 필요한 지식과 기능을 배양하기 위한 교육 목적에 있었기 때문이었다.

식민당국의 이러한 여자교육정책에 대해서는 반대의 목소리도 높았다. 당시 여자고등보통학교 보급은 매우 제한되어 있었고, 여학생들은 대개 중상류층 집안의 자제들이었다. 이들은 직접 가사노동을 담당하지 않았으며, 오히려 '하인' 또는 '식모'들의 가사노동을 총괄하는 관리자로서 해야 할 역할이 기대되고 있었다.[57] 따라서 실제 집안일을 처리

---

56 이희경, 2006, 앞의 글, 174-176쪽.
57 김혜경, 1999, 「가사노동담론과 한국근대가족: 1920, 30년대를 중심으로」, 『한국여성학』 15(1), 172쪽.

하는 데 필요한 가사나 수예, 재봉 과목에 대해서 당시 여학생들은 별다른 효용을 느끼지 못하고, 오히려 보통과목에 대해 더욱 높은 흥미를 보였다.[58] 특히 중상류층 출신의 여학생 집단은 중등학교의 기능적인 현모양처 교육에 대해서 소극적이거나 부정적이었다.

더구나 지식인 사이에서도 식민당국의 여자 대상 교육과정에 대한 근본적인 문제제기가 이어지고 있었다. 학교교육 내용이 실제 생활과 부합하지 않으며, 특히 조선의 현실에 맞지 않는다는 지적이었다.[59] 주요섭은 여자 대상 중등교육에 대해 "조선 가정적이 되지 못하고 외국 가정적"이라는 점을 가장 큰 결함으로 지적하고 있었다.[60] 조선의 가정생활에 대해서 조금도 이해하지 못하는 외국인들 손에 맡겨져 있는 문제가 가장 크다는 것이다. 그는 특히 가사 시간을 예로 들며, 서양 요리법이나 일본 요리법을 교수하는 일을 당장에 그만두고, 대신에 조선 요리법을 가르쳐야 한다고 역설하고 있었다.[61] 여자고등보통학교 학생들도 조선의 현실을 반영하지 않고 일본식 요리나 일본식 재봉만을 가르치는 교육과정에 대해 불만을 품지 않을 수 없었다.[62]

그러나 여자교육의 이념이라는 측면에서 볼 때, 현모양처 교육론은 대중의 인식 속으로 널리 확산되고 있었다. 여자고등보통학교를 졸업하여도 취업할 직장이 없었고 진학할 고등교육기관이 절대적으로 부족하

---

58 류영춘, 「가정의 개량문제 - 조선 부엌은 능률이 부족 개량은 이 부엌에서부터」, 『동아일보』, 1928.1.7.
59 저자미상, 1933.1, 「명일을 약속하는 신시대의 처녀좌담회」, 『신여성』, 18-28쪽.
60 주요섭, 1933.10, 「조선 여자교육 개선안」, 『신여성』, 13-14쪽.
61 주요섭, 1931.6, 「여자교육개선안」, 『신여성』, 10쪽.
62 「숙명교 맹휴 진상(1)」, 『조선일보』, 1927.6.26.

였기 때문에, 실제로 교육받은 여성 대부분은 가사에 종사하며 주부로서의 삶을 살아가고 있었다. 이러한 조건에서 '부덕의 함양'을 목적으로 하는 현모양처 교육론은 식민지 시기 전반에 걸쳐 여학교의 주요한 교육 목표가 되고 있었다. 그러나 아직 여성의 역할에 대한 전통적 의식이 온존하였던 현실에서 여자교육의 효용에 대한 대중적 인식은 점차 통속화되는 경향으로 나타났다.[63] 여학교 졸업장은 취업이나 진학의 자격으로서가 아니라 오히려 결혼 시장에서 유력한 자원으로 통용되는 세속적 효용을 제공하였다. 여학교에 자녀를 입학시키는 학부모들 사이에서도 좋은 집안에 "시집을 보내려니까 학교공부를 시킨다"라는 의식이 널리 확산되고 있었다.[64]

이러한 여학교 기능의 통속성에 대한 비판은 식민지 시기에 줄곧 이어졌다. 여성잡지나 신문 등 대중매체에서는 여자고등보통학교가 '신부양성소'에 불과하다는 비아냥이 빈번하게 등장하고 있었다.[65] 교육받은 여성들이라 하더라도 결국은 좋은 혼처를 얻기 위한 목적으로 여학교에 다니는 세태를 비판하는 것이라 할 수 있다.[66] 그렇기에 당시 여학생들에게는 늘 '허영'과 '사치'라는 문제가 꼬리표처럼 따라다니고 있었다.[67] 그러나 취업이나 진학이 사실상 차단된 상태에서 당시 여학교에 다니던

---

63 김경일, 2001, 「식민지 여성 교육과 지식의 식민지성: 식민 권력과 근대성의 각축」, 『사회와 역사』 59, 88쪽.
64 안광호, 1931.4, 「명일의 결혼」, 『신여성』, 11쪽.
65 저자미상, 1924.5, 「여학생의 결혼관」, 『신여성』, 42쪽.
66 저자미상, 1926.2, 「여성평단」, 『신여성』, 19쪽.
67 「여학생계에 일언」, 『조선일보』, 1927.5.8; 「우리들의 고칠 기풍」, 『동아일보』, 1932.1.2.

학생들이 느꼈던 좌절감도 그만큼 매우 큰 것이었다. 여학생들은 입학 당시 가졌던 희망과는 다른 사회 현실로 인해 학교에 다니는 동안 진로를 두고 고민하며 좌절을 겪곤 하였다.[68] 때로는 전통적 관습에 맞서 적극적인 사회 진출에 대한 의지를 보이기도 하였지만, 대부분은 졸업 후 결혼과 주부로서의 삶을 예견하고 있었다. 교육을 받는 목적이나 교육을 받아야 하는 이유가 무엇인지 여학생 자신들도 분명치 않았던 것이다.

식민당국 또한 여자교육의 중요성을 역설하면서도 정책적으로는 사실상 방치한 것이나 다름없었다. 식민지 교육 당국이 여자교육에 관심을 두기 시작한 것은 1930년대 후반부터라 할 수 있다. 이 시기부터 초등교육 확충계획이 착수되어 여자의 보통학교 취학률이 상대적으로 크게 상승하기 시작하였고, 여자고등보통학교와 고등여학교들이 증설되면서 중등단계 여자교육도 확대 보급되기 시작하였다. 당시는 만주침략과 중일전쟁의 발발로 인해 식민지 조선 사회도 전시체제로 이행되면서 여성의 노동력 동원이라는 측면에서 여자교육 확대가 시급한 문제로 제기되고 있었다.[69] 그러나 식민당국이 여사교육에 관심을 갖게 된 더 큰 이유는 조선인에게 병역 의무를 부과하는 문제와 관련이 깊었다. 당시 식민당국은 전쟁의 격화로 인해 조선인들에 대한 징집의 필요성을 절감하면서도, 조선인의 '황민화' 정도로 볼 때 징병제 도입은 수십 년 후에나 가능할 것으로 예측했다.[70] 조선인들에게 총을 들게 하는 일에 불안과 공포를 느끼고

---

68 이윤미·이정아, 2017, 「식민지 시기 '학생'지에 나타난 여학생 교육」, 『교육사상연구』 31(3), 86-88쪽.

69 김경일, 2001, 「식민지 여성 교육과 지식의 식민지성: 식민 권력과 근대성의 각축」, 『사회와 역사』 59, 93쪽.

70 미야다 세쯔코, 이형랑 역, 1997, 『조선민중과 '황민화'정책』, 일조각, 135쪽.

있던 식민당국으로서는 무엇보다 조선 청년을 일본 천황에게 충성하는 '황국 군인'으로 만들기 위한 '황민화교육'을 강화하는 것이 급선무였다. 이와 더불어, 자신의 사랑하는 남편과 아들을 기꺼이 죽음의 전장으로 내보낼 수 있는 '황국의 어머니' 창출이 당면한 과제로 부각되었던 것이다.

이러한 식민당국의 '황민화' 정책으로 인해 현모양처 교육론은 '황국 여성'의 규범으로 재정의되어야 했다. 전쟁 수행을 위한 국가총동원이라는 과제로부터 가정의 재생산노동을 담당하는 주부의 역할을 새롭게 규정하지 않을 수 없었다. 가정의 생활 개선, 과학과 효율, 위생, 근검절약, 풍속 교정, 핵가족 규율 등 그것을 어떠한 내용으로 누가가 표상했든 그 이전까지 조선 사회의 가족 문화와 주부의 역할을 전적으로 부정하는 '개조론'에 입각하고 있는 점에서 공통되었다.[71] 이제 여자교육의 이념은 합리성과 과학성을 갖춘 가정생활의 관리자로서 '황국 여성'을 창출하는 것으로 재규정된 것이다.

그러나 생활지상주의에 살고 남편과 아이들을 위해 살고자 했던 조선인 여성이 갑자기 '황국의 어머니'가 되는 것은 무리가 따르는 일이었다.[72] 가족과 국가를 위해 희생하는 것이 미덕이라는 규범에 동의할 수는 있어도, 일본인 여성들과 달리 식민지 조선의 여성들이 '국가를 위한다'는 의식을 갖기에는 상당히 곤란한 조건에 있었다. 사실 징병제에 앞서 도입된 지원병제를 시행하면서도 식민당국은 지원자의 부인 또는 어머니나 할머니를 납득시키는 일에 고심하지 않을 수 없었다. 조선의 어

71　김혜경, 1999, 앞의 글, 173쪽.
72　하루키 이쿠미, 2010, 「근대 일본과 조선의 양처현모주의」, 『제2기 한일 역사 공동 연구 보고서』 5, 342쪽.

머니 또는 부인들은 '왜놈의 전쟁을 위해' 아들이나 남편을 내어놓으려 하지 않았기 때문이다.[73] 식민지적 상황에서 '황국의 어머니' 형성을 위한 국가주의적 교육담론은 근본적으로 취약한 물질적 조건을 갖고 있었다.

근대적인 여자교육은 가정에서의 성 역할로 제한되었던 전통적인 여성상을 극복하고 공적 영역에서 자유롭게 활동하고자 하는 욕망의 형성과 실현 과정으로 이해될 수 있다.[74] 그러나 식민지 시기 자유주의적 신여성의 출현은 조선 사회에서 매우 낯설고 이질적인 현상으로 이해되었다. 또한, 교육받은 여성의 공적 활동을 위한 직업구조 등 경제사회적 조건은 더욱 열악한 상태에 있었다. 더구나 식민지적 상황은 조선인 여성들의 삶의 경험과 국가주의적 교육담론이 더욱 큰 괴리를 낳는 조건으로 작동하고 있었다. 이처럼 식민지 시기에는 여성들의 공적 활동과 교육에 관한 무수히 많은 주의 주장들을 만들어내었지만, 대개의 공적 담론과 사적 담론들은 현실의 조선 여성의 삶과는 크게 겉도는 한계를 갖는 것이었다.[75] 이러한 근대주의적·식민주의적 풍토에서 여자교육에 필요한 자원과 의미의 공간은 축소되었고, 고정화된 성별 역할과 그것을 촉진하는 교육과정에 대한 비판은 해방 이후에도 지속되는 과제로 남았다.

3) 실업학교의 실무 중심 교육

식민지 시기 실업학교의 교육 목적은 언제나 "실업에 종사하는 자"

---

73 미야다 세쯔코, 이형랑 역, 1997, 앞의 책, 55쪽.
74 이희경, 2006, 앞의 글, 182쪽.
75 김혜경, 1999, 앞의 글, 177쪽.

를 양성하는 것에 두고 있었다. 이것이 고등보통학교와 구별되는 학교기관으로서 실업학교가 존재하는 이유였다. 따라서 실업학교는 이러한 실업학교의 교육 목적에 부합하도록 운영되어야 했고, 그것은 곧 교육과정 편제에서 고등보통학교와 차이가 있어야 한다는 것을 의미하는 것이었다. 즉, 실업학교를 통해 배출되는 사람은 졸업 후 곧바로 실업에 종사할 것으로 기대되었기 때문에, 학교에서의 교육내용은 그러한 실무를 익히는 데 초점을 두고 있었다. 결국 실업학교 교육의 특징은 이러한 실무 중심의 교육, 기능 중심의 교육에 있었다고 할 수 있다.

실업학교의 실무 중심 교육은 보통과목과 전공과목의 편성 비중에 반영되고 있었다. "실업에 종사하는 자를 양성"한다는 실업학교의 교육목적이 강조될수록 교과목 구성에서도 보통과목보다는 전공과목에 큰 비중을 할애하게 되며, 전공과목의 교육내용도 실무에 직접적으로 필요한 지식·기능들을 훈련하는 것으로 채워지게 된다. 1910년대 실업학교의 보통과목 수업시간 비중은 겨우 절반 수준을 상회하는 정도였다.[76] 농업학교의 교육과정 편제를 보면, 보통과목의 수업시간은 32시간으로 전체 학과교육 수업시간 60시간 가운데 53%에 머물러 있었다. 공업학교의 보통과목 비중도 57% 정도였으며, 다만 상업학교는 보통과목 비중이 64%로 상대적으로 높은 수준이었다. 더구나 이들 실업학교는 주당 3~10시간 이상의 실습 시간이 따로 할당되어 있었기 때문에 사실 보통과목의 수업시간은 절반 수준에도 미치지 못하는 것이었다.

이러한 실무 중심의 실업학교 교육에 대한 비판이 전혀 없었던 것은 아니었다. 특히 1922년 「조선교육령」 개정을 전후한 시기에는 그동안

---

[76] 「實業學校規則」, 『朝鮮總督府官報』, 1911.10.20.

기능에 편중된 실업교육에 대한 개정 요구가 비등했다. 1921년 개최된 전국 실업학교 교장단 회의에서 학교장들은 실업교육의 개선 방향에 관해 모두 같은 목소리를 내고 있었다.[77] 실업학교가 학교체제에서 단절적인 위치에 놓인 점을 지적하며, 상급학교와 연결될 수 있도록 수업연한의 연장을 요구하였다. 또한, 교육내용에서도 보통과목에 대한 비중 강화와 실습교육의 개선을 주장했다. 특히 실업학교 졸업생들의 "상급학교 입학이 용이"하도록 제도적 개선이 필요하다는 주장은 실업학교 교육에 대한 매우 큰 인식상의 변화라 할 수 있었다.[78] 이처럼 실업학교 교장단 회의에서 제기된 개선 요구들은 「조선교육령」 개정과 함께 「실업학교규정」이 제정되면서 대체로 제도적으로 반영되었다.[79]

실업학교의 수업연한 연장과 함께 교육과정에서 나타난 가장 큰 변화는 보통과목과 전공과목의 비중에 있었다. 농업학교의 경우, 수업연한 5년 동안 실습을 제외한 총 수업시수 150시간 가운데 보통과목은 108시간, 전공과목은 42시간으로 편제되었다.[80] 이는 보통과목의 수업시간 비중이 전체의 72%를 차지하는 것으로 그 이전까지 53%에 비해서 큰 폭으로 증가한 것이었다. 상업학교에서도 보통과목의 수업시간 비중이 78%로 많이 증가하였다.[81] 이들 실업학교의 교육과정은 저학년 수업에서는 보통과목을 중심으로 교수하고, 고학년으로 옮아감에 따라 점

---

77 朝鮮總督府, 1921, 「實業學校長會議諮問事項答申書」.
78 岡林裳裟彌, 1921, 실업교육진흥책에 대한 답신; 朝鮮總督府, 1921, 「實業學校長會議諮問事項答申書」, 111쪽.
79 「實業學校規程」, 『朝鮮總督府官報』, 1922.2.25.
80 「大邱公立農業學校學則」, 1924.
81 「開城公立商業學校學則」, 1925.

차 전공과목의 비중이 확대되는 방식으로 편성되어 있었다.

그러나 이처럼 실업학교의 수업연한이 연장되고 보통과목의 수업시간이 크게 확대되었다고 해서 실무 중심의 실업학교 교육에서 근본적인 변화가 있었던 것은 아니었다. 「조선교육령」이 개정될 즈음에 제기되었던 실업학교 교육의 개선에 대한 문제의식은 얼마 지나지 않아 급격히 사라졌다. 예를 들어, 「조선교육령」이 개정된 직후인 1923년에 개최된 농업학교장 회의에서는 농업 종사자 배출이라는 농업학교의 교육 목적을 재차 확인하며 교육과정을 재개정하는 방안을 논의하고 있었다.[82] 이들이 제시하는 농업학교 교육과정의 개선 방향은 농사 실무에 초점을 둔 것으로, 특히 이전과 같이 '자영농가'를 더 많이 배출하기 위한 논의가 집중되고 있었다. 이를 위해 교육과정 개선 방향은 오히려 이전 시기보다 훨씬 강화된 실습 중심을 강조하고 있었다.

더욱이 1920년대 후반이 되면 실업학교에서도 '교육 실제화 정책'을 반영하기 위한 적극적인 방안들이 도입되었다. 1928년에 열린 실업학교장 회의에서 정무총감은 '근로애호의 정신'과 '치산흥업의 지조'를 배양하는 과제를 강조하며, 이를 위해 무려 27개 항목에 이르는 지시사항을 일선 실업학교들에 하달하고 있었다.[83] 그리고 각 학교로부터 실업교육의 효과를 높이는 방안과 운영 현황에 대해 보고하도록 하였다. 여기에서 농업·상업·수산업 등의 실업학교 교장들은 각 학교에서 시행하고 있는 특색 있는 시도를 소개했는데, 그것은 대체로 1910년대의 실업학교 모습과 유사한 형태로 회귀하려는 경향이 나타나고 있었다.

---

82 朝鮮總督府, 1923, 「官公立農業學校長會議事項」.
83 실업학교장 회의에서의 지시사항; 朝鮮總督府, 1928, 「公立實業學校長會議事項」.

먼저, 교육과정에 대해서는 보통과목과 대비하여 전공과목의 비중을 늘리거나 실습 시간을 연장하는 문제가 또다시 제기되고 있었다. 예를 들어, 이리농림학교장 야마모토(山本寅雄)는 그동안 교육과정의 개정으로 인해 실업학교에서 "학과교육을 중시하고 실습교육을 경시하는 폐해"가 나타난 것으로 진단하였다.[84] 이를 극복하기 위해, 그는 보통과목에 대비하여 전공과목의 비중 강화, 즉 '실습교육 중심주의'를 주장했다. 이로 인해 이리농림학교에서는 학교행사로 인해 수업 손실이 발생하면 실습 시간이 아니라 학과교육 시간을 단축하도록 하였고, 학생들의 성적 평가에서도 모든 학과목의 시험 점수와 실습 점수를 1:1 비중으로 동등하게 취급하는 제도를 도입했다. 이처럼 대부분의 실업학교 교장들은 실습교육 강화를 주장하였고, 특히 '주당 10시간 이내'로 규정된 실습 교육에 더 많은 시간을 할애하는 방안을 제안했다. 예를 들어, 대구농림학교와 밀양농업학교 학교장은 보통과목의 수업시수를 줄이고 대신에 '주당 15시간 이상'의 실습 시간을 확보해야 한다고 제안하였고, 심지어 의주농업학교장은 1학년은 '36시간', 5학년은 '42시간'까지 실습 시간을 연장해야 한다고 주장했다.[85]

이처럼 실습 시간 연장 및 시행 방법에 대해서는 농업학교만이 아니라, 상업학교와 수산학교의 학교장들도 입을 모아 주장하고 있었다. 또한, 이들 학교에서는 학과목 편성에 대한 개선 요구도 많았다. 상업학교 교장들은 영어 과목의 비중 축소, 선택과목의 확대, 공민과 설치 등을 요

---

84 이리농림학교의 청취사항 답신; 朝鮮總督府, 1928, 「公立實業學校長會議事項」, 94쪽.
85 이리, 밀양, 대구농림학교의 자문사항 및 청취사항 답신; 朝鮮總督府, 1928, 같은 책, 18, 41, 129-130쪽.

구하고 있었다. 예를 들어, 강경상업학교장 다가(多賀善介)는 실업학교의 사명은 "독립 자영자"를 기르는 데 있지만, 실상은 "봉급에 의식하는 자"가 태반인 상황에 대해 크게 우려를 표하고 있다.[86] 이를 개선하기 위해 상급반에서 탄력적인 교육과정 운영이 필요하다고 전제한 뒤, 그는 구체적으로 영어 과목 수업시간의 축소를 주장했다. 졸업 후 '독립 자영자', 즉 소규모 개인 상인으로 살아갈 학생들에게 지금처럼 많은 시간을 들여 영어 수업을 교수할 필요가 없다는 것이다. 대신에 상업학교의 실습 방법으로 행상 실습을 적극적으로 제안하였고, 학교에서 직영 판매점이나 점포 등을 운영하여 학생들의 실습교육에 활용할 필요가 있다고 제안하였다. 이러한 상업학교의 실습 내용은 졸업 후 상인이나 상점 경영자에게 필요한 실무적 기능을 익히는 데 초점을 둔 것이라 할 수 있다. 즉, 소규모 상인 등 '독립 자영자'를 양성하는 상업학교의 교육 목적에 충실하도록 주산이나 부기 등 실무적인 기능을 교수하는 것으로 교육 범위를 축소하자고 제안했던 것이다.

다음으로, 실업학교들은 '독립 자영인' 양성을 위해 또다시 학생 모집 방법에서 변화를 시도하고 있었다. 실업학교를 졸업하더라도 직접 실업에 종사하기 어려운 사정에 있는 학생들이 많았기 때문에 모집 단계부터 가정 배경으로 자산 정도를 고려하여 선발하자는 주장이 또다시 제기되었던 것이다. 특히 광주농업학교장 히라노(平野吉三郎)는 종래의 입학자 선발에서 학업성적만을 중시하였기 때문에 졸업 후에는 농업을 자영하려는 자가 적고 대부분은 '봉급에 의식하려는 자'를 양산하고

---

86 강경상업학교장의 자문사항 답신; 朝鮮總督府, 1928, 같은 책, 15-16쪽.

있다고 진단하였다.[87] 그는 졸업 후 농업 종사자를 배출하려는 농업학교의 설립 목적에 부응하기 위해서는, 모집 단계부터 '자산이 있는 계층의 자제'를 선발하자고 제안했다. 이처럼 실업학교의 입학생 자격을 자산가 자제로 한정하자는 주장은 충북, 상주, 밀양 등 농업학교장 대부분이 주장하고 있었다.[88] 특히 상주농업학교는 일정한 토지 자산 소유 여부와 함께, 17세 이상이며 2년 이상 농사 경험이 있는 자를 자격 조건으로 하여, 최종적으로 '농업에 종사할 뜻이 견고한 자'를 선발하는 방법을 제시했다. 사실 실업학교의 입학자격을 자산가로 제한하자는 주장은 그 이전 시기인 1910년대에 식민지 교육 당국이 하달했던 지시사항과 크게 다르지 않은 것이었다.[89]

그런데 실업학교를 통해 졸업 후 실업에 종사하는 사람을 양성한다는 목적은 사실상 달성하기 어려웠다. 식민지 교육 당국은 실업학교 교육활동에 대한 평가는 졸업생의 진로, 즉 '자영농가'나 '상인' 등 실업에 직접 종사하는 '독립 자영인'의 배출 성과에 두고 있었다.[90] 그러나 1910년대만 보더라도, 농업학교 졸업생 가운데 농업에 종사하는 비율은 27%이며, 상업학교 졸업생 중에서도 20%만이 상점 경영 등 상업 실무에 종사하고 있었다.[91] 오히려 농업학교 졸업생 대부분은 관청 직원이나

---

[87] 광주농업학교의 자문사항 답신; 朝鮮總督府, 1928, 앞의 책, 27쪽.

[88] 충북, 밀양, 상주농업학교의 자문사항 및 청취사항 답신; 朝鮮總督府, 1928, 위의 책, 14, 34, 118쪽.

[89] 朝鮮總督府學務局, 1912, 大正元年12月 農業學校長會同에서 指示事項;『(朝鮮人教育)實業學校要覽』, 56쪽.

[90] 朝鮮總督府學務局, 1913, 大正2年12月 農業學校長會同에서 指示事項;『(朝鮮人教育)實業學校要覽』, 61-63쪽.

[91] 朝鮮總督府, 1921,「實業學校長會議諮問事項答申書 附 實業學校諸統計表」, 14-

교원으로 나아가고 있었고, 상업학교 졸업생들 역시 금융계나 일반회사로 취업하는 일이 많았다. 실업학교 졸업생 대부분은 '독립 자영인'이 아니라, 교육 당국이 그토록 경계했던 '봉급 생활자'의 삶을 살아가고 있었던 것이다. 이로 인해, 각 학교에서는 학생들의 독립 자영을 유도하기 위한 훈육을 강화하는 것과 더불어 근로정신 배양을 위해 실습 시간을 늘리거나, 심지어는 신입생 선발 단계부터 지원자의 자산 정도를 제한하는 방법까지 채택하기도 했다. 그러나 1930년대 후반에 이르러서도, 실업학교 졸업자의 실업 종사 비율은 증가하지 않았으며, '봉급 생활자'로 나아가는 비율은 여전히 높은 69%에 머물러 있었다.[92] 즉, 식민지 교육 당국이 실업학교를 통해 기르고자 하는 인재상과 학생들의 졸업 후 진로는 커다란 차이가 있었다.

이렇게 실업학교들이 실업 종사자를 배출하려는 교육 목적을 강조할수록 그 교육과정은 더욱 실무 중심, 기능 중심으로 운영될 수밖에 없었다. 예를 들어, 농업학교의 실습교육은 학기 중에만 한정되지 않고 하계 및 동계의 방학 기간을 포함하여 빼곡하게 짜여 있었다.[93] 그 내용을 보면, 축산과 양잠 외에 농작물과 각종 밭작물의 '씨뿌리기', '심기', '가꾸기', '거두기', '관리' 등의 5가지 활동으로 구분하여 진행되고 있다. 이러한 5가지 실습 활동은 중등단계 농업학교에서 배울 수 있는 새로운 농사기술과 선진 농법의 체험이라고 보기는 매우 어려운 것들이었다. 교실에서 배운 이론적 지식을 실제에 응용해보는 과정이었다기보다는, 졸업

22쪽.
92 『朝鮮總督府調查月報』, 1936.1.
93 1923년 관공립농업학교장회의에서 경성농업학교장의 답신; 朝鮮總督府, 1923, 「官公立農業學校長會議事項」, 42-43쪽.

후의 진로로서 기대되는 농부의 삶에 익숙해지도록 근로를 체화하는 데 방점이 놓여 있었다. 농업학교의 실습 교육은 실제 농부들이 일상적으로 행하는 농사짓기와 별반 다르지 않았던 것이다.

그러나 실업학교 졸업생 대부분이 졸업 후 관공청이나 일반기업에 취업하는 상황에서, 농업이나 상업의 실무적인 기능을 익히는 데 중심을 둔 교육은 결코 실업학교 재학생들이 기대했던 교육이 아니었다. 특히 농업학교의 실습교육은 학생들의 요구와 매우 큰 괴리가 있었다. 교육과정에 관한 법규정이나 각 학교 학칙에서는 실습시간을 일주일에 '10시간 이내'로 규정하고 있었다. 그러나 실제로는 대부분의 농업학교에서 오전에 학과교육, 오후에는 실습교육이라는 형태로 운영되고 있었다. 더구나 실습 농지 경작이나 가축 사육 등 학교의 농장 경영이 학생들의 근로에 의존하는 한 농업학교 학생들의 생활에서 실습과 노동은 일상적일 수밖에 없었다. 이러한 실습교육은 과도한 노동을 동반한 것이었고, 이로 인해 농업학교에 다녔던 이들은 당시의 고단했던 실습에 대해 '숫제 중노동'이었다는 말로 기억하는 경우가 많다.[94] 실습 교육이었다기보다는 차라리 '고된 노동'에 가까웠다는 것이다.[95]

이처럼 학생들의 필요와 무관하였고, 더구나 '노동화된 실습'교육의 문제로 인해, 실업학교에서는 학생들이 집단적 반발을 일으키는 중요한 계기가 되기도 하였다. 교육 당국에서는 '과학적 농민'을 양성하겠다는 취지로 실업학교에서 실습시간을 연장하고 있었지만,[96] 학생들은 과도

---

94 상주대학교팔십년사 편찬위원회, 2001, 『상주대학교팔십년사』, 105쪽.
95 춘천농공고등학교총동창회, 2010, 『춘농공고백년사』, 258쪽.
96 「실습시간 연장하여 과학적 농민 양성」, 『동아일보』, 1928.3.26.

한 실습교육을 거부하며 집단으로 자퇴하는 일도 속출했다.[97] 사실 식민지 시기를 관통하며, 농업학교 학생들이 과도한 실습교육에 반발하여 동맹휴학 등 집단행동을 일으키는 사건이 매년 끊이지 않고 발생하고 있었다. 대체로 농업학교 학생들은 열악한 실습 조건을 지적하며 실습시간 단축 등 '노동적 실습'에 대한 근본적인 개선을 요구하고 있었다.[98] 식민지 교육 폐지와 일본인 교원 배척 등을 요구하며 동맹휴학을 일으킨 경우에도, 그것이 촉발되는 계기는 과도한 실습교육에 있을 때가 많았다. 이처럼 실업학교의 실무 중심 교육, 기능 중심 교육은 당시 학생들의 교육 요구와 부합하는 것이 아니었다.

사실 식민지 시기에 실업학교 교육을 통해서 '독립 자영인'을 배출하고자 했던 목표는 결코 실제적인 것이 되지 못했다. 실업학교 가운데는 졸업생들에게 자영을 할 수 있도록 경제적으로 지원하는 방안이 도입되기도 하였다. 예를 들어, 정읍농업학교에서는 1928년도부터 졸업생에게 농경지를 임차해주거나 낮은 금리로 보조금을 대부해주는 방법들이 시도되기도 하였다.[99] 그러나 소작 지원이나 영농 자금을 대부하는 방법으로도 농업학교 졸업생들의 진로를 '봉급 생활자' 지향에서 '농업 종사자' 지향으로 이끌 만한 유인이 될 수 없었다. 이미 1910년대에도 농업학교 졸업생들에게 일정한 소작지를 불하하는 등의 방법으로 농업 경영을 유도하려는 방안이 시도되었으나, 결국은 모두 실패하고 말았다.[100] 식민지

---

97 「농업 실습 혐기: 중도 퇴학 다수」, 『동아일보』, 1928.3.30.
98 「의주농업학교 2, 3, 4학년: 요구서 제출하고 퇴교」, 『동아일보』, 1933.5.5; 「의주농교학생과 동일한 요구조건: 영변농교생의 맹휴한 이유」, 『동아일보』, 1933.6.13.
99 정읍농업학교의 청취사항 답신; 朝鮮總督府, 1928, 앞의 책, 103쪽.
100 광주농업학교의 졸업생 지도에 대한 답신; 朝鮮總督府, 1923, 「官公立農業學校長會

지주-소작제가 확대되고 단작 중심의 농업 경영이 이루어지는 조선의 농촌 현실에서, 소규모 영세 자작농의 삶은 안정적인 생계를 보장받을 수 없었기 때문이었다.[101] 진주농업학교장 이마무라(今村忠夫)가 인정하였듯이, 비단 농업만이 아니라 모든 실업에서 '수지타산'이 맞지 않는다면 그것은 가치를 가질 수 없는 일이었다.[102]

결국 실업학교 졸업생들은 식민지 교육 당국이 기대했던 농업 종사자나 상업 종사자가 아니라 '봉록에 의식하는 삶'을 선택했다. 당시 학생들에게 농업 경영이나 상점 경영은 이득이 되거나 그다지 매력적으로 보이지 않았기 때문이었다. 학생들은 실업에 종사하기보다는 지방행정 관청의 일반직 직원이나 교원으로 취업하고자 하였다. 농업학교 졸업생들은 농업 기수의 자격을 갖게 되므로, 관청의 기술직은 물론이고 급속히 증가하는 농회나 각종 권업기관 등의 인력 수요에 응할 수 있었다. 상업학교 졸업생들 역시 은행이나 일반회사는 물론 금융조합 등에서 배타적인 취업 자격을 얻을 수 있었다. 더구나 당시 중등 및 고등교육이 극히 억제된 상황에서 실업학교 졸업자들은 상대적으로 추가적인 혜택을 누릴 수 있었다. 이들에 보장된 취업처를 통해서도 당시 조선인 사회에서는 매우 안정적인 생활을 영위할 수 있었기 때문이었다.

議事項」, 226쪽.

101 식민지 시기 농가경제를 알 수 있는 통계는 없다. 조선농회의 제한된 자료에 의하면, 자작농 중 일부를 제외하고는 자소작농이나 소작농의 경우는 농업 경영만으로 생계비를 충당할 수 없었다(조선농회, 1930, 1931, 「농가경제조사」; 송규진 외, 2004, 『통계로 본 한국근현대사』, 아현출판부, 135-139쪽). 다른 연구에서도 농업 경영자는 농업 경영 외에 겸·부업을 통해서야 비로소 농가생계비를 확보할 수 있었다(松本武祝, 1989, 「1930년대 조선의 농가경제」, 안병직 외 편, 『근대조선의 경제구조』, 비봉).

102 今村忠夫, 1928, 「實業教育管見」, 『朝鮮研究』 1-1, 14-17쪽.

이처럼 식민지 시기 중등단계 실업계 학교의 정책은 조선의 현실과 전혀 부합하지 못하는 것이었다. 식민지 교육 당국은 실업에 종사하는 '독립 자영인'을 양성하기 위한 교육 목적과 실무 중심의 교육 방법을 고수하고 있었다. '근로애호'의 정신이나 '흥업치산'의 지조를 배양한다는 '근로주의 교육'을 정당화하기 위한 교육 담론들이 동원되고, 농업이나 상업 종사자에 적합한 실무 중심, 기능 중심 교육과정으로 운영되었다. 그러나 이러한 식민지 교육 당국의 기대와는 다르게, 조선인 학생들은 실업학교 교육을 통해 근대적인 부문으로의 사회 이동 기회를 적극적으로 포착해가고 있었다. 농업 종사자나 상점 경영자의 길을 걷는 것이 아니라, 관공청이나 기업 등 중등학교 학력 자격이 요구되는 근대적인 직업군을 형성해가고 있었다. 이러한 조선인 학생들의 진로 경향은 실업학교의 실무 중심 교육 목표나 교육과정 운영 원리와 어긋나는 것이었다. 즉, 중등단계 실업계 학교의 교육방침과 조선인들의 교육요구 사이에 지속해서 괴리가 발생하고 있었던 것이다.

2. 식민지 중등교육 극복의 과제

일제강점기에 형성된 중등교육 체제는 식민지로서의 억압적이고 차별적인 조건으로 인해 일본이나 유럽의 중등교육제도와는 다른 특징들이 나타나고 있었다. 또한, 바로 그러한 식민지적 조건으로 인해 고등보통학교에서는 더욱 파행적인 형태의 입시준비교육 문화가 고착화되었고, 여자고등보통학교에서는 고정화된 성별 역할을 촉진하는 현모양처 교육이 강화되었으며, 실업학교에서는 직업 세계의 실무 수행을 위한 기능 훈련 중심의 교육과정 편성이 일반화되고 있었다.

그렇다면, 식민지 시기에 형성된 이러한 중등교육 체제에 대해 당시 조선인들은 어떻게 평가하고 있었을까? 다시 말해, 일제가 패망한 후 맞이한 해방 공간에서 당시의 교육 개혁가들은 식민지 중등교육 정책에 대해서 무엇을 취하고 무엇을 버리고자 하였는가? 이러한 식민지 중등교육 체제의 극복과 청산의 과제와 관련해서는, 해방 이후 6-3-3-4제 단선형 학제가 수립되는 과정에서 전개되었던 논쟁을 분석하여 간접적으로 유추해볼 수 있을 것이다.

해방 직후인 1945년 11월 미군정청은 교육정책 자문기구 역할로서 조선교육심의회를 설치하였다. 학계 및 교육계 인사 100여 명으로 구성된 조선교육심의회는 식민지 교육 청산과 민족교육 건설을 목표로 하는 교육개혁안을 마련하기 위해 심의활동에 착수하였다.[103] 각 분과위원회와 전체회의 등 수차례 회합을 거쳐 조선교육심의회는 홍익인간이라는 교육이념을 천명한 것을 비롯하여, 초등교육 6년, 중등교육 6년, 고등교육 4년을 골간으로 하는 새로운 학제안을 의결하였다. 이렇게 제안된 6·6·4제 학제는 "교육의 기회를 모든 국민에게 균등하게 주는" 단선형 학제로서 조선교육심의회 활동의 가장 획기적인 성과로 평가되기도 한다.[104]

그러나 미군정기에 실시된 신학제는 엄밀한 의미에서 단선형의 6-6-4제 학제로 보기 어려운 측면도 있었다.[105] 중등단계 교육에서 6년제 중학교 외에도 3년제 초급중학교와 고급중학교, 사범학교를 병치하

---

103 교육50년사편찬위원회, 1998, 『교육50년사』, 104-106쪽.
104 오천석, 1964, 『한국신교육사』, 현대교육총서출판사, 399-408쪽.
105 이광호, 1991, 「한국 교육체제 재편의 구조적 특성에 관한 연구: 1945~1955년을 중심으로」, 연세대학교 박사학위논문, 37쪽.

도록 하였기 때문이다. 6년제 중학교는 기존의 중학교(고등보통학교)·고등여학교(여자고등보통학교)·실업학교가 확대 재편된 것이었고, 3년제 초급중학교는 국민학교의 고등과, 사범학교의 심상과, 단기의 실업보습학교 등이 전환된 학교였으며, 3년제 고급중학교는 새롭게 설치되지 않았다. 이런 점에서 본다면, 해방 직후 미군정기의 신학제는 사실상 복선형의 6-6(3-3)-4제로서 일제시대의 학교제도 개혁을 위한 경과조치적인 성격을 갖는 것으로 이해할 수 있다.

1948년 대한민국 정부가 수립된 이후 문교부는 미군정 시기의 과도기적 교육제도를 극복하기 위해 역사적인 「교육법」 제정을 추진하였다. 애초에 문교부가 생각했던 교육법 제정안은 미군정 시기의 6-6(3-3)-4제를 재편하여 온전한 형태의 단선형 6-3-3-4제를 마련하고자 하는 것이었다. 즉, 6년의 중등교육 단계를 전기와 후기로 나누어 3년제 중학교와 3년제 고등학교를 설치하려는 학제 개선안이었다. 그러나 이러한 학제 개선안을 두고 국회에서는 물론이고 사회적으로도 뜨거운 쟁점이 형성되어 오랫동안 갈등이 지속되고 있었다.

당시 「교육법」 제정안을 논의하는 과정에서 가장 큰 쟁점은 중등교육, 고등교육의 수업연한 문제와 실업교육 강화 문제가 중심에 놓여 있었다.[106] 일각에서는 4년제 대학 교육의 수업연한을 축소하자는 의견도 제시되고 있었다. 그러나 고등 학문 연구의 수준을 높게 유지할 필요로 인해 대학의 수업연한 축소 주장은 널리 수용되기 어려웠고, 대신에 2년제 초급대학 또는 전문학교를 설치할 수 있도록 개정하는 것으로 의견

---

[106] 강명숙, 2004, 「6-3-3-4제 단선형 학제 도입의 이념적 성격」, 『한국교육사학』 26권 2호, 18쪽.

이 모이고 있었다. 기존의 6년제 중학교 또는 3년제 초급중학교 대신에 4년제 중학교를 설치하는 방안에 대해서도 많은 공감대가 형성되고 있었다. 6년이라는 장기간의 수업연한을 갖는 중학교는 경제사정이 어려운 학생들에게 졸업까지의 학비 부담이 매우 크며, 지방에 따라서는 중학교 설립을 확대하는 데에도 어려움이 많았기 때문이었다. 이러한 이유로 당시의 학교 관계자들은 4년제 중학교를 설치하여 국민의 문화적 수준을 높이자는 쪽으로 분위기가 형성되어 있었다.

이러한 상황에서 문교부가 제안한 6-3-3-4제 학제 개선안에 대해서는 다양한 측면에서 찬성과 반대 의견이 분출하며 서로 대립하였다. 반대하는 측에서는, 문교부의 개선안은 미군정 시기의 학제와 크게 다를 바 없는 것으로, 중등보통교육의 질적 저하와 실업교육의 부실을 가져왔던 기존 정책을 그대로 답습하는 것에 지나지 않는다고 비판하였다. 그러나 문교부 개선안에 반대하면서도, 중등보통교육을 강조하는 이들은 4년제 중학교와 2년제 고등학교의 설치를 주장하는 반면에, 실업교육의 강화를 중시하는 이들은 4년제 실업고등학교의 설치를 주장하는 등 다양한 견해차를 보였다. 이러한 비판에 대해, 문교부는 4년제 중학교 또는 4년제 고등학교를 신설하는 방안이 초래하는 현실적인 어려움을 근거로 제시하며, 3년제 중학교와 3년제 고등학교로 전·후기 중등교육이 구분되는 학제가 기본 골간이 되어야 한다는 견해를 고수하고 있었다.

이처럼 학제 개선안을 두고 다양한 견해가 제출되며 논쟁을 거듭한 끝에 1949년 12월 31일 「교육법」은 국회에서 가결되어 공포되었다.[107] 이렇게 제정된 「교육법」은 6-4-2-4제 학제를 채택하고 있었는데, 이것

---

107 「교육법」, 『관보』, 1949.12.31.

은 물론 애초에 문교부가 제출했던 학제 개선안 초안에서 크게 벗어난 것이었다. 중학교는 4년제로 규정되었고, 이후 단계로 2년제 고등학교를 설치하도록 한 것이다. 이러한 인문계고와는 다르게 실업계고는 2년제 또는 4년제로 설치할 수 있도록 하였으나, 여기에 접속되는 초급대학이나 전문학교에 관한 규정이 별도로 존재하지 않았다. 다시 말해, 1949년 「교육법」의 학제는 인문계고와 대학으로 이어지는 6-4-2-4제와 실업계고에서 종결되는 6-4-4제가 병존하는 형태로 고안된 것이라 할 수 있다.

이렇게 제정·공포된 「교육법」에 대해 당시 사회에서는 비판 여론이 크게 일어났다. 대표적으로 대한교련 회장을 역임하며 문교부와 함께 6-3-3-4제 도입을 주장했던 오천석의 견해를 검토할 수 있을 것이다.[108] 그는 학제 개선의 원칙은 균등한 교육기회를 보장하기 위한 단선형 학제여야 하고 세계적인 표준에 부합해야 한다는 점을 전제하면서, 국회에서 통과된 「교육법」이 상정하고 있는 학제는 중등교육을 이원적으로 구성하여 이러한 원칙을 위배한 것이라고 주장하였다. 즉, 오천석은 「교육법」의 복선형 학제에 대해 식민지 교육의 잔재로서 교육의 기회균등 원칙을 크게 저해한 것이라고 비판하였고, 후기 중등교육의 수업연한 축소로 인해 교육의 질 저하가 초래될 것이라고 주장하며, 전국적으로 학제 개편 운동을 전개하기도 하였다.

문교부도 예상치 못한 내용으로 수정된 「교육법」이 국회에서 통과되자 곧바로 법률 개정안 작업에 착수하지 않을 수 없었다. 「교육법」은 6-4-2-4제 또는 6-4-4제를 상정하고 있었는데, 2년제 또는 4년제 등 다양한 형태의 고등학교 설립은 문교부로서는 상당한 부담이었다. 또

---

108 오천석, 1950, 「새교육법을 비판함」, 『새교육』 1·2호, 69-70쪽.

한, 대부분 3년제 중학교가 운영되는 현실에서 고등학교 입학자격이 인정되는 4년제 중학교로 수업연한을 연장하는 것도 큰 부담이었다. 따라서 문교부는 「교육법」이 제정된 지 겨우 3개월 만인 1950년 3월 10일 법률 개정을 추진하여 국회의 의결을 얻어내었다.[109] 중학교의 4년제 수업연한은 그대로 유지하였으나, 고등학교의 입학자격은 중학교 3년 수료자로 수정하였다. 그리고 고등학교의 수업연한을 1년 연장하여 3년제로 모두 통일하였으며, 중학교 또는 고등학교 졸업자를 입학자격으로 하는 4년제 또는 2년제의 초급대학 설립도 새롭게 규정하였다. 이렇게 1950년에 「교육법」이 개정되면서 학제는 더욱 복잡해졌다. 즉, 6-3(중학교 수료)-3(고등학교)-4(대학)제를 근간으로 하면서도, 6-3(중학교 수료)-3(고등학교)-2(초급대학)제나 6-4(중학교 졸업)-4(초급대학)제 등 다양한 경로가 만들어지게 된 것이다.

이처럼 지난한 논쟁과 갈등을 통해 제·개정된 「교육법」은 1951년도부터 본격적인 시행을 앞두고 있었다. 그러나 6·25전쟁이 발발하면서 계획된 학사 일정은 크게 파행을 겪을 수밖에 없었다. 그런데 문교부는 전시상황에서도 다시 한번 「교육법」을 개정하여 재차 학제 개편을 도모하고자 하였다. 중학교의 수업연한을 3년으로 축소하고 기존 4년제 중학교 졸업자가 입학하는 초급대학을 폐지하여 6-3-3-4제의 단선형 학제를 완성하려는 것이었다. 국회에서는 「교육법」이 제정된 이후 제대로 시행하지도 못한 채 수차례에 걸쳐 법률안만을 개정하려는 문교부에 반대하는 목소리도 적지 않았다. 그러나 당시 국회는 문교부 정책에 우호적이었기 때문에 결국 문교부의 학제 개정안은 가결되어 1951년 3월

---

109 「교육법」, 『관보』, 1950.3.10.

20일 자로 공포되기에 이르렀다.[110] 이로써 3년에 걸쳐 격렬하게 전개되었던 「교육법」 개정 논쟁이 일단락되고 오늘날 우리에게도 익숙한 6-3-3-4제 단선형 학제의 기본 틀이 확정되었다.

그런데 여기서 검토하고자 하는 것은 해방 이후 전개된 일련의 교육개혁 정책들이 과연 식민지 교육의 잔재를 청산하고, 복선형 중등교육 체제를 극복하기 위한 학교제도를 수립하였는가 하는 점에 있다. 예를 들어, 오천석이 주장하는 바와 같이,[111] 6-3-3-4제는 균등한 교육 기회를 보장하는 민주적인 교육제도로서, 해방 이후 일제시대 교육의 잔재를 극복하는 획기적인 정책으로 이해할 수 있는가의 문제일 것이다. 이에 관련해서는, 먼저 '교육의 기회균등'이나 '민주주의'와 같은 이념이 단선형 또는 복선형과 같은 학제 개념 자체에 내재한 고유한 원리로서 이해되는 것은 아니라는 지적에 주목할 필요가 있다.[112] 사실 해방 이후 새로운 학제를 도입하는 문제로 논쟁하는 과정에서 6-3-3-4제 주장과 대립하며 각축을 벌였던 다양한 학제 개선안들도 교육의 확대와 기회균등을 중요한 근거로 제시하여 스스로를 정당화했다. 당시 대표적인 교육 논객이었던 이만규를 비롯하여 많은 이들은 6-3-3-4제의 단선형 학제만이 아니라, 교육 평등의 원칙하에서 복선제를 비롯한 다양한 학제를 고려할 필요가 있다고 주장했던 것이다.[113] 이러한 사실은 6-3-3-4제의 단선형 학제가 '교육의 기회균등'이나 '민주주의' 이념의 구현을 독점하기 어

---

110 「교육법」 개정, 『관보』, 1951.3.20.
111 오천석, 1964, 앞의 책, 399-408쪽.
112 오성철, 2015, 「한국 학제 제정 과정의 특질: 1945~1951」, 『한국교육사학』 37(4), 52쪽.
113 강명숙, 2004, 앞의 글, 12-13쪽.

렵다는 점을 시사한다.

　그렇다면, 1951년 「교육법」의 개정으로 성립된 6-3-3-4제 학제는 실제로 교육의 기회균등과 민주주의 사회에 적합한 단선형 중등교육 체제였는가 하는 점에 대해서도 검토할 필요가 있다. 사실 어떤 제도나 정책이 교육기회 균등화에 어느 정도 기여했는가를 판단하는 일이 그렇게 용이한 것은 아니다. 다만, 해방 이후 도입된 6-3-3-4제 학제가 사회계층 간 교육격차 해소에 그다지 긍정적이지 않았다는 연구 결과가 제출되고 있는 점은 확인해두고자 한다.[114]

　그러나 「교육법」으로 형성된 학제가 과연 '단선형'인가 '복선형'인가의 문제에 관해서는 추가적인 논의가 필요해 보인다. 일반적으로 '복선형' 학제는 학교제도가 복수의 계열로 구성되어 있어 특정 계급·계층에게만 개방된 경우를 말한다. 따라서 '복선형' 학제에서는 계열 또는 학교기관에 따라 학력 인정의 차별화도 함께 전제된다. 반대로, '단선형' 학제는 초·중등단계 교육이 계열 또는 학교기관으로 구분되지 않거나, 계열로 구분되더라도 특정한 계급·계층에 대해서만 허용하거나 배제하지 않는다. 이러한 관점에서 본다면, 1951년 「교육법」 개정으로 형성된 6-3-3-4제 학제는 후기 중등교육 단계, 즉 고등학교에서 인문계와 실업계 학교가 계열별로 분리되어 상호 자유로운 전·입학이 허용되지 않는 점은 '복선형' 학제의 특징이라 할 수 있다. 반면에, 실업계 고등학교를 졸업하더라도 대학 진학 자격이 동등하게 부여된다는 점에서 '단선형' 학제의 특징도 함께 갖는 것이라 할 수 있다. 그러나 후기 중등교

---

114 김기헌·三輪哲, 2007, 「단선형 학제 도입이 사회계층간 교육격차에 미치는 영향: 한국과 일본의 경우」, 『교육사회학연구』 17(1), 53-76쪽.

육 단계에서 대학 준비교육 계열과 취업 준비교육 계열을 구분하는 것은 학교기관의 분리와 교육과정의 분리를 의미하는 만큼 이는 명백하게 '단선형' 학제 원리를 약화한다는 사실은 부인하기 어렵다.[115] 또한, 중등교육 단계에서 남자와 여자가 다니는 학교를 구분하여 성별 별학의 형식이 유지된 점 역시 '단선형' 학제 원리를 약화하고 있다.

마지막으로, 해방 이후 전개된 일련의 교육개혁론자들이 식민지 시기에 형성된 복선형 중등교육 체제를 과연 청산과 극복의 과제로서 진지하게 검토하고 있었는가에 관해서도 음미해볼 필요가 있다. 대한민국 정부 수립 이후 「교육법」이 제정된 것은 교육정책 논쟁에서 유례를 찾아보기 어려울 정도로 격론이 벌어졌던 때였다. 법안 심의에서도 총 8회의 축조심의 가운데 6회를 중등학교 학제에 대한 수정안 문제로 논의할 만큼 당시에는 중등교육제도 개선이 가장 중요한 논쟁의 대상이었다.[116] 문교부 관료들을 비롯하여 국회의원과 정치단체, 교육단체, 언론, 지식인들이 논쟁에 참여하며 저마다 새로운 학제를 제안하고 그것을 정당화하는 다양한 논리들이 동원되었다.

그러나 당시의 논의는 각자 자신이 제시한 학제 개선안이 어떤 실익이 있는지를 주장하는 데 주된 관심이 있었고, 상대방의 주장에 대해서는 이념적이고 정치적인 범주로만 접근하는 경향에 머물러 있었다.[117] 그러한 효용성조차 당장 눈앞의 실익인 학교 증설의 효율성이나 실업교육 강화와 같은 국가적 필요에 입각한 실제적 원리에 기초한 것이 대부분

---

115 오성철, 2015, 앞의 글, 65쪽.
116 정태수, 1996, 『한국 교육기본법제 성립사』, 예지각, 197-289쪽.
117 강명숙, 2004, 앞의 글, 24-26쪽.

이었다.[118] 그러나 그 결과는 교육기회의 균등 보장이라는 단선형 학제를 지향하면서도, 후기 중등교육에서는 명확한 복선형 체제를 유지하는 것으로 귀결되었다. 그토록 격렬한 논쟁과 합의의 결과물인 「교육법」은 고등학교 종류에 대해 '실업계'와 '인문계'라는 명시적인 용어를 사용하여 중등단계 교육의 계열 분리를 더욱 고착화하고 있었다. 이로 인해, 고등학교 교육에 대해 '인문계'와 '실업계'로 구분하는 방법이 한국인의 의식 속에 강하게 각인된 채 이후 60년 동안이나 유지되었던 것이다.[119] 그만큼 중등단계 교육에서 계열 분리에 기초한 식민지 시기의 복선형 중등교육 체제는 조선인들에게 중등교육이 무엇인지에 대해 매우 강렬한 인상을 남긴 것으로 이해할 수 있다.

---

118 오성철, 2015, 앞의 글, 62쪽.
119 1997년 「교육기본법」과 「초·중등교육법」이 제정되면서 '일반계'와 '실업계'라는 계열 구분법은 사라졌다.

부록

1. 중등교육 정책 주요 사료

1) 중등학교 각 과목의 교수요지

- 사료: 「고등보통학교규정」(1922년)
- 해설: 일제시대에는 조선의 교육정책을 가장 포괄적으로 규정하는 「조선교육령」이 일본 내각과 추밀원의 심의를 거쳐 천황의 재가를 통해 칙령으로 공포되었다. 이러한 「조선교육령」은 식민지 통치 전략과 교육 방침의 변화에 따라 몇 차례 크게 개정되었으며, 이를 반영하여 기타 각급 학교교육을 규율하는 세부적인 '규칙' 또는 '규정'들이 조선총독부령의 형태로 제정되었다. 이 가운데 중등교육의 대표적인 법규정인 「고등보통학교규정」에는 학교의 설립 및 폐지, 수업일수와 학급 편제, 설치 과목 및 시간 배당, 각 과목의 교수요지, 입학 및 졸업, 징계, 학교 설비, 수업료 등 학교 운영에 필요한 중요 사항들이 포함되어 있었다. 특히 1922년 제정된 「고등보통학교규정」은 3·1운동 이후 변화된 식민지 조선에서의 중등교육 정책을 보여주고 있다. 이하에서는 식민지 교육 당국이 고등보통학교의 교육 목적을 달성하기 위해 특별히 명시한 주의사항, 그리고 각 과목의 수업 내용과 방법을 규정한 교수요지 부분을 소개한다.

제7조 고등보통학교의 학과목은 수신, 국어및한문, 조선어및한문, 외국어, 역사, 지리, 수학, 박물, 물리및화학, 법제경제, 실업, 도화, 창가, 체조로 한다.

외국어는 영어, 독어 또는 불어로 한다.

법제및경제, 실업, 창가는 당분간 그것을 결할 수 있다.

실업은 수의과목으로 실시할 수 있다.

제8조 고등보통학교에 있어서는 교수상 특히 아래의 사항에 주의해야 한다.

1. 국민다운 성격을 함양하고 국어에 숙달하게 하는 것은 어느 학과목에서도 항상 깊이 그것에 유의할 것을 요한다.

2. 선량한 풍속을 존중하고 생도의 덕성을 함양하여 순량한 인격을 도야하고 나아가 사회에 봉사하는 신념을 돈독히 하여 동포집목의 미풍을 기르는 것을 기하여, 어느 학과목에서도 항상 깊이 그것에 유의할 것을 요한다.

3. 지식 기능은 생도 장래의 생활상 적절한 사항을 선택하여 그것을 교수하고 또 가능한 한 개인의 특성에 유의할 것을 요한다.

4. 생도의 신체를 건전하게 발달시킬 것을 기하여, 어느 학과목에서도 그 교수는 생도의 심신 발달의 정도에 부합하도록 할 것을 요한다.

5. 각 학과목의 교수는 그 목적 및 방법을 어그러짐이 없이 서로 연결하여 보익하게 할 것을 요한다.

제9조 수신은 교육에 관한 칙어의 취지에 기초하여 도덕상의 사상 및 정조를 배양하고 중등 이상의 사회에서 남자에게 필요한 품격을 구

비할 것을 기하여 실천궁행을 권장하는 것을 요지로 한다.

수신은 도덕의 요령을 교수하고 국가, 사회 및 가족에 대한 책무 및 인격 수양에 관하여 필요한 사항을 알게 하고 특히 우리나라 도덕의 특질을 깨닫게 해야 한다.

제10조 국어및한문은 보통의 언어 문장을 요해하고, 정확하고 자유롭게 사상을 표창하는 능력을 얻게 하고, 문학상의 취미를 기르고, 아울러 지덕의 계발에 이바지하는 것을 요지로 한다.

국어및한문은 현시의 국문을 주로 하여 강독하고, 나아가서는 근고의 국문에 이르게 하고, 또한 평이한 한문을 강독하고, 간이하고 실용에 적합한 국문을 작성하게 하고, 국어문법의 대요 및 습자를 교수해야 한다.

제11조 조선어및한문은 보통의 언어 문장을 요해하고, 정확하고 자유롭게 사상을 표창하는 능력을 얻게 하고, 문학상의 취미를 기르고, 아울러 지덕의 계발에 이바지하는 것을 요지로 한다.

조선어및한문은 보통의 조선문 및 평이한 한문을 강독하고, 실용 간이한 조선문을 작성하게 하고, 또한 조선어 문법의 대요를 교수해야 한다.

제12조 외국어는 보통의 영어, 독어 또는 불어를 요해하고, 또한 그것을 운용하는 능력을 얻게 하고, 아울러 지덕의 증진에 이바지하는 것을 요지로 한다.

외국어는 발음, 철자부터 시작하여 근이한 문장의 독방, 해석, 화방, 작문, 서취를 교수하고, 나아가 보통의 문장에 이르고, 또한 문법의 대요 및 습자를 교수해야 한다.

제13조 역사는 역사상 중요한 사적을 알게 하고, 사회의 변천 및 문화가 유래하는 바를 이회시키고, 특히 아국의 발달을 상세히 하여 국체의 특이한 소이를 명확히 하는 것을 요지로 한다.

역사는 일본역사 및 외국역사로 하고, 일본역사에서는 주로 국초부터 현시에 이르기까지 중요한 사적을 교수하고, 조선에 관한 사항을 상세히 하며, 외국역사에서는 세계대세의 변천에 관한 사적을 주로 하여 인문의 발달 및 아국의 문화에 관계된 사적의 대요를 알게 해야 한다.

제14조 지리는 지구의 형상, 운동 및 지구의 표면 및 인류 생활의 상태를 이회시키고, 아국 및 제 외국의 국세를 알게 하는 것을 요지로 한다.

지리는 일본지리 및 아국과 중요한 관계가 있는 제 외국 지리의 대요를 알게 하고, 조선에 관한 사항을 상세히 하고, 또한 지문(地文)의 일반을 교수해야 한다.

제15조 수학은 수리에 관한 지식을 주고, 계산에 습숙하게 하고, 응용을 자재로 하고, 아울러 사고를 정확하게 하는 것을 요지로 한다.

수학은 산술, 대수, 기하 및 삼각법을 교수해야 한다.

제16조 박물은 천연물에 관한 지식을 주고, 그 상호 및 인생에 대한 관계를 이회시키고, 아울러 관찰력을 발달시키는 것을 요지로 한다.

박물은 중요한 식물, 동물, 광물에 관한 일반의 지식 및 인체의 구조, 생리 및 위생의 대요를 교수하고, 또한 적절한 실험을 부과해야 한다.

제17조 물리및화학은 자연의 현상에 관한 지식을 주고, 그 법칙 및 인

생에 대한 관계를 이회시키고, 아울러 관찰 및 사고를 정확하게 하는 것을 요지로 한다.

물리및화학은 중요한 물리상 및 화학상의 현상 및 법칙, 기계의 구조 및 작용, 원소 및 화합물에 관한 지식을 교수하고, 또한 실험을 부과해야 한다.

제18조 법제경제는 법제경제에 관한 사항에서 국민 생활에 필요한 지식을 얻게 하는 것을 요지로 한다.

법제경제는 제국헌법의 대요 및 일상생활에 적절한 법제상 및 경제재정상의 사항을 교수해야 한다.

제19조 실업은 실업에 관한 지식, 지능을 얻게 하고, 아울러 실업에 대한 취미와 근로를 중요시하는 습관을 배양하는 것을 요지로 한다.

실업은 농업, 공업, 상업 가운데 토지 정황에 맞도록 적절한 사항을 선택하여 그것을 교수하고, 또한 가능한 한 실습을 부과해야 한다.

제20조 도화는 물체를 정밀하게 관찰하여 정확하고 자유롭게 그것을 그리는 능력을 얻게 하고, 의장을 익히고 미감을 배양하는 것을 요지로 한다.

도화는 자재화 및 용기화로 하며, 자재화에 있어서는 사생화를 주로 하고 임화를 부가하여 교수하고, 또한 때때로 자기가 고안하여 그리게 하며, 용기화에 있어서는 기하화를 교수해야 한다.

제21조 창가는 가곡을 부를 수 있게 하고, 미감을 배양하여 심정을 고결하게 하고, 아울러 덕성의 함양에 이바지하는 것을 요지로 한다.

창가는 단음창가를 교수하고, 또한 적절한 윤창가, 복음창가를 교수해야 한다.

제22조 체조는 신체의 각 부분을 생리적으로 발육시키고, 신체를 강건하게 하고, 동작을 기민하게 하고, 쾌활강의 견인지구의 정신과 규율을 준수하고 협동을 숭상하는 습관을 배양하는 것을 요지로 한다.

체조는 교련 및 체조를 교수해야 한다. 또한 검도 또는 유도를 부가할 수 있다.

(* 국어는 일본어를 의미함.)

2) 조선총독부의 학생운동 실태 조사

- 사료: 「학생의 맹휴와 비밀결사」(1936년, 『고등경찰보』 제5호)
- 해설: 3·1운동 이후 1920년대와 1930년대는 학생운동이 매우 활발했던 시기였다. 당시 학생들은 독서회와 같은 써클활동, 사회단체와 연계한 비밀결사 조직, 야학이나 농촌계몽활동 등을 통해 민족의식을 고취하며 운동역량을 키워가고 있었다. 그 결과 조선인 학생들은 개별 학교의 학사 운영이나 식민당국의 교육정책에 맞서 대립하며 갈등을 빚는 일이 빈번하게 발생하고 있었다. 특히 학년 전체 또는 전교생이 결의하여 수업을 거부하거나 등교를 거부하는 등의 집단행동, 즉 '동맹휴학(맹휴)'을 일으키는 것은 당시 학생들의 대표적인 투쟁방식이었다. 식민당국은 이러한 학생운동에 대해 강경한 태도로 일관하였으며, 다른 한편으로 학생운동의 발생 원인과 동향에 대해 면밀하게 조사된 비밀 보고서를 작성하고 있었다. 특히 1936년 『고등경찰보』에 실린 「학생의 맹휴와 비밀결사」는 그동안의 조선인 학생운동에 대해 식민통치자의 시선에서 분석하고 있는 점에서 주목된다. 『고등경찰보』는 조선총독부 경무국에서 조선인들의 항일운동을 탄압할 목적으로 비밀문서로 작성한 일종의 고등경찰 교육용 자료집이라 할 수 있다. 이하에서는 해당 보고서의 서론격인 '개설' 부분에서 당시 학생운동의 성격과 변화 경향에 대해 요약적으로 기술한 내용을 번역하여 소개한다.

조선에서 학생사건의 대부분은 일반적인 사회 현상을 반영한 것이라 할 수 있다. 즉, 학생사상의 추이도 언제나 일반사상에 수반되어 있다고 해도 틀림이 없다. 따라서 많은 경우, 그것을 의식하든 의식하지 않든, 민족본능이 원동력이 되고 있는 점이 특색이다. 그러므로 단순하게 학생의 맹휴사건이더라도, 이것을 하나의 국부적인 문제로 보지 않고 전체적인 문제인 것처럼 생각하는 경향이 다분하다. 최근은 현저하게 변화되어 왔지만, 이전에는 일반의 뇌리에 식민지 교육은 노예교육이라는 관념이 상당히 뿌리 깊게 각인되어 있었기에, 때로는 제국주의교육이라는 대명사를 붙이기까지 하면서 반항적인 정서를 노골적으로 표시했던 것이다. 그럼에도 현 제도의 교육에는 반대하지만, 그러한 반대에 필요한 지식을 배우는 곳 역시 현재의 교육기관이라는 점 때문에 마지못해 학교에 다녔던 것이다. 그러한 정서로부터, 때로는 "공부해봐야 소용없다"거나 "공부해봐야 앞으로 어떤 서광이 있겠느냐"는 식으로 자포자기적인 생각을 품게 되고, 나아가 퇴학낭해도 정신적으로 크게 괴로워하지 않게 되며, 결국에는 직업적인 동맹휴학자가 되고 마는 것이다. 게다가 교사들은 일반의 불안상태가 학생들에게 반영되는 것은 부득이한 일이라고 생각한다든지, 학생사건은 주위환경이 그렇게 만드는 것이므로 조선의 모든 경제적·정치적 조건이 변하지 않으면 방지할 방법이 없는 것이라고 생각하며, 오히려 생도들에게 동조하고 개중에는 생도운동에 가담하는 자도 생겨나는 상황이었다. 여하간에 이러한 풍조는 멀리 일한병합 이래로 변천해오고 있다. 그것을 각 시대별로 구분하여 구체적인 특징을 살펴보자.

동맹휴학의 색채로 본다면, 1919년의 제도 개정 당시부터 약 5년간은 배일휴교시대라고 부를 수 있으며, 배일 정서에서 출발한 맹휴가 많고, 심하게는 기원절(일본의 건국기념일) 의식을 기피하기 위해 맹휴하는 경우도 있었다. 1924년 무렵부터 1, 2년간은 주의자가 배후에 있어, 학교 설비 개선이나 교원 배척을 표면의 이유로 하여, 맹휴를 일으키기 위해 맹휴한다는, 이른바 주의적 맹휴 시련시대라 할 수 있는 과도적 단계였다. 이러한 단계를 거쳐, 1926년부터 학생의 주의운동도 성숙하여 배후로부터 주의자의 지도를 받지 않고도 독립적으로 진행할 수 있게 되어, 이윽고 주의적 맹휴시대라고 부를 만한 시기에 이르렀다. 그리고 1931년부터 만주사변 발발에 의해 일반적 사상전환의 영향을 받으면서, 맹휴사건에서도 사상적 배경이 거의 단절되고 매우 단순화되었다.

이상을 다시 사상경향을 주로 하여 조망해본다면, 1919·1920년 무렵은 독립운동시대라고 부를 수 있다. 반항 정서의 표출로서 공립학교에 입학하는 것을 일반적으로 기피하여, 매년 입학시기가 되면 경찰관이 연일 입학을 권유하며 돌아다녔지만, 워싱톤회의에 대한 조선 민중의 기대가 어긋나면서 돌연 실력양성운동으로 전향했다. 1921년 무렵부터 향학열이 급격하게 발흥하여, 1923년에는 민립대학설립운동까지 일어나기에 이르렀다. 그런데 당시에는 마침 사회주의가 유행하고 있었는데, 민족운동의 온건성에 만족하지 못하던 차에 예기치 않게 일반으로부터 환영받게 되면서, 이후 7, 8년 동안은 학생의 사상도 사회주의 만능관을 노정하게 되었다. 특히 만주사변 발발을 전후로는 반전운동이 일시적으로 성행하였다. 그러나 그 이후 우리나라 국내외 정세의 변화는 젊은 생도들에게 필연적으로 내선(內鮮)관계를 재인식시키기에 이르렀다. 그리하여 일본은 동양의 영원한 평화확보라는 대이상 아래 힘쓰는 것 이외에는 다른 의도가 없다는 점, 그리고 열강의 의사에 구애됨이 없이 단호한 소신을 갖고 매진하여 만주 건국을 달성할 수 있었던 국력의 위대함을 인식 긍정함에 따라, 헛되이 일본에 반항하는 것은 잘못이며, 또한 일본에 반항해서는 아무것도 이룰 수 없다는 정서가 생겨나면서, 소위 전향시대 내지 주의사상 침쇠시대라고 부를 만한 최근의 정세가 초래된 것이다.

이상과 같은 추이는 완전히 일반사상의 추이와 동일한 코스를 걷고 있는 것이지만, 그것을 알기 쉽게 연대표로 나타내면 다음과 같다. (☞ 본문 제4장의 〈표 3〉 학생운동의 성격과 사상적 경향 참조)

다음으로, 조선에서 학생문제를 고찰할 때 주의를 요하는 것으로, 조선에서 학생은 전체적으로 볼 때 지식계급이면서 가장 유력한 집단 세력이라는 점이다. 이로 인해 학생 자신도 조선 내의 모든 운동에서 신구자라는 긍지를 갖고 있는 것으로 보인다. 또한, 학교 안에서 협의하거나 획책하는 일이 다른 방면에서 행하는 것보다 훨씬 편리하며, 학생들의 정서도 각 지역에서 공통된 점이 많아 어떤 사건이 발생한 경우에 파급성이 깊고 강한 것이다. 광주학생사건이 내선(內鮮) 학생의 투쟁사건을 발단으로 하여 전 조선의 학생소요사건으로 전환된 것이지만, 당시 신간회와 같은 전 조선에서 호령했던 유력한 단체가 있어서, 배후에서 선동한 관계도 있다. 그러나 문제의 성질에 따라서는 앞으로 이와 같은 일이 없을 것이라고는 결코 보증할 수 없다. 특히 조선에서는 학생이 가장 민감한 계급이기 때문에, 모든 객관 정세를 직접적으로 수용하고 일정한 반응을 나타내는 것이다. 지나간 과거 학생사상의 추이 내지 각종 사건의 원인동기를 검토한다면 그것을 용이하게 간취할 수 있을 것이지만, 교직자나 경찰관은 이러한 점을 염두에 두고 항상 사전에 경향을 살펴서 대처할 필요가 있다.(이하 생략)

2. 중등교육 정책 주요 연표

연월	주요 법령 및 사건
1911.06.	「조선총독부유학생규정」 제정
1911.09.	「조선교육령」 제정(1차)
1911.10.	「고등보통학교규칙」, 「여자고등보통학교규칙」, 「실업학교규칙」 제정
1911.10.	「사립학교규칙」 제정
1912.03.	「조선총독부중학교규칙」, 「조선공립고등여학교규칙」, 「조선공립실업전수학교 및 조선공립간이실업전수학교규칙」 제정
1915.03.	「전문학교규칙」 제정
1918.11.	제1차 세계대전 종전
1919.03.	3·1운동 전개
1920.06.	「중등교원위탁생규칙」 제정
1922.02.	「조선교육령」 전면 개정(2차)
1922.02.	「고등보통학교규정」, 「여자고등보통학교규정」, 「실업학교규정」 제정
1922.03.	「사립학교 교원의 자격 및 원수에 관한 규정」 제정
1922.04	「조선공립학교직원정원규정」 제정
1924.05.	「경성제국대학예과규정」 제정
1925.04.	고등보통학교 및 여자고등보통학교를 관립에서 공립으로 전환
1925.07.	조선의 중등학교에 교련 과목을 담당하는 일본인 현역 장교 배치
1926.06.	6·10만세운동 전개
1927.07.	「수원고등농림학교부치실업보습학교교원양성소규정」 제정
1929.10.	세계 경제대공황 촉발
1929.11.	광주학생운동 전개
1930.03.	일본유학생급비제도와 중등교원위탁생제도 폐지
1931.01.	중등학교에서 실업을 필수과목으로 지정
1931.07.	브나로드운동 전개
1931.09.	만주사변 발발
1932.01.	중등학교에 공민과 과목 신설
1935.04.	「실업보습학교규정」 제정
1935.12.	평양 소재 기독교계 학교의 신사 참배 거부 사건 발생
1936.01.	초등교육확충계획안 발표
1936.07.	「수원고등농림학교부치농업교원양성소규정」 제정

1937.07.	중일전쟁 발발
1937.09.	중등교육확충계획안 발표
1937.09.	기독교계 학교의 폐교 및 학교사업 철수
1937.10.	황국신민서사 제정
1938.02.	「육군특별지원병령」 제정
1938.03.	「조선교육령」 전면 개정(3차)
1938.03.	「중학교규정」, 「고등여학교규정」, 「실업학교규정」 전면 개정
1938.04.	「국가총동원법」 제정
1938.06.	학생근로보국대 조직
1938.08.	「학교졸업자사용제한령」 제정
1938.04.	공·사립 고등보통학교와 여자고등보통학교의 명칭을 중학교 및 고등여학교로 일괄 개칭
1940.02.	창씨개명 실시
1941.04.	소학교를 국민학교로 명칭 변경
1941.04.	「경성고등공업학교부치이과교원양성소규정」 제정
1941.12.	진주만 공습
1942.04.	「수원고등농림학교부치지리박물교원양성소규정」 제정
1943.01.	「중등학교령」 제정
1943.03.	「조선교육령」 전면 개정(4차)
1943.03.	「중학교규정」, 「고등여학교규정」, 「실업학교규정」, 「실업보습학교규정」 전면 개정
1943.10.	「교육에 관한 전시비상조치방책」 공포
1943.10.	「육군특별지원병임시채용규칙」 제정
1944.07.	「경성제국대학부속이과교원양성소규정」 제정

참고문헌

1. 자료

鎌塚扶, 1933.2, 「朝鮮に於ける公民科要目に就て」, 『文教の朝鮮』.

_____, 1934.3, 「公民教育序說」, 『朝鮮の教育研究』.

高橋濱吉, 1930, 『朝鮮教育史考』, 帝國地方行政學會朝鮮本部.

古澤常次, 1933.7, 「本校公民科指導精神と其の取扱方」, 『文教の朝鮮』, 朝鮮教育會.

弓削幸太郎, 1923, 『朝鮮の教育』, 自由討究社.

今村忠夫, 1928, 「實業教育官見」, 『朝鮮研究』 1-1.

김기용, 「십년을 하루갓치(1): 임지는 수원공보」, 『동아일보』, 1926.1.1.

김도태, 1930.5, 「교원의 입장에서 학부형에게 대한 희망」, 『학생』.

南次郎, 1938.5, 「도지사회의에서의 총녹 훈시」, 『文教の朝鮮』.

노자영, 「교육진흥론(1)」, 『동아일보』, 1920.9.10.

大瀨甚太郎, 1932, 『公民科教本教授資料』 卷上, 東京開成館.

大山讓一, 1932.4, 「我校に於ける公民科教授細目」, 『文教の朝鮮』.

大野謙一, 1936, 『朝鮮教育問題管見』, 朝鮮教育會.

류영춘, 「가정의 개량문제 - 조선 부엌은 능률이 부족 개량은 이 부엌에서부터」, 『동아일보』, 1928.1.7.

武部欽一, 1930.1, 「如何なる教育を施すべきか」, 『文教の朝鮮』.

_____, 1931.4, 「教育上に於ける當面の諸問題」, 『文教の朝鮮』.

渡辺豐日子, 1934.10, 「朝鮮教育の側面觀」, 『文教の朝鮮』.

福士末之助, 1929.8,「朝鮮教育諸法令改正等に就いて」,『文教の朝鮮』.

西村綠也·指愼三, 1930,「朝鮮教育大觀」.

松月秀雄, 1928.6,「勤勞の教育學的概念」,『文教の朝鮮』.

_____, 1933.7,「教科目としての公民科」,『朝鮮の教育研究』.

水原高等農林學校, 1930,『水原高等農林學校一覽』.

안광호, 1931.4,「명일의 결혼」,『신여성』.

양주동,「여자교육을 개량하라(1~6)」,『동아일보』, 1922.11.13~19.

塩原時三郞, 1938.7,「學校生徒の愛國勞働奉仕作業實施」,『文教の朝鮮』.

오천석,「일본인·조선인 공학 문제(1~5)」,『동아일보』, 1933.10.28~11.3.

_____,「교육계의 당면문제(상·중·하)」,『동아일보』, 1934.10.26~27.

요한, 1924.9,「신여자송」,『신여성』.

宇垣一成, 1934.10,「全国中学校長会同に於ける講演」,『文教の朝鮮』.

이광수,「민족적 경륜(4)」,『동아일보』, 1924.1.5.

이동원, 1934.12,「학창만화」,『개벽』.

이송은, 1923.3,「수업료 저감 결의에 대한 비판」,『개벽』.

이정숙,「졸업하는 여학생에게」,『동아일보』, 1929.3.11.

仁川府廳 編, 1933,『仁川府史』.

정규창,「교육문제관견(1~7)」,『동아일보』, 1927.11.17~24.

朝鮮總督府, 1918,『(高等普通學校)修身教科書』卷1.

朝鮮總督府警務局, 1929,『朝鮮に於ける同盟休校の考察』.

_____, 1936,『高等警察報』5.

朝鮮總督府學務局, 1926,『朝鮮教育要覽』.

_____, 1943,『參考資料』.

조선농회, 1930·1931,『농가경제조사』.

朝鮮殖産銀行, 1939,「昭和14年度 採用決定書類」.

朝鮮總督府, 1917,「朝鮮總督府編纂教科書概要」.

_____, 1921,「實業學校長會議諮問事項答申書 附 實業學校諸統計表」.

_____, 1921,「現行教科書編纂の方針」.

_____, 1923,「官公立農業學校長會議事項」.

_____, 1923,「我等の學校」,『高等普通學校修身書』卷1.

_____, 1925,「朝鮮總督府編纂教科用圖書書概要」.

_____, 1928,「公立實業學校長會議事項」.

_____, 1928,「公立中學校長·公立高等普通學校長會議事項」.

주요섭, 1931.6,「여자교육개선안」,『신여성』.

_____, 1933.1,「신여성과 구여성의 행로」,『신여성』.

_____, 1933.10,「조선 여자교육 개선안」,『신여성』.

竹内泰宗, 1933.12,「國家主義に立脚せる公民教育」,『朝鮮の教育研究』.

中村止戈男, 1933.4,「修身科及公民科の指導原理」二,『文教の朝鮮』.

_____, 1933.3,「修身科及公民科の指導原理」,『文教の朝鮮』.

清州公立高等普通學校, 1937,『各科教授ノ方針並學習指導綱領』.

八木信雄, 1940,『學制改革と義務教育の問題: 今日の朝鮮問題講座』3, 緑旗聯盟.

幣原坦, 1919,『朝鮮教育論』, 六盟館.

學部, 1908,「第二回官公立普通學校教監會議要錄」(융희2년8월).

學部, 1909,『韓國教育ノ既往及現在』.

_____, 1909,『韓國教育』.

_____, 1910,『韓國教育ノ現狀』.

行德八郎, 1932.1,「職業教育と公民教育」,『朝鮮の教育研究』.

현상윤, 1933.4,「재경감독자가 필요」,『신동아』.

2. 단행본

강경상업고등학교, 1990, 『강상칠십년사』.

경기고등학교동창회 개교100주년 기념사업단 편, 2000, 『한국중등교육 100년: 과거, 현재, 미래』.

경기상업고등학교동창회, 1973, 『경기』.

경복55년사편찬위원회, 1976, 『경복55년사(1921~1975)』.

고창중·고등학교동창회, 2007, 『성혼』.

공주교육60년사편찬위원회, 1982, 『공주교육60년사』.

공주농업고등학교오십년사편찬위원회, 1983, 『공주농업고등학교 오십년약사 1933~1983』.

광주고보·서중·일고동창장학회, 2004, 『광주고보·서중·일고팔십년사』.

광주농업고등학교동창회, 1989, 『광주농업고등학교팔십년사』.

광주제일고등학교동창회, 1986, 『광주고보·서중·일고육십오년사』.

교육50년사편찬위원회, 1998, 『교육50년사』, 교육부.

교육부, 1997, 『통계로 본 한국교육의 발자취』, 한국교육개발원.

駒込武, 1996, 『植民地帝國日本の文化統合』, 岩波書店.

國立教育研究所 編, 1974, 『日本近代教育百年史 4: 学校教育 2(1886年-1917年)』, 教育研究振興會.

_____, 1974, 『日本近代教育百年史 5: 学校教育 3(1918年-1945年)』, 教育研究振興會.

_____, 1974, 『日本近代教育百年史 10: 産業教育 2(1915年頃以降)』, 教育研究振興會.

국립부산개방대학교60년사편찬위원회, 1987, 『학교60년사: 부산공립공업보습학교에서 국립부산개방대학까지(1924~1984)』.

국립부산공업대학교70년사편찬위원회, 1994, 『부산공업대학70년사』.

김부자, 조경희·김우자 역, 2009, 『학교 밖의 조선여성들: 젠더사로 고쳐 쓴 식민지교육』, 일조각.

김성일, 1983, 『현대중등교육론: 이론과 실제』, 교육출판사.

김수진, 2009, 『신여성, 근대의 과잉: 식민지 조선의 신여성 담론과 젠더정치, 1920~1934』, 소명출판.

김영우, 1989, 『한국 중등교원 양성교육사』, 교육과학사.

김용달, 2003, 『일제의 농업정책과 조선농회』, 혜안.

김호일, 2005, 『한국근대 학생운동사』, 선인.

대구공업중고등학교 총동문회, 2005, 『대구공고80년사』.

대구농림고등학교, 1989, 『대구농고팔십년사』.

대구농림자연과학고등학교총동창회, 2010, 『대구 농림·자연과학고등학교 백년사』.

대구상업고등학교오십년사편찬회, 1973, 『대상오십년사』.

대전산업대학교칠십년사편찬위원회, 1997, 『대전산업대학교칠십년사』.

渡部學, 1975, 『朝鮮敎育史』, 世界敎育史大系 5, 講談社.

동래고등학교, 1979, 『동래고등학교80년사』.

文部省, 1956, 『産業敎育七十年史』, 雇用問題硏究会.

_____, 1992, 『學制百二十年史』, ぎょうせい.

文部省敎育史編纂會 編, 1939, 『明治以降敎育制度發達史』 第十卷, 龍吟社.

미야다 세쯔코, 이형랑 역, 1997, 『조선민중과 '황민화'정책』, 일조각.

尾形裕康 외, 신용국 역, 1992, 『(신간) 일본교육사』, 교육출판사.

박정훈, 1983, 『중등교육론』, 진명문화사.

박찬승, 1992, 『한국 근대 정치사상사 연구: 민족주의 우파의 실력양성 운동론』, 역사비평사.

박혜진, 2015, 『일제하 한국기독교와 미션스쿨』, 경인문화사.

백순근, 2003, 『일제강점기의 교육평가』, 교육과학사.

보성중고등학교, 1986, 『보성80년사』.

부산상업고등학교, 1975, 『부상팔십년사』.

부상백년사편찬위원회, 1995, 『부상백년사』.

상주대학교팔십년사 편찬위원회, 2001, 『상주대학교팔십년사』.

서울공업고등학교동창회, 1989, 『서울공고구십년사』.

서울산업대학교100년사편찬위원회 편, 2010, 『서울산업대학교100년사』 1.

서울시립대학교 교사편찬위원회, 1998, 『서울시립대학교80년사』.

서울시립대학교 90년사 편찬위원회, 2008, 『서울시립대학교90년사』.

선린팔십년사편찬회, 1978, 『선린팔십년사』.

世界教育史研究會 編, 1974, 『中等教育史』 I·II, 世界教育史大系 24·25, 講談社.

細谷俊夫 編, 1973, 『学校教育学の基本問題』, 評論社.

송규진 외, 2004, 『통계로 본 한국 근현대사』, 아연출판부.

松本武祝, 1989, 「1930년대 조선의 농가경제」, 안병직 외 편, 『근대조선의 경제구조』, 비봉.

송설당교육재단·김천중고등학교, 2011, 『송설팔십년사』.

숙명여자중·고등학교, 1976, 『숙명칠십년사』.

숭의팔십년사편찬위원회, 1983, 『숭의팔십년사』.

안종철, 2010, 『미국 선교사와 한미관계, 1931~1948: 교육철수, 전시협력 그리고 미군정』, 한국기독교역사연구소.

안홍선, 2017, 『식민지 중등교육체제 형성과 실업교육』, 교육과학사.

엄미옥, 2011, 『여학생, 근대를 만나다: 한국 근대소설의 형성과 여학생』, 역락.

예산농업전문대학 편, 1980, 『예산농학칠십년』.

예산농학 100년 편찬위원회, 2010, 『예산농학 100년』.

오성철, 2000, 『식민지 초등교육의 형성』, 교육과학사.

오천석, 1964, 『한국신교육사』, 현대교육총서출판사.

원낙희, 2013, 『돈그리마』(자비출판).

元木健, 1973, 『技術教育の方法論』, 開隆堂.

유봉호, 1992, 『한국 교육과정사 연구』, 교학연구사.

유봉호·김융자, 1998, 『한국 근·현대 중등교육 100년사』, 교학연구사.

이경란, 2002, 『일제하 금융조합연구』, 혜안.

이리농림50년사편찬회, 1972, 『이리농림오십년사』.

이리농림60주년 기념사업 추진위원회, 1982, 『이리농림육십년사』.

이만규, 1988, 『조선교육사』 2, 거름; 이만규, 1947, 『조선교육사 상·하』, 을유문화사.

이원호, 1974, 『한국기술교육사』, 서문당.

_____, 1996, 『실업교육』, 하우.

이혜영 외, 1997, 『한국 근대 학교교육 100년사 연구(Ⅱ): 일제 시대의 학교교육』, 한국교육개발원.

이화팔십년사편찬위원회, 1967, 『이화팔십년사』, 이대출판부.

인고백년사편찬위원회, 1995, 『인고백년사』.

인천기계공업고등학교동창회, 1990, 『인천기계공고오십년사』.

日本カトリック司教協議会, 2007, 『信教の自由と政教分離』.

장규식, 2009, 『1920년대 학생운동』, 독립기념관 한국독립운동사연구소.

전주고등학교·전주북중학교총동창회, 1999, 『전고·북중80년사』.

정미량, 2012, 『1920년대 재일조선유학생의 문화운동: 개인과 민족, 그 융합과 분열의 경계』, 지식산업사.

정병욱, 2004, 『한국근대금융연구: 조선식산은행과 식민지 경제』, 역사비평사.

정신여자중·고등학교, 1962, 『정신75년사』.

정재철, 1985, 『일제의 대 한국 식민지 교육정책사』, 일지사.

정진석 편, 1999, 『문자보급운동 교재(조선일보, 동아일보): 1929~1935』, LG상남언론재단.

정태수, 1996, 『한국 교육기본법제 성립사』, 예지각.

佐藤由子, 1988, 「戰前の文検制度と地理の受験者たち」, 『地理学評論』 61(7).

조춘호, 2001, 『태극단학생독립운동』, 대구상업정보고등학교 총동창회.

天野郁夫, 1992, 『學歷の社會史: 敎育と日本の近代』, 新潮社.

최재성, 2006, 『식민지 조선의 사회경제와 금융조합』, 경인문화사.

춘천농공고등학교총동창회, 2010, 『춘농공고백년사』.

한국역사연구회, 전남사학회 공편, 2000, 『광주학생운동연구』, 아세아문화사.

한규무, 2009, 『광주학생운동』, 독립기념관 한국독립운동사연구소.

홍성고등학교동창회, 1991, 『홍성고50년사』.

James Bowen, 1981, *A history of western education(v. III): The modern West Europe and the New World*, Methuen&Co.Ltd.

John S. Brubacher, 1947, *A History of the problems of education*, McGraw-Hill, 이원호 역, 1984, 『교육사: 교육문제 변천사』, 문음사.

Unesco, 1961, *World survey of education III: Secondary education*, Unesco(日本コネスコ國內委員會 譯, 1963, 『世界の中等教育』, 民主敎育協會).

3. 논문

谷口琢男, 1973, 「戰時下の中等敎育改編: 敎育審議会と中等教育'一元化'論」, 細谷俊夫 編, 『学校教育学の基本問題』, 評論社.

강명숙, 2004, 「6-3-3-4제 단선형 학제 도입의 이념적 성격」, 『한국교육사학』 제26권 2호.

_____, 2008, 「일제말기 학생 근로 동원의 실태와 그 특징」, 『한국교육사학』 30권 2호.

강혜경, 2010, 「숙명여고보 맹휴사건으로 본 식민지 여성교육」, 『한국독립운동사연구』 제37집.

広瀬玲子, 2014, 「植民地支配とジェンダー: 朝鮮における女性植民者」, 『ジェンダー史学会』 10.

구희진, 1995, 「일제강점 전반기(1905~1928)의 교육론」, 서울대학교 석사학위논문.

김경일, 2001, 「식민지 여성 교육과 지식의 식민지성: 식민 권력과 근대성의 각축」, 『사회와 역사』 59.

김광규, 2019, 「조선의 '문검' 합격자들」, 『한국교육사학』 제41권 제2호.

김기주, 2010, 「광주학생운동 이전 동맹휴학의 성격」, 『한국독립운동사연구』 제35집.

김기헌·三輪哲, 2007, 「단선형 학제 도입이 사회계층간 교육격차에 미치는 영향: 한국과 일본의 경우」, 『교육사회학연구』 17(1).

김동환, 2009, 「일제강점기 충북 중등교육의 사례연구: 청주고등보통학교의 학생과 교사의 사회적 배경 및 진로를 중심으로」, 『한국교육사학』 31권 2호.

_____, 2012, 「일제강점기 초기 학부형의 사회적 신분에 대한 일고찰」, 『교육학연구』 50권 1호.

김명규, 2002, 「1920년대 국내 부르주아 민족운동 우파 계열의 민족운동론: 〈동아일보〉 주도층을 중심으로」, 『한국근현대사연구』 20집.

김명숙, 2011, 「일제강점기 고등여학교 학생들의 꿈과 이상, 그리고 현실: 1945년 동덕고등여학교 학석부를 중심으로」, 『향토서울』 78.

_____, 2014, 「1943~1945년 수원공립고등여학교 학적부 분석: 일제 강점기 한일공학의 특징을 중심으로」, 『한국사상과 문화』 제73집.

_____, 2017, 「학적부를 통해 본 일제강점기 동덕여고 여학생의 특성 연구」, 『여성과 역사』 제26집.

김성은, 2011, 「1920년대 동맹휴학의 실태와 성격: 선교회 여학교를 중심으로」, 『여성과 역사』 제14집.

김우봉, 2008, 「근대 일본의 국민적 모범인물상 창출과정: 니노미야 손토쿠(二宮尊德)의 모범인물화」, 전남대학교 박사학위논문.

김정인, 1998, 「일제 강점기 경성부의 교육행정과 교육실태」, 『서울학연구』 제10집.

김정화, 1999, 「1920년대 중반 이후 학생운동 연구: '광주학생운동'을 중심으로」, 『한국독립운동사연구』제13집.

김종식, 2012, 「1930년 전후 중학교 공민과의 정치교육 성립과정: 중의원의원선거혁정심의회의 논의를 중심으로」, 『일본역사연구』35.

김형목, 2018, 「3·1운동 직후 야학운동의 전개양상과 역사적 성격」, 『역사와 담론』86.

김혜경, 1999, 「가사노동담론과 한국근대가족: 1920, 30년대를 중심으로」, 『한국여성학』15(1).

김호일, 1989, 「1930년대 항일학생운동의 연구」, 『한국독립운동사연구』3.

笠間賢二, 2005, 「小学校教員検定に関する基礎的研究: 宮城県を事例として」, 『宮城教育大学紀要』40.

馬居政幸, 1995, 「日本における公民教育の成立と展開」, 『社会와 교육』21.

문영주, 2005, 「일제하 도시금융조합의 운영체제와 금융활동(1918~1945)」, 고려대학교 박사학위논문.

박광순, 2018, 「1920년대 일제의 본국과 식민지 조선에서의 중등교원 양성 제도 운영」, 충북대학교 석사학위논문.

박용규, 2009, 「1920년대 중반(1924~1927)의 신문과 민족운동: 민족주의 좌파의 활동을 중심으로」, 『언론과학연구』9권 4호.

박찬승, 1990, 「일제하 민족주의 우파와 친일파의 교육론」, 『초등우리교육』8호.

_____, 1993, 「1920년대 중반~1930년대 초 민족주의 좌파의 신간회 운동론」, 『한국사연구』80.

_____, 2004, 「1920년대 도일유학생과 그 사상적 동향」, 『한국근현대사연구』30.

박철하, 1995, 「고려공산청년회의 조직과 활동(1920~1928)」, 『한국 근현대 청년운동사』, 풀빛.

박철희, 2002, 「식민지기 한국 중등교육 연구: 1920~30년대 고등보통학교를 중심으로」,

서울대학교 박사학위논문.

_____, 2003, 「식민지학력경쟁과 입학시험준비교육의 등장」, 『아시아교육연구』 제4집 제1호.

_____, 2003, 「일제강점기 중등학교의 학생 규율에 관한 연구」, 『한국교육』 30(1).

_____, 2004, 「1920~30년대 고등보통학생 집단의 사회적 특성에 관한 연구」, 『한국교육사학』 26(2).

_____, 2006, 「일제강점기 여자고등보통학교 교육기회분배와 졸업생 진로에 관한 연구」, 『한국교육사학』 28(2).

배대식, 2019, 「1930년대 조선유학생의 일본유학과 사회진출」, 연세대학교 석사학위논문.

福沢諭吉, 1893, 「実業論」; 慶応義塾 編纂, 1959, 『福沢諭吉全集』 6, 岩波書店.

釜田史, 2008, 「明治後期秋田県における小学校教員検定試験制度に関する研究」, 『神戸大学大学院人間発達環境学研究科研究紀要』 1(2).

小笠原拓, 2007, 「'文検国語科'の研究(1): その制度と機能について」, 『地域学論集』 4(1).

_____, 2014, 「'文検国語科'の研究(2): 筆記試験の構成と全体像」, 『地域学論集』 10(3).

小田義隆·土屋基規, 1999, 「戦前中等教員養成制度の研究: '文検' 歴史科を中心に」, 『神戸大学発達科学部研究紀要』 第7巻第1号.

소현숙, 2019, 「일제하 중등학교 여학생의 일상에 대한 규율과 통제」, 『여성과 역사』 31.

송명희, 2010, 「근대소설에 나타난 신여성 모티프」, 『인문사회과학연구』 11(2).

송창용 외, 2009, 「주요국의 직업교육 동향」, 한국직업능력개발원.

신용하, 2005, 「1930년대 문자보급운동과 브·나로드 운동」, 『한국학보』 31(3).

신주백, 2001, 「일제의 교육정책과 학생의 근로동원(1943~1945)」, 『역사교육』 제78집, 한국역사교육회.

심상훈, 2017, 「일제강점기 민족교육운동의 전개양상과 성격: 경북북부지역 야학운동을 중심으로」, 『조선사연구회』 26.

안홍선, 2007, 「식민지시기 사범교육의 경험과 기억: 경성사범학교 졸업생들의 회고를 중심으로」, 『한국교육사학』 29(1).

오성철, 2015, 「한국 학제 제정 과정의 특질: 1945~1951」, 『한국교육사학』 37(4).

오천석, 1950, 「새교육법을 비판함」, 『새교육』 1·2호.

원용석, 1956, 「회상」, 『보성』, 50주년기념호.

유용식, 2006, 「일제하 교육진흥론의 논리와 성격: 동아일보의 교육담론을 중심으로」, 『비교교육연구』 제16권 제1호.

尹健次, 심성보 역, 1987, 『한국근대교육의 사상과 운동』, 교육출판.

윤선자, 2010, 「광주학생운동 이후 학생운동의 변화」, 『한국독립운동사연구』 35.

윤소영, 2005, 「근대국가 형성기 한·일의 '현모양처'론: 그 공통점과 차이점을 중심으로」, 『한국민족운동사연구』 44.

윤영옥, 2005, 「1920~30년대 여성잡지에 나타난 신여성 개념의 의미 변화와 사회문화적 의의『신여성』을 중심으로」, 『국어문학』 40.

이경숙, 2006, 「일제시대 시험의 사회사」, 경북대학교 박사학위논문.

_____, 2007, 「모범인간의 탄생과 유통: 일제시대 학적부 분석」, 『한국교육』 34(2).

이광호, 1991, 「한국 교육체제 재편의 구조적 특성에 관한 연구: 1945~1955년을 중심으로」, 연세대학교 박사학위논문.

이명실, 2015, 「1890년대 일본의 학제개혁 연구: 이노우에 고와시(井上毅)의 교육구상을 중심으로」, 『한국일본교육학연구』 19(2).

_____, 2015, 「일제강점기 실업보습학교제도 연구」, 『한국교육사학』 37(4).

이병담, 2005, 「근대일본의 실업교육 양상과 근로주의 근대일본의 실업교육 양상과 근로주의: 「심상소학수신서」를 중심으로」, 『일어일문학』 제26집.

이병례, 2012, 「일제하 전시 기술인력 양성정책과 한국인의 대응」, 성균관대학교 박사학위논문.

이송희, 2005, 「일제하 부산지역 일본인사회의 교육 1: 일본인 학교 설립을 중심으로」, 『한일관계사연구』 제23집.

_____, 2005, 「한말, 일제 하의 여성교육론과 여성교육정책」, 『여성연구논집』 16.

이윤미, 2001, 「근대 여성교육과 '교육받은 여성'에 대한 사회적 규범화 담론」, 『한국교육』 28(2).

이윤미·이정아, 2017, 「식민지시기 『학생』지에 나타난 여학생 교육」, 『교육사상연구』 31(3).

이행화·이경규, 2016, 「일제강점기의 조선 신여성 인식에 관한 일고찰: 여성잡지 『신여성』을 중심으로」, 『일본근대학연구』 51.

이홍기, 1998, 「일제의 중등학교 재편과 조선인의 대응(1905~1931)」, 서울대학교 석사학위논문.

이희경, 2004, 「1920년대 '여학생'의 사회적 표상: 잡지 『신여성』을 중심으로」, 『한국교육연구』 10(1).

_____, 2006, 「1920~30년대 식민지 조선 여성교육의 성격: 2차 교육령과 여자고등보통학교규정을 중심으로」, 『한국교육사학』 28(1).

장신, 2006, 「1924년 동아일보 개혁운동과 언론계의 재편」, 『역사비평』 75호.

정연태, 2012, 「일제강점기 한·일공학 중등학교의 관행적 민족차별 - 충남 강경상업학교의 사례」, 『한국사연구』 제159호, 한국사연구회.

_____, 2012, 「한·일공학 중등학교 졸업생의 일제하 진로와 해방후 변화: 충남 강경상업학교의 사례」, 『한국문화』 제60호.

정준희, 2018, 「1930년대 브나로드운동의 사회적 기반과 전개과정」, 연세대학교 석사학위논문.

제은숙, 1993, 「일제하 조선인의 중등학교 진흥운동(1919~1925)」, 서울대학교 석사학위논문.

주익종, 1998, 「1930년대 중엽이후 조선인 중등학교의 확충」, 『경제사학』 제24호.

지수걸, 1990, 「일제시기 브나로드운동, 재평가해야」, 『역사비평』 11.

최병갑, 1997, 「일제시기 공업교육정책에 관한 연구」, 강원대학교 박사학위논문.

최성원, 1964.11, 「광주학생운동의 주역들」, 『신동아』.

하루키 이쿠미, 2010, 「근대 일본과 조선의 양처현모주의」, 『제2기 한일 역사 공동연구 보서』 5.

허재영, 2017, 「일제강점기 한글운동과 문맹퇴치(문자보급) 운동 연구」, 『독서연구』 44.

홍양희, 2001, 「일제시기 조선의 여성교육: 현모양처교육을 중심으로」, 『한국학논집』 35.

Aaron Benavot, 1983, "The rise and decline of vocational education", *Sociology of Education* 56(2).

Fritz Ringer, 1987, "On segmentation in modern European educational systems", in Müller, D., Ringer, K. & Simon, B.(eds.), *The rise of the modern educational system: structural change and social reproduction 1870~1920*, Cambridge University Press.

찾아보기

ㄱ

가봉 81, 326, 327
가사 과목 182, 183, 202, 203, 359
가사 종사자 301, 302, 304, 306, 308, 311, 312
가정과 교과 241
가정 배경 291, 297, 496
각종학교 91, 110~112, 393, 394
간이실업전수학교 187, 525
간이실업학교 123, 133, 166, 167, 187, 188, 205, 209
감리교회 소속 학교 110
감리회 393, 394
갑종학교 123, 132, 208, 209, 315, 319, 325, 332
강경상업학교 80, 159, 322, 496
개성상업학교 406
개성조사 244, 252, 259~261, 263, 264
개평 서술 방식 254, 256, 257
검열 382, 383, 386, 388, 467
검정 교과서 197
결혼 연령 27, 280, 289
경기고등학교 29, 530
경기공립중학교 29
경기상업학교 158, 407, 414~416

경기중학교 29, 91, 449, 474
경복중학교 450, 474
경상비 94, 135, 137~142
경성경제전문학교 79
경성고등공업학교 44, 323, 338, 345, 347, 351, 352, 375, 526
경성고등농림학교 338
경성고등보통학교 91, 245, 282, 283, 474
경성고등상업학교 79, 351, 352
경성공립고등보통학교 29
경성공립제1고등보통학교 29
경성공업경영전문학교 79
경성공업전문학교 323, 352
경성공업학교 78, 128, 132, 133, 137, 141, 142, 157, 208, 249, 292, 323~327, 406, 414, 451
경성농업학교 317, 449, 450, 498
경성법학전문학교 79, 306, 350, 352
경성사범학교 33, 138, 339, 365, 402
경성상업학교 407
경성여자고등보통학교 105, 182, 245, 282, 310
경성의학전문학교 44, 350, 352
경성전수학교 44, 350, 352
경성제1고등보통학교 91, 296, 305, 473, 474

찾아보기 541

경성제2고등보통학교 289, 305, 385, 474, 475
경성제국대학 53, 73, 77, 280, 305, 306, 308, 338, 346, 347, 351, 353~358, 375, 402, 449, 453, 468, 469, 474, 476
경성중학교 282
경성직업학교 232, 328, 329
경성척식경제전문학교 79
경세학 38
경신학교 112, 120
경제 대공황 50, 52, 161, 210, 302, 312
계성학교 112, 120
계열 구성 26, 32, 144
계열 분화 20
고급중학교 504
고등교육 기회 308, 471
고등국어독본 197
고등보통교육 16, 30, 55, 66, 90, 93, 105, 108, 109, 122, 123, 173, 174, 182, 186, 220, 226, 228, 234, 240, 243, 344, 390, 392
고등보통학교규정 48, 191~193, 194, 195, 196, 198, 201~204, 210, 220, 224, 226, 237, 471, 514, 525, 539
고등보통학교규칙 167, 168, 173~175, 179~183, 185, 186, 191, 192, 196, 201~204
고등보통학교 설립운동 93, 94, 96, 98~102, 104, 105
고등사범학교 332~334, 349, 357, 363~366, 370, 375
고등소학교 132, 133, 208, 325, 364, 365, 408

고등여학교규정 201, 216, 226, 228, 231, 240~243
고등여학교령 65, 191, 216
고등유민 62, 63, 64, 68
고등학교령 168, 170, 172, 179, 180, 245
고창고등보통학교 102, 103
곡물검사소 317, 319
공민과 과목 164, 210, 214, 215, 239, 525
공민과 교과서 214
공업전습소 157, 286, 323~325, 406
공주고등보통학교 288, 289, 384, 388, 389, 472
과외수업 473
관립중학교 29, 91
관립한성고등여학교 105
관립한성고등학교 29, 91
관비 335, 336
광신상업학교 80
광주고등보통학교 95, 96, 385, 472
광주농업학교 285, 316, 424, 496
광주학생운동 257, 291, 415, 427, 430, 432, 444, 451
교과군 233, 236
교련 181, 219, 238, 239, 242, 294, 368, 506
교수상 주의사항 26, 48, 164, 173~175, 185, 186, 190, 194, 195, 196, 201, 202, 220, 222, 223, 226, 228, 229, 230, 234, 235, 236, 241, 243
교수시수 170, 171, 184, 188, 193, 194, 202, 203, 238, 242, 471, 472
교수요지 26, 164, 173, 176, 179, 180, 194, 196, 198, 212~214, 220, 223~225, 229, 231, 237, 243

교수용어 179, 425, 426
교양교육/직업교육 20
교원 검정시험 280, 349, 363, 364, 367~370, 375
교원검정에 관한 규정 348, 363
교원 면허 280, 333, 355, 363, 367
교원면허령 348, 360, 361
교원면허장 109, 333, 348, 349, 360
교원 배척 114, 432~438, 446
교원속성과 43, 166, 332
교원 수급 357, 370, 372, 374, 375, 437
교원 자격 280, 332, 333, 347~364, 370, 436, 437
교원 정원 348, 370
교유 340, 341, 365, 369
교육만능론 58
교육 목적 15, 18, 21, 26, 66, 83, 164, 167, 173~175, 183, 185, 186, 189, 190, 196, 202, 212, 214, 216, 220, 226, 228~230, 234, 236, 237, 241, 243, 297, 298, 378, 391, 464, 475, 486, 492, 494, 496, 498
교육법 504, 506~511, 538
교육 실제화 정책 50~57, 61, 62, 65~69, 210, 494
교육실제화 정책 47
교육 언설 20, 40
교육에 관한 전시비상조치방책 79, 526
교육연한 42, 208
교육의 근로화 82
교육칙어 200, 222, 224
교차 입학 151, 191, 405

국가총동원법 76, 77, 344
국민과 237, 241
국민성 양성 164, 197
국민학교 504
국어 과목 183, 197, 198, 368, 369
국어독본 197, 198
국체 177, 180, 217, 218, 220~225, 227~229, 231, 234, 235, 239
군산고등여학교 247, 248, 267, 268
군산농업학교 285
규율 15, 27, 28, 66, 81, 165, 168, 174, 175, 178, 181, 187, 191, 196, 201, 207, 220, 234, 243, 349, 378, 379, 381, 383, 385~387, 389, 400, 401, 417, 484, 485, 490
근대화 15, 16
근로동원 25, 32, 55, 80~82, 236, 239, 293
근로보국대 80, 81, 219, 236, 239, 526
근로애호 48, 50, 51, 81, 210, 494, 502
근로의 교육화 82
근로주의 교육 25, 32, 47, 49, 51, 53~56, 67~69, 81, 210, 502
근로주의 교육론 25, 32, 54, 55
근태 252, 259, 260
금융조합 128, 317, 319, 321, 322, 501
기능 중심 교육 500, 502
기독교계 학교 108~110, 112, 113, 116~119, 121~23, 394~397
기독교 선교회 117, 122, 393, 399
기본교과 241
기성회 93~97, 99, 100, 102, 103
기수 319, 501

찾아보기 543

기숙사 114, 115, 158, 292, 293, 340, 395, 397, 416, 417, 466, 485
기술교육 14, 232
기술자 63, 64, 76, 77, 127, 331, 332
기예과 167, 182, 200
기예학교 200
기전여학교 394
기혼자 27, 280, 288~290
기회균등 15, 17, 466, 506, 508, 509
김천고등보통학교 102, 103

ㄴ

내선일체 75, 76, 217~223, 225, 227, 230, 231, 234, 236, 424, 426
내지연장주의 45
노작교육 54
농공병진 정책 72, 74
농민학교 133, 209
농사학교 133
농상공학교 323, 408
농업교원양성소 337, 341~343
농촌진흥운동 50, 52, 462
농촌진흥자력갱생운동 50
농회 316~319, 501

ㄷ

단선형 학제 503, 504, 506~509, 511
대구고등보통학교 90
대구공업보습학교 232, 330
대구농림학교 250, 285, 289, 314, 315, 422, 423, 495
대구상업학교 140, 141, 158, 249, 251, 413, 414, 423
대구여자고등보통학교 310
대구중학교 90
대구직업학교 232, 330
대전고등여학교 99
덕성 49, 125, 176, 178, 180, 181, 195, 196, 221, 228~231
도화 과목 181, 189
독립 자영인 21, 174, 496~498, 500, 502
독서교육의 폐 48~50, 52, 54, 62, 68, 210
동덕여자고등보통학교 267, 400
동래고등보통학교 96, 97, 380
동맹휴학 21, 28, 52, 97, 112~114, 122, 257, 291, 378, 381, 383, 384, 387, 389, 393, 394, 396~398, 401, 411, 412, 424, 425, 427~446, 453, 455, 485, 500
동수 선발 원칙 158, 418
동양척식회사 317, 318, 322

ㅁ

마산상업학교 80
만학도 283, 284, 287~289
메이지유신 15
명륜전문학교 79
명륜청년훈련소 79
명신여학교 400
모던걸 479~481
모범교육 37, 39
모범학생 276
모의고사 473
목포상업학교 424, 450

무도 과목 219, 236, 238, 239, 294
무상교육 23
무시험 검정 349, 350, 357~359, 362, 365
무신조서 200
무자격 교원 280, 348, 362, 370, 396, 427
무차별 원칙 158, 413~416, 418
문검 363, 368
문관임용령 206
문맹퇴치 456~458, 462
문자보급운동 456~461
문화계몽운동 28, 378, 455, 461, 462
미션 스쿨 109
민족개조론 58
민족 공학제 28, 80, 130, 131, 135, 150, 154,
 157, 206, 269, 270, 322, 324, 378,
 405~410, 412~414, 417, 418, 422,
 424~426

복선형 학제 14, 15, 22, 244, 465, 504, 506,
 508, 509, 510, 511
봉급 생활자 498, 500
봉록 49~51, 62, 501
부덕 21, 166, 174, 183~186, 189, 202, 226,
 228, 390, 391, 486, 488
부산공업보습학교 232, 329, 330
부산실수학교 329, 330
부산제1상업학교 80, 130, 407
부산제2상업학교 80, 131, 407
부산중학교 282
부산직업학교 232, 233, 329, 330
불량학생 276, 435, 445, 446
불령선인 276
브나로드운동 448, 458~462
비밀결사 28, 251, 378, 423, 429, 444, 445,
 448, 449, 451~456

ㅂ

박물교원양성소 346
반지식주의 교육 54
방계 학교 18
배재고등보통학교 245, 296, 470
법제경제 과목 170, 202, 210, 211, 214, 341,
 350
보성고등보통학교 470
보성여학교 112, 116, 120
보성전문학교 79, 350, 351, 352
보증인 256, 296, 297
보통과목 44~49, 189, 204, 210, 249, 250,
 315, 487, 492~495
보통학교고등과 132

ㅅ

사립학교규칙 109, 111, 348~361
사립학교령 109
사범과 43, 166, 167, 171, 332
사범학교 14, 33, 136, 138, 146, 166, 191,
 310, 331~334, 339, 340, 349, 355,
 357, 359, 363~366, 369, 370, 375,
 402, 406, 449~452, 454, 474, 504
사상 경향 252, 263~265, 268, 270, 274~277,
 388, 427
사회적 연령 27, 281, 290, 291, 390
산금정책 75, 76
산미증식계획 127
3면 1교제 93

3·1운동　44, 91, 113, 191, 192, 198, 199, 218, 255, 412, 427, 430, 439, 448, 455, 456, 514, 520, 525, 536
상벌　252, 256, 257, 259, 260, 263, 270
상식　21, 166, 173~175, 184, 186, 189, 298, 390, 391, 396, 461, 486
상업교육 무용론　79
상주농업학교　497
생도심득　383, 385
서양인 선교사　38, 109, 115, 120~122, 394, 395, 398, 399
선린상업학교　157, 294, 406, 408~413, 416
선발교육　17
설교　417, 456
성적고사　26, 164, 244, 245
성행　27, 164, 244, 252, 253, 256~259, 261, 266~277, 360~362, 389, 522
성행증명서　27, 164, 253, 277
세브란스의학전문학교　350
소견표　27, 164, 253, 270, 277
소학교령　65, 191, 216
수공 과목　171, 180~182, 193
수련　234~242
수신 과목　164, 179, 196~198, 211, 223~225
수업료　142, 291, 293, 294, 345, 346, 435, 445, 446
수업연한　14, 33, 42, 44, 45, 47, 86, 123, 125, 127, 128, 150, 166, 167, 182, 186~188, 191~194, 200, 201, 204~210, 216, 231~233, 237, 255, 281, 282, 284, 287, 314~316, 324, 327, 330, 339, 346, 371, 390, 394, 413, 434, 435, 486, 493, 494, 504, 505, 506, 507
수원고등농림학교　337, 338, 341~343, 345~347, 351, 352, 375
수원고등여학교　248, 249, 269
수월성　23
수의과목　45, 48, 168, 169, 172, 182, 192, 193, 202, 203, 515
수피아여학교　119, 450
수학여행　291, 294, 411
숙명여자고등보통학교　400~404
숙명여자전문학교　79, 311
숭실전문학교　117, 120
숭실학교　112, 117, 120
숭의여학교　112, 114, 115, 117, 120, 394, 395, 397, 451
시세와 민도　40, 42
시험 검정　349, 350, 357~359, 362, 363, 365
시험지옥　468
식민지 교육의 청산　29
신간회　401, 439, 447, 448
신교육운동　36~38
신명여학교　112, 116, 120, 394
신사참배　116~122, 394
신성학교　112, 116, 120
신여성　25, 108, 400, 402, 404, 405, 478~485, 487~491
신의주고등보통학교　381
실과훈련주의　51
실리주의 교육관　58, 59
실무 중심 교육　492, 500, 502
실수학교　133, 209, 329, 330

실습교육　493, 495~500
실업계고　506
실업과　237, 238, 241, 242, 339
실업 과목　43, 48, 55, 56, 168~172, 174,
　　　　180~182, 188, 192, 193, 202, 210,
　　　　237, 240, 339, 435
실업교육 중심주의　69, 71
실업난　301, 336
실업보습학교　14, 30, 83, 100, 123, 131,
　　　　133~135, 146, 147, 186, 187,
　　　　205, 207, 209, 231, 232, 313, 331,
　　　　337~342
실업보습학교 교원양성소　337~342
실업전수학교　187, 205
실업학교규정　191, 201, 205, 207, 216,
　　　　229~232, 243, 493
실업학교규칙　44, 167, 187, 188, 190, 201,
　　　　205, 286
실업학교령　186, 201, 204, 205, 207, 229
실용주의 교육　25, 32, 40, 41, 42, 46, 47, 51,
　　　　65, 69
실용주의 교육론　25, 32, 51

ㅇ

야학　449, 453, 455, 456
양처현모　226, 483, 490
여자고등보통학교규정　191, 201~204, 226
여자고등보통학교규칙　167, 182, 183, 185,
　　　　186, 201~204
여자연성소지도원 양성과　79
연결교육　33
연희전문학교　79, 351, 352

영명여학교　394
예능과　237, 238, 241, 242
예산농업학교　285, 288, 451
완성교육　20
외국어 과목　169, 172, 179, 180, 182, 189,
　　　　192, 193, 202, 203, 239, 240
유학생 급비제　335
6-3-3-4제　503~509
6·10만세운동　427, 430, 438, 439
을종학교　123, 208, 209
의무교육　23, 283, 439
의무 복무　314, 324
이과 과목　192, 193, 203, 204, 345
이과교원양성소　345~347
이리농림학교　158, 250, 251, 270~275, 297,
　　　　318, 414, 417~423, 451, 454, 495
이수과　237, 238, 241~243, 355, 357, 364,
　　　　365
이화여자전문학교　79, 311, 351, 352, 359,
　　　　402
인간상　21, 173
인고단련　217, 219, 220, 223, 225, 231
인문계고　506
인물고사　26, 27, 164, 244, 252, 253, 270,
　　　　271, 274~77
인물됨　27, 164, 252, 254, 255, 257, 259,
　　　　261, 266, 270, 271, 422
인물 평가　27, 164, 165, 244, 252~257,
　　　　259~271, 276, 277, 389
인천남상업학교　321, 407
인천상업학교　214, 321, 407, 451
1군 1교주의　68, 93, 97, 98, 106, 145, 338,
　　　　477

1도 1교주의 68, 93, 145
1면 1교제 66, 69
일반교육의 무용론 55, 69
일본어 과목 169, 172, 173, 179, 180, 193, 393
일본준거주의 45
일시동인 44, 218, 234, 236
일신여자고등보통학교 102, 395
임시교원 양성소 166, 332
입시경쟁 17, 89, 161, 272, 292, 331, 419, 475, 476
입시준비교육 468, 469, 473, 476, 502
입학 경쟁 71, 88, 135, 149, 152, 154, 155, 157, 159~161, 304, 330, 331, 419, 467
입학난 52, 301
입학시험 88, 219, 331, 467, 469, 471, 473, 475, 537
입학 연령 284, 285

ㅈ

자격 인정 358~362, 435
자유 기술 방식 254, 256, 259, 262, 264, 270
자유연애 479, 481, 483
장로교과 학교 111
장로회 111, 114, 116, 118~120, 122, 393, 394
재봉·수예 과목 182, 183
전공과목 123, 188, 189, 207, 208, 249, 250, 345, 359, 492~495
전수학교 44, 133, 187, 205, 209, 350, 352
전시체제 72, 80, 126, 216, 337, 338, 344, 489
전주고등보통학교 246, 255~261, 263~266, 292
전주농업학교 285, 406
전주북공립중학교 255
전주여자고등보통학교 266, 267
정명여학교 397, 398
정신여학교 112~114, 121, 396, 397, 399
정예교육 23
정읍농업학교 451, 500
정의여학교 394
제2차 초등교육 확충계획 69, 71, 344
제국대학 예과 35, 305, 306, 351, 353, 468, 469, 474
제재 386, 417, 418, 441, 518
조선교육령 40~45, 47, 49, 51, 65, 66, 90, 93, 125, 165, 167, 168, 173~175, 179, 182, 183, 185~187~191, 193, 198, 200~202, 204, 205, 209, 216, 217, 220, 226, 229, 232~234, 240, 281, 284~286, 405, 413, 435, 493, 494
조선교육심의회 503
조선산업경제조사회 73
조선식산은행 318, 322
조선어 과목 27, 169, 180, 201, 219, 225, 240, 253, 280
조선어및한문 168, 169, 176, 183, 184, 188, 192, 194, 354~357, 373
조선학생과학연구회 448
조선학생회 448
조행 27, 164, 247~252, 389, 422, 423
조혼 289, 481

졸업 후 진로 498, 549
종결교육 34, 35, 47, 298, 308, 311, 402
좌익사상 432~434, 438, 439, 440, 444, 445
주임관 365
준비교육 17, 18, 20, 33, 34, 45, 47, 297, 298, 299, 402, 465, 468, 469, 473, 476, 502, 510
중견인물 21, 174, 243, 390
중동고등보통학교 470
중등교원위탁생규칙 334, 525
중등교육 기회 26, 32, 87, 88, 135, 143, 149, 467
중등교육론 18, 20, 21, 25, 32, 47, 55, 56
중등교육 보급 상황 25, 143, 476
중등교육의 계열 26, 32, 85
중등교육 체제 15, 19, 20, 22, 23, 25, 28, 43, 46, 85, 149, 244, 464~468, 502, 503, 508-511
중등교육 확충안 70~72, 344, 373
중등학교령 15, 66, 216, 234, 235, 240, 243
중학교규정 193~195, 201, 216, 220, 222~225, 228, 231, 234~243
중학교령 65, 191, 216, 220, 222, 225
증과교과 241~243
지리박물교원양성소 346
지정학교 112
직업과 210
직업학교 14, 30, 70, 76, 78, 123, 128, 155, 157, 205, 207, 232, 233, 314, 327~332
진남포상공학교 208, 209, 287, 406, 450

진주고등보통학교 102, 381, 424
진주농업학교 424, 449, 450, 501
진학률 88, 301, 306, 312, 402, 470
진학반 471, 472
징계 168, 252, 257, 260, 360, 381, 387, 396, 399, 401, 429, 441~443

ㅊ

창가 과목 181
천안농업학교 297
청년학교 231
청주고등보통학교 288, 472, 473, 476
청주농업학교 285, 288
체련과 237~239, 241, 242
체조 과목 181, 192, 202, 239
초급중학교 504, 505
초등교육확충 10개년계획 70
순천고등보통학교 388
춘천농업학교 140, 141, 285, 287, 295
충량한 국민 173~175, 179, 200, 486
취업난 52, 62, 326
취학률 84, 86, 105, 106, 146, 148, 149, 477, 489
취학반 471

ㅌ

토지조사사업 127
통감부 7, 33, 35, 36, 40, 91, 109, 168, 172

ㅍ

판임관 206, 286, 294, 365

평양고등보통학교 91, 215, 282, 283, 305, 474
평양여자고등보통학교 282, 310
평어 선택 방식 254, 255, 263, 264, 270
품행 27, 164, 256, 446, 467
필수과목 45, 48, 169, 172, 173, 180, 188, 192, 193, 202, 203, 210, 225, 237, 240

ㅎ

하숙 256, 292~294, 387, 388, 485
학교 규율 28, 378, 381, 383, 385, 389, 400
학교 유치 경쟁 98
학교의 승격 문제 393, 394
학교 자산 116, 120, 136~138
학교졸업자사용제한령 76, 344
학교체제도 16, 17, 18, 29, 33, 35, 36, 43, 46, 47, 284, 364, 493
학교 폐쇄 119, 121, 122, 395, 397, 441
학력 경쟁 17, 468
학령인구 84, 86, 105, 106, 477
학비 292~294, 296, 334, 505
학생 1인당 경상비 138~142
학생 1인당 자산 136, 137
학생 모집 152, 393, 496
학생운동 11, 28, 52, 113, 257, 258, 291, 377, 378, 383, 384, 397, 415, 424, 426~430, 432, 434, 438, 439, 443~449, 451~456
학생 평가 20, 26, 164, 165, 244
학자금 161, 286, 292~297, 299, 300, 314, 324, 334, 339, 340, 345~347, 466

학적부 24, 80, 244, 246~253, 255~260, 263~267, 270~272, 274, 277, 285, 289, 290, 296, 297, 389, 419~421, 423
한성사범학교 166
합격률 152~156, 369, 475
해주고등보통학교 381
현모양처 21, 174, 226, 228, 243, 391, 396, 403, 404, 476, 483~488, 490, 503
협성학교 57, 58
혜화전문학교 80
호수돈여자고등보통학교 395
혼합 학급 413~416
황국신민화 교육 67, 215, 217
황국여성 226, 228
황민화교육 164, 490
회사령 127
훈도 339, 365, 366, 369, 466
훈육 215, 380, 383~386, 389, 401, 434~437, 441, 442, 484, 485, 498
훈화 331, 384
흥업치산 48~51, 210, 502
히데오 212, 214

동북아역사재단 일제침탈사 연구총서 39
일제강점기 중등교육 정책

초판 1쇄 인쇄 2021년 12월 20일
초판 1쇄 발행 2021년 12월 31일

지은이 안홍선
펴낸이 이영호
펴낸곳 동북아역사재단

등 록 제312-2004-050호(2004년 10월 18일)
주 소 서울시 서대문구 통일로 81 NH농협생명빌딩
전 화 02-2012-6065
팩 스 02-2012-6189
홈페이지 www.nahf.or.kr
제작·인쇄 (주) 몽작

ISBN 978-89-6187-674-2 94910
         978-89-6187-669-8 (세트)

- 이 책은 저작권법에 의해 보호를 받는 저작물이므로 어떤 형태나 어떤 방법으로도 무단전재와 무단복제를 금합니다.
- 책값은 뒤표지에 있습니다. 잘못된 책은 바꾸어 드립니다.